立德树人视角下
高校学生工作的探索

中国政法大学2015年度学生工作理论研讨论文集

卢少华◎主编

知识产权出版社
全国百佳图书出版单位

图书在版编目（CIP）数据

立德树人视角下高校学生工作的探索 / 卢少华主编.
—北京：知识产权出版社，2015.8
ISBN 978-7-5130-3726-6

Ⅰ.①立… Ⅱ.①卢… Ⅲ.①高等学校—学生工作—文集 Ⅳ.①G645.5-53

中国版本图书馆 CIP 数据核字（2015）第 201302 号

内容提要

本书作为中国政法大学学生工作理论研讨论文选集，收录了由法大专任教师、班主任、辅导员和党政干部撰写的论文60余篇，所选论文紧密围绕着立德树人这一根本任务，以社会核心价值观为统领，以增强大学生思想政治工作科学化和实效性为目标，以问题意识为导向，针对党团组织建设、大学生思想引领、网络思想政治教育、教学和人才培养、学生事务管理和服务、就业创业指导等学生工作中的热点、难点进行了深入思考和积极实践，具有较强的理论性、指导性、针对性和实用性。

责任编辑：杨晓红　　**责任出版**：孙婷婷
封面设计：李志伟

立德树人视角下高校学生工作的探索
卢少华　主编

出版发行：	知识产权出版社有限责任公司	**网　　址**：	http://www.ipph.cn
社　　址：	北京市海淀区马甸南村1号	**天猫旗舰店**：	http://zscqcbs.tmall.com
责编电话：	010-82000860 转 8114	**责编邮箱**：	1152436274@QQ.com
发行电话：	010-82000860 转 8101/8102	**发行传真**：	010-82000893/82005070/82000270
印　　刷：	北京中献拓方科技发展有限公司	**经　　销**：	各大网上书店、新华书店及相关专业书店
开　　本：	787mm×1092mm　1/16	**印　　张**：	30
版　　次：	2015年8月第1版	**印　　次**：	2015年8月第1次印刷
字　　数：	500千字	**定　　价**：	87.00元

ISBN 978-7-5130-3726-6

编委会名单

前　言

党的十八大明确提出“把立德树人作为教育的根本任务”，党的十八届三中全会则进一步强调“坚持立德树人”，践行“立德树人”的根本任务，培养德智体美全面发展的中国特色社会主义事业的合格建设者和可靠接班人，是当代高等教育所肩负的伟大历史使命。

当前高等教育综合改革正在深入推进，面对社会利益的深刻调整、社会思潮和价值观的多元化、网络新媒体的迅猛发展，深刻把握新形势下大学生思想政治教育工作中的新挑战和新机遇，全面落实立德树人的根本任务，一直是中国政法大学德育工作者深入思考和积极探索的重大课题。

自 2010 年来，中国政法大学连续举办了六届学生工作理论研讨会，始终秉承立德树人的根本宗旨，紧密围绕着“培养什么人、怎样培养人”的根本问题，坚持以社会核心价值观为统领，以增强大学生思想政治工作科学化和实效性为目标，开展深入的研讨，形成了一批具有较强理论性、实践性和指导性的研究成果。本书作为 2015 年度学生工作理论研讨会的论文选集，收录了来自中国政法大学专任教师、班主任、辅导员和党政干部撰写的论文 60 余篇，论文涉及党团组织建设、大学生思想引领、网络思想政治教育、教学和人才培养、学生事务管理和服务、就业创业指导等德育工作的各个领域，论文以鲜明的问题导向，深入的理论思考和扎实的调研数据，剖析工作中的热点、难点问题，总结经验，凝练特色，提出建议。这些具有理论深度和实践基础的成果，充分展现了中国政法大学德育工作者践行立德树人的根本任务，服务于大学生健康成长成才的自觉性和主动性，并为进一步加强和改进学校的大学生思想政治教育工作提供了有力的实践基础和智力支持。

本书的出版得到了学校领导的高度重视和知识产权出版社的大力支持，在此表示衷心的感谢。当然因编者水平有限，书中如有不妥和疏漏之处，恳请广大读者批评指正。

编者

2015 年 7 月

目　录

党团组织建设

大学生思想引领

网络思想政治教育

教学和人才培养

学生事务管理和服务

就业创业指导

党团组织建设

论高校学生组织的“大部制”改革——以R大学为例

马克思主义学院　吴韵曦

摘　要　随着高等学校综合改革的深入和高校招生规模的扩大，学生组织在高校学生工作中的地位日益突出。结合自身的发展特点和运行规律，借鉴“大部制”改革的思路和做法，以机构改革为契机，不断推进组织建设、制度建设、队伍建设，有助于增强高校学生组织的凝聚力和战斗力，扩大高校学生组织的号召力和影响力。

关键词　大部制　大部门体制　学生组织　学生工作

一、高校学生组织“大部制”改革的基本背景

高校学生组织作为高校学生工作的重要载体，其运行机制既受高校管理体制的影响，又有自身群众性组织的特点。高校管理的权力结构，在纵向上分为若干层次，横向上每个层级又分为若干职能部门，形成纵横交错的“矩阵型”权力体系，即所谓的“科层制”或“官僚制”。[1] 在外部模式上，高校学生组织实行“党委—共青团—学生组织—大学生”的组织模式。[2] 在内部模式上，受到高校行政化的影响，无论在团委、学生会还是在社团，甚至在班级里，都存在权力等级的划分和对口负责的规则，基本符合科层制结构的形态特点。在学生组织中，

[1] 薛天祥：《高等教育学》，广西师范大学出版社，2001年版，第336页。

[2] 石国亮：《高校学生组织研究的几个前提性问题》，载《学校党建与思想教育》，2007年第12期。

等级制度贯穿整个组织体系（见图 1、图 2）。❶

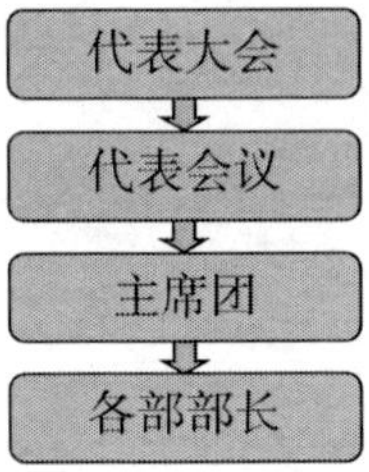

图 1　学生组织的产生方式

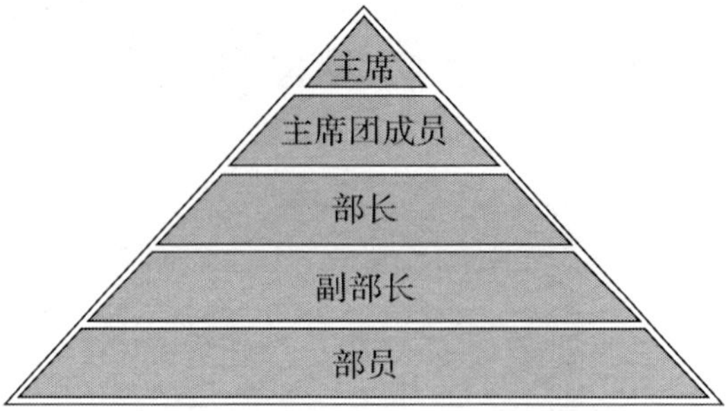

图 2　学生组织的层级结构

随着社会环境的深刻变化和招生规模的不断扩大，高校学生群体呈现生源广泛、层次复杂、人格独立、活动分散等特点，学生组织原来的组织结构和运行机制越来越难以适应发展的要求。

第一，决策不够民主。上层高度垄断资源，实行自上而下的垂直管理，导致普通成员缺少决策权和参与权，影响主动性、积极性和创造性。

第二，执行不够顺畅。部门职责交叉，权责脱节，相互推诿，各自为政。成员彼此分割，缺少沟通，协作不力，效率不高。

第三，监督不够到位。权力过分集中向上，下级对上级负责，同级对一把手负责，缺乏分权制衡机制，导致一些学生干部在其位不谋其政，官僚作风严重。

第四，队伍不够精干。学生组织层级多、副职多，学生干部过于臃肿，人浮于事。例如，R 大学研究生会主席团成员 7 人，各分管 2～3 个部门。各部设部长 1 名，分管副部长 5～7 名，部员 10～40 人。

第五，管理不够科学。部门定位不同，任务和资源难免差异较大，如学术部要举办大量讲座、论坛、征文等活动，办公室则只负责值班、档案等事务。同一个部门在不同阶段的工作量也不均衡，如网络部在网站建设初期任务繁重，随后只要例行维护和更新内容。长期的人员闲置不可避免地导致了人员的流失。

随着我国政治经济体制的不断改革和发展，其影响渗透至社会生活的方方面面，包括对高校学生组织的影响。在这种影响下，我国高校学生组织的形式和性

❶ 尹冬梅、丁力：《中国当代高校学生组织研究》，时事出版社，2008 年版，第 232 页。

质也在悄悄发生变化。❶ 在建设高水平研究型大学的大背景下，深化高校学生组织改革势在必行。R 大学是一所以人文社会科学为主的综合性研究型全国重点大学。R 大学研究生会是校党委领导、校团委指导下的全校博士研究生、硕士研究生和第二学士学位生的群众组织。R 大学研究生会根据实际形势与工作需要，借鉴政府部门机构改革的理念和做法，参考兄弟院校研究生会职能部门的设置和运行，探索实行职能有机统一的大部门体制，为建设研究型大学的学生组织提供了组织保障。

二、高校学生组织“大部制”改革的具体实践

R 大学举行全校研究生代表大会，选举产生新一届校研究生会主席团。随后，主席团牵头考察、选拔部门负责人。在此期间，主席团提出，组织建设、制度建设和队伍建设将是本届工作的重点，并酝酿新一轮机构改革。主席团多次商讨后，委任学生干部执笔完成了《关于 R 大学研究生会职能部门调整的具体说明（征求意见稿）》，详细阐明了机构改革的背景与意义、原则与进程、形式与内容（见图 3、图 4）。

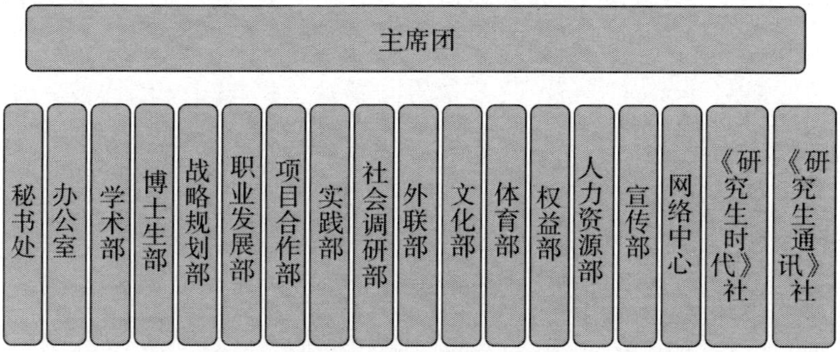

图 3　R 大学研究生会“大部制”改革之前的架构

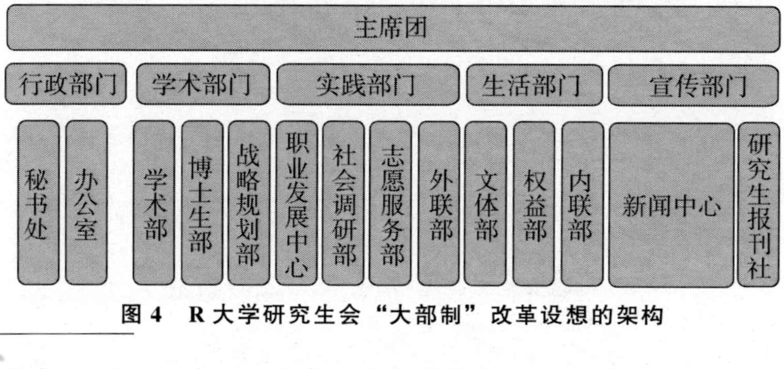

图 4　R 大学研究生会“大部制”改革设想的架构

❶ 尹冬梅、丁力：《中国当代高校学生组织研究》，时事出版社，2008 年版，第 95 页。

与以往相比，此次机构改革按照“改善服务、加强实践、拓宽宣传”的总体构想，探索实行职能有机统一的大部门体制。第一，归口管理。学习科研、社会实践、文体生活反映了学生群体的主要需求，行政、宣传部门则属于必要的辅助性机构。根据部门性质和工作重点进行明确分类，便于上级分管与同级联动。第二，同类合并。将职能相近的部门整合为“中心”或者“报刊社”。过去需要各部协调的事项经过内部酝酿就能解决。例如，每月一期的会报《研究生通讯》和每学期一期的会刊《研究生时代》实行集约编辑，节约出版资源。第三，适度增减。调整名称较为空泛的部门，合理分工，细化职能。例如，实践部改为志愿服务部，专注于公益慈善类活动；人力资源部改为内联部，旨在加强内部联系和队伍建设。

公示期间，该方案引起了较大反响。原因在于：第一，部门利益问题。无论是部长还是部员，大多不希望本部门从此消失，宁可机构设置又大又全，也不愿意因撤并部门而出现管理盲区。第二，人员安排问题。学生组织的晋升途径本来就狭窄，部长级以上岗位少，造成大多数人只能担任普通部员，一年后淡出组织。一些有能力、有贡献的部员辛勤付出了大半年，不得不面临干部名额大幅减少的现实。

经过民主协商和多次博弈，改革初始方案被迫进行了大幅修改。随后，该组织完成了部长一级学生干部的换届工作，并制定了《关于规范R大学研究生会部门职能的指导意见》《R大学研究生会部门考评制度》等规章制度。历时半年，这一轮机构改革基本结束（见图5）。

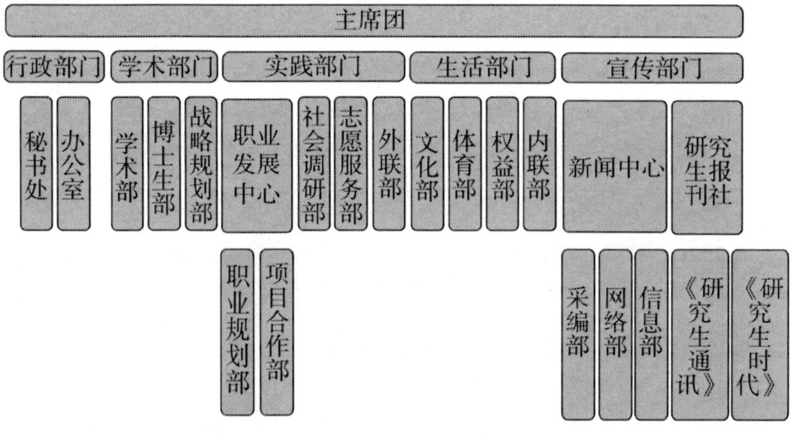

图5　R大学研究生会“大部制”改革后的架构

半年多的实践证明，高校学生组织实施“大部制”改革具有可行性和必要性。但是，这次改革仍然遗留了两大问题。第一，“物理数量”未减。改革正值换届，启动比较仓促，面临利益调整、人员安排等阻力，导致需要裁撤、整合的部门得以暂时保留。改革之后，新增侧重新媒体平台的信息部，实体部门反而从18个上升到19个，数量之多在高校学生组织里面并不多见。第二，“化学效果”未显。此次机构改革幅度大、牵涉广，新架构、新制度需要时间来完善。学生干部对改革认识不够准确、全面、深入，普遍不太适应，部门定位不明、权责不清、效率不高、关系不顺等问题依然存在。这要通过深化改革、完善制度加以解决。

三、高校学生组织“大部制”改革的几点启示

大部门体制是一种“大职能、宽领域”的政府事务综合管理体制，能够有效避免职能交叉，提高行政效率，便于内部协调，提高社会经济生活的统筹能力；也有利于部长承担政治责任与行政责任，有利于责任政府的建设。[1] 2008年以来，从中央到地方开展了以“大部制”为核心的新一轮行政管理体制改革。在此背景下，武汉大学、山东大学等高校也不同程度地推行了“大部制”改革。

高校的办学规模、学术特色、校园文化、历史传统和发展战略是决定高校学生组织运行模式的重要因素。学生组织之所以不断膨胀，从主观方面来说，根据“帕金森定律”，官僚宁愿增加服从指挥的下属，也不想制造真才实学的对手。官僚之间会制造很多工作，显得大家都很忙碌。从客观因素来讲，面对高速增长的学生数量和日益多元的学生需求，学生组织需要借鉴部门专业化的管理模式，不断细化职能来适应服务对象的变化。

机构改革作为高校学生组织建设的重要环节，不能简单嫁接“大部制”改革的形式。高校学生组织要从实际形势和自身状况出发，着力转变职能、理顺关系、优化结构、提高效能，构建权责一致、分工合理、决策科学、执行顺畅、监督有力的管理体制。

（一）项目管理是学生组织机构改革的有效补充

项目管理就是以项目为对象的系统管理方法，通过一个临时性的专门的柔性组织，对项目进行高效率的计划、组织、指导和控制，以实现项目全过程的动态

[1] 《〈关于深化行政管理体制改革的意见〉解读》，国家行政学院出版社，2008年版，第26—27页。

管理和项目目标的综合协调与优化。[1] 以静态的科层制为基础，结合动态的项目制，有利于打破部门界限，减少行政层次，加强团队融合，畅通信息传递，促进岗位轮换，提升成员综合能力，体现成员自我价值，实现组织结构扁平化、矩阵化、柔性化。

首先，确定项目类型。实行项目管理的活动符合一次性、目标的确定性、活动的整体性、组织的临时性和开放性等条件。[2] 根据活动的工作特点、时间跨度和重要程度，学生组织的指导老师和学生干部以民主方式决定采用项目管理的具体活动。

其次，选拔项目组长。组织成员不分职务、年级，通过策划文案来参加投标。经过集体讨论，推选中标者为统筹活动的项目组负责人，并指定熟悉相关业务的职能部门作为牵头部门，委任其部长予以指导和配合，做到有效授权、权责清晰。

再次，组建项目团队。各部门按人数比例抽调骨干参与项目组，并适当增加牵头部门的推荐人数。项目组做到目标统一、分工明确，根据工作需要，随时调整人员，不断优化团队。

最后，建立反馈机制。项目组按时向组织负责人汇报工作进度和问题，以便及时调整策略、协调资源。工作完成之后，项目组解散，成员回归原部门。考核部门全程跟踪记录项目组组长及成员的表现，作为评优、选拔的参考依据（见表 1）。

表 1　学生组织的项目管理

	部门 A	部门 B	部门 C
项目组 1（讲座）	成员 A1	成员 B1	成员 C1
项目组 2（晚会）	成员 A2	成员 B2	成员 C2
项目组 3（义卖）	成员 A3	成员 B3	成员 C3

学生组织还可以试行对外活动招标，调动各种资源，形成工作合力。在学期之初，校学生会、校研究生会制订整体工作计划，公布招标活动。校级社团、二级学院学生组织乃至班级、团支部均可自愿申报，公平竞标，承办具体活动。校学生会、校研究生会负责整合资源、协调各方、提供保障，并对中标组织予以适

[1] 蔡芝芳：《高校学生会中项目管理的运用》，载《学校党建与思想教育》，2011 年第 6 期。

[2] 蔡芝芳：《高校学生会中项目管理的运用》，载《学校党建与思想教育》，2011 年第 6 期。

当的人员和经费支持。

（二）建章立制是学生组织机构改革的重要保障

学生组织每年的换届都会变更大部分人员，这影响了工作延续性，导致“因人而兴，因人而废”。受“长官意志”支配，学生组织在机构的撤并、升降等方面往往主观随意性过大，缺乏总体规划。对此，只有制度才具备相对的稳定和长期的效力，不因组织负责人的更迭而废止，也不因组织负责人的看法和注意力的改变而改变，使机构改革有章可循、有制必依，走出“精简—膨胀—再精简—再膨胀”的循环。

1. 改革要注重顶层设计

“大部制”改革并不是简单的机构增减，而是组织结构和运行机制的深刻变革，涉及决策机制、执行机制、监督机制、协调机制等方面。改革牵涉广、矛盾多、难度大，要遵循以下原则：一是渐进性，坚持积极稳妥、循序渐进，长远目标与短期目标相结合，全面推进与重点突破相结合，统筹规划与分步实施相结合，保持架构稳定性和工作延续性；二是前瞻性，根据历史经验和最新形势进行必要调整，因“需”设岗；三是针对性，既要精减人员、机构，又要注重统一、效能，着力解决职责不清、关系不顺、业务不专等难题；四是整体性，根据新的架构建立健全规章制度，规范工作流程；五是民主性，精心准备，统筹兼顾，做好事前调研论证，广泛听取各方意见。

2. 改革要理顺职责关系

第一，界定部门职能。根据新的架构，科学配置，合理分工，确保各司其职、各尽其能。

第二，明确部门责任。按照权责一致的原则，理顺职责关系，使上下级之间、部门之间、岗位之间的权责规范、明确。

第三，健全协调机制。坚持一件事情原则上由一个部门负责。若要多个部门管理的事项，必须明确牵头部门，分清主次责任，相互协调，有序运转。

3. 改革要强化监督机制

领导制度、组织制度问题更带有根本性、全局性、稳定性和长期性。[1] 结合外部监督和内部监督，用制度管权、管事、管人。第一，坚持集体领导、民主集中、个别酝酿、会议决定，重要的事项安排、活动策划和财务预算需要经过表决；第二，定期述职，综合上级、同级和下级的意见，对学生干部的任务落实情

[1] 《邓小平文选》第二卷，人民出版社，1994年版，第333页。

况进行民主测评，对慢作为、无作为、乱作为的干部进行警告、弹劾乃至免职；第三，推行会务公开，在学生组织的网站、微博、微信平台及时发布工作计划、策划、总结、新闻稿、会议纪要等，保障普通成员和广大同学的知情权、表达权、参与权和监督权；第四，定期聘请专家和顾问对组织“体检测评”[1]。

（三）转型发展是学生组织机构改革的核心目标

学生组织是提高学生素质的课堂、丰富校园生活的阵地、沟通学生与学校的桥梁，在高校学生工作中发挥着重要作用。然而，不少高校学生组织被认为是高校党政部门学生管理的一部分，名义是自治组织，实际成了高校里“不拿工资的行政部门”。[2]

职能是机构的依据，机构是职能的载体。机构设置必须服从职能的需要。“大部制”改革的要义在于职能转变，而不是简单的增减合并。高校学生组织从管理型向服务型转变，是加强组织建设的应有之义和赢得学生拥护的必由之路。从组织职能来说，自我服务一直是学生组织的重要功能。从管理方式来讲，学生组织为学生提供服务，应该自觉地把“自我服务”有机融入“自我教育、自我管理”之中，努力改善服务质量。因此，无论是基层团组织、班级组织，还是学生会组织和社团组织，都要肩负历史使命，找准自身定位，明确价值取向，维护学生权益，把服务学生作为一切工作的出发点和落脚点，强化服务意识，改进服务手段，提升服务水平，及时反馈、解决学生群体在学习、科研、生活、就业等方面的思想状况和实际困难，为广大学生的健康成长和全面成才营造良好的环境。

---

[1] 蒋四华、田子国：《地方高校研究生会现状与建设的思考》，载《学校党建与思想教育》，2011 年第 1 期。

[2] 王建梁：《澳大利亚高校学生会组织研究及启示》，载《当代教育科学》，2010 年第 7 期。

论高校学生党支部书记应当具备的素质和能力

法学院　刘艳杰　曾蓉

摘　要　加强高校学生党支部书记的培养，不断提高学生党支部书记的素质和能力，对高校学生基层党组织建设有着极其重要的现实意义。学生党支部书记作为高校学生基层组织最重要的学生骨干，不仅要具备一定的政治素质、理论修养、领导才能，还要有一定的工作能力，要能深入群众，做好党支部成员的心理工作，及时完成党务整理工作；密切联系、配合所在班团组织工作，充分发挥党支部的战斗堡垒和先锋模范作用，增强党支部的凝聚力。

关键词　学生党支部书记　素质能力

学生党支部作为高校学生的基层组织，既是对学生党员以及广大普通同学进行教育管理的基本载体，也是我们党在高校基层的中坚力量，是党在基层的各项政策的宣传者和执行者。学生党支部的建设成果不仅直接影响学生党员常态化的培养和教育，也关系到党和国家的方针、政策能否第一时间传送到高校，并得到切实的贯彻和执行。

学生党支部书记作为党在高校的基层组织的领导者，对党支部的工作负有全面责任，在党支部的工作中有着不可替代的作用。学生党支部书记既是党支部日常工作的组织员，也是党的各项方针政策的宣传员和推动者。学生党支部书记的素质和能力不仅直接关系到学生党员的培养、班团组织凝聚力的强化、党支部的建设以及党的先进性的发挥，更关系到党的各项方针政策能否在高校学生中得到有效的宣传、贯彻和执行。因此，明确学生党支部书记应当具备的素质和能力，选拔培养优秀的学生党支部书记，不断提升学生党支部书记的政治素质、理论修养，培养和鼓励学生党支部书记深入群众，做好党支部成员的心理工作，及时完成党务整理工作，配合班团组织做好各项工作，充分发挥党支部的战斗堡垒和先锋模范作用，对于高校基层党建工作至关重要。

一、党支部书记要不断提高自身政治素质

党员与群众最重要的不同就是，党员的政治素质更加过硬。而作为学生党支部书记，更要带领党支部的党员和其他同学不断学习、进步，保持先进性，因此支部书记自身具有良好的政治素质就成了一切的基础与前提。

政治素质是指人的政治觉悟、思想意识、党性修养，有着丰富的内涵，具体包括以下几个方面：

（1）科学的世界观。世界观是指人们对整个世界的总的、根本的看法。不同的世界观对社会发展起着不同的作用。作为党支部书记首先要站在人类社会发展的高度，有一种远瞻未来的视野与气魄。同时，党支部书记还要站在国家、社会、学校的角度，要有全局观念，能把握大局，并以此为出发点来自觉地改造主观世界。随着改革开放步伐的加快，现今的社会环境已经发生了广泛而深刻的变化。观念的撞击、利益的调整、外界的诱惑，使每一个人都面临着现实的考验。树立正确的人生观、价值观，自觉抵制各种不良倾向的影响，始终保持共产党人的本色就显得尤为重要。

（2）正确的政治方向。政治方向是指共产党人坚定的政治立场和明确的革命目标，具体地说，就是坚决贯彻执行党的路线、方针、政策，在思想上和政治上与党中央保持高度一致，只有把握正确的政治方向，才能保证党支部建设的正确方向，才能保证本单位工作的正确导向。这就要求学生党支部书记认真学习和领会并坚决贯彻执行党的路线方针政策，尤其要全面深刻地把握“一个中心、两个基本点”的基本路线，增强自觉性和坚定性，防止盲目性和摇摆性。更要结合实际，解放思想，拓宽思路，以改革的精神，创造性地把党的路线方针政策落到实处。要时刻与党中央保持高度一致。学生党支部书记必须保持清醒的头脑，增强政治敏锐性和鉴别力，面对错综复杂的社会现象和形形色色的思想观念，要善于透过现象看本质，着眼全局看局部，着眼长远看当前。

二、学生党支部书记要加强理论修养

理论素质是政治素质的基础，对政治素质起着导向作用。理论修养对于学生党员来说是公认的比较薄弱的环节，这就要求学生党员要在平时努力，不断加强理论学习和党性修养，要树立共产主义远大理想，要有坚定的共产主义信念，尤其对于学生党支部书记来说必须起模范带头作用。

（1）要认真精读原著。要提高理论素质，必须认真学习马克思、毛泽东、邓小平和江泽民的原著。充分认识学习原著的重要性，增强学习的自觉性，下功夫系统深入地学习，全面充实自己，积极践行加强研读理论著作的读书活动。

（2）要掌握精神实质。马克思主义是放之四海而皆准的真理，是指导我们思想的理论基础。这就要求我们在读原著的基础上，努力掌握其基本观点、基本方法、基本原理，掌握最本质、最精髓的东西，深刻领会其精神实质，以理论上的成熟精通和政策上的理解掌握来指导实践。

三、学生党支部书记要有一定的领导力，不仅自身具有榜样作用，而且能够广泛调动预备党员、普通同学参与党组织的学习生活的积极性

党支部书记最重要的工作之一就是带领班上的党员们一起，从群众中发展优秀的同学成为党员。由于来自不同的省份与学校，大家对于入党的理解参差不齐。这就需要党支部书记将发展党员的工作的步骤和程序详细地介绍给同学们，同时通过自身的榜样力量和优秀表现让同学们意识到党员的先进性，吸引更多的同学投身到党组织这个先进的组织中。与此同时，学生党支部书记要通过各种形式开展丰富多彩，与同学们学习生活密切联系的党支部活动，不仅要求学生党员和入党积极分子参加，而且要鼓励和欢迎普通同学积极加入，从而扩大党组织在同学中的影响，充分发挥党支部的凝聚力。在支部活动中，要结合所学专业，结合近期党的各项方针政策，结合实际，不拘一格，广泛深入宣传，调动大家的积极性，让党的方针政策在学生组织中得到有效实行。在党的各种组织生活中，要鼓舞大家严格要求自己，关键时刻要有担当精神，端正自己的思想与态度，时时刻刻体现出党员的先进性，为大家做出榜样，保持党组织的活力。

四、学生党支部书记要深入群众，做好党支部成员的心理工作

无论是入党还是其他的党政工作中，党支部工作都有很强的程序性，注重形式，且比较烦琐，在工作中难免出现同学不理解或认为程序过于复杂的情况。与此同时，随着社会上各种思潮的涌现，以及大学相对开放的言论课堂与信仰自由，课上受同学们崇敬的教授们也有不同的政治观点，这些都会对同学们形成舆论导向。这时就需要党支部书记深入群众，特别是党支部成员，了解实情，做好心理工作。在工作中可以采取单独私下谈心的方式，与同学们互相交流、分享彼此的思想，从而使大家对党支部的工作有一个正确、深刻的认识，避免受到外界纷繁思想的干扰，在及时纠正错误观念的同时端正入党动机，从心里正确、积极地对待党的工作。

当党支部成员遇到心理问题时，党支部书记要对党支部成员的心结所在进行分析，弄清产生心理困惑和发生心理障碍的原因，给予帮助和提醒，进行积极的

引导和教育。对于问题严重者和突发心理危机的同学，要冷静、不慌张，及时告知辅导员和相关部门，并寻求相应的疏导、帮助和及时的干预。因此，党支部书记要在平时多学习一些心理卫生知识和心理咨询技能，多和支部成员交谈，使交流经验深入同学内心，发现党支部成员存在心理问题时，可通过班级同学或心理委员和年级辅导员共同做好支部成员的心理工作，以保证党支部工作正常开展。

五、学生党支部书记要及时做好党务整理工作

作为党支部书记，整理党务是日常最琐碎也最重要的工作之一。因为同学们随时都会递交入党申请书。而无论是党员还是非党员都会随时上交思想汇报。这就需要支部书记随时整理，及时做好记录并按时上报。与此同时，还必须整理好预备党员的各项入党资料，包括申请书、志愿书、自传、入党积极分子考察表等，按时归类登记，并捋清同学们的入党时间以便及时转正。而对于非党员同学，包括参加学校党校的同学，要认真记录他们第一次递交入党申请书的时间，还要认真记载他们每一次参加班会、团会、党活动的情况，并随时汇总他们的日常表现以便在未来考察时有据可查。另外，每一次民主生活会都要有严格而详细的记录。

工作中学生党支部书记可以将党员和积极入党的同学们的信息制作成两张电子表格，随时记载随时更新，做到事无巨细，要在头脑中对大家的情况有较为清晰的了解。与此同时定期向上级党组织汇报情况，并将同学们的资料与自己整理的表格拷贝备案，随时和辅导员老师和上级党组织交换意见。

六、学生党支部书记要配合班团组织工作，推动学风建设，增强集体凝聚力

《高等学校基层组织工作条例》第十三条明确规定，大学生的党支部委员会要成为引领大学生刻苦学习、团结进步、健康成长的班级核心。这是对大学生党支部委员会的职能定位。大学生党支部书记及党支部委员会地位比较特殊：一般在大学班集体中有班委会和团支部，学校还要为班集体配备班主任和辅导员，党支部委员会要妥善处理好同班主任、辅导员、班委会和团支部的关系。党支部委员会及党支部书记与学生班级组织的这种密切关系决定了学生党支部将与学生班集体一起成长。低年级党支部多是一个年级的党员组成，到高年级本科生党支部建设要实现“从低年级有党员到高年级有支部”的班级目标，建立起高年级党支部，这是党支部赋予党支部书记的职责。高校党员的分布特点决定了大学生党支部书记要成为宣传、执行党的路线方针政策和决议的组织者，引导大学生自觉贯彻党的路线方针和决议，在思想上、政治上、行动上与党中央保持一致。而实现

这一工作，党支部要与班团组织密切结合，推进党支部工作进入班级委员会和团支部委员会。班级委员会是在学院分党委（党总支）领导下，在学院分团委和班级辅导员指导下开展工作的基层学生自治组织，班级团支部是在学院分党委（党总支）领导下，在学院分团委指导下开展工作的基层共青团组织。无论班级还是团支部，它们均是高校学生校园生活的重要载体，在学校民主管理、学风建设和构建和谐校园工作中发挥桥梁和纽带作用，是实现大学生自我服务、自我管理、自我教育与自我约束的主要组织载体。

党支部书记是学院分党委、党总支直接联系基层组织的党支部的领导人和责任人，其所领导的学生党员和入党积极分子，又是班团组织成员学生骨干的主要组成部分，党支部书记一方面在党委党总支的领导下开展党支部活动，贯彻执行党的路线方针政策，团结广大党员、入党积极分子参加党支部组织的建立学习型党支部活动，组织教育学生在大学生生活的校园和社区遵守法律和学校的各项规章制度，在班团组织中发挥着班团干部的职能；另一方面团结广大入党积极分子为维护班级团组织建设而开展丰富多彩的班级团组织活动，如主题班会、主题团日等。所以学生党支部书记要配合所在班团组织工作，与班团干部积极合作，共同推动学风建设，增强班团组织和党支部的集体凝聚力。

总之，学生党支部书记作为高校学生基层组织最重要的学生骨干，承担着上传下达、贯彻执行各级党组织的方针政策、培养所在基层组织学生党员的重要职责，是党在高校基层的宣传员、组织者、执行者。学生党支部书记的素质和能力不仅关系到党的各项工作在学生基层组织的贯彻和执行，更关系到学生基层组织的稳定和发展，以及党的形象。因此，不断提高学生党支部书记的素质能力，加强学生党支部书记的培养，对高校学生基层党组织建设有着极其重要的现实意义。

加强高校党支部活力建设的对策与建议

法学院　刘澍

摘　要　高校党支部作为党在高校的基层组织，是党领导高校的战斗堡垒，是办好中国特色社会主义高校的重要保障。因此，不断加强高校党支部的活力建设是高校基层党建工作的重要内容。针对高校基层党支部活力不足的现状，本文旨在提供加强高校基层党支部活力建设的对策与建议，以期为高校基层党支部的活力建设提供参考和思路，从而促进高校基层党组织作用力的发挥。

关键词　高校　党支部　活力建设

加强高校基层党组织的建设，是新时期我党基层党组织建设的重要工作。党在十八大报告中就明确指出：要创新基层党建工作，夯实我党执政的组织基础。党的基层组织是团结带领群众贯彻党的理论和路线方针政策、落实党的任务的战斗堡垒❶。当前我国高校的党建工作关系到中国特色社会主义大学办学方向，关系到高校改革与发展，更关系到中华民族伟大复兴的国家长远利益。长期以来，正是依靠高校各级党组织的努力工作，高校的党建工作取得了令人瞩目的成绩。但与此同时，缺乏创新、工作内容远离学校中心工作、形式化严重、地位弱化等问题，使得高校的党支部建设面临瓶颈，而党支部建设中活力不足则是最重要的问题。因此，加强高校党支部活力建设刻不容缓。

一、加强高校党支部活力建设的基本策略

在 2014 年 12 月第二十三次全国高等学校党的建设工作会议期间，习近平总书记强调❷："加强和改进高校党的建设，是办好中国特色社会主义大学的根本

❶　见胡锦涛同志《坚定不移沿着中国特色社会主义道路前进　为全面建成小康社会而奋斗——在中国共产党第十八次全国代表大会上的报告》。

❷　见新华网 2014 年 12 月 29 日《习近平：坚持立德树人思想引领　加强改进高校党建工作》。

保证”。要“全面推进党的建设各项工作，有效发挥基层党组织战斗堡垒作用和共产党员先锋模范作用”。在新形势下，要坚持党对高校的领导，必须认真抓好高校基层党支部的建设，创新基层党支部的工作，认真遵循“求真务实”的原则，不断加强和改进高校党支部的制度建设、组织建设和思想建设，正确认识和充分发挥高校党支部的战斗堡垒作用和党员的先锋模范作用，从而使得高校基层党支部能够真正成为贯彻党的教育方针政策、团结和带领群众共同做好本部门中心工作的重要纽带，成为培养学生和引领学生成长成才的坚强核心。

高校基层党支部的主体是教师党支部和学生党支部，这两类党支部也是高校教学、科研和学生培养等中心工作的主体。教师和学生党支部的制度建设、组织建设及活力建设将直接关系到党在高校中心工作中的地位和作用，关系到人才培养的导向。因此，通过组织建设和思想建设来不断加强高校基层党支部的活力建设，是高校党建工作永远不变的主题。针对当前高校教师党支部和学生党支部在组织建设过程中存在的普遍性问题，党支部的活力建设应该着重做好以下几个方面的工作。

1. 转变思想，求真务实

影响基层党支部活力建设的因素有多个方面，但组织管理僵化、务实作风不足是影响党支部活力建设的重要因素。纵观基层党支部的主要活动内容，多以完成各种学习任务、考核任务、模式活动等“规定动作”为主。作为一个上下组织系统严密的大组织，“层级放大”效应到了基层党支部就变成了“机械化”的经常性落实功能，真正能够紧贴单位和部门实际，贴近党员个人，激发基层党支部和党员兴趣和积极性的工作和活动则相对较少。形式主义和功利主义成为影响党支部活力建设的主要因素，也是影响党支部凝聚力的重要原因。因此，上级党组织在制定方针和部署工作时要充分考虑到基层党支部的实际情况，求真务实地安排和引导基层党支部的工作，将基层党支部的工作任务落到实处。

2. 树立党员的主体地位，加强党员的责任意识

尊重党员的主体地位，是指“要充分发挥党员在党内事务中的参与、管理、监督作用，保障党员的民主权利。”这是胡锦涛同志在党的十七大报告[1]当中提出的治党理念。基层党支部要提高影响力，增强作用力，成为基层组织的战斗堡垒，要充分调动、发挥党员在工作中的积极性和主观能动性。只有在基层党支部树立党员的主体地位，改变基层党员在党内被管理、被要求、被监督的感觉和认

[1] 见胡锦涛同志党的十七大报告。

识，才能充分调动广大党员参与党组织活动的积极性，激发党员的责任意识，从而强化党支部的活力。在高校基层党支部活力建设中，校、院党委应当经常有意识地引导党支部加强党员在党内外的主体意识和主导意识，注意发挥广大党员在基层党建工作当中的重要作用，通过工作、学习、实践、教育等各种形式的活动，不断强化党员自身的身份意识、责任意识和使命感。把党员的身份认同和责任感作为保证党组织成员活力的基础，这是充分发挥党支部成员作用的基本保障，也是加强党支部活力建设的重要保障。

3. 围绕中心工作抓党建，强化党支部的作用力

注意发挥基层党组织的组织优势，以党员为核心团结广大群众积极参与和促进本单位的中心工作，并在中心工作中努力发挥党支部和党员的先锋作用，不断增强党支部的作用力，这是加强党支部活力建设的重要手段。党的基层组织“必须坚持围绕中心、服务大局、拓宽领域、强化功能，进一步巩固和加强党的基层组织，着力扩大覆盖面、增强生机活力，使党的基层组织充分发挥推动发展、服务群众、凝聚人心、促进和谐的作用”❶。教师的中心工作是教学科研，广大教师的关注点也是教学科研和学术发展，学生的中心工作是学生的成长成才，广大同学的关注点是成长成才和个性发展。党支部只有紧紧围绕中心工作和广大党员、群众普遍关心的领域开展工作，才能发挥出组织活力。基层党支部作用弱化、活力不足的原因往往是由于主要工作游离于本单位中心工作之外，或者是在本单位主要工作和党员群众普遍关心的重要事务方面不能发挥作用，长期积累造成了党员对支部活动的参与度和参与热情不高，很难发挥党支部的核心作用。因此，要通过积极参与到学校和部门中心工作中来提高党支部在学校整体和各个部门中的地位与作用，从而提高党支部在高校基层工作中的活力。

4. 完善组织建设，增强支部的凝聚力

作为党支部活力建设的基础，凝聚力建设是党支部战斗力的基本保障。高校基层党支部，特别是教师党支部的凝聚力不强是一个逐渐积累的问题。造成基层党支部凝聚力不强的因素有很多，如有党支部负责人能力的因素，有工作模式僵化的因素，有组织成员信仰蜕化的因素，也有党员的责任心和党员意识不强的因素等，这些都需要在不断加强和完善党建工作当中逐渐改进、扭转。要加强党支部活力，改变党支部凝聚力不足的现象，重点还是要从着力加强基层党支部的组织建设、完善组织模式、创新工作方式、丰富工作内容入手，保证每个党员都能

❶ 见《中共中央加强改进新形势下党建若干重大问题的决定》。

够积极主动地参与党支部的活动，并在参与活动中不断提升自我的责任意识和党员自豪感，支持并推动本部门中心工作的开展，从而使党支部扩大其影响力，真正发挥基层党组织的作用，提升党支部的凝聚力。

5. 拓展支部活动内容，加强指导支持力度

基层党支部活动内容局促、工作模式单一是影响党支部活力建设的重要因素。要加强组织活力，必须改变当前教师党支部活动基本以学习讨论和民主生活会为主，学生党支部活动基本以学习讨论、民主生活会和发展党员为主的局面，结合本部门工作实际和广大党员的兴趣要求拓展支部活动内容。上级党组织也要创造条件主动引导党支部通过务实有效的工作方法丰富活动内容，通过科学配置资金经费支持基层党支部的工作创新。在完成理论学习和“规定动作”任务的基础上，进一步发挥党支部的主观能动性，从而不断增强基层党支部的活力。

二、加强高校教师党支部活力建设的基本内容

高等学校的教师党支部，是高校党组织的重要力量，而教师党员是推动高校党支部组织建设的中坚力量。高校教师党支部的活力建设关系到党的教育方针和政策在高校的落实，在推动依法治校、促进教育改革和更好地培养人才等方面起着极为重要的作用。结合高校教师党支部建设的重要性和近年来高校教师党支部建设中存在的问题，应该从以下几个方面加强建设。

1. 明确根本任务，找准工作方向

在高校快速发展的大背景下，高校教师党支部活力不足的重要原因是支部在学校和本教研室（研究所）（以下简称“教研室”）的中心工作当中任务不清，工作界限模糊。《中国共产党普通高等学校基层组织工作条例》（2010 年修订）第十二条虽然对教职工党支部的职责做了四项规定，但规定得过于原则，包括“支部委员会负责人参与讨论决定本单位的重要事项”“团结师生员工，发挥党员先锋模范作用保证教学、科研等各项任务的完成”“维护党员和群众的正当权力和利益，有针对性地做好思想政治工作”❶，在实际当中均存在责任模糊、落实不到位的情况。

明确根本任务，找准工作方向，这是教师党支部围绕中心工作发挥作用的力量源泉。校、院党委应该结合学校和教研室工作的实际情况，指导教师党支部明确具体任务，落实支部责任，着力把以下工作做到实处：一是要坚持社会主义办学方向，这是教师党支部最基本的政治责任；二是加强党员思想建设，强化党支

❶ 见《中国共产党普通高等学校基层组织工作条例》（2010 年修订）。

部主流意识；三是围绕教学中心工作，服务学校工作大局；四是促进学科健康发展，推动教师团队建设，在学科建设和发展中体现党支部的核心作用和堡垒作用；五是保证教学科研质量、加强师德师风建设，促进社会主义办学方向的落实；六是关心教师的发展、保持教研室和谐发展。

2. 加强组织领导，创新工作机制

教师党支部活力不足的原因虽呈多样化，但内在的重要原因是党支部在教学、科研、学科发展等中心工作中作用弱化，工作边缘化，活动缺乏新意，与党员的个人发展缺少联系，党员对党支部的工作失去热情，使得教研室党支部工作松懈涣散，逐渐失去活力。要加强教师党支部的活力，必须要从党支部组织结构入手，完善组织建设，创新党支部工作内容。具体来说，首先，加强党支部的组织结构建设，进一步完善和创新党支部的工作机制，使党支部的工作内容与教师的教学科研紧密结合，吸引更多的教学骨干参与到党支部的活动中去，提高教师党员的积极性和工作水平。其次，要杜绝形式化、走过场的工作内容，考虑到高校教师都担负着较为繁重的教学科研任务，因此要尽可能地提高工作效率，减少没有实质内容、空洞、形式化的工作，为教师党员节省更多的时间来做本职工作。再次，高校党组织要对教师党支部的工作进行定期的指导和监督，高校党组织要结合教师党员队伍的特点展开有针对性的指导工作，主动引导教师党支部围绕中心工作，不断改进工作模式、充实工作内容。强化组织求真务实的意识，是教研室党支部活力建设的根本保障。

3. 充分加强党支部在教研室中心工作当中的地位和作用

围绕中心工作抓党建，是加强党支部建设，转变教师党支部活力不足、作用弱化局面，保持党支部活力的重要手段。针对教师党支部在教学、科研、学科建设、学生培养等重要工作当中作用不明的局面，应当明确党支部在教研室工作中的职责。一是要加强党支部对教学工作的参与、支持与推动力度，明确党支部在教学工作中的重心，着重把支部工作的重心放在培养全面发展的人才方面。二是要大力支持教学改革和科研创新，针对近年来持续不断的教育教学改革，党支部应当充分利用党组织的宣传优势和组织优势，引导党支部在教学和科研方面的发展方向。三要立足教学科研的中心工作思想，用社会主义核心价值观引导教学与科研工作。四是促进教学科研工作和学生培养工作的结合，使学生的成长成才和教师的职业发展相辅相成，通过促进党支部在中心工作中的地位和作用来加强党支部的活力建设。

4. 加强思想建设，服务人才培养

做好思想政治工作，保障人才培养方向是教师党支部的主要职责。如何有效落实这些职责是衡量党支部活力建设成功与否的尺度。在组织保障和制度保障的基础上，党支部要充分发挥自身作用，组织党员教师认真研究并采取切实有效的工作方法，保证学生的培养方向，不断提高学生培养质量，以人才培养质量为核心，以学生发展为本位，以思想建设为重点，落实社会主义的办学方向。只有赋予教师党支部在人才培养当中这些实实在在的任务，才能不断提高教师党支部的活力。

5. 注重在学科建设中提升党员教师的地位和影响力

党员教师在学科工作中得到足够的重视，并能发挥相应的作用，既能维护高校党支部凝聚力，也能强化教师党支部的活力。一是要激励党员积极参与学科建设，把它提升为个人发展的重要途径。二是要在把握学科建设方向时充分发挥党员作用，确保学科建设方向符合学校发展和人才培养的要求。三是在学科建设中充分发挥党支部的支撑作用，切实起到推进作用，提升党支部的影响力。四是通过推进学科建设，侧重对青年教师党员的培养，促进党员教师职称晋级，保证党支部在教研室中的领导力和活力。

6. 尊重党员意见，结合实际建设学习型党组织

党支部在完成上级党组织安排的学习任务或其他专项任务时，应该充分征求党员意见，结合党员的思想意愿，结合教研室工作的实际，有的放矢地落实具体工作要求，求真务实，避免形式主义带来的负面影响。在执行上级要求组织学习活动等具体工作中，要注意处理好三种情况：一是要避免形式化、教条化的传统政治学习在党员干部心目中引发抵触情绪；二是要克服学习内容过于理论化、脱离实际而引起的党员干部的“懈怠心理”和“应付思想”，努力激发党员干部的学习自觉性；三是要通过设立学习机制，把党员干部的学习兴趣、党组织安排的学习内容和考核激励有机结合，真正形成一种自觉有效的学习制度，把学习型党组织的建设落到实处，转变形式主义影响党支部活力建设的局面，以完善组织建设，加强能力建设为核心。党支部在应对日常工作当中，应该转变观念，实事求是，保持并提高党支部服务中心工作的能力。

三、加强高校学生党支部活力建设的基本内容

学生党支部是高校中最基层的学生党组织，它起着“引领大学生刻苦学习、

团结进步、健康成长的班级核心”[1]的作用，是党联系广大青年大学生的桥梁和纽带，与大学生成长成才关系密切。学生党支部对于大学生的思想、学习、生活和工作都具有重要的影响，也是高校党建的重点工作。学生党支部不同于教师党支部，因此，加强高校学生党支部活力建设要从学生群体出发，结合学生群体实际情况和学生党支部的工作职责采取指导和引导，认真开展党支部建设，保持党支部在大学生当中的影响力。

（一）加强思想建设，突出引领作用

学生党支部应当着力加强学生党支部的思想建设，明确重心，引领班级的学风建设，促进大学生学习和成才。作为高校的基层学生党组织，学生党支部是学校教育管理最直接有效的载体，是高校基层党支部中最具有活力的群体，也是联系、引领广大青年学生最有效的力量。学生党支部既应该及时了解大学生的思想状况，有针对性地做思想政治工作，也应当带动广大同学明确学习目标，完成学业要求以及学校要求的各项任务。其中，政治理论学习是党员各项学习的前提，要提高支部成员自身的政治理论水平，提高党员的思想理论素质，确保共产党员的先进性。此外还要发挥学生党支部在学习方面的引领作用，建设学习型党支部。大学生应以学习为主，高校人才的培养直接影响着一个学校的发展。学生党员作为先进性的代表，应该以身作则，做到自觉、自主、自律，为其他同学树立表率作用，为其他学生营造良好的学习氛围，促使他们同样刻苦学习，形成良好的学风。

（二）强化党员意识，发挥班级核心作用

学生党员是广大青年学生中思想最为积极、政治素质最为过硬、责任感最为强烈的队伍。要加强学生党员的身份认知和党员意识，激发他们的责任感，锻炼学生党员的大局观。《中国共产党普通高等学校基层组织工作条例》对学生党支部组织的设置规定：“学生党支部可以按年级或院（系）设置，学生中正式党员达到3人以上的班级应当及时成立学生党支部”。高校大学生的组织形态一般有党支部、团支部、班级和其他社团组织，这其中，党支部、班级、团支部在高校的学生工作中呈鼎足之势。学生党支部应该积极参与到整体学生工作的规划中来，起到把握全局、引领方向的作用，指导其他学生组织的工作。第一，党支部要自觉把握社会热点，学习党的政策，策划相应的主题活动，指导年级、班级执行，在学生中进行广泛宣传。第二，党支部要加强党团学工作联系，积极参与团

---

[1] 见《中国共产党普通高等学校基层组织工作条例》（2010年修订）。

组织与年级、班级的学生工作会议，通过提出决策意见，把握学生工作正确的方向与思路。第三，党支部要积极学习反思，总结工作经验，不断地在工作中提高效率和质量。

（三）创新工作模式，强化党组织影响力

要引导学生党支部不断创新工作模式，丰富工作内容，增强支部活动的吸引力和参与度。管理学中的组织关系理论认为：优化组织模式能最大限度地发挥组织的力量，随着组织运行模式优化，使之在组织内部形成良性互动，凝聚人心。❶

当前许多学生党支部活动形式和内容比较单一、枯燥，缺乏活力。党支部的很多工作只限于发展党员、收缴党费，组织生活往往局限于理论学习，将政策性文件摘取其中一部分，为了完成任务似的“念文件、读报纸”。长此以往，支部活动严重缺乏活力，活动效果欠佳，对党员没有吸引力，因此难以调动广大党员参与组织活动的积极性。有的党支部开展民主生活会往往流于形式，批评与自我批评不够，大家一团和气，掩盖了组织内部的问题和矛盾。有的党支部由于疏于党员的组织管理，导致党员队伍涣散、没有凝聚力。

在新形势下，必须要创新学生党支部的工作方式，丰富支部活动内容，调动党员的积极性，使支部活动呈现多样性。具体有以下几种方法。

1. 突出党支部（党小组）作用

在学生党支部（党小组）、团支部、班委会三套学生基层组织系统当中，建立以党支部为核心的学生组织体系，赋予党支部引领班级建设、关心学生成长、团结同学共同进步的实效作用，在广大学生当中形成以党支部和学生骨干为核心的班集体，充分发挥学生党支部在学生成长成才中的引领作用，从而保持学生党支部的活力和影响力。

2. 开展共建交流，加强沟通

党支部应该积极组织沟通和交流活动，在各党支部完成自身工作的基础上，加强党员和同学之间、支部和支部之间、支部和教师及其他组织之间在信息、思想和情感方面的交流和反馈，开阔眼界，促进成长与进步。党支部内部要定期进行思想汇报与交流，利用支部大会、民主生活会以及各项活动为党员之间的交流架设平台。

---

❶ 黄百炼：《最大限度发挥民主集中制的整体效能——对民主集中制“民主”和“集中”关系的思考》，载《红旗文稿》，2013 年第 14 期。

3. 充分利用互联网开展工作，丰富支部活动内容

在如今的大数据时代，利用互联网和信息化开展工作已经成为必然趋势，党支部活动也要适应新环境和新要求。学生党支部应该积极利用微信、微博等信息媒介开展支部活动，随时发布消息和接收反馈，而不受时间和地点的限制。这样便于党员之间的交流沟通，从而增强党支部各项活动的吸引力，提高学生党员的参与度。

（四）关注学生成长，做好桥梁纽带作用

学生党支部要时刻关注学生切身利益，关心、帮助同学成长成才，充分发挥党组织与学生的纽带作用，增强党支部在学生中的凝聚力和影响力。学生党支部应及时地了解、服务、帮助学生，关心并解决他们实际生活和学习中遇到的各种困难，建立支部关心党员学生、帮扶困难群体的长效工作机制。具体来说，首先，党支部书记或其他班干部应当定期与学生交流谈心，了解他们的学习生活情况，倾听并发现他们生活中遇到的困难，通过组织的力量帮助解决。其次，党支部成员在与同学们沟通交流的过程中，要善于发现和把握可能出现的思想偏差以及人际冲突、矛盾，并及时纠正、化解矛盾，切实维护党支部内部的和谐与稳定，保证组织里每个有困难的党员都能真正感受到党组织的温暖。

（五）充分发挥民主，构建和谐向上的支部氛围

学生党支部在党员发展、评优表彰等各项组织工作中，要充分保障党员民主参与的权利，进一步完善与细化对重大事项的评议与表决程序，确保正式党员都能够有效行使手中的表决权，保障广大党员对发展对象和先进分子提出批评意见的权利，防止出现评议表决程序走过场、形式化的现象，建立通畅的党员正当利益表达渠道，保障学生党员正当利益。通过构建党支部内部和谐向上的组织氛围来促进党支部的活力建设。

另外，上级党组织的条件保障也是促进学生党支部活力建设的必要条件。对于学生党支部组织活动所需要的场地、人员指导、经费支持等客观条件，学校党委和学院分党委应该给予必要的支持和保障，切实保障学生党支部各项活动顺利开展。

总之，加强高校基层党支部活力建设是一项综合工程，既要注重思想建设、组织建设，也要注重外部环境建设和客观条件保障，既要抓好党员的教育管理工作，也抓好党支部的作用发挥工作。只有坚持不懈地围绕组织建设，抓好基层党支部的活力建设工作，才能使高校基层党支部真正成为团结广大师生，促进人才培养，推动高校发展的坚强保证。

人力资源管理视角下的班干部培养

民商经济法学院　张葆

摘　要　班级是大学生活动、交往、学习、生活的基本单位，是高校实现教育目的，制订教学计划、组织教学活动、开展思想政治教育，实现人才培养目标的基础组织，班干部作为其中的重要骨干，对于信息传达、沟通、良好班风的形成、思想道德建设的实现有着重要作用，他们是班级建设的直接实施者和推动者，引领并主导着班级的走向，但在实际工作中，由于种种原因，班干部的效能并没有与其被赋予的使命完全匹配，本文将从人力资源管理的视角，把班干部作为一项宝贵的人力资源进行分析，以对班干部的选拔、培养、评估、激励提出建议，以期更大程度地让班干部人尽其才，有所为、有所获、与班级共同成长。

关键词　人力资源　高校　班干部　培养

一、人力资源与人力资源管理的概念

人力资源是一切资源中最宝贵的资源，是指能够推动组织发展的，具有智力劳动和体力劳动能力的人们的总和，包括数量和质量两个方面。

“人力资源管理，是指为实现组织目标，运用现代化的科学方法，对人力资源进行合理培训、组织和调配，同时对人的心理和行为进行恰当的引导、激励和控制，充分发挥人的主观能动性，以保障人尽其才，事得其人，人事相宜。”❶

二、高校班干部的概念与作用

班干部是指在班级学生群体中担任某些职务，负责某些特定职责，对班级进行管理工作、组织工作、教育工作的一类身份特殊的学生。在我国高校，班干部一般包括班级党支部书记、班长、团支书、组织委员、宣传委员、学习委员、生

❶　刘芳：《人力资源管理：理论与实务》，合肥工业大学出版社，2010年版，第7页。

活委员、信息委员、文艺委员、体育委员、心理委员等职务。

班干部作为学生中的骨干力量，担负着学校建设、学院建设、班级建设的基础重任，对大学生的自我教育、自我管理、自我提高有着强大的组织与示范作用。

1. 信息交流的枢纽站

班干部承担着大量的信息交流工作，包括自上而下的事务性信息，宏观的教育理念与具体实践的要求，同时还有自下而上的信息反馈，班级同学在学习、生活中的建议与需求，不同阶段的心理动向等信息，这种信息枢纽的作用，架起了老师和同学之间一座联系与沟通的桥梁。

2. 班级建设的发动机

班干部作为各类班级活动的策划者、组织者，在班级建设中充当着发动机的角色，带动同学对班级活动提建议，定方案，积极参与，及时反馈，通过丰富多彩、积极向上的班级活动以及日常工作，促进优良学风、班风的形成，也加强班级凝聚力的发展。

3. 思想教育的排头兵

班干部作为班级的一面代表性旗帜，在学习和生活中具有很强的导向作用，要做好每个大学生的思想政治教育工作，仅靠辅导员的力量是远远不够的，班干部与广大同学年龄及身份相同，具有能够与广大同学朝夕相处，并且在思想、情感、心理上容易沟通的优势，具有很强的榜样示范作用。

三、高校班干部的工作现状及原因分析

目前，在高校班干部的选拔方面，主要采取自荐、民主选举、直接任命等形式，刚入学时，限于工作的紧迫性，一般采取辅导员查阅学生档案、考察实践工作经历、工作中谈话了解等方式，进行直接指定，经过一段过渡时间再由班级进行民主选举产生。选举中，很多同学并不清楚为什么要工作、如何工作，没有做好必要的准备，就在匆忙中选举产生了班干部。

在班干部的培训方面，主要限于工作内容的讲解，一般邀请高年级的班干部进行培训，主要是关于具体工作的要求、流程、方法等，限于时间精力，具有针对性、思维性、创新性的培训较少，大部分靠班干部自身在工作中的磨合与探索。

在班干部的考核方面，以班级成员打分评价为主，选项设计宽泛，评价结果难以精准，大多局限于满意与否的范围内，对于班干部自身的定位以及之后的进步难以起到指向性的作用。

在班干部的激励方面，大多局限于一些荣誉类、称号类的奖励，对班干部自身的成长、内心的收获、能力的提高、自我价值的实现方面关注较少，甚至在班干部换届时出现大一争着当、大二靠担当、大三没人当、大四躲着当的现象，究其原因，是对班干部的认识不当。

以上所列现状虽非普遍现象，但有此现象，值得关注。笔者认为，对班干部选拔标准与选拔原则的淡化，在管理工作中重使用轻培养，重经验积累轻理论提高，工作内容繁复琐碎导致无暇思考、创新、提高，使得他们感到与其他同学相比，素质提高不明显，反而耗费时间，影响学业与自我规划，从而影响其积极性的发挥和潜能的挖掘。

四、人力资源管理视角下的建议

针对以上现状与原因分析，为促进班干部队伍的提高与优化，运用人力资源管理的相关理论，提出以下建议。

1. 对班干部进行职务分析，制订职务描述书

在人力资源管理理论与实务中，职务分析是众要素中最基本的要素，是开展人力资源管理工作的基础。职务分析是全面了解一项职务的管理活动，其结果是产生职务描述书，包括职务说明和职务规范两个部分，这为制订选拔计划、实施培训、给予绩效评价等工作提供了基础依据。

在实际工作中，可以针对每一个具体的班委职务，通过向经验丰富的辅导员、高年级班干部进行问卷调查、访谈、日常记录整理等方式，对不同的班委职务工作内容进行梳理细化，制订出工作内容、工作要求、工作流程、任职资格等表述全面、清晰、具体的岗位说明书。

2. 公开发布选拔信息，严格要求申请标准

选拔是指根据用人条件和用人标准，通过一系列科学的测评手段对候选人在智力、能力、知识、心理素质、人格特征等方面的综合素质进行系统的、客观的测量、评价和判断，并在此基础上选拔适合填补本组织空缺职位的优秀人才。❶选拔应坚持因事选人、人职匹配、平等竞争、用人所长、德才兼备等原则。

在班干部选拔工作中，要把班干部选拔的要求、标准、时间、期限等具体信息传递到每一位同学，既保障他们的知情权，也为每一位同学提供参与班级建设，锻炼自身能力的机会，为体现选拔工作的正规性，本着对同学、对自己负责的态度，申请报名者应提交一份关于自己详细信息的申请表，以便老师和同学能够详细了解申请者信息。由于班干部的重要作用，对班干部的标准必须严格限制，申请者必须要有较高的道德水准和过硬的政治素质，良好的人际沟通能力、乐于奉献的精神和较强的团队意识❷。选拔前，辅导员老师可以通过与申请者本人谈话、向相关同学了解情况等途径，考察申请者的参与动机、平时表现，对申请者的各方面素质进行了解，虽然以上要求不可能全部具备，但应着意在之后的培训中继续强化。

3. 加强培训，激发潜能

培训是根据组织的实际工作需要，通过有目的、有计划、有组织的讲解和训练，使受训人员不断补充更新知识，掌握新的工作思维、工作技能或提高工作效率，对组织而言，培训可以发掘人的潜能，调动人的积极性，发挥人才作用，就受训人员来说，培训可以使自己适应新环境，产生新思路，创造新办法。❸ 在培训中，应当理论联系实际，遵循学以致用原则、参与性原则、长期性原则、因材施教的针对性原则、全员培训与重点提高的原则、持续性与创新性原则、培训评估反馈原则。

在对班干部的具体培训中，应以岗位本职工作为培训基础，多采用情景模拟、案例分析、游戏培训等互动参与式的方法，努力使培训效果好，效率高，使受训班干部能够精力集中，兴趣浓厚，成长迅速，对事务性工作的整体风貌、基本流程、注意事项、操作规范等方面有准确的把握；此外，还要多采取经验交流、头脑风暴、小组竞赛、座谈研讨等形式，鼓励班干部打开思路，创新方式，运用新媒体、新手段在班级建设中去设立更高的目标，挑战自己，实现自己的价

---

❶ 刘芳：《人力资源管理：理论与实务》，合肥工业大学出版社，2010 年版，第 160 页。
❷ 杨欢：《高校班干部的选拔与培养》，载《产业与科技论坛》，2014 年第 13 卷第 19 期。
❸ 赵曙明：《人力资源管理与开发》，北京师范大学出版社，2007 年版，第 10 页。

值，增强班级的凝聚力与自豪感，实现自己和班级的共同进步与共同成长。

4. 组织民主测评，开展绩效考核

绩效考核是指考评主体对照工作目标或绩效标准，采用科学的考评方法，评定工作任务完成情况，工作职责履行程度，并且将评定结果反馈给被考核者，是对组织成员日常工作中所表现的能力、态度和业绩，进行以事实为依据的评价过程。

要做好对班干部的绩效考核，首先要制定科学的考核标准和依据，应以岗位描述书为依据，设计客观、具有针对性的考核体系，在考核内容科学、客观、真实的基础上进行民主测评。此外，绩效考核同时是信息收集、处理的过程，一方面能够反映出班干部的履职情况，另一方面也可以分析出班级建设的长处与不足，以及班级同学的期待和需求，将这些信息综合处理，能够对班级下一步的发展做出合理的规划，同时，考核结果要对班干部进行及时反馈，让其了解自身绩效，通过沟通，可以分析绩效产生的相关因素和原因，并在此基础上制订改进计划。

5. 薪酬管理

薪酬是一个广泛的概念，指的是作为个人劳动的回报而得到的各种类型的酬劳。薪酬分为内在薪酬和外在薪酬两大部分。❶

外在薪酬是组织或他人所给予的各种类型的报酬，包括直接薪酬、间接薪酬、非财务性薪酬等。内在薪酬则是针对由工作本身所获得的满足感而言的，如参与决策、有趣的工作、挑战性的任务、多样化的活动、个人成长的机会、工作自主权等。❷

对于高校班干部来说，不存在外在薪酬，即货币薪酬之说，笔者认为此处的薪酬更倾向于内在薪酬的概念，即班干部在各类工作开展中，在班级建设活动中，在与老师、同学沟通交流中，所收获的成长，包括工作思维的成熟，工作视野的开阔，工作能力的提高，工作艺术的提升，内心的满足，自信的增强，自我价值的肯定，团队意识、奉献意识、责任意识的培养等，总之，归结为自身综合

---

❶ 张德：《人力资源开发与管理》，清华大学出版社，2002 年版，第 216 页。

❷ ［美］乔治·T. 米尔科维奇等著，纽曼：《薪酬管理（第 6 版）》，董克用等译，中国人民大学出版社，2005 年版，第 5 页。

素质的提升。这也提示我们，在班干部的培养过程当中，要多关注他们成长中遇到的困难，如内心的困惑、自身的规划、对职务的认识等，这需要学生工作者与之更多地谈心、对话，了解思想动态、工作状况，帮助、指导他们正确认知班干部的角色，激发他们的潜能与动力，使之成为德才兼备的佼佼者，让他们既能发挥榜样的力量，又能感到收获丰富，从而全心地、创造性地、主动地投入到工作中，开创班级工作的良好局面。

五、结语

在高等学校，大学生班干部是一个十分重要的群体，这一群体的培养和建设无论对班风建设、学风建设、班级凝聚力提升，还是对于学生干部身心健康、各方面能力的锻炼都有着不可忽视的深远影响。可以说，班干部是一支学生工作的生力军，但如何让这支生力军真正发力，笔者借用人力资源管理理论，尤其是其中的岗位分析、选拔、培训、绩效、薪酬等理论，对高校班干部的选拔培养进行探索，得出结论：要通过科学研究论证的职位分析让班干部明白做什么，如何做；要针对岗位内容面向全体同学选拔人事匹配的申请者，要给予班干部持续的、内容丰富、目标明确、层次分明的培训，定期组织民主、客观、真实的绩效考核并及时反馈，班干部自身的成长、内心的收获、综合素养的提升是最好的回报，要多沟通、谈心，给予激励，助其成才。

政法类院校大学生党员领导力现状及培养机制研究

刑事司法学院　王敬川　阮璇　李尧

摘　要　采取问卷调查法，制作并发放政法类院校大学生党员领导力调查问卷，就领导力的目标和理想、领导力的理论和知识、领导力的技术和能力等方面提出问题；回收问卷并对数据进行统计分析。依据分析结果，针对政法类院校大学生党员领导力现状中存在的问题与不足，提出应当从专题培训、日常学习教育、社会实践等方面入手，进一步提升大学生党员领导力的工作思路；通过落实培训机制、学习机制和社会实践机制，逐步实现提升大学生党员领导力的目标，以期为大学生党员领导力培养工作提供有益参考，为大学生党建工作开辟崭新思路。

关键词　政法类院校　大学生党员　领导力　培养机制

新时期，高校大学生党员是大学生中的优秀分子，是党和国家事业的建设者和接班人，其领导力强弱对我国未来发展有着重要影响，尤其是在我国从严治党的背景下，进一步提升高校大学生党员的综合素质自然成为高校党建工作的重要内容。这不仅体现在对大学生党员发展的要求将更加严格，发展程序更加规范，更体现在大学生党员特有的领导力的培养方面。而政法类院校学生党员的就业意向大多是公检法司等公务员系统，从事与法律相关的工作，因而“领导力”这一素质更是必需和必要的。因此，中国政法大学刑事司法学院以《政法类院校大学生领导力培养》为课题，就大学生领导力培养问题展开调研，旨在通过了解政法类院校大学生党员领导力的基本情况，探析其现状背后隐藏的原因，并试图有针对性地提出解决方案，以进一步完善和规范大学生党员的党建工作，积极推进德育工作的新发展，为政法类高校大学生党员领导力培养提供可供借鉴的参考。

一、大学生党员领导力问题研究概述

从国外经验来看，培养新型公民领导者是美国高校领导力开发的共识目标。

注重学生的知识、行为、价值的培养与训练，要求学生既要具有丰富的背景知识、专业知识和领导学知识，也要具备领导素质和领导技能。❶ 20 世纪 70 年代，美国在高等教育发展内外因素不断影响下，领导力开发计划项目在高校兴起开来，包括“北卡会员项目”（North Carolina Fellows）、“全国学生领袖研讨会”（the National Conferenceon Student Leadership）等。据不完全统计，各类高校领导教育计划达 221 项之多。❷ 1997 年美国《学生领导计划标准和大纲》出台后，很多高校的领导力开发计划项目得到了诸如凯洛格基金会、联邦艾森豪威尔领导资助计划的资助，美国高校大学生领导力教育计划蓬勃发展。

从国内研究现状来看，我国学者对大学生领导力问题的关注度并不高，尤其是有关大学生党员领导力的研究成果很有限，主要以试探性地对大学生进行领导力教育，编写培育大学生领导力相关课程，开展一些锻炼大学生领导能力的实践活动为主。❸ 总的来说，作为大学生综合组织和能力体现的领导力的研究培养工作在国外尤其是美国已开展得如火如荼，但在我国还尚处起步阶段，国内学者认为，对美国高校大学生领导力教育的研究对培养我国高校大学生领导力具有良好借鉴意义。国内学者已做出不少实际工作，提出了有价值的建议。

本研究课题主要采用调查研究法、文献研究法与比较研究法。课题组针对大学生党员领导力发展现状及培养机制问题面向中国政法大学刑事司法学院、外国语学院、政治与公共管理学院、社会学院开展调研，发放问卷共计 255 份，回收 254 份，涉及专业包括法学、侦查学、政治学、行政管理、社会学、英语、德语等。通过问卷调查了解当前大学生党员对领导力问题的关注程度、自身领导能力状况、政法院校专业学习与领导力培养的关系以及对现阶段学校、学院领导力培养方式的态度。通过阅读大量文献明确大学生领导力的具体内涵和国内外研究现状，在此基础上结合政法类院校的学科特点和专业特色构建出适合政法类院校学生的领导力培养模式；对比国外（尤其是美国）的经典优秀案例，将政法类院校与非政法类院校的教育方式和学科特点做比较，去粗取精、扬长避短，通过研究分析出政法类院校大学生党员的特点，有针对性地对他们进行领导力培养。

---

❶ 雷海栋：《美国高校大学生领导力开发研究综述》，载《中国软科学增刊（上）》，2012 年第 8 期。

❷ 雷海栋：《美国高校大学生领导力开发研究综述》，载《中国软科学增刊（上）》，2012 年第 8 期。

❸ 许大鹏：《我国大学生领导力现状及教育建议》，湖南大学 2012 年硕士学位论文，第 13 页。

二、政法类院校大学生党员领导力问题调查与分析

（一）大学生党员领导力问题研究概述

当前国内学界针对大学生党员和大学生领导力的研究颇多，而鲜有将两者结合起来研究“大学生党员领导力”的文献，因此也并无对“大学生党员领导力”的明确定义。综合各方观点来看，“领导力”是个人或者群体所拥有的，由领导理想、领导知识、领导技能等要素构成的，凭其人格魅力、价值观念、道德情操等以凝聚他人或者群体以实现预定目标的影响力。[1] 而大学生党员领导力是一种非权力性影响力，是大学生党员所拥有的，在具备一定领导理想、领导知识、领导技能的基础上，凭借其人格魅力、价值观念、道德情操等非权力因素凝聚他人或群体以实现预定目标的能力和影响力。总的来说，大学生党员领导力应当包括以下几个要素：

（1）领导目标和理想。领导目标是一个领导者带领组织前行的重中之重，大学生党员领导理想的层次直接影响着大学生领导活动的成败和效果。领导目标和理想可以通过期望担任学生干部、对未来担任领导干部的愿景等形式体现。

（2）领导理论和知识。领导理论即大学生党员所具备的政治性知识、领导学理论知识以及学科知识等。大学生党员的特殊政治身份，决定了关于党和国家的政治性知识应当是其知识体系的重要部分。[2] 同时，领导学的理论也是大学生党员在工作中必备的知识储备之一，在坚实理论素养的支撑下，实践才能发挥出最佳作用。政法类院校学生所具备的政治学、法学、管理学知识使其在工作中更加游刃有余。

（3）领导技术与能力。领导技能是最能为人们直观感知和判断的构成要素之一，包括道德素养、组织协调能力、人际交往能力、社会责任感等。

（二）政法类院校大学生党员对领导力问题的认知现状

为获得政法类院校大学生党员领导力现状的第一手材料，本课题组制作调查问卷《政法类院校大学生党员领导力调查问卷》，对中国政法大学刑事司法学院、政治与公共管理学院、外国语学院、社会学院的255名党员学生（包括预备党员）进行调研。发放问卷255份，回收问卷254份，调查对象中，刑事司法学院

---

[1] 李庆朋：《大学生党员领导力培养研究》，湖南科技大学2012年硕士学位论文，第24页。

[2] 李庆朋：《大学生党员领导力培养研究》，湖南科技大学2012年硕士学位论文，第24页。

学生占77.2%，政管院学生占7.8%，社会学院学生占7.9%，外国语学院占7.1%。由上可见政法类专业学生共占92.9%，其他院系占7.1%，参与调查人员主要为政法类专业的学生。参与调查者男女比例相当，分别为53.5%、46.5%。在学历层次上本科在读的学生占61.4%，其他为硕士和博士研究生，调查对象本科生占一半以上，硕士和博士生相对较少。同时，参加此次调研的有超过四分之三的学生为中共正式党员，只有不到四分之一的学生为中共预备党员。有将近五分之一的党员党龄在三年以上，相对而言，大部分党员的党龄在一年至三年。近一半的学生担任过学生团支部和班委会职务，只有大约10%的学生未担任过任何职务，另有将近20%的学生担任过党支部职务，30%左右的学生在学生会或学委会部门任职。可见大多数的学生在校期间都参与过相应的组织活动，都得到过相关锻炼。

1. 对大学生党员领导力问题的关注度

从调查问卷当中看出，大部分调查对象都在生活中听到过关于“领导力”的讨论。近85%的调查对象认为领导力对于大学生党员来说“重要”或是“非常重要”，可见当前大学生党员群体对自身领导力培养重视程度较高，且与学生群众相比，学生党员的领导力要更强（见图1、图2）。

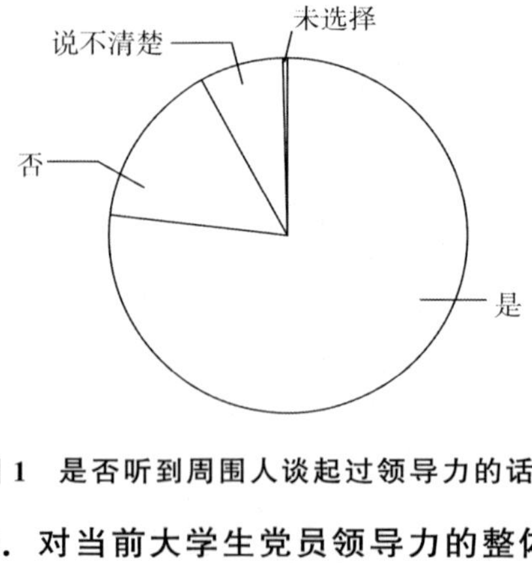

图1　是否听到周围人谈起过领导力的话题

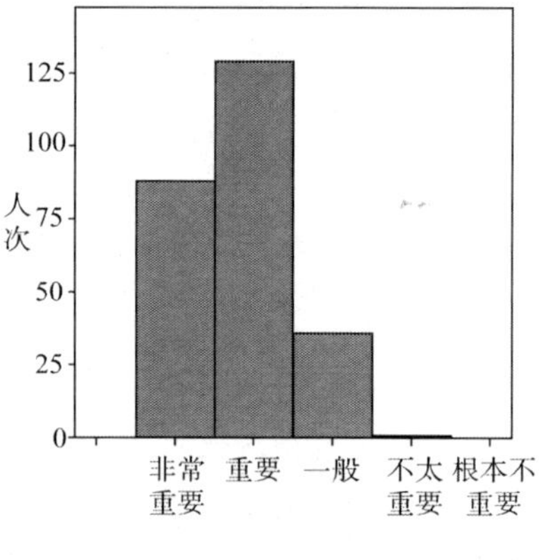

图2　领导力对于大学生党员的重要性

2. 对当前大学生党员领导力的整体评价

涉及对自身以及整个大学生党员群体领导力的评价主要有三个问题。根据调查结果，绝大部分同学认为学生党员领导力大于普通学生或者与普通学生差不多，大部分学生对自身领导力的评价集中在“一般”和“较强”，认为自身领导力很强的学生党员占比较小。近六成调查对象认为身边有影响力的学生党员“有一些，但不十分常见”。近75%的调查对象认为目前学校领导力教育水平应当提高。综合以上几个问题可以大致看出，调查对象对自身乃至整个大学生党员群体的领导力认可程度并不高（见图 3、图 4）。

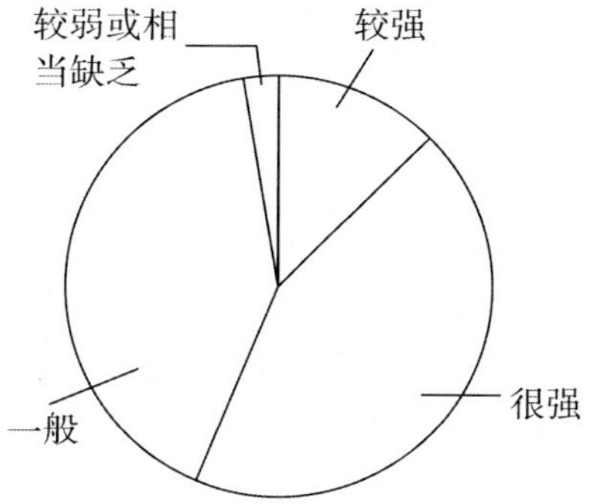

图 3 对自己领导力的看法

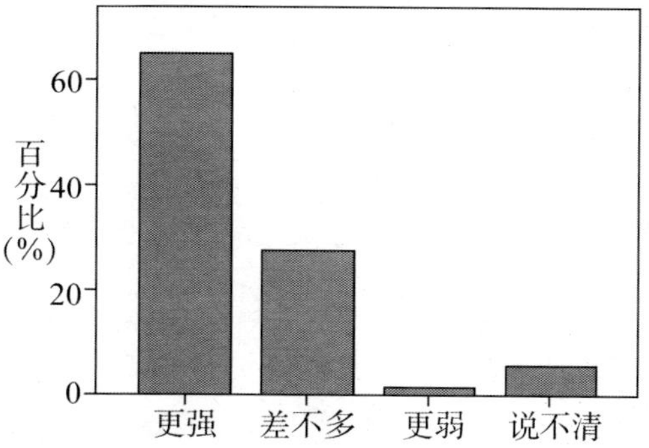

图 4 学生党员领导力较学生群众的强弱

3. 对领导目标及理想的认识情况

在问及自身领导目标及理想时，大部分调查对象表示自己有一定的领导理想。86%的调查对象希望担任学生干部，同样有 86%的调查对象希望在以后担任领导者，其中近 80%希望担任中层以上领导。在领导目的上，四分之三的调查对象希望通过担任领导服务社会、服务人民、实现自我价值。可见大部分调查对象都有着较为崇高的领导理想，希望在领导岗位上为社会和人民做出贡献（见图 5、图 6）。

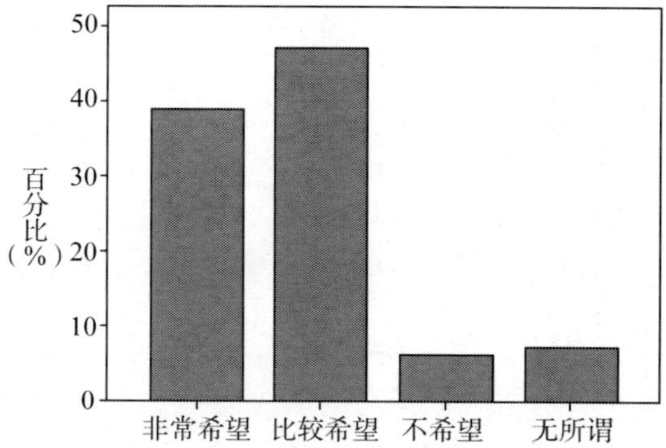

图 5 是否希望在校担任学生干部

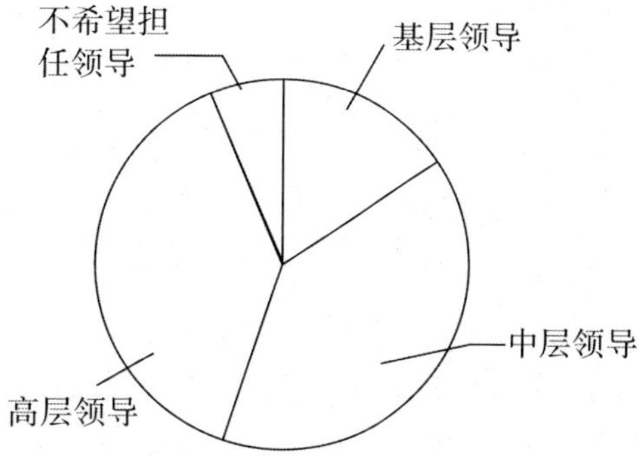

图 6 所希望担任领导者的级别

4. 对领导理论和知识的掌握情况

本次调查对大学生党员是否愿意学习领导学学科知识、对时事政治的关心程度等进行了调研，了解到 42%的大学生党员还是主动学习一些领导学知识，但主动阅读领导学相关书籍的学生较少。而作为政法类院校学生，往往对时事政治较为关注，近95%的调查对象会主动关心时政。由此看来，大学生党员的领导学理论知识储备有待加强。

5. 对领导技巧与能力的理解情况

在调查问卷中，涉及领导者领导技能的问题主要有其社会责任感、组织协调能力、参与活动和培训的次数以及工作态度等，可以看出担任过学生干部或有过领导经验的学生党员往往有着更好的组织协调能力，对其领导技能的提高起到了积极作用（见图7、图8）。

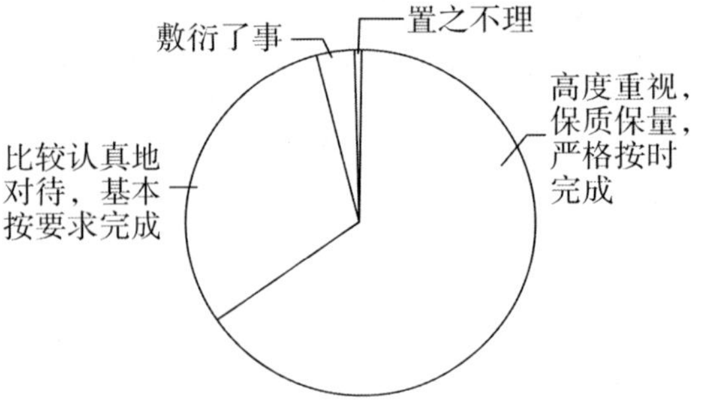

图7　对交予任务的态度

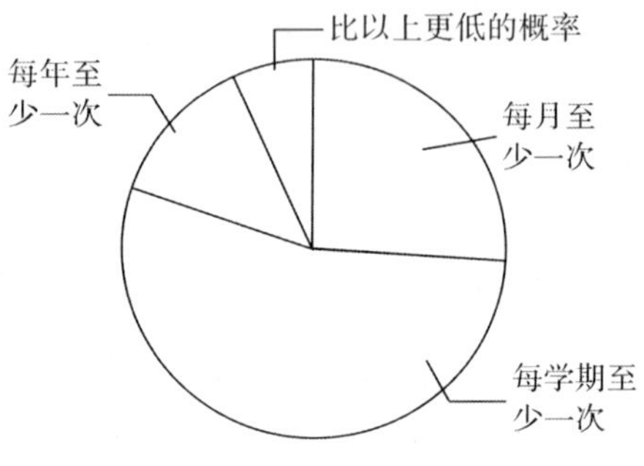

图8　参加实践活动的频率

三、政法类院校大学生党员领导力发展存在的主要问题

大学生党员领导力具有特殊性，它既不是一种通过职权获得的领导力，也不是如意见领袖一般由自身魅力而对周围人群产生的一种吸引力和信服力。大部分调查对象认为学生党员的领导力是一种“通过人格魅力和人际交往能力，影响他人并协调事务的能力”，也就是说大部分调查对象认为大学生党员领导力更多地表现为交往能力、协调能力、组织能力以及个人魅力。尽管部分调查对象认为这种领导力较多地受天生、幼年和青少年时期所形成的性格的影响，但绝大多数调查对象仍然认为这种领导力可以通过后天的培养习得。通过调查数据可以看出目前政法类院校大学生党员领导力仍存在以下几个问题。

1. 领导学理论知识匮乏

大多数学生对专业领导学知识的学习较少。目前很少有学校将领导学当作通识课程，仅有行政管理、工商管理等管理学专业将开设专业选修课《领导学》，受众范围小，大多数学生甚至主要学生干部都没有系统学习过领导学知识，在领导岗位上主要凭以往积累的经验和在学生干部培训中获取的知识开展管理工作。

作为政法类院校学生，对时事政治有自然的敏感性，但大多数情况下，学生对时政信息的获取只停留在“浏览”和“知晓”的阶段，并没有深入挖掘其中蕴含的管理和领导知识，因此对时政事件没有做到“完全利用”。在中国政法大学，关于法学学科的讲座和实践活动较多，而关于时政热点的学术讲座和实践类活动却屈指可数，学生接触到的领导学理论知识相对匮乏。

2. 领导技能和技巧欠缺

大学生党员所担任的领导岗位主要为班级、年级党支部干部，有部分学生党员也在学校或学院学生组织任职。其领导技能强弱不仅仅受其自身性格特点的影响，在一定程度上也受学院学生工作风格、往届学生组织干部自身风格的影响，大部分领导技能都是在学生接受培训或者师兄师姐的口耳相传中继承下来。因此，学生干部的领导技能往往会存在短板，在某方面存在明显缺陷，从而影响其在领导岗位上的工作。

3. 领导力培养成效偏低

当前各大高校的学生领导力培养主要有以下几种方式：一是学校或学院团委组织的专题培训和素质拓展，通过课程讲授、模拟演练等方式对领导学理论、学生工作事务进行培训；二是通过开设领导学相关课程，为学生提供学习领导学理论知识的机会；三是学生党员通过担任学生干部在组织活动、协调学生组织事务过程中积累经验、提升自身领导能力。但总的来说，在这种培养模式下，学生领导力的影响范围较小，无法在学生党员自己身边的支部、班级、社团、宿舍生活中形成氛围。而大学生党员的领导力正是需要他们通过日常的工作和生活来影响周围的同学，从而形成一种良好的校园文化和校园氛围。

在我校运用较多的主要为上述三种，学生实践活动已较为成熟和完善，大部分学生干部都能在组织学生活动的过程中锻炼自身领导能力，而学生干部培训和老师辅导还未形成规模化、常态化效应，学生组织的干部培训主要由各组织自主进行，党员培训成效甚微，大多数学生党员并没有将培训内容与实际工作结合起来。

四、构建政法类院校大学生党员领导力培养机制

学生党员的培养是为党和国家的未来建设提供充分的人才保障，学生党员领导力培养是与当前时期党的历史任务以及实现该目标任务所确定的方针紧密联系在一起的，所以大学生党员的领导力培养应当被作为高校党建工作和德育工作的重点内容。对大学生党员来说，如何培养领导力主要集中在提高个人能力，以使他人产生对自己的信任和服从，以便于更有效地领导他人。

（一）贯彻始终的培训机制：在大学生党员培训中通过专业课程渗透领导学内容

目前，高校对大学生入党前教育较为充分，也越来越重视发展党员的质量问题，但是，对大学生党员入党后的教育管理措施则相对缺失。从大学生服务国家建设的高度上讲，领导力应当作为高校大学生党员的必备素质之一，领导学应作为其入党后再教育的重要课程。

1. 马克思主义理论始终是必修课程，帮助大学生党员树立正确而崇高的领导理想和目标

中国共产党是以马克思主义为指导思想的、为广大劳动人民服务的政党。这一特点决定了领导力教育的首要任务就是要加强党员的政治素养教育和道德品质教育。这是区别于其他领导力教育的重要内容。在一定程度上，学生在申请入党时的动机将会成为日后其担任领导的领导理想，在公民价值观日益多元化的现代社会，大学生入党动机也不再单一，这就需要高校德育工作者们帮助学生党员树立起正确的领导目标。

2. 领导学和领导艺术理论是选修课程，丰富第二课堂，提高大学生党员领导的理论水平

政法类院校学生本身具有较强的权利意识、民主意识，这也是作为领导者所必备的思想素质。学校可以通过开设领导学通识课程将学生在专业学习中的知识融入领导实践当中。学校方面可以通过创设适合领导力发展的课堂，尽量使课堂条件满足领导力发展要求和教学发展目标，通过讨论和团队活动使参与者之间自动形成领导者；加强学生党员入党后的教育管理，将领导力培养作为重要课程，并以平时表现和成果为根据进行打分和评价。

通过专门培训项目培养学生党员领导力。以领导力为主题的专门培训项目对培养学生党员领导力非常重要。例如报告会、工作坊、系列研讨会、领导力培训班等。在学院党组织中，可开展学生党员干部轮岗制，使得所有学生党员都有机会直接参与甚至组织党团活动，从而促使学生党员主动学习领导知识，提升自身领导力。

（二）调动自我的学习机制：在日常学习中通过自我学习来培养大学生党员的领导力

个体的主观能动性在人的身心发展中起到极为重要的作用，也就是说学生个体的成就动机是一种获得成就的重要驱动力量，对个人的成长成才起积极的推动作用。因此，大学生党员领导力培养也可以利用这些找到学习并培养领导力的成

就动机。多次成功的体验则会提高个体的自我效能感。

在调查问卷中已经涉及有关学生成就动机的问题，76%的调查对象担任领导者的主要目的是“奉献社会、服务人民、实现自身价值”，那么在党员教育管理中就应当强化学生党员的该部分成就动机。通过先进事迹教育、激励学生党员，鼓励学生党员参与各种校园活动、社区服务活动，让大量学生党员在主动参与、积极担任领导角色的过程中培养社会责任感、与他人合作的能力、实践和服务能力等。

（三）身体力行的实践机制：在社会实践中整体提高大学生党员领导力

1. 校园内，通过角色转换的方式培养学生党员领导技能

在大学校园里，大学生党员的身份仍是学生，而为适应今后生活与工作的需要，大学生党员应具备多种领导技能，包括组织协调能力、管理能力、社会责任感、独立思考能力等。为此，学校和各个学院应鼓励学生担任干部，积极组织丰富多彩的学生活动，通过亲身实践锻炼自身领导技能；班级、年级学生党支部干部也可采取“干部轮换制度”，尽量让每一位党员同学都有机会成为领导者、决策者，在此基础上，辅导员老师对学生干部的表现进行评价和反馈，有效地帮助学生党员干部认识到自身的优缺点并扬长避短，对照改进，力求完美。

2. 校园外，通过实习实践的方式提升大学生党员的领导素质

在大学校园外，大学生党员的身份会发生变化，不仅是学生，而且会根据工作实践的需要，充当着技术骨干或部门兼职员工的角色，反映在工作中的不再是一味地服从，还有合理地创新，甚至是开拓性的工作思路。这些都需要具备良好的领导力素质，才可以更好地实现。为此，学校可以为大学生党员提供更多的实践机会，规避掉理论知识的说教性，让实践工作成为最好的老师，从而引导大学生在实践中提升领导力，为今后实现自身的个人价值和服务国家的社会价值的统一，奠定更坚实的综合素质基础。

高校学生党支部开展“支部共建”活动的实践探讨

刑事司法学院　赵松云

摘　要　“支部共建”活动优化了资源整合，焕发了学生党支部建设的新活力，同时促进了高校学生党建与大学生思想政治教育更好地形成合力互助。做好“支部共建”活动对加强高校学生党支部建设具有重大意义。“支部共建”活动需要进一步的完善与提升。

关键词　学生党支部　支部共建

高校学生党支部作为中国共产党在大学生中建立的基层党组织，是党的合格接班人的重要培养基地，在服务、管理、教育学生党员和普通学生的工作中发挥着重要作用。我党一直非常重视高校领域的相关党建工作。尤其是近年来，随着我国的改革开放愈加深入，互联网和新媒体的广泛应用，西方多元化的文化思潮已经不断地渗透进我国，大学生作为网络受众最主要的群体，不可避免地遭受了巨大的冲击，这给高校学生的党建工作带来了新挑战、新要求。党的十八大报告明确表明：“要牢牢把握加强党的执政能力建设、先进性和纯洁性建设这条主线，充分发挥基层党组织在群众服务、人心凝聚、和谐促进中的作用，确保党始终成为中国特色社会主义事业的坚强领导核心。”[1] 也正因为如此，如何提高学生党支部的活动能力；如何保持学生党支部的先进性和纯洁性；如何调动学生党员，发挥基层学生党支部的群众服务和齐聚人心促和谐的作用；如何在新形势下稳固和提高学生党支部在学生中的政治核心地位和战斗堡垒作用，就成为摆在当下的重要问题。

“支部共建”活动就是高校学生党支部寻找新思路、新路径的举措之一。它

[1] 参见党的十八大报告，即《坚定不移沿着中国特色社会主义道路前进　为全面建成小康社会而奋斗》。

在一定程度上优化了资源整合，焕发了学生党支部建设的新活力，同时促进了高校学生党建与大学生思想政治教育更好地形成合力互助。做好“支部共建”活动对加强高校学生党支部建设具有重大意义。

一、“支部共建”活动的内涵

“‘支部共建’活动也可称为‘支部结对共建’活动，主要是指两党支部按照事先共同的约定，结为互帮互建对象，并联合开展有关教育管理活动，从而形成两者的工作互动和资源共享，不断促进两者建设水平共同提高的一项党建工作举措。”❶“支部共建”活动一般有师生结对，新老结对，校内校外结对等几种形式，❷应该说，这些结对共建模式各有千秋，例如师生结对可以发挥教职工的优势，在学习、校园生活等方面给予学生党员关照与帮助，新老结对则可以根据高年级同学的学习心得给予低年级同学更多的指导，使低年级同学在选课、考试、择业、就业等方面少走弯路。不过，相对而言，校内校外结对是目前大部分高校都比较推崇的模式。因为这种共建方式可以鼓励学生走出校园，通过与校外党支部的合作、学习获取更多的资源和知识。

高校党组织一直致力于提高学生党支部的活动能力的建设。如何有效地改变学生党支部活动的形式化和套路化，创新学生党支部的活动机制是高校党组织一直在探索和思考的问题。“支部共建”的校内外结对模式在一定意义上帮助学生党支部解决了以前学生党建工作普遍存在的思想上缺乏深度和活动范围上缺乏广度的问题。因而成为当下许多高校学生党支部寻求新路径、新方法的尝试。

二、“支部共建”活动的意义

笔者所在的中国政法大学刑事司法学院分党委结合自身学科专业的优势，鼓励学生党支部走出校园，与校外北京市海淀区司法局下属的一个党支部形成结对共建。开展“支部共建”活动，增强了学生党员参与志愿服务的热情，学生通过实践和感受在思想上得到了升华，而且搭建的平台促进了学生党员自觉自愿地行动，热心助人、爱的奉献精神在这里都化作了一点一滴的事例。“共建活动”促进了学生党支部更好地发挥活动机制与活力，同时，也促进了高校学生党建与大学生思想政治教育的互助合力的形成。

❶ 参见高辉庆、贺涛：《高校学生党支部开展“支部共建”活动的实践与思考》，载《思想政治教育研究》，2007年第4期。

❷ 参见周安、杭祝洪、王云、刘金生：《新形势下高校学生党支部开展“支部共建”活动的探讨》，载《时代教育》，2015年第3期。

1. 资源整合，焕发支部建设新活力

每一个学生党支部作为独立个体，其所具有的资源受到组织、场所、环境、专业能力水平、时间等许多方面的限制，在开展党建活动时往往陷入形式古板单一、内容乏善可陈的困境之中。“支部共建”可以给学生党支部提供更多的活动形式，能够调动更多学生党员的积极性，焕发支部建设的生机和活力。例如上文提及的我院2013级刑法2班党支部，在与北京市海淀区司法局第六党支部的共建过程中，先后开展了党支部座谈会、社区矫正的观摩与学习、校园宣传社区矫正、相互输送志愿者等多项活动，大大丰富了我院学生党支部的活动形式。可以说，这样的党建方式对学生党员的锻炼是社会的，多方面的。

2. 开阔视野，激发热情，提高学生党员认知水平

通过与其他组织党支部的结对共建，学生党员能够在活动中不断拓宽眼界，将思想更进一步升华。在实践中激发学生党员的热情，从以往的被动接受教育，转向积极策划、参与到各项党建活动中去。结对共建可以使学生党员接触到更多层面的无偿志愿服务，让学生党员始终保有一颗无私奉献的爱心，一心向党、为人民服务的赤诚之心。让书本中、课堂上的党员教育在社会活动中更进一步地加深、提高。这方面的实例还有：我院2013级刑法1班党支部在研一与北京市昌平区百善镇良各庄村党支部结对共建后，先后开展了村民普法、慰问孤寡老人、义务劳动等多项志愿公益服务活动，使学生党员的认识水平有了普遍的提升。

3. 形成学生思想政治教育的实践新基地

“支部共建”活动促进了资源的整合以及资源的再分配与再分享。共建支部为学生党员提供了广阔的实践基地，在亲身经历中，认识社会，认知自我，才能逐步适应社会，实现真正意义上的精神独立，成为一个具有独立人格的人，为将来更好的发展奠定坚实的基础。在实践中开展对大学生的思想政治教育，是教科书式的生搬硬套、死记硬背无法比拟的，它是鲜活的、真实的、社会的，更有利于学生党员的接受与理解。经历是对一个人最好的教育。“读万卷书，行万里路”，[1] 在一定程度上，“支部共建”推进了学生党建工作与大学生思想政治教育的互助结合。

---

[1] 清代钱泳的《履园丛话》中说：“‘读万卷书，行万里路，’二者不可偏废。每见老书生痴痴纸堆中数十年，而一出书房门，便不知东西南北者比比皆是；然绍兴老幕，白发长随，走遍十八省，而问其山川之形势，道理之远近，风俗之厚薄，物产之生植，而茫然如梦者，亦比比皆是。”

三、“支部共建”活动的完善与提升

1. 改变“支部共建”活动的单一类型，形成多种类型的重组

我院2013级刑法2班党支部为了了解、参与社区矫正工作，更好地将理论知识与司法实践相结合，选择了与北京市海淀区司法局第六党支部结对共建，以北京市海淀区阳光中途之家社区矫正中心为场所，展开了一系列的共建交流活动。作为第一批试点地区的北京和第一所社区矫正中心的海淀区阳光中途之家，虽然其发展较全国其他地区已经较为成熟，但还是相对缺乏法学、社会学、心理学等专业知识人才。本次结对共建活动为双方单位提供了良好的契机，既可以使大学生党员发挥自己的专业优势，帮助社区矫正中心的业务水平更上一层楼，同时也给了我院学生党员接触司法实践的机会，感受刑事司法领域的工作环境。应该说，这种“专业对口”的结对共建还是比较理想的，在前期的活动中发挥了很好的作用。

但是活动需要思考，上文中曾提及“支部共建”的几种类型，像师生结对，新老结对，校内校外结对等。一般情况下“支部共建”往往是校内的某一学生党支部个体与校外的某一支部形成单一的校内校外结对方式，往往这个学生党支部不存在了，这项活动就结束了，缺乏时间上的传承性和内容上的丰富性。如果形成老支部带动新支部的新老传帮带结对，以及有丰富经验的老党员、老教授带动新入学的新党员、新学生，新党员和老党员结对同校内外结对结合起来，这项活动就会充满生命力地延续下去，不断发展壮大。以笔者所在的中国政法大学刑事司法学院分党委为例，为了确保下属学生党支部在与校外党支部的共建过程中有所收获，我院分党委利用本院老师在社会组织和机构中的影响力，为学生党支部的共建活动提供帮助，如与实践单位的联系，帮助学生党员在专业上和与“共建活动”相关联而学校课程设置中没有的内容进行指导，引导学生进行思考，形成新的论文思路等方面做了新的尝试。这也成为中国政法大学刑事司法学院分党委为下属各学生党支部提供的共建方案之一，形成了多交叉立体化的活动模式，促进了学生党支部活动能力的提升。

2. “支部共建”活动的监督与指导

学生党支部开展活动是以学校名义与社会单位进行的接洽与服务，学校组织部在整体策划与财政保障方面往往能够给予很大的投入与关注，但在活动中的监督以及活动后的总结与完善上，在实践中还是有不少需要完善和提升的地方的。也就是说，前期准备、接洽、达成协议以及最初的几次活动会很完美，但中期的考核监督和问题反馈与调整，以及后期的形成体制和机制方面还需要不断加强，

不能松懈。一项成果的形成需要较长时间和经验方面的积累与改进，不可能一蹴而就，那样的成果是骗人的，没有社会意义和价值的，谈不上为社会做贡献。只能说是为了完成而完成，形式上的表面文章也许会光鲜一时，但从根本上实现对学生党员的思想教育和改变则需要深入的实践渗透和亲历思考。所以，高校党组织应保持密切关注并及时对学生党支部给予监督、帮助和指导。帮助学生党支部从活动中吸取经验、反思教训，促进共建活动的规范与完善。

3.“支部共建”活动的规范管理

“支部共建”活动虽然为双方提供了学习促进的机会，实现了共赢，但其要真正发挥作用，也必须严格按照相关的程序和手续进行规范化管理。之所以如此，就是要对双方形成约束，在制定协议之初将可能预见到的情况一一列明，形成书面化的合同或协议，保证提供服务的学生党员按照合同规定履行义务，如时间、能力、资金、设备、培训等要求。杜绝三天打鱼两天晒网，时间不固定无保障，随意换人等情况的发生。在活动中及时总结，发现问题，解决问题，做到活动有组织，管理更规范。

中国政法大学刑事司法学院分党委在“支部共建”活动工作中一直致力于潜心思考，深入探索，规范管理。学院党委组织学生党支部深入大学生“村干部”所在京郊农村、优秀毕业生所在乡镇街道社区、企事业单位、驻京部队等，与当地基层党组织结对共建，各项活动开展得有声有色，产生了积极的影响。特别是通过鼓励“专业对口”型结对共建，使得我院同学提早为我国的法制化进程贡献自己的一点绵薄之力，同时也激发了学生党员了解党和国家是如何将法制建设与和谐社会建设紧密地联系到一起的热情，更进一步激发了学生党员的爱国主义热情，推动高校德育工作的深入开展。

高校班级管理问题探讨及对策研究
——以政治与公共管理学院班级为例

政治与公共管理学院　刘慧

摘　要　在高等教育体系中，班级是学生在校最基本的归属单位，是校园中满足学生成长成才要求的重要场所。随着教育教学模式的发展，全民网络的时代给班级管理带来更多挑战，大学生班级管理出现了很多新问题。本文从我院学生工作以及辅导员的角度分析高校班级管理存在的问题，同时对如何加强高校班级管理做出探索和思考。

关键词　高校班级管理　归属感　宿舍长　奖惩平台及机制

高校班级是高校普遍的教学组织和管理形式，班级组织的发展有助于创建利于大学生成长的良好组织氛围，促进教育目标和高等教育功能的实现。随着社会环境、教育方式和理念以及教育对象的发展变化，在高校大学生的校园学习生活中，各种学生自我教育团队蓬勃兴起，涉及兴趣社团、网络活动和宿舍文化等。同时由于全面学分制的推行、辅修制度和双学位制度的实施以及我院管理类特有的选专业制度，固有的班级职能有所削弱、班级集体意识有所淡化。作为班级直接管理者的辅导员应分析目前班级管理的情况并对出现的问题提出解决方案。

一、班级作为管理学生基本单位发挥重要作用

高校班级是管理的主体，而班级管理是实现高校培养目标的有效载体。班级管理工作对整个学校管理工作而言，是其基础组成和可靠保证。我校的学生管理和国内其他高校一样还是由学校－院系－年级－班级管理体系组成。班级是这个管理体系的最后一个步骤，也是决定性的管理环节。班级管理是高校管理工作的辅助，也是基础。如果没有班级管理，学校管理将无法进行，整个管理体系形同虚设。学生的思想和各方面技能的掌握，班级内部的关系和矛盾，以及班级学风的形成，这些都是学校管理工作的重要细节。因此班级管理是整个高校管理工作

的基础工程，是实现培养目标的重要手段和保证。[1]

二、辅导员在班级管理中的职能

《普通高等学校辅导员队伍建设规定》第四条第一款辅导员工作的要求是：认真做好学生日常思想政治教育及服务育人工作，加强学生班级建设和管理；第五条辅导员的主要工作职责第六款的规定“以班级为基础，以学生为主体，发挥学生班集体在大学生思想政治教育中的组织力量”。所以，搞好班级的组织和管理在辅导员职责中占了重要的位置。目前我院辅导员在班级管理中的主要职能有以下几个方面：

（1）培养优秀的学生干部。辅导员对班级的管理基本上都是通过学生干部实现的。优秀的学生干部对一个优秀班集体的建立起着至关重要的作用。我院的实际情况是每个学年的 9 月通过班级竞选的方式组建班委会。班委会成立之后，辅导员根据大一到大四年级学生的不同特点和学生工作的重点，引导学生干部开展一系列的班级活动以增强班级的凝聚力。

（2）信息发布和收集。虽然现在获取信息的渠道多样化，但是很难保证信息能全面准确地让学生都知晓，因此通过班委同学发布信息是辅导员日常工作的重点和难点。由于班级同学的生活、学习基本上都在一块儿，辅导员可以通过班级或者宿舍同学更好地了解每一个学生，特别是当发生突发事件或者评奖评优时。

（3）评优、奖惩等都是通过班级这个平台完成的。现在学校中涉及跟学生利益相关的事情，比如评选优秀学生干部、三好学生、进入贫困库、优秀毕业生等都是通过班级民主产生的。班级、团支部甚至党支部依托的载体都是同一个班级学生。入党是很多学生在大学期间努力的目标。从写入党申请书到被接收为预备党员都离不开团支部和党支部的培养教育及推荐。团支部跟班级是相融合的，很多工作的开展是互通的，而班级恰恰就是整个活动的载体。在学生进入大三之后，为了方便工作的开展，年级党支部会申请分开重组，形成班级党支部。这个时候，班级、团支部、党支部所依托的载体都是同一个班级的学生。学生身份的多元化也会增强班级凝聚力，使活动开展得更加丰富多彩。同时，班级也是各种矛盾的集合体，所以一荣俱荣，一损俱损，因此大一时期良好班级的建立至关重要。

[1] 孙景波：《高校班级管理工作的思考》，载《机械管理开发》，2008 年第 2 期。

三、目前班级管理面临的困境

（一）班级归属感欠缺

学校归属感定义为学生感觉到自己是班级或学校的重要一员、被他人接受、被他人认为有价值及与他人成为一个整体的一种情感。

班级归属感是指学生对自己的班级在思想上、感情上和心理上的认同和投入，愿意承担作为班级一员的各项责任和义务，乐于参加班级活动。根据Freeman的定义，班级归属感是学生感觉到自己是班级中重要的一员、被他人接受、被他人认为有价值及与他人成为一个整体的一种感情。一个班级就是一个集体，班级的几十名成员都来自不同的省、市、自治区和不同的家庭，而每个家庭对子女的要求和希望都不尽相同。在这样一种环境下，由不同成长背景、不同生活习惯的同学组成的一个集体，看似简简单单的几十人，其实完完全全是一个复杂的群体。让这样一个群体的成员形成对班级的归属感是非常难的一件事情，这主要表现在以下四个方面：

（1）没有共同的生活载体。不同于家庭生活和高中校园生活几乎天天生活、学习在一起的模式，大学的学习、生活是分散的，除了宿舍之外，上课的班级教室是不固定的，在同一个教室上自习的同学们是相互不认识的。吃饭的食堂、洗澡的浴室、查资料的图书馆和运动的场所都是公开和公用的。一个班级同学没有固定的生活载体让大学新生入校之后很难形成“我是某某班级的同学”的感觉。

（2）没有权威的学生干部。一个集体归属感的强弱还得看这个集体是否有强有力的领导核心。进入大学校园之后，班级的学生干部是班级的同学，虽然是通过民主产生的，但是还得经历跟班级同学相互熟悉的一个过程。班级同学能力的锻炼和提高还得有一个培养和展现的时间段。根据学校的现有规定：班级班委任期是一年，同时班级班长和团支书任期不得超过两届。虽然这个规定会让更多的同学有机会担任干部，特别是可以防止一些主要干部权力过于集中不利于辅导员管理这一面，但这也意味着到学生大三的时候班级主要学生干部全部换人，辅导员面临着重新培养的任务，同时班级刚形成的一些有影响力的同学没有真正发挥作用，再加上进入高年级之后，学生就业求职目标明确，班级相对于大一大二的时候更加松散，再加上班委同学重新换届，班级的凝聚力和归属感受到很大的冲击和影响。

班委和学生社团身份重叠也会对班级管理产生不利影响。每年的各社团招聘新生活动中，班级的主要学生干部也会是各个社团招收的主要对象。这样，经常出现的矛盾是这些同学身兼两职，经常穿梭于学生会事务与班级事务之间，结果是很难两全，也影响了学习。

(3) 获取信息渠道的多样化。随着高科技的发展，互联网在人们生活、学习方面发挥着越来越重要的作用，特别是在信息获取方面。大学生是最活跃的群体，接触和接受新生事物的能力很强。现在大学生基本上会通过微信、QQ、微博、人人网、BBS 等多种渠道获取信息。通过班委发布信息只是同学们获取信息的一个途径，网络生活化让班级的界限越来越模糊。

(4) 班级人数的要求及跟专业老师的关系。从幼儿园到高中，学校班级的管理模式都是集中式的，班级有固定的班主任，老师跟同学们可以说是非常熟悉。进入大学之后，一个年级就一个辅导员，一个班级配备一个班主任或者是学术指导老师。大部分老师是上完课就走，学生跟老师没办法全面充分地接触。

(二) 校园生活丰富多彩、社团等组织的冲击

学生进入大学之前都会对大学有着自己的憧憬和希望，根据我跟 400 多个学生的谈话记录显示，学生进入大学之后，都有着强烈的发展自我爱好和兴趣的意愿，纷纷表示在大学里面要“干自己喜欢干的事情”。新生刚入学之后加入一个或者几个社团就是最好的证明。根据校团委的统计，我校目前通过社团联合会注册在编的有 90 个社团。这还不包括校级和院级的学生会和学委会。根据我院 2014 级新生的情况，有的新生最多的时候加入了 8 个社团。参加社团活动占据了很多大一新生的空闲时间。这样班级活动的开展会受到很大的限制，班级总有一部分同学会选择社团活动而非班级活动。再加上社团高年级老乡师兄师姐的热情和照顾，使很多新生进入大学之后觉得社团比班级更加有归属感。这也是班委向辅导员抱怨班级活动难开展的重要原因。

为了丰富学生的业余生活，学校或者学院组织各种各样的活动，比如各种讲座、比赛、文体活动等。但有些时候，为了达到一定的组织规模和效果，会采用行政强制性的手段迫使学生参加各种活动，特别是针对大一大二的学生。虽然这么做本质上是为了学生好，但不可否认这也在一定程度上引起学生对学校规章制度的逆反心理，增加班级管理的难度。

(三) 学分制、辅修制度及重新选专业的影响

学分制让学生可以更多地按照自己的兴趣爱好自主选择课程。法学是我校的优势学科，报考我校的绝大多数同学都是冲着法学专业去的。但是由于高考分数的问题，一部分同学被调剂到其他学院。根据统计，我院 2014 级新生中由法学专业调剂到本专业的占了年级人数的 78.5%。进入大学之后辅修法学成了这些同学的目标。我院公共管理类实施的是大类招生，到大二的第一个学期，同学们

自主选择行政管理和公共事业管理专业。这也就意味着到大二下学期，我们公共管理类两个班会变成行政管理两个班，还要新组建公共事业管理班级。

在以上这些因素的影响下，会出现同班不同学，同学不同班，甚至新班级的产生。这也对班级的管理产生很大的影响。对辅导员来说，给班委同学开会的时间都只能定在中午休息或者晚上。更别说班级召开一次班会都只能定在周末，而周末很多同学本身就有事情，这也就导致参加班会的人数较少，有些同学一直游离于班级活动之外，班级活动的效果也大打折扣。

四、如何更好地发挥班级的作用

通过以上的分析可以看出，班级在高校的管理当中起着基础性的作用，加强班级的管理，帮助班级养成良好的班级氛围也是辅导员日常工作的重点。但是归根结底，班级的作用最终是希望通过班级的平台培养大学生自我教育、自我管理和自我发展的能力。但是随着大学的发展，教育教学模式的改变，特别是互联网对生活的影响，班级这个平台发挥的作用也越来越受到束缚，也越来越有限。在这个情况下，我认为班级的管理也应该适应时代的要求，要进行班级管理模式的改革，适当淡化班级的影响，合理利用宿舍、社团等多组织培养学生的自我教育、自我管理和自我发展。

（一）改革班委的人员设置

目前的班委人员设置是班长、副班长、学习委员、文艺委员、体育委员、生活委员（男、女各一名同学）和心理健康委员（可以兼任）。不同班级人数对班委的需求是不同的，以我院为例，班级人数最少的 20 人，最多的将近 60 人。此外，根据学生反映，班委当中获得大家最多认可的是班长、学习委员和生活委员。根据学生大学四年的发展规律，大学一年级和二年级的时候班委的工作较多，大学三年级特别是毕业班，班委换届工作很难进行，就算换届了，这些同学无非是占着职位不干活。所以我认为应该根据班级人数的多少和大学四年的发展规律，减少或者增加班委成员。

（二）充分发挥宿舍长的职能

宿舍是大学生日常生活最基本也是最集中的单位。我校目前本科生绝大部分是 6 人一个宿舍。也许跟班级同学不是很熟悉，但是同宿舍同学或者是临近宿舍的同学却是非常熟悉。目前班级的管理模式当中，宿舍是最重要的信息传达和收集渠道，而且宿舍也是矛盾最集中的地方，宿舍长就成为至关重要的存在。但是目前的管理模式当中，并没有真正发挥宿舍长的作用。我建议把宿舍长列为班委成员，为了防止班委成员过多，可以让宿舍长兼任学习委员等职责，从宿舍内部的融合到宿舍之间的沟通交流，达到增强班级凝聚力的效果。

（三）合理利用社团的平台，建立合理的评优奖惩机制

目前我校的奖惩机制都是以班级为基本单位的。虽然社联也会评比优秀社团和社团部长等，但是社会和同学心目中普遍认可的奖项都是通过班级评选产生的，比如优秀学生干部、三好学生、优秀团员、优秀毕业生和入党积极分子等。在班级评选的过程中，虽然有班委或者团支部根据班级同学的综合表现推荐，但是跟班级同学关系的好坏有时候是决定性的因素。正如前面所说，很多大学同学更希望通过社团得到锻炼和发展。这也就意味着班级同学中一大部分同学花费在社团中的时间多于跟班级同学沟通交流。虽然这样的评优模式会对增强班级的凝聚力有一定的作用，但是也会让很多优秀的同学很难被评选出来。目前各院的模式是将一部分评优的名额单独匀给院学生会和学委会同学。但是这也会让其他同学产生不平衡的心理。根据以上情况，我的建议是在以后的评优等过程中，班级同学投票只能是占投票数的一部分，还有一部分的投票权应该给该同学加入的社团的同学、部长和指导老师。这样的评价机制才会更加公平和客观。

班级在高校管理中仍然起着重要作用，但是这种作用在逐步减弱，我们需要从当前的实际出发，改革高校管理模式，让宿舍、班级和社团既相互区别又相互补充，共同发挥作用以更好地帮助大学生实现自我教育、自我管理和自我发展。

高校大学生党员先锋模范作用研究

外国语学院　赵云鹏

摘　要　尊重党员主体地位是党建工作践行科学发展观的体现，也是实现我们党的建设科学化的必然要求。高校学生党员的队伍在不断壮大，学生党员队伍成了整个高校学生思想政治教育工作的基础与龙头。高校党员主体地位的实现，对高校党员队伍建设、发挥高校党组织的战斗堡垒作用及完善党员主体地位理论体系等均具有重要的意义。

关键词　大学生党员　高校　先锋模范

高校党员在党员群体中具有一定特殊性。高校作为培养社会主义事业合格建设者和可靠接班人的摇篮，对于成长于此的学生党员也有着深刻的影响。与此同时，学生党员作为高校中的先进分子，其对高校的作用也是十分明显的。学生党员是联系学校党组织与青年学生之间最紧密的纽带和桥梁。高校大学生党员的队伍建设直接影响着广大学生对我党的认同、追求和归属。如何发挥大学生的先锋模范带头作用，是高校培养党员面临的一个重要问题。

一、发挥高校大学生模范作用的必要性和重要意义

高校大学生党员作为高校学生群体中的先进分子，是高校学生群体中的骨干。他们与普通学生一起学习、工作，其一言一行都直接影响着周围的师生，发挥高校大学生先锋模范作用有其必要性和重要意义。

高校是我国高素质人才的培养基地，承担着落实科教兴国和人才强国战略的重要任务，是我国先进生产力的发展和先进文化建设的智力支持。高校中的学生群体有着鲜明的特色，其行为、思想既有创新性、超前性、先导性等优点，同时又存在随意、激进、散漫等缺点。高校学生党员，成长于校园中，必然会具备高校学生的一般特点。但是我们不得不认识到，既然广大师生选择了这部分学生成为党员，那么这部分人就不仅仅是学生，更肩负了共产党员的神圣使命和任务。同时，学生党员因其自身的典型性备受广大师生的关注，其一言一行都会对学生

群体产生深刻的影响，其行为也会受到广大同学的效仿。由此看来，正确引导学生党员在日常工作、生活中的行为，对高校学生工作的建设有着一定的积极作用，不但可以对广大学生在各个方面起到良好的带动作用，也可以使高校的学生管理工作事半功倍。

发挥学生党员的先锋模范带头作用，对于维护学校稳定、应对各种突发事件等方面有着重要的意义。但是我们也要清醒地认识到，目前学生党员队伍中存在一些问题。一些学生党员存在对“三个代表”重要思想学习不够、理解不深、贯彻不力，入党前积极、入党后混同一般，急功近利、入党动机不纯，诚信与道德缺失、知行背离、言行不一等问题。一些基层学生党组织凝聚力和战斗力不强，未能形成坚强的政治核心作用。这些问题的存在影响了党的形象。充分发挥学生党员的先锋模范作用，形成党的基层组织的政治核心作用和战斗堡垒作用是现阶段加强高校学生党建工作的需要，也是加强党的执政能力建设，实践“三个代表”重要思想的内在要求。

二、高校学生党员存在的问题及原因分析

高校学生党员普遍有着较高的思想素养和政治觉悟，也有较强的工作能力和较好的群众基础，但是我们也不得不看到目前学生党员队伍存在的一些问题，例如理论知识薄弱、理想信念不坚定等问题。

1. 高校学生党员的问题

首先，理论功底不扎实、理想信念薄弱。受社会大环境的影响，大学校园不再单纯，大学生的思想不可避免地受到各种社会思潮的强烈冲击。很多学生对于入党这件事情抱着很强的功利心，在入党之初就没有经过刻苦的学习，对于党的认识十分浅薄，更谈不上全心全意为人民服务的理想信念的树立。习近平总书记说过：理想信念就是精神上的钙，如果理想信念不坚定或者没有理想信念，就会缺钙。目前有一部分学生党员就处于“缺钙”的状态，他们虽然在形式上已经成为党的一员，但是思想上并没有完全融入这个光荣的集体，不可避免地出现了一些学生党员言行不一、诚信缺失、急功近利等现象。

其次，与群众联系不紧密，不能充分发挥模范带头作用。部分学生党员在实际的工作中忽视了联系群众，在学习、生活和工作中习惯“单兵作战”，忘记了身为一名党员应该起到的模范带头作用。更有甚者，入党之初的高昂热情随着加入党员队伍而退却，因为对自己不再严格要求，所以在学生群体中也没有群众基础，威信也不高。在日常工作、生活中不能时刻以党员的身份严格要求自己，没有充分发挥自己的模范带头作用。

最后，基层党组织规模扩大，党员发展程序流于形式化。高校的扩招和高校党建工作对发展大学生党员的重视，使得学生党员的队伍不断扩大。在这样的背景下，部分学校的党员发展程序流于形式化，在发展党员的过程中，存在不严格执行组织程序的问题。这导致学生党员的质量参差不齐，不利于党员队伍的建设，更有损于党的形象和权威。

2. 高校学生党员教育管理中存在问题的原因分析

第一，学生党员入党前接受培养和考验的时间短。学生党员在入党前仅仅参加几次党课培训是远远不够的，这样短时间的培训不能使其真正从思想上认识到作为一名党员的光荣性和任务的艰巨性。此外，受社会不良现象及就业压力的影响，部分党员入党动机不够端正，功利性过强，一旦实现入党目的就不再严格要求自己。

第二，学校党员教育工作者对新形势下高校学生党员思想教育工作研究不够。目前高校对于学生党员的培养教育缺乏连续性，其突出特点是普遍重视发展前的培养，对于发展后的教育则不到位。此外，也存在重视党员发展的数量，轻视党员教育管理质量的问题。

第三，基层党组织对学生党员行使监督管理权，存在思想认识上不够重视，趋于表面化、形式化等问题。基层党组织的管理流于形式化，缺乏有效的监督管理体制和科学合理的退出机制。

三、建立大学生教育管理的长效机制

（一）创新大学生党员先锋模范作用发挥平台建设

首先，坚持素质和改进教育相结合。高校是培养社会主义建设者和接班人的地方，如何衡量一个人是否成才，文化素质无疑是一个重要的标准。高校在创建学生党员先锋模范带头作用平台期间，首先要考虑的因素就是大学生的个人素质是否符合党组织的要求。在发展党员的过程中，高校党组织要结合学科特点和大学生的年龄特点，在深入贯彻科学发展观的同时，探寻能够有效提高大学生党员的先锋模范作用发挥的有效途径。通过坚持素质和改进教育相结合，优化学生党员队伍，充分发挥其先锋模范带头作用。

其次，坚持理论教育与实践锻炼相结合。没有理论的指导，就好比船舶航行中缺少灯塔，理论是我们的指明灯，有了理论的指导我们才能坚持正确的方向。同时我们也不能忽视实践的重要性，空有满腔理论却无法运用是纸上谈兵。在学生党员的教育管理过程中，我们要坚持理论教育和实践锻炼相结合。既要保证学生党员的理论功底，又要联系实际，增强学生党员的实践锻炼，将理论运用于实践，才能更好地掌握理论，深厚的理论功底才能指导我们更好地实践。

最后，坚持继承与创新相结合。大学生党建工作发展多年，在其发展过程中有着自己独特的规律和特点，在进行学生党员教育管理工作时，要处理好继承和创新的关系。对于以往的学生党建工作，我们要取其精华去其糟粕，对于其中值得借鉴的我们要认真学习、好好总结，而对于其中存在的问题，我们更要警钟长鸣。同时，在进行学生党建工作时，我们也要结合时代特点，不断创新，通过工作方法、工作机制上的创新，焕发学生党建工作的新活力。

（二）加强学生党支部建设，增强党组织的凝聚力和战斗力

学生党支部是学生党员所在的基层组织，要进一步加强学生党支部的建设，增强凝聚力和战斗力，使学生党员进一步发挥先锋模范作用。

（1）建立一个好的支部领导班子，选好学生党支部书记。各学院要按照党章的规定和现有的党员人数，合理建立学生党支部。选举有经验、党性强、作风好的教师或优秀学生党员来担任学生党支部书记和支委委员，形成在群众中具有威信的支部委员会。

（2）完善学生党支部的各项制度。各学生党支部要建立规范完整的各项制度，包括党员学习制度、党员联系积极分子制度、党员教育制度、定期谈心制度等。

（3）加强对学生党员的教育和管理工作。加强对学生党员的教育和管理是增强其党性修养、不断提高其自觉发挥先锋模范作用的重要前提，也是学生党支部建设，增强党组织凝聚力和战斗力的重要保证。各学生党支部要严格做好党员入党后的教育工作和党员的日常管理工作。

（4）要尽可能地把学生党员安排到学生干部岗位，让他们在学生工作中发挥先锋模范作用，在学校的建设和发展中献出自己应有的力量。

（三）形成学生党员教育培训的长效机制

目前高校对于学生党员的培养教育缺乏连续性，其突出特点是普遍重视发展前的培养，对于发展后的教育则不到位。此外，也存在重视党员发展的数量，轻视党员教育管理质量的问题。因此，应该形成学生党员教育培训的长效机制。

在发展党员时就应该重视党的理论的培训，通过增强学生的理论功底，树立起爱党的理想信念，并在这种理想信念的指导下进一步学习，从而将其培养成有崇高理想信念的社会主义的建设者和接班人。不仅仅要重视入党前的教育培训，更要重视发展后党员的教育培训。习近平总书记说过，现代社会，技术进步，知识更新，只有不断地温故知新、知新学新，才能跟得上时代的步伐，才能肩负起

建设社会主义的重任。作为高校的学生党员，更应该重视知识的更新换代，只有不断地学习，才能符合党对人才的需求。同时，通过不断的学习，强化理想信念，将功利入党等现象扼杀在萌芽之中，切实发挥学生党员的模范带头作用。

（四）创新多渠道、全方位加强学生党员的教育培训制度

基层党组织的教育培训活动应该凸显大学生的特色，贴近大学生活。学生党支部可以通过开展一系列活动来深化和拓展思想政治教育。

结合日常的学习生活，学生支部可以通过开展如“深入学习实践科学发展观”“创先争优”“学习贯彻党的十八大精神”“我的中国梦”等主题教育活动来引导学生党员树立高尚的爱国主义情操。还可以通过召开座谈会、先进学生党员汇报会等形式，促进学生党员之间的相互交流学习，见贤思齐，通过反省自身提升自己。此外，可以定期开展“党员活动月”等活动，活动期间，学生党员深入到学生群体中，了解同学们的所思所想，解决同学们的所急所需，通过类似活动的举办，树立学生党员在学生群体中的威信，从而更好地发挥其先锋模范带头作用。

（五）加强学生党员队伍的考核、监督、激励、退出机制

学生党员的培养是一个长期的工作，应该建立一个完备的考核、监督、激励和退出机制，通过该机制的建立，优化学生党员队伍，充分发挥其作为学生党员的模范带头作用。

首先，应该加强对学生党员的考核和监督。虽然学生党员是学生群体的典型，是优秀的学生代表，但是我们也应该清醒地认识到学生党员中存在滥竽充数的人。一些社会不良现象和就业压力，使部分同学对于入党存在功利心，在发展前表现优秀，时刻严格要求自己，但是一旦发展成为共产党员就会放松对自己的要求，甚至言行不一、缺乏诚信。面对这样的问题，学生党员在管理教育中，应该建立一个有效的考核和监督机制，通过该机制规范学生党员的行为，保持学生党员队伍的纯洁性。

其次，对于表现优秀的学生党员应该给予奖励，通过该机制，激励更多的学生党员投入到为学校、为同学服务的行列中来。模范的引领作用是不可忽视的，学生党员是优秀学生的代表，在学生党员的队伍中也必然存在更为优秀的个体，通过对这部分优秀党员的奖励，激励其他党员，从而带动整个学生党员队伍的进步。

一定的退出机制是保持学生党员队伍纯洁性所必需的。在发展党员的过程中，一定会存在一些这样或那样的问题导致发展后的党员可能存在党性不坚定等问题，对于严重违反党的纪律的学生党员，绝不能因其是学生就从轻处理，我们要本着对党负责的态度公平公正地处理。退出机制的建立不仅能清除学生党员队伍中的不合格者，同时也对其他学生党员起着警示的作用。

党员的先进性不仅仅是一种思想境界，它更是在实践中的积极参与及奉献行为。作为学生中的先进分子与骨干，必须积极组织和参加各种校园文化活动，以饱满的热情积极参加各种社会实践活动、科技活动和青年志愿者活动等，努力成为学生工作的桥头堡和排头兵。最终促进自己的全面发展，塑造自己的先进性形象，从而真正体现“一个党员一面旗”。让每一个大学生党员在新时期都能成为先进思想的“引导者”、好学善研的“践行者”、表率作用的“带动者”，成为新时期的模范青年。

大学生思想引领

大学生受历史虚无主义影响的实证研究与对策探究

国际法学院　刘端端

摘　要　近年来，历史虚无主义思潮披着“时尚”的外衣在国内四处蔓延。经实证研究发现，历史虚无主义正通过网络等渠道影响当代大学生思想，带来严重危害。应当通过坚持“一个主题”，营造“两个文化场”，强化“三个结合”，实现“四个转变”，全方位抵御和化解历史虚无主义对大学生的影响。

关键词　历史虚无主义思潮　大学生　影响　调查　对策

一、问题的提出

（一）引言

近日，一段央视著名主持人毕福剑在晚宴上唱评京剧《智取威虎山》的视频流出。在视频中，毕福剑边唱边戏谑，以侮辱性的语言否定了党的领袖和革命历史。这一事件在社会上引起了轩然大波。大部分公众谴责毕福剑的言论，对肆意歪曲历史的言论和思想表示了愤慨，但也有为数不少的网民认为“小题大做”。笔者就此事件在学生中进行调查，也有不少学生认为毕福剑事件“值得同情，私人场合的玩笑被放大”。这暴露出来的当前历史虚无主义的世俗化倾向，尤其是这一思潮在广大青年大学生中的不良影响，值得引起警惕和深思。

（二）历史虚无主义的演进

虚无主义本是一个哲学命题。它来源于拉丁文，最早使用记录可以追溯到法国大革命。作为一个辱骂性的词汇，它适用于那些行为和意见被认为是毫无价值的同学。❶ 1799 年，德国宗教哲学家雅可比（Jacobi）把虚无主义正式带入公众的视线，经过哲学家的讨论和发展，成为一种非信仰和非历史的唯心主义的代名词。1862 年，俄国批判现实主义作家屠格涅夫发表了著名的长篇小说《父与子》，为虚无主义贴上了理想主义的标签。❷ 而历史虚无主义，指的是一种对客观历史的本质、真相和规律持怀疑、否定和消解的态度，对历史现象、历史事实和历史人物任意解释甚至刻意歪曲的唯心主义历史观。❸

19 世纪，西方帝国主义用炮火打开了中国的大门，中国开始被迫步入现代化进程。历史虚无主义思潮伴随各种思潮一并渗透到国内并逐渐扩散。它从历史领域入手，以“重新评价”“理性思考”为名，妄图通过歪曲革命的历史、社会主义的历史和党的历史来否定现实，清除社会主义制度的历史依据，否定共产党执政的历史必然性和合法地位，以实现消解或取代马克思主义指导地位，推翻社会主义制度的目的。❹

（三）历史虚无主义的表现与特点

随着全球化的扩张、网络的普及，历史虚无主义吸收了许多“时尚元素”，从学术领域走向民众生活，在颠倒历史、胡编乱造中达到哗众取宠的效果。如近两年，经过历史虚无主义者的“创造”，邱少云、黄继光、董存瑞等民族英雄的事迹被恶搞，甚至被质疑真实性；各种影像叙事作品中，历史被缩减为一个简单的符号，经典名著也成为可以被肆意拼接、混杂和戏谑的对象。一时间，告别英雄、解构经典、戏说历史、制造流行俨然成为一种时尚。❺

通过分析这种“时尚”，我们可以总结出历史虚无主义的三个主要特点：

（1）在内容上，鼓吹“告别革命论”，诋毁和嘲弄中国人民争取民族独立和人民解放而进行的反帝反封建斗争，贬损和否定我国社会发展的社会主义取向及

---

❶ 转引自王俊：《于“无”深处的历史深渊——以海德格尔哲学为范例的虚无主义研究》，浙江大学出版社，2009 年版，第 5 页。

❷ “虚无主义者是那些不向任何权威低头、不接受正面原则的同学，无论这些被坚持的原则受到多大程度的尊重。”引自［俄］伊凡·屠格涅夫《父与子》，长江文艺出版社，2011 年版，第 159 页。

❸ 冯夏根、胡旭华：《虚无的背后——新时期历史虚无主义思潮论析》，载《湖南文理学院学报（社会科学版）》，2009 年第 9 期。

❹ 梅荣政、杨瑞：《历史虚无主义思潮的泛起与危害》，载《思想理论教育导刊》，2010 年第 1 期。

❺ 李舫：《历史虚无主义的文化表征》，载《文艺理论与批评》，2007 年第 3 期。

其成就；[1]

(2) 在理论上，背离唯物史观，坚持"历史选择论"[2] 和"随意拼凑法"[3]，脱离客观、整体的历史进程，在根基上存在荒谬性；

(3) 在传播途径上，从打着"学术研究"的旗号设置"理论陷阱"走向娱乐化、世俗化、网络化，通过大众传媒影响社会舆论。

(四) 坚决抵御历史虚无主义的必要性

晚清著名思想家龚自珍有曰："灭人之国，必先去其史；隳人之枋，败人之纲纪，必先去其史；绝人之材，湮塞人之教，必先去其史；夷人之祖宗，必先去其史。"[4] 历史虚无主义者便是利用这一人类社会历史发展规律，企图以歪曲历史为途径动摇党和社会主义制度的根基。具体来说，历史虚无主义泛滥的危害在于：

(1) 作为理论形态的历史虚无主义"学术思潮"有可能从根基上对马克思主义及其核心价值进行虚化和瓦解，动摇了人们心中的价值坐标；

(2) 作为大众文化、社会心理和态度体验的历史虚无主义"社会思潮"会导致大众对历史进程的困惑与迷茫，使大众话语权的公共领域出现混乱、错位、价值迷失和信仰危机等社会精神失范现象的蔓延；

(3) 作为意识形态的历史虚无主义"政治思潮"抽离建设中国特色社会主义"主导论"的历史依据与核心理念，导致个体价值认同的茫然和无所适从，进而引发对国家、民族、社会和历史的认同危机，危及国家意识形态安全乃至社会稳定。[5]

---

[1] 梁柱：《历史虚无主义评析》，社会科学文献出版社，2012 年版，第 18 页；梁柱：《历史虚无主义思潮评析》，载《红旗文稿》，2009 年第 9 期。

[2] "历史选择论"人为地割裂了历史发展的客观规律与人们的自觉能动活动二者之间的联系，以假设为前提，不对历史事实进行全面深入的了解，不认真分析历史事件展开过程的实际联系，把现象当本质，根据历史现象的表面特征进行主观臆想、推断历史的发展和可能的结局，新瓶装旧酒，得出所谓"新结论"。转引自：梅荣政、杨军：《历史虚无主义重新泛起的透视》，载《马克思主义研究》，2005 年第 5 期。

[3] "随意拼凑法"把自己的主观意愿或自己所代表的阶级的意愿作为标准，对完整的历史进行拆解，从中选择有利于论证自己的意愿，有助于服务自己所代表的阶级的利益的事件和观点，再将它们编织成一个有着内在联系的思想整体。此种做法从根本上违背了历史科学要求把握现实历史中的客观性联系的根本要求，从根本上体现了历史虚无主义对历史的非科学态度。转引自许恒兵：《历史虚无主义思潮的演进、危害及其批判》，载《思想理论教育》，2013 年第 1 期。

[4] (清) 龚自珍著，王佩铮校：《龚自珍全集》，上海古籍出版社，2007 年版，第 183 页。

[5] 王志红、朱士群：《对中国当代虚无主义思潮的哲学思考》，载《河北学刊》，2012 年第 3 期。

大学生仍处于人生观、世界观、价值观的形成时期，其思想特点决定了其更容易受到历史虚无主义思潮的侵蚀。而作为国家现代化的建设者和接班人，大学生所承载的历史使命决定了若他们的主流意识形态受历史虚无主义思潮的冲击，必将导致严重的后果，破坏国家的长治久安和两个一百年奋斗目标的实现。

习近平同志在第二十三次全国高等学校党的建设工作会议中做出重要指示："办好中国特色社会主义大学，要强化思想引领，牢牢把握高校意识形态工作领导权。"这是党在思想战线所面临的时代课题，也是必须在实践中解决好的一项艰巨任务。历史虚无主义的传播具有隐蔽性和迷惑性，高校思想工作者应该清醒地认识到进一步开展大学生思想政治工作的现实挑战和潜在危机，通过更加深入的探索与实践，用先进的思想武装青年，用正确的方向引领青年。

二、大学生受历史虚无主义影响的实证研究

（一）调查目标及对象

为充分了解历史虚无主义思潮在高校大学生群里的影响，并根据现状研究原因，有针对性地提出切实有效的抵御路径，本次调查以问卷为主，辅以深入访谈法收集研究资料。调研选取了中国政法大学、中国石油大学、首都师范大学 3 所高校进行抽样调查，共发放问卷 400 份，回收有效问卷 387 份。调查对象覆盖了本科生和研究生学历层次，涵盖中文史哲类、法学类、理工类等各专业门类的学生。

（二）调查现状分析

通过 SPSS 数据分析软件（17.0 版）对有关数据进行单变量的描绘统计和双变量的相关性分析，可以对大学生受历史虚无主义的影响程度，以及受其影响的主要渠道、严重危害有较为全面的掌握。

1. 历史虚无主义严重影响大学生思想

调查显示，回答"你是否了解近年来中外的主要思潮"这个问题时，67.2%的同学选择的是"了解一些"，23.3%的同学表示"完全不了解"或"不了解、也不感兴趣"，只有 9.5%的同学表示"非常了解"（见图 1）。换句话说，仅有不到一成的同学表示自己非常了解各种思潮，而绝大多数人仍对各类思潮一知半解。

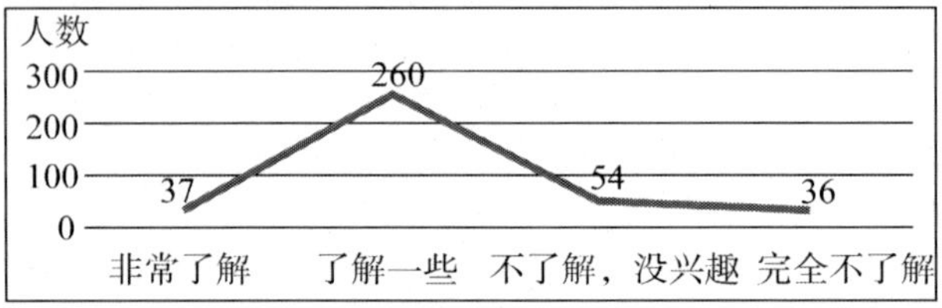

图 1　是否了解近年来中外的主要思潮

而对于“你是否了解关于历史虚无主义的相关知识”这个问题，选择“了解”的同学占总数的 9.8%，选择“了解一点”的是 159 人，占总数的 41.1%，而选择“不太了解，只是听说过这个词”和“没听说”的分别占 28.7%和 20.4%（见图 2）。由此可见，学生听说过“历史虚无主义”的较多，但对“何为历史虚无主义”并没有正确的认知。

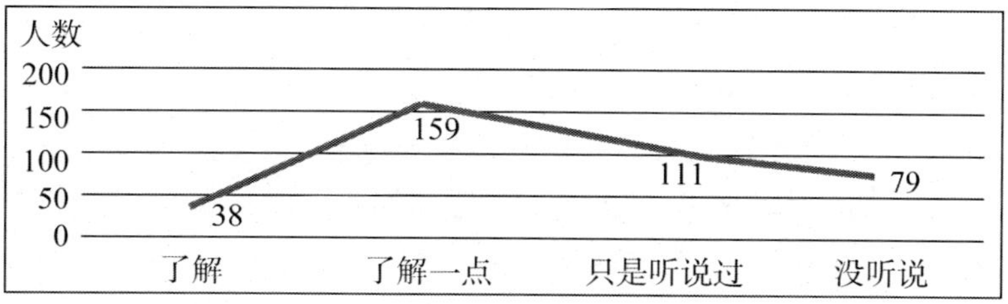

图 2　是否了解关于历史虚无主义的相关知识

然而，大学生对历史虚无主义缺乏认知，并不意味着历史虚无主义思潮没有对大学生产生影响。在调查中，只有 4.3%的学生认为自己受到历史虚无主义的影响“非常大”或“比较大”，65%的学生认为自己“完全没受到影响”。

但在对历史虚无主义主要观点的认同度调查上，为数不少的学生对于中国近现代以来社会发展道路的选择、重大历史事件和历史人物的评价等问题上认同或部分认同了历史虚无主义思潮主要观点，远远高于自评的比例。这说明大学生在不自觉中受到了历史虚无主义的影响，但他们对此缺乏清醒的认识。

图 3 显示，对于“你觉得当前的历史教科书对历史人物的评价合理吗”这个问题，10.9%的同学认为“很合理”，81.9%的同学持“基本合理”或“一般，有对有错”的观点，而 7.2%的同学认为“完全不合理”。认为“完全不合理”的比例如此之高可见历史虚无主义已经在潜移默化中影响了大学生的价值判断，对他们的历史观产生了冲击。

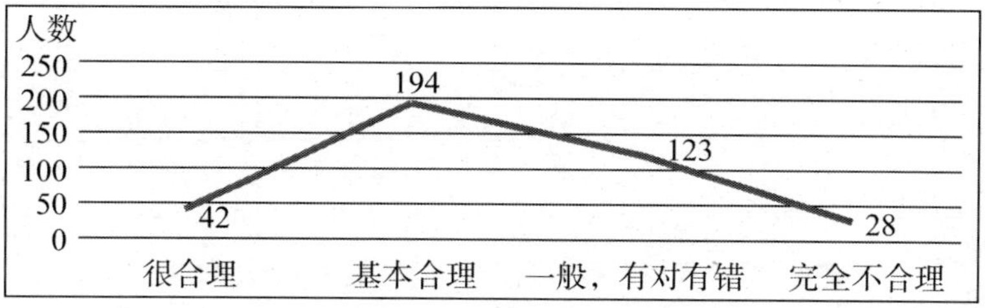

图 3　当前的历史教科书对历史人物的评价是否合理

对于“你怎么看待江姐、邱少云、焦裕禄的事迹”这个问题，认为“他们永远值得尊敬”的有 79.9%的同学，认为“他们是特定时代的英雄，现在不一定值得提倡”的有9.8%的同学，还有10.3%的同学选择了“没有意见”（见图4）。

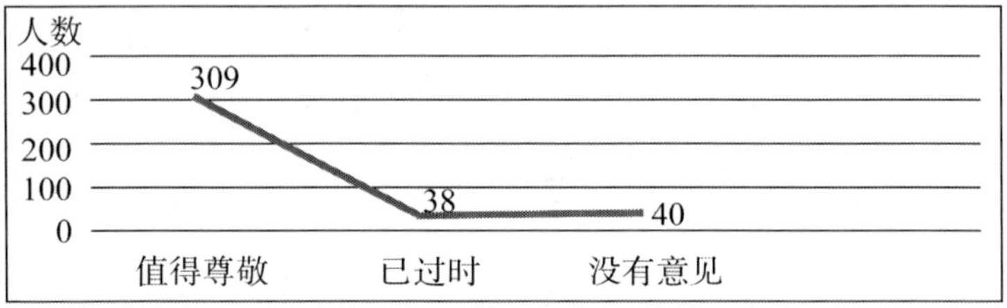

图4　对江姐、邱少云、焦裕禄事迹的看法

对于“你怎么看待袁世凯、李鸿章”这一问题，26.6%的同学选择了“卖国贼”，22.2%的同学选择了“以前对他们的历史评价有失偏颇，其实他们也是英雄”，38.8%的同学选择的是“他们确实是卖国贼，但也有他们的功绩”，还有12.4%的同学选择了“不清楚”（见图5）。

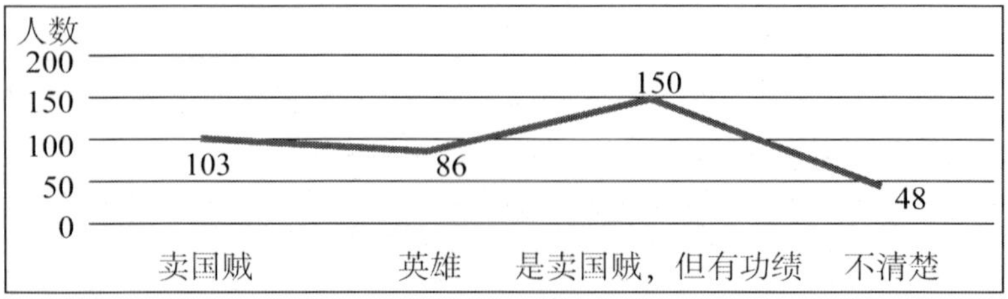

图5　对袁世凯、李鸿章等历史人物的看法

对于“你怎么看待近代以来西方列强对中国的侵略活动”这个问题，84.8%的同学选择了“这些侵略活动是中华民族的深重灾难”，12.4%的同学选择了“这些侵略尽管造成伤害，但也使中国走上了现代化之路”，2.8%的同学选择的是“我认为这些侵略活动必不可少，没有它就没有现代化”（见图6）。

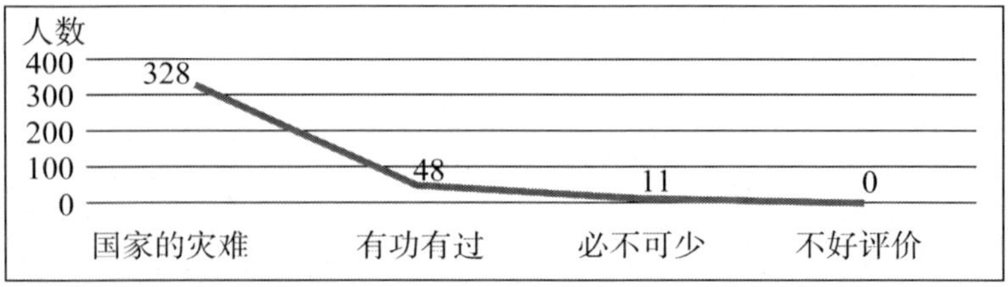

图6　对近代以来西方列强对中国的侵略活动的看法

在评价近期几件呈现明显历史虚无主义倾向的事件上，大学生同样表现出受历史虚无主义思潮迷惑、引导的特点：

图7显示，“对于戏说历史电视剧充斥荧屏，你如何看待”，68.7%的同学认

为“混淆视听，应当加强审查”，31.3%的同学则持相反态度，认可甚至欢迎在电视剧编排中“戏说历史”。

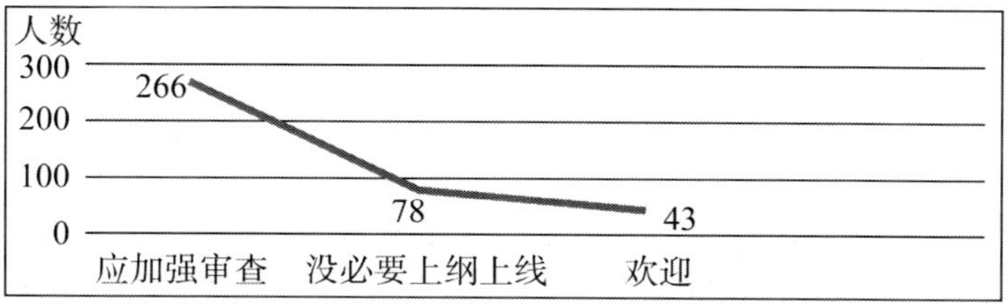

图 7　对于戏说历史电视剧充斥荧屏这一现象的看法

图 8 显示，“对于近年来网上对黄继光、董存瑞、雷锋的质疑甚至抹黑，你如何看待”，只有 12.4%的同学选择了“他们是国家和民族的英雄，不容亵渎”，66.9%的同学选择了“怀疑他们的事迹是否基于宣传需要被夸大”。还有 20.7%的同学选择的是“无所谓”。

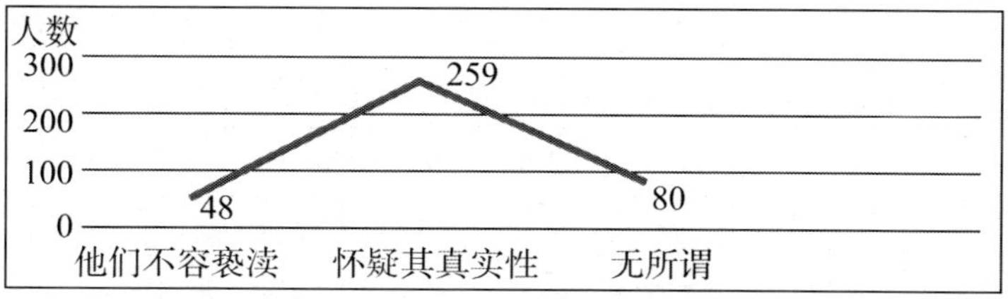

图 8　对于近年来网上对黄继光、董存瑞、雷锋的质疑甚至抹黑的看法

以上调研数据都说明，大学生对历史事件、历史人物的评价不再只受到课堂、教材的影响，对新的理论观点、新的历史资料有着较强的好奇心，且缺乏丰富的社会阅历和客观判断理论是非的能力，容易接受历史虚无主义的一些所谓“新观点”，对主流意识形态关于中国近现代历史的观点产生了怀疑。

2. 历史虚无主义影响大学生的主渠道是网络

图 9 显示，对于“你经常通过哪个渠道来了解历史知识、政治信息”这个问题，40.6%的同学选择了“浏览相关的微博、贴吧、BBS”，24.5%的同学选择了“网页搜索”，19.4%的同学选择了“阅读书籍、报纸”，8.3%的同学选择了“翻看国外网站”，5.7%的同学选择了“道听途说，跟人聊天”，还有 1.5%的同学选择了“其他”（见图 9）。

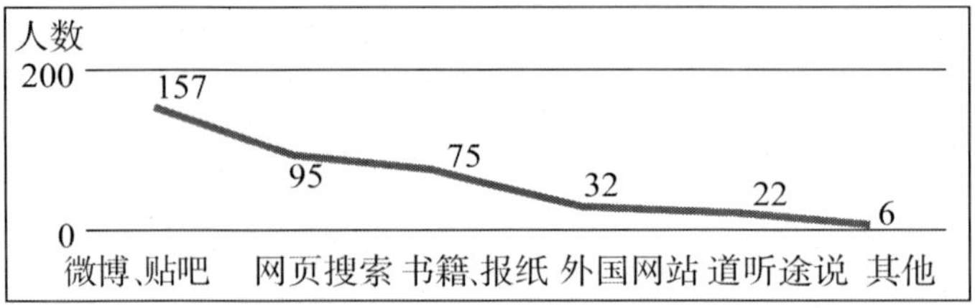

图 9　了解历史、政治信息的常用渠道

将“你经常通过哪个渠道来了解历史知识、政治信息”与“对于‘历史虚无主义’的传播与蔓延，你如何看待”进行相关性分析，二者呈现出较强的相关性（P 值小于 0.05）。选择“无所谓”和“开放心态”的同学几乎都选择了“网络”为他们获取历史信息的主渠道。而大部分选择通过报纸、书籍获取信息的同学都在对待历史虚无主义的态度上趋于“坚决抵制”（见表 1）。

表 1　“你经常通过哪个渠道来了解历史知识、政治信息”
与“对于‘历史虚无主义’的传播与蔓延，你如何看待”交叉检验结果

表 1－1　交叉计数

对于“历史虚无主义”的传播与蔓延，你如何看待？	你经常通过哪个渠道来了解历史知识、政治信息？						合计
	微博贴吧	网页搜索	书籍报纸	国外网站	道听途说	其他	
坚决抵制	67	27	69	1	2	2	168
无所谓	72	60	4	8	16	1	161
开放心态，允许多元价值	18	8	2	23	4	3	58
合计	157	95	75	32	22	6	387

表 1－2　方向量度

		值	渐进标准误差	近似值	近似值 sig.
Somers 的 d	对称的	－0.122	0.041	－2.987	0.003
	对于历史虚无主义的蔓延，你如何看待：@因变量	－0.127	0.042	－2.987	0.003
	你经常通过哪个渠道来了解历史知识、政治信息？：@因变量	－0.119	0.040	－2.987	0.003

当前，大学生获取信息的主要方式从线下转为线上，而基于互联网的特点，

知识的表现方式是单个的而非整体的、孤立的而非联系的。这样的信息“碎片化”特征导致大学生无法对自己关注的历史问题有一个全面、整体的认识，容易产生判断的偏差。❶ 同时，各种社会思潮在网络上的传播呈现出方式隐蔽化、语言生活化的特点，一般不会直白地将政治诉求公之于众，而是围绕一些大学生喜闻乐见的话题隐晦地展开，潜移默化地渗透，使思想并不成熟的大学生接受社会思潮中“反传统”的有关内容。

3. 大学生受历史虚无主义影响危害巨大

首先，历史虚无主义造成大学生政治信仰混乱。在历史虚无主义的侵蚀下，部分大学生用碎片化的思维方式，盲从非主流思想，聚焦社会发展中的矛盾事件，放大过去和当前中国共产党存在的一些问题，忽视了中国共产党的本质和主流，从而对党的领导和中国特色社会主义道路发生动摇，甚至出现“全盘西化”的极端倾向。❷ 图 10 显示，面对“中国共产党领导地位的确立，社会主义道路的选择，你是否认为是一种必然”这个问题时，70.3%的同学选择了“这是近代以来历史发展的必然，历史的选择”，7.7%的同学选择的是“这是少数人的意志决定的，它是历史的误会”，还有 22.0%的同学选择了“我对此很模糊，说不清楚”。

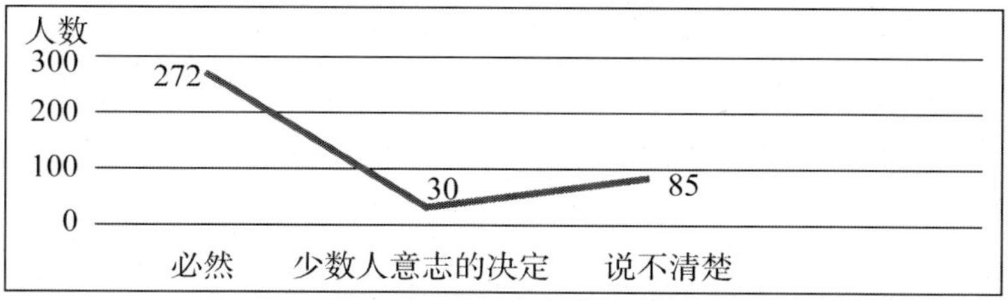

图 10　是否认为中国共产党领导地位的确定、社会主义道路的选择是一种必然

其次，历史虚无主义导致大学生否定社会主义建设成就，阻碍投身社会主义建设事业的积极性和主动性。调查显示，对于“你怎样看待新中国成立之后我国取得的建设成就”这个问题，71.8%的同学选择了“成就巨大，中国梦的实现指日可待”，25.3%的同学选择的是“虽有所发展，但与西方发达国家差距仍然很大”，选择“没有什么成就，所谓的成绩都是新闻媒体宣传的结果”的同学占总

❶ 江先锋：《大学生受历史虚无主义思潮影响的原因探析》，载《思想教育研究》，2012 年第 4 期。

❷ 葛玉良、张晓娜：《历史虚无主义对大学生思想的影响及其应对》，载《高校辅导员学刊》，2014 年 2 月。

数的2.9%（见图11）。大学生承担着社会主义现代化建设的伟大重任，他们是否牢固树立中国特色社会主义共同理想和为实现中华民族的伟大复兴而奋斗的坚定信念，关系到国家和民族的兴衰成败。历史虚无主义打着“解放思想”的旗号，歪曲“解放思想”的真意，降低了部分大学生的民族自信心和自豪感，削弱了大学生的民族凝聚力和历史使命感，严重影响了大学生对中国特色社会主义事业的激情、热情和干劲。

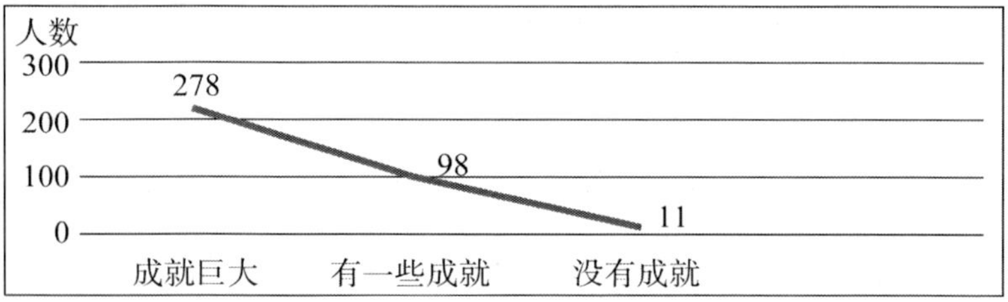

图11　对新中国成立之后国家所取得的建设成就的看法

再次，一部分大学生受到社会思潮的渗透和影响，成为历史虚无主义的传播者。图12显示，对于“你的同学中是否有人在寝室或其他私人场合谈论他（她）所听到的与主流意识不一致的观点，你有何感受”，14%的同学选择“听过，我们经常谈论这些话题，我们参与了讨论”，71%的同学选择了“偶尔听到有人谈一谈，但我没有当真”，15%的同学选择了“不感兴趣，没有注意有没有人谈过”。大学生对历史知识的学习，缺乏理性思考，呈现出较强的情感色彩。这使得历史虚无主义可以以新颖的说教、宣传得到一部分大学生的共鸣并对大学生形成误导。在这种情感倾向和思维偏好下，这些大学生又容易被社会思潮所利用，进一步加速了历史虚无主义的扩散和传播。

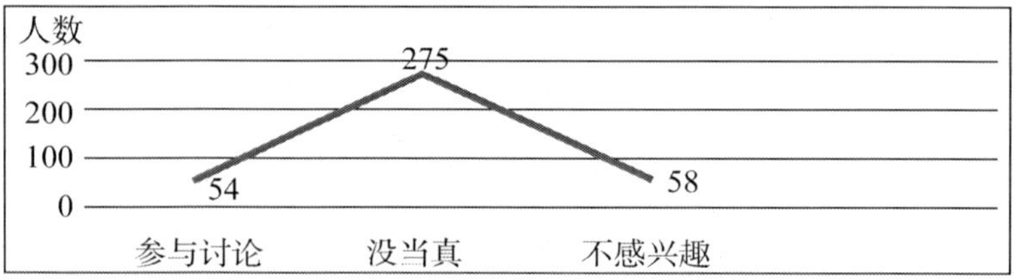

图12　如何看待同学中有人在寝室或其他私人场合谈论与主流意识不一致的观点

三、大学生抵御历史虚无主义影响的对策探究

《中共中央国务院关于进一步加强和改进大学生思想政治教育的意见》明确指出：充分发挥课堂教学在大学生思想政治教育中的主导作用。具体包括：高等

学校思想政治理论课是大学生思想政治教育的主渠道；形势政策教育是思想政治教育的重要内容和途径；高等学校哲学社会科学课程负有思想政治教育的重要职责等。除在与时俱进中继续发挥并提升课堂效果，帮助大学生坚定正确的政治方向，正确认识和分析复杂的社会现象外，我们更要在日常大学生思想政治工作中努力拓展大学生抵御历史虚无主义及其他社会思潮的有效路径。通过实证调研与分析论证，笔者认为，可以通过构筑“一个主题、两个文化场、三个结合、四个转变”体系，在大学生群体中实现对历史虚无主义的防御与化解。

1. 坚持“一个主题”——社会主义核心价值观建设

抵御历史虚无主义，我们既要坚持马克思历史观的正确指导，又要树立对中华民族光辉历史的自觉自信，更要坚定走中国道路的信心和决心。要实现这几点，从培养社会主义合格建设者和接班人的战略高度，充分加强社会主义核心价值观建设，使社会主义核心价值观在大学生群体中外化于行，内化于心，是我们的重要使命。历史的发展和进步，就历史活动而言，劳动创造历史；就历史主体而言，人民群众是历史的创造者。“在劳动发展史中找到了理解全部社会史的锁钥的新派别，一开始就主要是面向工人阶级的。”中国共产党始终强调“为了谁，依靠谁”的问题，体现了价值观、历史观的内在一致性。[1]社会主义核心价值观是马克思主义中国化进程的结果，体现了唯物主义历史观与价值观的高度统一，是中国人民的精神指南，是抵御历史虚无主义等思潮的强大思想武器。

在调研中我们通过将“对社会主义核心价值体系的认同程度”作为自变量，以“对历史虚无主义思潮的认同程度”为因变量进行线性回归分析，发现社会主义核心价值体系的认同能够有效地抑制对历史虚无主义思潮的认同，社会主义核心价值体系引领历史虚无主义思潮具有很强的实效性。

表2 社会主义核心价值体系引领历史虚无主义思潮的线性回归模型分析结果

模型		非标准化系数		标准系数	t	Sig.
		B	标准误差	试用版		
1	（常量）	4.363	0.217		20.140	0.000
	对社会主义核心价值体系的认同	−0.325	0.049	−0.235	−6.578	0.000

[1] 秦益成：《从真理观、价值观和历史观的统一性看社会主义核心价值观》。

a. 因变量：对历史虚无主义思潮的认同

因此，应当结合中国梦与“两个一百年”奋斗目标，以习近平总书记“两个不能否定”的重要论述为核心，有针对性地加强社会主义核心价值观教育，引导青年学生以社会主义核心价值观为指导规范自己的思维方式和行为方式，将社会主义核心价值观作为自己成长成才的根本指南，从而逐步提高运用马克思主义基本原理、观点和方法分析、解决我国社会转型时期出现的新问题、新情况的能力，自觉抵御历史虚无主义思潮的错误倾向。

当然，在新形势下，开展社会主义核心价值观教育，不能以“一言堂”、灌输式教育为主要手段，而是应当探索大学生喜闻乐见的教育方式，以志愿服务活动、辩论赛、读书会等活动形式，合理利用新媒体和实践平台，增强学生的主动性与参与性，寓教于乐，着眼于增强教育活动的感染力和启发性，从而实现对大学生正确有效的价值引导。

2. 营造“两个文化场”——网络文化场与校园文化场

“场”本为物理学中“物质相互作用范围”。“文化场”即人与人之间通过教育、交流等方式营造的共同文化氛围。通过营造积极友爱、健康强大的“文化场”，发挥青年大学生之间朋辈教育的积极作用，可以让大学生在“文化场”的熏陶下潜移默化地形成对主流意识形态的坚守和对历史虚无主义等社会思潮的抵制。针对历史虚无主义的“进攻路径”，高校思想政治教育工作者要把握两个主阵地，牢牢构筑两个“文化场”。

一是网络文化场。当今世界信息化发展的趋势与社会思潮的传播方式要求我们善于运用互联网等现代传媒，牢牢把握网络思想政治教育的主动权。[1]

首先，在学生中扎实开展网络思想政治教育，引导大学生树立健康、良好的信息素养、掌握获取有效信息的方法和途径，养成合理、合法的表达意见和诉求的方式和习惯，在面对网络信息时练就“辨真”“去伪”“存疑”的能力，同时搭建学生与老师之间、学生之间平等畅谈的网络媒介，甚至针对历史虚无主义的有关话题进行有针对性的网上讨论与引导，让同学们在思想上遇到的问题能够及时被疏导和解决。

其次，建立正能量网络平台，让生动形象的宣传网站、励志网站、微博、

[1] 张万玉：《当代社会思潮对大学生影响及其应对》，载《河北理工大学学报（社会科学版）》，2009 年第 6 期。

微信平台、手机 App、微电影充盈到大学生思想政治教育和日常生活的各个领域，把大学生吸引到我们搭建的网络阵地中，通过将蕴含社会主义核心价值观、紧扣时代脉搏、社会现实和大学生学习生活实际的实时动态和信息模块，以大学生最乐于接受的方式被获取和认同，让大学生逐步养成文化自信与国民信仰。

再次，建立舆情监测系统，把握大数据时代的东风，通过建立健全线上、线下无缝链接的“舆情分析与报送”制度，将设置关键词捕捉与对学生网络空间的日常关注相结合，及时了解并引导大学生舆论动向。通过形成网上网下思想政治教育的合力，有效抵制历史虚无主义对大学生的影响和侵蚀。

二是校园文化场。校园文化具有重要的育人功能，校园的文化和氛围对学生的思想有着直接的影响。优良的校风和学风能够引导学生在其中树立并实现精神追求，但在大学与社会融合度越来越高的趋势下，象牙塔外出现的社会矛盾、流行的社会思潮，也会迅速传递到大学校园，使大学生的思想产生激烈的波动。这就需要高校思想教育工作者高度重视、加强警惕，通过坚定的引导，细致的关怀，以人为本的教育、管理和服务，还校园文化清净，引导青年学生坚持理性，将历史虚无主义思想拒于千里之外。

具体来说，可以通过结合传统节庆日、重大事件和重要典礼，开展具有马克思主义特色的学生活动，增强青年学生的历史使命感和责任意识；通过组织严格把关、形式创新、内容丰富的讲座、沙龙、研讨会、报告会等活动形式，邀请参加过新民主主义革命的老党员、新中国成立后参与社会主义现代化建设中的先进人物进校园，与同学进行零距离交流，让同学们感受老一辈革命家和建设者的伟大精神和新民主主义革命和社会主义现代化建设的巨大成就，充分了解国情社情，畅想中国梦的美好未来；通过组织“青春之歌”歌咏比赛、“百名共产党人小传”诗歌朗诵会、经典话剧展演等方式，让学生在参与校园活动的同时激发以爱国主义为核心的民族精神和以改革创新为核心的时代精神；通过组织学习圈、读书会、一帮一等朋辈教育活动，增强学生之间的思想交流与互帮互助，让同学之中政治素质过硬、共产主义信仰坚定、思想成熟的学生成为学生中的意见领袖，在舆论引导中发挥积极作用；当社会上出现受历史虚无主义思潮发酵的舆论事件时，以专题座谈、专家讲坛、高峰论坛等方式组织师生平等交流讨论，让学生在导师引路下学会甄别信息真伪、辨别是非曲直，形成对民族历史和现实国情正确的认知；同时，通过加强校报、校广播电视、校移动传媒及校园“理论角”

“图书角”的建设，将马克思主义先进思想和社会主义核心价值观教育融入校园文化，让学生身处和谐、平等、包容、健康的人文环境和自然环境中，从而提升对主流意识形态的认同感。除此之外，我们也应当加强管理，绝不给错误观点和言论提供传播渠道，坚决抵制历史虚无主义渗透进校园生活，以免对大学生的思想带来侵蚀和影响。

3. 强化“三个结合”——党团建设相结合、理论与实践相结合、解决实际问题和解决思想问题相结合

注重党团建设相结合。一方面，抓好对党员、入党积极分子的教育培训工作。突破传统的说教和讨论形式，让培训的内容更加丰富，培训的方式更加多元。如邀请优秀校友党员返校分享，或担任在校生的入党导师；高年级、研究生党员与低年级党员、入党积极分子结成帮扶小组，就国家大政方针、马克思主义先进思想及社会思潮的演进和本质等进行学习和交流；加强先锋工程建设，让党员在提升自我、服务同学的过程中实现宣传先进理论、引领同学思想的重要使命。另一方面，以党建带团建，充分发挥共青团和学生组织作用。在社会文化生活日趋丰富多彩、人们精神文化需求不断增长的形势下，时尚文化对青年思想观念、价值取向、行为方式的影响日益深刻。加强对青年时尚现象、特点、潮流和趋势的认识和把握，运用文化的、时尚的手段引导青年，借助贴近青年、吸引青年的活动形式，通过感性的直观体验的方式，把深刻的“弘扬马克思主义，抵制历史虚无主义”的“大道理”转化为鲜活的“小道理”，能够使共青团学生组织工作更好地服务于青年大学生的思想引导工作。[1]

注重理论与实践相结合。调研显示，对于“你最希望通过哪种方式来学习思想理论”这个问题，31.8%的同学选择了“把理论学习和参观学习结合起来，参加社会实践”，26.9%的同学选择的是“举行讨论会或辩论会”，7.2%的同学选择了“举办专题讲座”，此外，选择“播放相关纪录片，打破‘一言堂’”的同学占总数的15.2%，选择“开设网络专题讨论区”的有14.5%的同学，还有4.4%的同学选择了“其他”（见图13）。

---

[1] 吕晨飞：《大学生思想引导工作面临的挑战及应把握的几个关系》，载《北京教育（德育）》，2011年第4期。

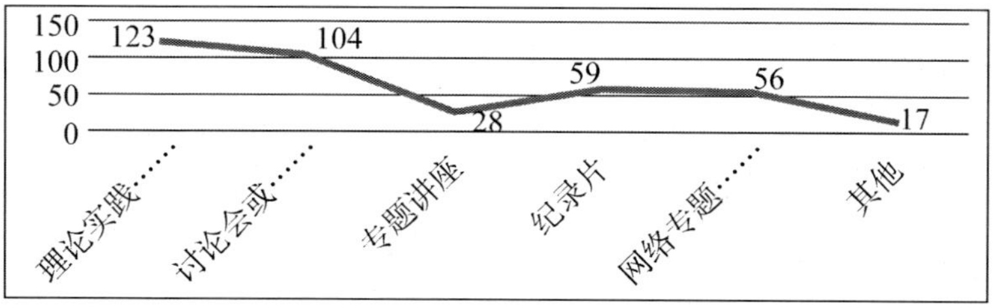

图 13　最希望的思想理论学习方式

这说明将理论与实践相结合，不仅是提升思想政治工作的有效路径，更是学生成长成才的自身需求。社会实践是大学生对社会现实深化认识，培育社会责任感和历史使命感的重要途径。虽然当前高校与社会联系愈发紧密，但由于沟通合作渠道的阻塞，大学生缺乏足够的社会实践平台，导致他们对社会的认知较为片面，社会阅历较为浅薄，容易错将现象当本质，被历史虚无主义思潮的错误观点所误导。可以组织大学生开展以下社会实践活动：一是参观考察、补充书本知识的“历史文化之旅”，如组织学生开展红色之旅、参观历史博物馆、观看革命电影等，了解近现代以来中华民族与中国人民的奋斗史；二是深入群众、了解民生疾苦的调研、实践活动，如组织大学生在暑期到中西部基层、农村开展民生调研，通过与农民、外来务工人员、老人的交流，了解他们的生活状态与生存发展需要，了解社会发展中仍然存在的问题，探索解决的方法与路径；三是学以致用，服务社会，将志愿精神与专业实践相结合，开展各种形式的志愿服务与实践活动，如暑期“三下乡”“四进社区”、支教、普法、众筹等公益服务活动，在为人民服务中提高个人能力，提升思想境界；四是发扬大众创业、万众创新精神的探索实践活动，如组建创新、创业团队，根据社会需求和自身发展需要，开展科学研究、发明创造和生产经营活动，将所学知识与现实结合起来，用青春才干为社会创新发展助力添彩。通过这些方式，大学生广泛参与到社会生活中，通过掌握大量的一手资料，培养独立思考、客观分析的思维能力，对社会现实有了更加深刻、全面的了解，不会偏听则信，轻易受到错误舆论的引导。

注重解决实际问题和解决思想问题相结合。大学生思想政治工作是一个“润物细无声”的系统工程，只有把学生实际学习、生活中的问题解决好了，才能使学生形成对老师、对学校、对国家的稳固情感，才能使思想政治教育走进学生心灵，才能使主流意识形态在大学生中入耳、入脑、入心。

应当紧密结合当代大学生关心的问题，在帮助他们克服困难、成长成才的过程中加以引导，加强思想政治工作的针对性与实效性。一方面，通过建立不同类型的工作室、工作坊、指导室和帮助热线，对大学生的学业发展、就业择业、心理健康、人际交往等方面进行分类指导，让学生在遇到问题时，第一时间得到相关老师、同学的有效帮助，切实解决学生学习生活中的实际需求；另一方面，为学生搭建提升心理素质和综合能力的德育平台，让学生在第二课堂中通过团体辅导、素质拓展训练、科研竞赛、文体比赛等方式，塑造积极乐观的心理状态，养成积极向上的生活方式，锻造全面发展的综合竞争力，从而提升自觉抵御历史虚无主义思潮的素质和能力。

4. 实现“四个转变”——从回避遮掩到正面应对、从整体推进到具体突破、从单向引导到双向互动、从孤军奋战到多管齐下

随着社会发展和大学生自我意识的不断强化，高校思想政治工作的思路与方法也需要随着时代的变化与青年学生的新特点进行发展和创新。针对历史虚无主义对大学生的影响与侵蚀，我们要从态度、思路、方式、路径这四个逻辑上逐层展开的要素上着手，实现“四个转变”，让学生在耳目一新中乐于接受思想政治教育，主动认同思想政治教育。具体如下。

从态度上看，防御历史虚无主义应当从“回避遮掩”转变为“正面应对”，改变以往在面对历史虚无主义思潮攻击时消极避让或回击一些所谓“敏感”问题时“回避遮掩”的态度，坚持实事求是与具体问题具体分析的原则，正面应对历史虚无主义的冲击，给予有力回击。对于违背党和社会主义基本原则的谬论要坚决地驳倒，而对于其他的一些细节问题则把握好原则和底线；对于一些确是我们历史上犯的错误，引导学生正确看待，既要正视历史，吸取教训，更要从历史的大框架、大视野中来观察，分清主流和支流，不能以偏概全。

从思路上看，防御历史虚无主义应当从“整体推进”转变为“具体突破”，改变以往将主流价值观一股脑灌输给学生，以此封堵一切错误思潮，企图一劳永逸的思路。针对每一种思潮，尤其是历史虚无主义带来的每一个问题进行分类归纳，通过有针对性的分析与解答，让学生在参与中深化认识、明辨是非。

从方式上看，防御历史虚无主义应当从“单向引导”转变为“双向互动”，改变以往在思想政治教育中片面强调老师对学生进行引导的做法，增强学生在思想政治教育中的主体地位，鼓励学生把自己在认识历史、理解历史中产生的困惑、疑问充分表达出来，让我们的教育、主导价值观与学生的疑问、困惑之间进行直接的对话与沟通，让科学的理论和客观的事实在辩论与碰撞中显示自己的力量，帮助学生摆脱历史虚无主义所设置的陷阱。同时通过设立反馈机制，对互动的效果进行把握和跟踪，形成双向互动的良性循环，切实使学生在比较中明辨真实的历史、科学的历史观与虚构历史、虚无历史观的界限。[1]

从路径上看，防御历史虚无主义应当从“孤军奋战”转变为“多管齐下”，转变以往由思想政治课理论教师独自承担预防、抵御、化解社会思潮影响重任的局面，将历史观教育与价值观教育相结合，第一课堂与第二课堂教育相结合，日常思想政治教育与网络思想政治教育相结合，注重配合，多管齐下，形成系统化、全覆盖的历史虚无主义思潮防御体系。同时，形成全社会共同推进主流意识形态教育的合力。一方面，通过深化“以人为本、科学发展与构建和谐社会”的执政理念，探索中国特色社会主义市场经济形成“良好的发展模式、良好的存在方式、良好的文明样态”，为消解历史虚无主义思潮提供坚实的现实基础；[2] 另一方面，通过构建社会主义核心价值体系，积极推出弘扬主旋律的优秀文化作品，营造全社会正确认识和对待历史、维护中国革命伟大成果的良好氛围，鼓舞青年大学生勇担历史使命，树立中华民族共同信仰，投身民族复兴伟大事业。

---

[1] 江先锋：《高校学生受历史虚无主义思潮影响的主体性特征及其应对策略》，载《山东青年政治学院学报》，2011 年第 11 期。

[2] 陈学明：《中国“现代化”需要超越西方模式》，载《中国社会科学院报》，2009 年第 5 期。

90后大学生生命价值观研究述评

刑事司法学院　江乐园

摘　要　随着近年来大学生践踏生命的现象不断发生，学术界对90后大学生生命价值观展开了研究，在诸如90后大学生生命价值观的内涵和视角研究、现状和原因探究等方面取得了较多的成果，但多是以理论研究为主，实证研究较少而泛泛，研究水平还处在初级阶段；在比较和关系研究、教育对策的问题上也有所涉足，但不够深入。本文从四个方面指出了90后大学生生命价值观的未来研究方向，即：理论体系研究需继续深入；影响因素研究需继续挖掘；研究方法需继续创新；教育路径需继续探索。

关键词　90后大学生　生命价值观　研究　述评

大学生生命价值观是指大学生对待生命存在和生命价值的态度和根本看法。随着近年来大学生践踏生命的现象不断发生，有关90后大学生生命价值观的研究课题被纳入更多学者的视野中，学术界对90后大学生生命价值观展开了较为深入的研究。在中国知网中，截止到2015年4月，以“生命价值”为检索词查到相关文章779篇，以“生命价值观”为检索词查到相关文章275篇，以“生命价值观教育”为检索词查到相关文章349篇，以“大学生生命价值”为检索词查到相关文章268篇，以“大学生生命价值观”为检索词查到相关文章207篇，以“90后大学生生命价值观”为检索词查到相关论文132篇，其中精确到篇名为“90后大学生生命价值观”的研究论文成果显示仅为16篇，这些研究成果中相当多是2007年以前的论文，即主要针对80后大学生生命价值观做出的研究。综合来看，学术界在诸如90后大学生生命价值观的内涵和视角研究、缺失和原因探究等方面取得了较丰硕的成果，在比较和关系研究、重构与教育对策的问题上也有所涉足，但不够深入。

一、90后大学生生命价值观的内涵和视角研究

学者较重视对大学生生命价值观内涵的研究，对此研究还比较深入，提出了

较为科学准确的定义，不少学者还从个人视角进行了特定研究。

（1）内涵。较有代表性的观点是：梅萍教授把“生命价值观”定义为人们认识和处理生命价值问题所持有的根本观念，包括个体对于生命存在和生命存在价值的体会和感受，不是表面性的评价，而是一种价值导向机制与价值评价标准❶。欧巧云则认为，“生命价值观”是一种价值判断，这种判断是有关人们对待生命如何存在的及存在意义的认识。❷ 也有人提出，生命价值观就是人们关于什么是生命价值、如何评判和创造生命价值的根本看法和观点。❸ 张文远则认为生命价值应该从其对人的积极作用的角度来定义，包括人的自我价值和社会价值两个方面，是二者的辩证统一。

由此可见，生命价值观是一个复杂的心理结构，学术界对它的内涵界定也众说纷纭，表现在：首先，对范围的界定，是指一切存在物还是仅仅指人的生命，前者是广义的概念，后者则是狭义的，它只是指向人的生命价值。其次，在定义生命价值观的内容上学界观点不一致，或把生命价值观看成是价值观的一个方面，或把生命价值观看作一种对待生命和生活的理想、态度、目的、意义。❹

（2）视角。一是多从生命教育的视角入手，目前关于生命教育的著作主要有：教育科学出版社出版的《生命与教育》，中国社会科学出版社出版的《生命教育论》《生命的律动：生命教育实践探索》和《生命的畅想》，还有知识产权出版社出版的《生命教育论纲要》《当代大学生生命教育研究》，武汉大学出版社出版的《当代大学生生命教育》；在论文方面，有庄文娟的《90后大学生生命教育研究》、张文远的《大学生生命价值观教育研究》等关于生命教育及生命价值观教育的论文，但从目前来看，专门针对90后大学生生命价值观教育研究的专著几乎没有，目前只有梅萍的《当代大学生生命价值观教育研究》一书❺，该书还

---

❶ 梅萍：《当代大学生生命价值观教育研究》，中国社会科学出版社，2009年版，第19页。

❷ 欧巧云：《当代大学生生命教育研究》，知识产权出版社，2009年版，第129页。

❸ 郭静林：《当代大学生生命价值观现状与道德教育》，福建师范大学2006年硕士学位论文，第15页。

❹ 高菁：《大学生生命价值观的问卷编制及特点分析》，四川师范大学2013年硕士学位论文，第15页。

❺ 李兴伟：《当代大学生生命价值观教育研究》，湖南师范大学2010年硕士学位论文，第10页。

主要不是针对90后的大学生，因而从严格意义上说，针对90后大学生生命价值观的专门的深入的理论研究几乎空白。二是从其他一些特定的视角入手，如中国传统的生命价值观，如儒家生命哲学、敬畏生命伦理对大学生生命价值观的借鉴，新媒体视域下的、人文视域下的、网络视域下的、“和合”视角下的、和谐社会视角下的大学生生命价值观教育探究，家庭功能，父母教养方式、亲子关系，对大学生价值观的多维解读与现代建构，或对回族、藏族、医科大学生生命价值观的专门研究等。综合来看，这些学者的专门探讨，的确深化了有关大学生生命价值观的研究，但就目前来看，这些研究尚有些零散而不成体系，还需进一步深化。

二、90后大学生生命价值观的现状和原因研究

关于90后大学生生命价值观的缺失和原因探讨的研究是非常多而且较为深入的，有多位学者针对此命题做了大量的实证调查工作，分析了90后大学生生命价值观的现状，并进一步研究形成此现状的原因。

（一）现状

多数学者都是基于实证调研提出90后大学生生命价值观缺失的表现和现状。目前已经有部分有关调查问卷的研究，如“大学生生命价值观的投射测验与内容分析”“大学生生命价值观的问卷编制”。也有专门的现状调研，如刘秋云等发表的《90后大学生生命价值观现状调查——以某地方高校为例》一文，刘伟伟等发表的《试析大学生生命价值观教育的现状与对策——以江西省部分高校为例》一文，有《当代大学生生命价值观现状及其原因分析——以深圳大学为例的实证探究》《当代大学生生命价值观和心理健康状况调研分析——以武汉地区高校大学生为调研对象》等多篇研究论文公开发表。这些文章大都循着问卷编制、发放问卷的路径进而归纳总结出了一些关于90后大学生生命价值观的现状和原因。

关于生命价值观缺失的现状，学术界比较有代表性的是游训龙等的《大学生价值观缺失及教育对策》一文，他概括了大学生生命价值观缺失的几种主要表现：对生命缺乏成就感，对人生持游戏态度，对生命持漠视、否定的态度甚至是暴力对待生命。[1] 还有学者从以下四个方面来进行了综合分析，即：生命意识的

---

[1] 游训龙、郑小鸣、向旭东：《大学生价值观缺失及教育对策》，载《文史博览（理论）》，2012年第10期。

现状，不认为生命具有社会价值，不认同自我；生存信念的现状，学习压力和就业形势、家庭因素、个人特殊情况影响着生存信念；生命和谐的现状，对于自身的和谐，大多数90后大学生有积极向上的心态，但缺乏明确的努力方向和实际的努力行动；生命责任的现状，90后大学生在对待自身生命责任和家庭责任时，敢于担当，有较强的责任感，但较之于家庭责任感，社会责任感相对较弱。

还有学者从主体方面来进行分析，如90后总体上爱党爱国，但仍然存在政治信仰迷茫、价值取向扭曲等深层次问题；智商高，兴趣广，但也存在自负、厌学、自我意识过强的问题；创新意识强，表现欲望强，但精神空虚、内心孤独的问题也存在；消费观念强，同时存在攀比、从众心理，诚信意识淡薄；个性独立张扬，同时缺乏团队精神，心理素质欠佳；情感丰富，同时存在叛逆、暴躁、行为过激等问题。❶

（二）原因

关于90后大学生生命价值观缺失的原因探究，学术界多是从社会因素、家庭因素、个人因素、学校因素这几个方面来加以分析的。例如，游训龙等认为：一是社会环境的变化导致了大学生生存压力的加剧；二是家庭、学校教育忽视了大学生生命意识的培养；三是大学生自身存在的原因。

（1）社会因素。概述学术界观点，主要是：社会经济政治文化价值观的变迁折射到大学生身上，容易让他们形成自我和功利的人生价值；社会现象多样和价值冲突影响了大学生对正确价值观的坚守和践行；社会人才标准的狭隘认定和招聘单位过于重视某些单方面的素质导致大学生迫于生活压力大而难以顾及人生价值的思考和生活质量的提高；社会信息高速发展，互联网、微信、微博等新媒体的广泛传播且良莠不齐影响了大学生的抉择和态度。❷

（2）家庭因素。主要是受家庭环境的影响，90后大学生的父母基本都是经历了“文革”后期、改革开放初期和现在和谐社会创建这些社会阶段的家长，他们本身的生存环境亦是不易，所以极易导致部分家长步入教育误区：一是错误的教育观念，常常忽视生命价值观教育。二是错误的教养方式，影响大学生健康心

---

❶ 王丹：《90后大学生生命价值观教育路径探究》，载《吉林化工学院学报》，2013年第4期。

❷ 盖丽那：《大学生生命价值观的现状与教育引导》，山东师范大学2008年硕士学位论文，第37—39页。

理状态和生存技能的形成。三是父母、兄弟姊妹关系恶劣等都容易导致大学生生命价值观的扭曲。

(3) 个人因素。重视个人主体意识，自我意识强化，容易导致以自我体验为中心，漠视自己和他人的生命健康，更谈不上生命价值存在感和幸福感；有较高的目标追求，但缺乏正确的自我定位，没有明确的人生目标，导致缺乏成就感；情感上渴望与人交往，但行动上自我封闭或生活仅仅局限在虚拟世界，导致大学生沟通能力差，不擅长现实中的与人交往。

(4) 学校因素。有人认为：大学教育日趋走向功利化和工具化，较长时间以来没有把大学生生命价值观教育提高到应有的地位，导致学生生命情感淡漠，而且，大学德育泛政治化，过于理想化、理论化，脱离学生的生活实际，既导致了大学生生命价值观教育的空泛与无趣，又导致了大学生精神生命价值感薄弱。[1]

三、90后大学生生命价值观的比较和关系研究

随着生命价值观问题的研究深入，有少部分学者开始着手国内外的比较研究、90后大学生生命价值观与80后的比较研究，以及与其他相关方面如幸福感的关系研究等。

(1) 国内外比较研究。首先，在研究方法上，国内学者多采用的是理论研究及以测验法和问卷调查法为主的实证研究，虽有一些国内学者提到要采用访谈法和个案法或用到了这两种方法，但论述非常简单，既没有研究过程的叙述，也没有详细的分析资料，相比而言，国外学者则相当重视个案研究，重视采用访谈法来获得实证研究的调研数据。其次，在研究内容上，国内大部分学者采用了不同的角度和不同内容的调查问卷或进行一些投射测验以进行内容分析，或从不同的视角，或从现状中概括分析大学生生命价值观的内涵和特点。例如，卓筱芸概括分析了西方从中世纪到现代的有关研究，她指出，中世纪的西方生命价值观主要是建立在基督教信仰基础上的一种观念和看法。而近代的西方生命价值观则更加实际，重视人的个人价值，注重追求个人幸福，把它作为生命价值的总体目标，并注重个人奋斗，把它作为生命价值的实现途径。[2] 香港的公民教育课程则大都

[1] 盖丽那：《大学生生命价值观的现状与教育引导》，山东师范大学2008年硕士学位论文，第32—34页。

[2] 卓筱芸：《大学生生命价值观及其相关研究》，江西师范大学2008年硕士学位论文，第12页。

是围绕设置一些能帮助学生认识自我、了解生命、了解生命的内涵的课程来展开教学。❶

纵观国内外学者关于生命问题的研究，生命价值观的研究是时下的一个热点，但是多是从生命教育视角入手，专门针对生命价值观的研究并不多。从资料分析来看，西方生命教育多集中在把握生命态度和社会生命价值上，重视学生对死亡的认识和接受，注重培养学生的抗挫折与抗压力的能力，侧重于加强学生的精神性生命价值认知，也就是说，在关注自然生命存在的基础上，把生命价值提升到关注社会生命价值和人的生命自由精神上来。但即使如此，西方学者对价值观的探讨仍然停留在比较浅显的层面，不曾有深入的研究。对比而言，国内的研究在较长的时期则主要是以理论研究居多，缺乏实证研究，现有的实证研究也是泛泛而谈不够深入。

（2）其他相关比较和关系研究。比如，90 后、80 后比较研究。庄文娟把影响 90 后大学生的特点概括为以下几个方面：自我意识强，亟须提高自我认知水平；个性自信张扬，亟须提高受挫折能力；交往意识强，亟须建立起良好的人际关系；责任意识强，亟须确立未来发展目标。又如，个别学者进行了与主观幸福感的关系研究，认为：大学生如果具备积极向上和爱惜生命的生命价值观，他们则会不断进步，容易自信、成功，能更好地调整自我与环境相匹配，更容易体验到生命的成就感和幸福感。反之，大学生如果持有消极悲观和自私狭隘的生命价值观，他们则会不断倒退，容易自卑、失败，在迷茫和困惑中难以体验到生命的成就感和幸福感。再如，部分学者进行了与自杀态度的相关关系研究。他们得出结论：人们如果珍惜生命，热爱生活，积极进取，自杀的概率就会降低，反之，如果人们轻视生命，生活颓废，自怨自艾，自杀的认可度、理解度和宽容度则会大大增加。❷

四、90 后大学生生命价值观的对策与方向研究

学术界对关于 90 后大学生生命价值观的教育对策进行了探讨，大多是在基于现状之上提出了几项对策，有个别学者则进一步指出了大学生生命价值研究的

❶ 刘济良、李晗：《论香港的生命教育》，载《江西教育科研》，2000 年第 12 期。

❷ 卓筱芸：《大学生生命价值观及其相关研究》，江西师范大学 2008 年硕士学位论文，第 40 页。

未来方向。

（一）教育对策

迄今为止，学界提出的多种教育引导对策多从个人、社会、学校和家庭这些层面出发予以概括。如朱佳隽、孙影娟提出大学生生命价值观教育可从自我教育和环境教育两个大的方面入手，而环境教育则包括家庭教育、学校教育和社会教育。❶

（1）个人层面。有学者提出大学生需通过各种各样的途径来树立正确的生命价值观。首先，大学生要正确认识自我，通过自省以及他人评价认识自我。其次，大学生要在自我认识的基础上进行自我反思，正确认识和评价自我，接受自我，珍爱自我，实现自我价值超越。最后，大学生重视提升自身修养，品德是一个人走向成功的制胜法宝，要从德智体美劳全方位来不断完善自我。

（2）社会层面。有学者提出社会要加强对大学生的生命价值观引导和人文关怀，要创建优良的实践育人环境服务大学生实现科学的生命价值观，要重视英雄模范的带头作用以引导大学生追求健康向上的生命价值观，还要利用新媒体的作用使得大学生生命价值观教育潜移默化、润物无声。

（3）学校层面。有学者提出学校教育应该启动生命教育的风帆，从重视生命教育，与马克思主义理论课和思想政治教育课、生命价值观专题讲座、心理健康课程、职业生涯规划课程、审美教育等有机融合。❷ 还有学者提出，生命价值观教育亦包含于思想政治教育之中，要开展丰富的思想政治教育统领大学生构建科学的生命价值观。有学者强调建立一个良好的、专职于生命价值观的独立课程体系，刘秋云则提出要加强大学生的生命意识教育、生存信念教育、生命和谐教育、生命责任教育。

（4）家庭层面。有学者提出家长应促进大学生子女形成积极的大学生生命价值观。首先，家长要树立正确的生命价值观教育观念，不能回避人的生死，重视和加强自然生命价值观、社会生命价值观、精神生命价值观教育。其次，家长要

---

❶ 朱佳隽、孙影娟：《大学生生命价值观现状与教育研究》，载《继续教育研究》，2012年第3期。

❷ 盖丽那：《大学生生命价值观的现状与教育引导》，山东师范大学2008年硕士学位论文，第46页。

从自我做起，身体力行，与家人和睦相处，互敬互爱，营造生命价值观教育的良好氛围和积极因素。

（二）未来方向

徐洁指出，我国大学生生命价值观的研究有成绩也有不足，还需要在理论体系构建、评价工具的研究方面继续深入；还需加强大学生生命价值观影响因素的研究，为大学生生命教育提供指导；还需采用多种研究方法，还需注重质性研究、纵向研究；还需开展大学生生命教育方法的效果和过程的研究。[1] 徐洁的这一观点，其实从较大程度上全方位概括了未来的研究方向。具体来说，90 后大学生生命价值观研究的未来方向主要可设定为以下几个方面：

90 后大学生生命价值观的理论体系研究需进一步深入。目前，一些学者已经开始了生命价值观教育研究并有自己的研究思想，查阅各种文献资料不难见到一些风格迥异的研究思路，但整体上研究并不深入，仍未形成一个整体系统的研究体系。今后这一领域的研究应集中在构建生命价值观的理论体系上，深入探讨生命价值观的内涵概念和所含内容及其维度，为生命价值观的其他维度研究提供理论支撑。

90 后大学生生命价值观的影响因子研究需进一步挖掘。由于生命价值观是一个具有多种复杂的心理特征和外部表现的概念，其影响因子更是方方面面且具有隐蔽性，既有个人的因素，也有环境的因素，甚至还有地域差异及背后的深层文化因素等，所以要重视开展大学生生命价值观的影响因子研究，尤其要在调研实证研究的基础上，找出大学生生命价值观形成和发展过程中的重要因子，及各个不同因子之间的影响比重、作用权重，同时考察这些因子的影响路径和途径，从而建立这些影响因子的相关模块模型，为对不同成长背景和家庭背景的大学生开展有针对性的生命价值观教育提供实际指导，以更有效地找出大学生的生命价值观的教育对策。

90 后大学生生命价值观的研究方法需进一步创新。今后关于 90 后生命价值观实证领域的研究方法尤其是实证研究方法应恰当利用深度辅导、个人访谈、跟踪调查、横纵向结合、现场观察等方法来获得丰富多样、真实可靠的数据进行深

[1] 徐洁、常美玲：《大学生生命价值观研究的现状、问题及方向》，载《中国青年研究》，2011 年第 11 期。

入分析研究，由于个体生命价值观的形成是一个长期且复杂的过程，因而采用访谈法、个案法、观察法等能更深入到学生的心灵和思维深处，从而获得更深层更丰富更动态的研究结果。

90后大学生生命价值观的教育路径需继续探索。目前，我国生命价值观教育研究仍较薄弱，处在基础研究阶段，大学生生命价值观的方法和途径等还需要从理论和实践上进行全面而深入的探索，虽有学者提出了一些大学生生命价值观的重构和教育对策，但有的是泛泛而谈，有的没有进行实地调查从而缺乏实证研究支持，因而所提出的方法和途径缺乏实践的检验，可行性也不强，整体上都没有对90后大学生生命价值观的教育路径进行有效性、实践性研究，其过程和效果也无法明确呈现在人们面前。例如，有研究者提出，要加强生命价值观课堂教育，这毋庸置疑，但课程如何设计、如何跟学校其他相关课程协调的这些细节、细致性的问题却没能得到解决，为此，生命价值观教育实施的质量得不到有效保证和支持，所以未来研究更应着重于路径的探索。

论高校理想教育中存在的问题及改进意见

刑事司法学院　吴静

摘　要　高校理想教育对大学生理想的形成，特别是形成符合社会发展需要的理想有积极的作用。研究高校理想教育有利于增强思想政治教育的针对性，促进大学生的健康成才和实现高校人才培养目标，增强民族凝聚力和维护社会稳定发展。我国高校理想教育虽然取得了一定成就，但在目标、内容、方法上还存在一些问题，针对这些问题，本文提出了改进意见：坚持理想教育的层次性与方向性相结合，注重教师的价值引导作用；坚持理论教育与实践教育相结合，注重对大学生实践参与的指导；坚持显性教育与隐性教育相结合，注重优化理想教育环境。

关键词　高校　理想教育　问题　改进

随着中国高等教育的发展，党和国家对大学生思想政治教育的重视和加强，高校理想教育也逐步规范、完善，为新中国的社会主义现代化建设事业培养了许多拥有崇高理想的优秀人才。但是随着改革开放的深入和发展，高校理想教育也存在一些不足之处，需要进一步加以改进才能适应社会发展的需要。

一、高校理想教育的重要性

目前大学生的理想状况不容乐观，研究高校理想教育有利于促进高校理想教育的改进，增强思想政治教育的针对性，有利于促进大学生的健康成才，有利于加深大学生对社会共同的理想的认同，从而促进社会稳定团结和发展。

1. 有利于增强思想政治教育的针对性

理想教育是高校思想政治教育的内容之一，研究理想教育有利于增强高校思想政治教育的针对性。2004 年 9 月，中共中央、国务院发出了《关于进一步加强和改进大学生思想政治教育的意见》，意见指出加强和改进大学生思想政治教育，提高他们的思想政治素质，把他们培养成中国特色社会主义事业的建设者和接班人。目前大学生思想政治状况有积极向上的一面：拥护和支持党的方针、政策；对保持政治局面的稳定和经济的持续发展有信心；拥护中国共产党的领导、拥护社会主义制度；热爱祖国、具有强烈的民族自尊心和社会责任感。可见高校大学生的人生观、价值观主流是积极向上、乐观进取的。但大学生的思想政治状况也存在一些问题，特别是涉及深层次的理想问题。例如一些学生对坚持社会主义道路信心不足。研究高校理想教育促进高校理想教育的改进，不仅可以解决他们在深层次的理想方面的问题，而且能够增强高校思想政治教育的针对性，从而取得较好的教育效果。

2. 有利于高校人才培养目标实现

随着知识经济的来临，国家的发展越来越依赖于先进的科技和各种高素质的人才，各国之间的竞争也越来越多地体现在人才的竞争上。高校是培养国家未来高素质建设者的基地，大学生则是建设中国特色社会主义事业的希望所在。我国高校以培养“四有”新人为教育目标，邓小平多次强调：“现在中国提出‘四有’，有理想、有道德、有文化、有纪律，其中我们最强调的，是有理想。”[1] 理想是一个人世界观、人生观、价值观的集中体现，理想对于人的成长具有重要意义。“四有”中理想是排在第一位的，理想可以激励大学生努力完成学业，崇高理想对其长远发展有重要的指导意义。增强理想教育的有效性有利于促进大学生的健康成长和成才，有利于高校教育培养目标的实现。

3. 有利于增强民族凝聚力和维护社会的稳定发展

研究高校理想教育有利于增强民族凝聚力，维护社会的稳定和发展。对于社会来说理想除具有一般的导向、激励功能外，共同理想还具有凝聚功能、规范功能和调控功能。改革开放 30 多年来，我国建设中国特色的社会主义取得了显著的成绩，特别是在物质文明建设层面成效显著。但是，随着改革的深入发展，我国社会发生了很多复杂而深刻的变化，导致人们的思想观念也日趋多样化。在这种环境的影响下，高校学生的思想观念和价值取向呈现多样化的特点。“我们这么大一个国家，怎样才能团结起来、组织起来？一靠理想，二靠纪律。组织起来就有力量。没有理想，没有纪律，就会像旧中国那样一盘散沙，那我们的革命怎么能够成功？我们的建设怎么能够成功？”[2] 高校大学生是国家未来的建设者，

---

[1] 《邓小平文选》第 3 卷，人民出版社，1993 年版，第 190 页。

[2] 《邓小平文选》第 3 卷，人民出版社，1993 年版，第 111 页。

也是有较高层次知识水平的群体，他们接受社会主义共同理想对于在社会范围内推动广大人民群众形成建设更美好社会的共识具有重要意义，有利于在全社会范围内凝聚人心、协调行动，将我国社会主义建设事业推向前进。

二、高校理想教育中存在的问题

理想教育的目标是要使大学生形成符合社会发展要求的个人理想，树立崇高的理想。“我们必须在对思想政治教育结果的静态分析基础上深入到导致这一结果形成的动态思想政治教育的活动过程中，厘清具体的活动过程与相应结果之间的内在关联”❶ 这样才能找到问题的关键所在。从高校理想教育活动过程来看，理想教育存在下列问题影响了高校理想教育活动的效果。

1. 理想教育目标上存在的问题

理想教育目标必须依据社会发展需要和个人自我发展需要来确立。在实际的教育活动中，高校理想教育有两种倾向：一种是重视终极目标忽视阶段目标；另一种是重视近期目标而忽视终极目标，这两种倾向都影响了教育的效果。

目标具有层次性，有阶段目标和终极目标之分。传统高校理想教育虽然把对大学生的共产主义理想教育作为主要任务，但主要强调意识形态的教育，突出理想的政治性和阶级性，把大学生的理想教育当作一种道德教育或政治宣传的手段。理想教育目标过于空泛，使学生不知道如何给自己定位，难以确立自己未来的人生目标，更难以树立牢固理想观念和形成为共产主义远大理想不懈奋斗的思想观念。这种单一的价值目标忽视了学生的个体差异性，并且与学生普遍关心的实际问题存在很大的差距，往往得不到学生的认同。这种情况下，高校理想教育难以取得良好的教育效果。

另一种情况是认为这种共产主义理想教育过于空泛，尽量避免涉及有关终极价值追求的理想教育，而将理想教育“目标化”“职业化”。❷ 这种做法主要考虑了学生的需要，通常用学生最关心的如何过好大学生活、怎样才能在毕业之后找个好工作等问题来吸引学生，理想教育沦为引导学生制定大学生活短期目标以及如何实现这些短期目标的教育活动。这种理想教育对于刚进入大学的新生来说是必要的，有利于他们更快地适应大学生活。但是，理想教育如果只是停留在这个

---

❶ 沈壮海：《思想政治教育有效性研究》，武汉大学出版社，2001 年版，第 19 页。

❷ 潘一禾：《论大学生理想教育的向度问题》，载《浙江大学学报》，1997 年第 6 期，第 43 页。

层面，就会使学生的行为变得功利，大学沦为培养“精致的利己主义者”，学生缺乏一种自觉对社会、对人类发展终极关怀的思考与精神追求。现在常说的“大学生理想信念缺失”主要是指大学生缺乏崇高远大的理想，这与高校理想教育目标定位有失偏颇有关。

2. 理想教育内容上存在的问题

理想教育的内容应与理想教育目标保持一致，与学生的认知能力相适应才能取得好的效果。我国高校理想教育在这两个方面都存在不足。

第一，理想教育内容次序混乱。我国在理想教育问题上，从小学到大学的理想教育层次发生倒置。在小学阶段，对学生强调为共产主义理想而奋斗；到初高中阶段，对中学生进行爱国主义、集体主义和社会主义教育；大学阶段，认识到小学、初、高中阶段理想教育的不足，加上大学生的思维能力进一步提高，更多地对大学生强调要学会学习、学会做事、学会做人的教育。我国理想教育的内容层次不是逐步提升的，而是随着学生认识能力的增长由高层次逐渐过渡到低层次的教育，是从宏观理想道德价值教育到具体道德行为的教育，这种教育内容的倒置，使得对大学生进行共产主义理想教育更加困难。

第二，理想教育的内容与实际联系不够紧密。社会变革对大学生理想的形成有很大的影响，理想教育的内容不能对这种影响给予很好的引导。

（1）市场经济建立带来功利化的价值取向导致大学生崇高理想的缺失。理想具有历史性，理想的形成离不开人们所处的社会历史环境，社会变革必然给人们的理想的连贯性带来挑战。“改革开放前社会同质性强，形成高度整合”，而改革开放后，“社会开放，文化多元，促进了社会异质性趋势，社会整合性减弱。”[1]这种情况必然对大学生的理想的形成产生很大的影响。高校理想教育虽然有针对一些社会热点问题对大学生进行教育，但仍然不够，需要进一步联系社会实际，增加与社会发展相符的内容。

（2）改革中出现的新问题影响大学生对社会主义的信心。我国的社会改革是以经济改革为先导，逐步扩展到社会政治、文化生活领域的。随着改革的深入出现了许多新问题：贫富差距逐渐拉大，社会医疗改革、教育改革进展艰难，各种消极腐败现象仍然屡禁不止等。对于一些比较敏感的问题，如我国社会主义国家的前途等问题，大学生容易产生困惑与迷惘。在对大学生的一项调查中，有

[1] 孙其昂：《社会学视野中的思想政治工作》，中国物价出版社，2002年版，第89页。

39.5%的大学生对“社会主义终究可以战胜资本主义”缺乏信心，40.9%的学生对“私有化是我国未来的必然趋势”表示同意或难以判断。❶ 针对这些问题，理想教育也应当增加相应内容加以引导，使大学生形成清醒的认识。

（3）多元社会文化冲击主流价值观念，影响大学生形成积极健康的个人理想。计划经济体制下一元的文化体系已经被打破，呈现多元文化并存的局面，多元文化带来多元的价值观念，这些价值观念削弱了我国社会主流的价值观念的影响。知识经济和信息网络时代的到来，使得我国国内环境更加复杂多变，各种功利主义、实用主义等思想观念逐渐被一些学生接受，导致理想淡漠、立场动摇，甚至只知享乐、不思进取，只顾自己、不管他人。大学生受到这些错误价值观念的影响，容易对社会、对人生产生一些错误的认识。

3. 高校理想教育方法上存在的问题

第一，理想教育方法单一。高校理想教育主要采取显性的教育方法，显性教育方法中，又以理论“灌输”为主。“灌输”本是教育方法的一种，问题在于人们对“灌输”的错误理解和错误执行。在理想教育中只重形式、不重成效；只注重抽象化、表面化的文章，仅围绕书本、文件、讲坛、会议室等狭隘的范围进行抽象理论论证，缺乏适应时代变化和形式生动的能够打动人心的教育方式。教育过程中也缺少具体生动的内容，脱离社会现实，生搬硬套、强硬灌输，忽视学生的自主选择和自主思考能力在教育中的作用。这样的理想教育表面上看起来轰轰烈烈，实际上收效甚微，甚至适得其反。

第二，忽视大学生思想认识特点，理想教育中以老师“单面”的知识传授为主。随着生理自我的日益成熟以及心理自我的迅速发展，大学生的自我认识、自我评价、自我控制能力逐步成为其成长的主要内在动力，从而使他们自我意识的独立性大大增强，表现为思维敏捷，思想活跃。大学生的这些认识特点影响着他们对崇高理想的认识和对个人理想的选择和确立。理想“是人们精神追求的目标，它是人们行为的内驱力和评价尺度”。❷ 当人的自我意识发展成熟后，他对客观事物的评价和判断，都会有自主的倾向。对于老师所讲授的内容，大学生不是盲目地接受，而是根据自己的理解做出相应的分析和判断。

---

❶ 张存库：《论大学生的社会主义理想教育》，载《思想教育研究》，2001年第4期，第22页。

❷ 鲁洁、王逢贤：《德育新论》，江苏教育出版社，2000年版，第155页。

第三，缺乏实践教育。大学生自我意识虽然不断增强，但由于实践经验不足，其认识能力有待提高。“我们德育的成长期是从演绎开始的，即从某种原理开始。然而，一个人实际形成道德的过程是归纳的，是从底层逐步上升的，从局部展开的。”❶ 理想的形成是根据个人认识水平的提高和人生领悟的不断加深，而由低层次向高层次发展，从个人理想向社会理想拓展。对大学生而言，他们的人生实践更多地局限于人际交往、学习、成才、就业等方面的现实内容。他们对社会价值观念层面的深层次问题缺乏理性的思考和把握，往往困惑于现实与理想之间的差距，导致不少大学生不同程度地存在着失落、消极悲观或逃避自身责任的心理，自由散漫作风滋长。❷ 高校理想教育要加强对大学生实践活动的指导，通过实践加深他们对社会的了解，提高他们的认识能力。

三、对高校理想教育的几点改进意见

前文中分析了高校理想教育存在的问题，针对这些存在的问题，高校理想教育必须在遵循大学生理想形成规律和理想教育活动规律的基础上加以改进，才能达到最佳的教育效果。

1. 坚持理想教育的层次性与方向性相结合

理想教育除传统的灌输方式外，还应注意利用现代科技手段和媒体技术，采取多层次、有针对性、有时效性的教育手段和方式。理想教育过程中，教师要注意理想教育目标层次性的差别，同时也要加强方向上的引导。

首先，理想教育要注意目标层次性的差别。

每个人所处的社会环境不同，所受的各种教育程度不一，心理素质各有差异，他们所追求的理想也千差万别。理想本身也有不同层次的表现，理想有科学与非科学、崇高与庸俗之分。从小学到大学，应根据学生思维层次和认识水平，合理安排理想教育目标和内容，有针对性地采用合适的方法，循序渐进地进行理想教育才能达到预期的目标。

从学生的思想觉悟程度来看，理想教育要分层次。针对普通大学生，应进行社会主义核心价值观教育，重点是爱国主义教育，以激发他们的爱国热情，增强他们对社会主义国家的认同感和使命感，为实现中国梦而努力。针对党员和积极

---

❶ 张楚廷：《素质：中国教育的沉思》，华中科技大学出版社，2001 年版，第 248 页。

❷ 鲁洁、王逢贤：《德育新论》，江苏教育出版社，2000 年版，第 159 页。

要求向党组织靠拢的入党积极分子，对他们的理想教育，应在他们原有的理论基础之上，对他们进行系统性的党的基本路线和党的基本知识教育，使他们明确党员所肩负的历史责任，不断提高党性修养，使他们树立共产主义崇高理想。

从学生的大学学习过程来看，理想教育也要分层次。对刚入校的大学新生来说大学生活充满了新鲜感，他们对未来有着无限美好的向往，但从高中到大学，他们面临着适应大学生活树立新的目标的任务。因此对新生要重点进行大学生活规划，树立远大的人生理想教育，同时配合进行作风和纪律的养成教育。大学二、三年级的学生思维能力进一步提高，思维方式不断趋于稳定，要引导他们正确地看待社会上的一些现象，帮助他们明辨社会发展过程中的曲折和实现社会主义共同理想之间的关系。毕业生更关注将来所从事的职业以及所能达到的成就，对毕业生要引导他们正确认识成就个人事业、实现个人理想和实现社会理想之间的关系，个人成就取决于个人所承担的社会责任的实现程度。

其次，理想教育要注意价值导向上的引导。

理想教育的目标是使学生树立符合社会发展需要的理想，这种教育目标在实际教育活动中有时被简单化理解为学生一定要树立共产主义理想，或者"用所谓现实主义来代替所谓的理想主义"❶。我们要引导学生关怀人类整体生命，不断追求合理的社会制度，并为社会理想的实现而不懈奋斗，这才是高校理想教育的终极价值导向。"任何理想要想永葆自己的精神动力，就必须在重大的社会变革和转型时期适时转换自己的具体形态。否则，它将由于缺乏实践性而无力支撑自己的终极关怀，它也就可能被其他理想所取代。"❷ 个人价值是在社会理想的实现中得到体现的，因此，理想教育要加强对大学生的价值导向的引导。

理想教育加强对大学生价值导向的引导应是启发式的。理想教育的过程也是大学生自我完善的过程，而不是被动地单纯接受知识的灌输过程。只有让大学生从内心明白了自身所肩负的历史重任、民族希望和现实要求之后，才会产生巨大的动力，才能使他们朝着切实可行的奋斗目标去追求、去探索。教育应当是能引导学生去创造更好的生活，我们要明确应该通过做些什么以及怎样去做，引导他们通过自己的生活实践做出自己的回答，同时培养他们的辩证思维能力来把握现

❶ 鲁洁：《道德教育的当代论域》，人民出版社，2005 年版，第 104 页。

❷ 肖毅：《对大学生理想教育的哲学思考》，载《长沙大学学报》，2005 年第 1 期，第 97 页。

实的自我与现实的生活。

2. 坚持理论教育与实践教育相结合

大学生是对时代发展脉搏反应最敏锐、行动最积极的群体。他们具有较好的知识结构和较高的知识水平，对社会、对人生充满着美好的憧憬，并以青春特有的激情和丰富多彩的想象力思索着未来，寻求值得为之奋斗终生的人生理想。

首先，理论要联系实际，加深大学生对科学理论的理解。

科学理论是形成理想的基础和先导。大学生真正懂得和深刻领会马克思主义原理、树立辩证唯物主义世界观，是确立共产主义、社会主义理想的重要环节。马列主义、毛泽东思想提出的时代背景虽然与我国社会现实有很大差距，但是蕴含于理论之中的立场、观点、方法对于提高大学生的认识能力和水平有很大帮助。要积极引导大学生运用马克思主义的立场、观点、方法去观察、分析和解决社会实际问题。正确的认识是形成崇高理想的前提，因为“在深刻认识层面上形成的信奉，其形成的基础是深而广泛的，多以系统理论和系统认识为依据。其认识基础的深刻性使在此基础上形成的信奉也是非常稳定而深刻的”❶。

理想教育还要把握时代的脉搏，用时代的精神引导学生努力学习、开拓进取，做改革开放的建设者。正确看待我国社会改革中出现的一些社会热点问题，如国有企业改革问题、贫富差距扩大问题、腐败问题、教育改革问题、医疗改革问题等，对这些问题要实事求是地进行客观的分析。“人们都有一种认知倾向，就是更相信自己直接感知的事实。当宣传者同受者自己感觉知觉到的事实情况发生冲突时，受者会相信自己的感觉知觉”，“由于自主心理的原因，受者愿意接受从宣传者那里发出的，自己未知的事实信息，而不喜欢宣传者提供的现成的结论，这就是宣传中出现的，受者对事实的宣传较之对思想观念的宣传更容易接受的原因。”❷ 所以用事实来教育大学生效果要好于单纯的理论说明。

其次，鼓励大学生积极参加社会实践，并加强对其实践的指导。

从大学生理想形成的特点来看，大学生理想形成有其自身发展的规律。社会实践有助于促进理想形成的心理要素即理想认知、情感、意志、行为的矛盾转化，促进大学生理想的形成。现在高校大学生自发形成的多样性社团活动越来越

❶ 蓝维等：《德育学科教学心理学》，人民出版社，2004年版，第304页。

❷ 王律中、李文祥、王昕、郭惠林：《思想与政治工作中的心理学问题及其对策（第三册）》，人民出版社，2005年版，第869—875页。

活跃，社会活动场所越来越广泛等，显示了大学生对实践活动的热衷。

社会实践有利于激发学生的学习积极性，有利于大学生的社会化，增强大学生的责任感和使命感，促进大学生的自我教育和自我完善，有利于个人理想的形成。著名俄国作家克雷洛夫有过一个精彩的比喻：现实是此岸，理想是彼岸，中间隔着湍急的河流，行动则是架在河上的桥梁。理想是一种实践精神，“理想是实践的不可分割的组成部分，实践活动一开始，理想就以观念的形式存在于实践主体的表象之中，在实践活动中，理想对实践活动的方式和方法发生作用，在实践结束时，理想得以实现”。❶ 道德也是在社会实践的过程中“通过修养者自身的道德生活去体验与体悟而获得的”。❷

实践教育不是放任教育，鼓励大学生积极参加社会实践的同时，要加强对他们的实践指导。大学生因为认识能力所限，对于实践中接触的一些实际的社会问题，如果没有给予好的引导，反而会使他们形成错误的认识。由于迷惑于理论与现实的巨大差距，他们甚至会对理论产生怀疑，对原有的理想认识产生动摇。在实践过程中，也不能忽视对大学生的正确引导。

3. 坚持显性教育与隐性教育相结合

高校理想教育主要是以显性教育方法为主，显性教育目的明确，对大学生理想的形成具有直接的影响。隐性教育是较少采用的一种教育方法，如果将隐性教育与显性教育结合起来，不仅可以巩固显性教育的成果，而且更容易为学生所接受，还能优化高校理想教育环境，形成理想教育的良好氛围，增强理想教育的合力。

首先，显性教育方法要更加灵活多样。

显性教育要达到教育的目的，首先要能够吸引大学生的注意。除了传统的教育方法外，还应根据时代的发展，积极地利用各种新出现的事物作为理想教育的载体。“能否引起受者注意，主要决定于宣传信息对受者的意义，是否符合受者的需要、兴趣、爱好，以及与受者目标是否一致。对受者有意义的宣传信息，符合受者的需要、兴趣、爱好的宣传信息，以及与受者目标一致的宣传信息容易引起受者的注意。另外，新异的和具有强烈刺激作用的宣传信息也容易引起受者的

❶ 李少军：《理想论：对一个马克思主义哲学范畴的研究》，中央编译出版社，2000 年版，第 33 页。

❷ 汪凤炎：《德化的生活》，人民出版社，2005 年版，第 13 页。

注意。”❶

在信息化高度发达的今天，理想教育在充分运用广播、电视、报纸、书籍这些传统媒体的同时，还应当运用多媒体技术和高新技术来激发学生的兴趣，如运用互联网络。通过尝试建立有特色、有吸引力的网站来强化网上教育功能，建立网上平台与学生进行信息交流，或者直接利用网络工具解答学生的疑问等。

其次，注重隐性教育与显性教育相结合，优化理想教育环境。

隐性教育具有隐蔽性。一是指它的教育目的是隐含的，与显性教育有明显的区别。隐性教育将教育目的隐藏在学生日常学习、生活、娱乐之中，通过引起学生的兴趣满足他们的需要，达到教育的目的。这些过程都是在学生的无意识的状态下实现的。二是指它的教育方式是隐藏的，隐性教育必须通过一定的载体间接地进行教育。“隐性教育法符合暗示和无意识的心理学规律”❷，它使学生在陶醉、愉悦、兴奋、暗示等情感中无意识地获得熏陶，从而自觉地接受教育的影响，而感觉不到外界力量的强迫，易于使学生接受教育的内容。

在高校中加强隐性教育：一是通过老师的人格魅力影响和感染学生；二是通过身边优秀同学的事迹影响和感染学生；三是通过倡导积极健康的校园文化使学生受到感染、熏陶；四是通过加强校风学风建设熏陶、感染学生；五是倡导健康文明的寝室文化影响、教育学生；六是鼓励学生参与社会实践，利用社会这个“隐性”课堂影响、感染学生。这些隐性教育配合显性教育方法，可以优化高校理想教育的环境，使高校理想教育取得事半功倍的效果。

❶ 王律中、李文祥、王昕、郭惠林：《思想与政治工作中的心理学问题及其对策（第三册）》，人民出版社，2005年版，第873页。

❷ 黄蓉生：《马克思主义理论与思想政治教育专题研究》，西南师范大学出版社，2003年版，第349页。

思想政治教育中的非正式制度建设

社会学院　王超群

摘　要　在思想政治教育中，人们的价值观念、行为方式和思想政治教育效果都需要非正式制度的引导。与正式制度相比较而言，它在思政教育过程中所发挥的作用效果非常明显，而且是其必不可少的组成部分。全面利用其在思政教育过程中体现的正面影响，不仅能够增强人们对其内容方面的理解高度，还能够在很大程度上树立人们良好的自我认知感。研究思政教育过程中非正式制度的构建方式与途径，加快制度建设，促进制度之间的协调和相容，发挥隐性教育的功能，抵制潜规则的侵蚀，对提高思想政治教育效果发挥着强有力的作用。

关键词　思想政治教育　非正式制度　作用　建设

现在，整个社会正处在深入改革与成长时期，人们的思想意识层次和结构变得越来越多样化，主流与非主流、本土与外来以及传统与现代等文化意识不断冲击着人们的三观。要增强思政教育的作用性，必须要构建正确且适应时代的教育观念，从能产生良好积极的教育成效的开放角度出发，通过人和环境的相互适应融合，将思政教育看作是面向社会广大群众且包容多方面的综合教育。制度作为社会运作和人们生活环境中不可缺少的关键因素，很大程度上决定了人们对政治、文化等方面的认同感，同时根据它所设定的规范来活动。[1] 在实施思政教育时，尽管关注了在制度方面的构建，但是因为没有关注和实现非正式制度产生的影响力，所以耗费了大量的资源，呈现出的效果依然不明显。在思想政治教育中，人们的价值观念、行为方式和思想政治教育效果都需要非正式制度的引导。与正式制度相比较而言，它在思政教育过程中所发挥的作用效果非常明显，而且是其必不可少的组成部分。

---

[1] 王淑芹：《思想政治教育成效的制度分析》，载《思想教育研究》，2006 年第 12 期。

一、非正式制度的内涵和特征

新制度经济学家诺斯把制度区分为正规制约（如由人类设定的规则）和非正规制约（如习俗和行为准则）。他指出，制度作为社会运作的前提要求，换而言之，它是以影响人们之间的关联而做出些外加的限制，包括“正规制约”（例如法律和规章）和“非正规制约”（例如习惯、行为准则、伦理规范），以及这些制约的“实施特性”。在诺斯看来，制度最大的作用就是利用内外施加的强大制约力量来制约人的活动，预防在交易过程中存在投机活动，进而降低结果的风险性，有利于人们顺利朝着预定的期望发展，降低此过程中的投入支出。同时，他还认为，就算在先进的经济体制下，正式制度所规范的不过是影响抉择的整体制约力量中的小部分，剩下的依然是通过依靠非正式制度来实现的。❶

制度通常可以划分成正式与非正式制度两类。其中，前者表示人们为实现某种预期目标而有意构建完善的活动规范，涉及政策、法律等；后者是人们通过长时间社会生活中慢慢形成的、获得社会普遍认同且人人都遵守的活动规范，涉及文化习俗、伦理观念等。两者相比较而言，后者拥有下面三个重要特点：首先，在展现方式上，它属于无形的，通常是未构成正式的文字或条款，也不要正式的部门团体来执行，它普遍存在于社会的习俗与人们的思想意识中，通过沟通交流的途径延续和传承下去。恰是此种没有固定形态的存在，让其能够更好地融入社会的各个角落中实现其影响力。其次，在执行体系上，它不需要利用外部强行的制约体制，而是利用内部的思想制约来实现；不需要利用外部的压力，而是利用自我反省来主动实现。最后，在构成与发展的过程中，它的构建与完成要经历长期的或者是历史演变才能产生，所以，只要构成了就拥有强大的持久性与稳固性，其改变与发展属于缓慢和渐变的过程。

由它们两者之间的相互关联的角度来对非正式制度进行划分，即与正式制度相容和相悖两类。相悖的制度通常被称为“潜规则”。著名编辑吴思提出，在正式制度体系以外，在各种社会普遍认知的制度之下，还有着以一系列能够赢得人们认同的规定。而它常常是和正式或公开的规范要求相悖，但是在现实社会的各项活动和运转过程中发挥了确实的支配作用。❷ 他认为“潜规则”的概念包括下面几点：一是它属于人们非公开但却认同的活动制约；二是此种制约按照主体的

❶ 参见［美］道格拉斯·C·诺斯：《制度、制度变迁与经济绩效》，刘守英，译，上海三联书店出版社，1994 年版。

❷ 吴思：《隐蔽的秩序——折解历史弈局》，海南出版社，2004 年版，第 471 页。

价值与破坏水平，在各种社会活动群体之间的互动过程中自己形成，能够使彼此的矛盾程度降低，投入花费减少；三是约束，即行为不符合设定的要求就会引来打击，对此种结果的普遍意识增强了主体之间对其活动的稳固性；四是此种在现实中获得认同和遵守的规定与正确的理念或正式制度背道而驰，损害了主流意识的存在或正式制度坚守的利益，所以只能以非公开的方式存在，主体对其非公开的存在方式自身有着清晰的认识和赞同；五是利用其非公开性，主体把正式制度的实施者挡在部分活动以外，或者把其带入暗地交易范围中，依靠此种手段来获得在正式制度方式下无法取得的利益。❶ 潜规则实际上是相对于明文规定来说的，由于非正式是没有固定形态存在的，无法触摸，也不存在明确的条款规定，但是却广泛地被认同为是极其有效的活动规范。在思政教育过程中所构建的非正式制度必须保持其与正式制度相容，预防和禁止潜规则的存在。

二、非正式制度在思想政治教育中的作用

在思政教育过程中，人们的价值观、行为与思政教育成效都要非正式制度来指导。与正式制度相比较而言，它在思政教育过程中所发挥的作用效果非常明显，而且是其必不可少的组成部分，发挥着重要的作用。

1. 提高了教育对象对教育内容的认同度

思政教育既要指引施教对象构建正确的思想品德，还要让他们按照社会道德要求与价值理念来规范自身活动，同时内化成自己的活动标准。要使教育对象更好地接受思想政治教育，应当增强其对施教内容的认识和赞同感。非正式制度所构建的思政教育环境，让其内容变得更加有魅力。一方面，非正式制度将社会普遍的价值标准通过具体化、生动化和生活化的方式呈现给教育对象，将思想政治教育的内容深入到教育对象的现实生活中，让其每天都能够接触到相关的信息与影响，这是使其树立社会价值理念的主要方式；另一方面，把非正式制度中的风俗、伦理等方面与思政内容相结合，由真实环境中寻找到思政教育的代表，让非正式制度来增强其对内容的认识和赞同感，让教育不仅包含抽象的理论，还涉及具体的事例。并且，能够有效地增强其对内容中各种观念的接纳程度。

2. 有利于增强教育对象自我教育的意识

雅斯贝尔斯提出，教育实际上是自我教育。在思政教育过程中，自我教育同样是非常关键的手段，它通常是个体按照社会或相关教育者传递的各种理念与要

❶ 吴思：《潜规则——中国历史中的真实游戏》，复旦大学出版社，2009 年版，第 193—194 页。

求，通过自己的抉择，让其所具有的思想道德和社会需求保持一致，同时让其实现自我内化与外化的过程。非正式制度是整个社会或机构人员认同，不用通过强制力来实施的极高内化程度的活动准则，其在某种意义上可以制约活动者的活动形式、途径与成果等。因此，人们常常根据非正式制度要求来实施活动。诺斯提出，非正式制度的中心是其意识形态，而它对人活动所产生的作用与成效同样显著，在特定前提下也许会起到极其关键性的作用。当人们所信仰的风俗、法律规范是正确的，他们便会遵从它。现在国际经济与文化不断地跨越国界，充分地交流与融合，且社会不断地改革，在此环境中，施教对象的意识会受到社会、家庭等各个方面的多样化因素以及消极风气的影响。在价值观的形成与活动方法上，正式制度常常无法包含全部的方面，特别是在其制约力覆盖不到的地方，正是这些地方应当增强施教对象在自我教育方面的认识程度。全面结合非正式制度，才能很好地防止此类不足的存在，进而提高施教对象在自我教育方面的认识和水平。

三、非正式制度在思想政治教育中的建设路径

由上所述，非正式制度在思想政治教育中发挥着积极的作用。为了提高思想政治教育的效果，需要加强非正式制度建设。从现实的视角来建设非正式制度，大致有以下几个路径：

1. 加快制度建设，促进制度之间的协调和相容

非正式与正式制度之间存在紧密的关联。由制度的发展历程角度来理解，首先形成了风俗、伦理等方面，在此前提下才逐渐有了书面的法律规范等，因此，可以说非正式其实是正式制度出现的重要条件。不仅如此，非正式所体现出的影响也需要正式制度来给予支持力量。由于非正式的制约并不是强制性的，所以通过具有强制性的正式制度的帮助，才可以更好地发挥其制约作用。因为其内在的特点，它的变化需要经历相当长期的过程，同时拥有落后性，不会产生突然性的转变。在国内市场化进程不断深入的背景下，因为运用的是政府主导方式下的强制性制度改革，这让国内的非正式制度改革存在极大程度上的落后性，造成正式与非正式制度两者的步调不相符，进而产生各种社会问题。国内受到外部意识形态的影响与作用，体现出以这种非意识形态化的文化传输方式来消除社会主义的意识形态，给资本主义的意识形态进入创造机会，从而实现意识形态的本质转变。这提高了对国内非正式制度构建的障碍作用。对于此类冲突，需要积极制定相关策略，提高变革的速度。第一，构建完善的正式制度，通过对其的调整与优化来推动非正式制度的改革，从而达到制度的平衡，确保两者在促进经济进步过

程中相互融合和适应；第二，提高对非正式制度的构建，特别是对意识形态方面的构建，让其符合现在社会变化趋势，使两者能够稳定、均衡、充分地发展。

2. 发挥隐性教育的功能

苏霍姆林斯基提出，教育者的目的性越强，就越易造成学生的抵制心理，就越难将教育变成其自身内在需求。隐性教育理念主张，学生的态度、行为、目的甚至是品格，不仅包括外在明显的、实现规划的教育的成果，在某种意义上，还受到非正式文化传播的作用，也就是通过法律、道德、氛围等形成的不明显的因素在背后逐渐融入。❶ 所以，其主要表现为教育目的明显，采用把教育性因素融入施教对象平时所处的或接触到的文化氛围、体制、意识等拥有教育性能的非正式教育载体之中，知道施教对象重点通过从非认知心理取得教育性实践的思政教育方法。非正式制度体现在没有固定的表现形态，人们在继承它的过程中，并未认识到也没有方法去解释制约其活动的要求，但却掌握了它。这就告诉我们，在实施思政教育过程中，必须全面利用隐性教育的资源来创造氛围、行为典范等多样化手段，以此实施对人们隐性的教育，降低由于强行传输而造成的他们的抵制情绪。要实现教育隐蔽性的功能，必须要高度重视教育的方式，很多有效的教育不仅仅是靠传授人们知识，还要加强教育环境的影响和熏陶。教育工作者通过“以身作则”的方式去影响和感染被教育者时，起的作用往往比言传的作用大很多。这一点在古时就已经有教育家认识到了，在《论语》中，有这样一句描述，“其身正，不令而行，其身不正，虽令不从”，含义就是通过自身的行为让受教育者得到教育。事实上，思政教育往往都是通过模范教育的方式进行的，对教育者而言，不仅要寻找和发扬社会上的模范典型案例，同时自己还要以身作则，给受教育者起一个模范带头作用，这样受教育者才能更快更好地接受所教育的内容，起到事半功倍的教育效果。

3. 抵制潜规则的侵蚀

吴思认为，在传统的各种文明规定之下，其实还有其他的规定或者规矩，虽然这些规矩并没有比较明确的文字说明，但是他们却受到了人们的认同和肯定，在我们的日常生活中起着至关重要的作用和影响，人们形象地将其称为“潜规则”。当前，我国的社会形态比较复杂，在各行各业以及各个领域之中都或多或少存在潜规则，由于其具有隐蔽性，因此虽然不易察觉，但是多数人都知道并且认可其存在，这就导致人们的思想渐渐扭曲，对社会产生不利的后果。相对于明

---

❶ 王淑芹：《思想政治教育成效的制度分析》，载《思想教育研究》，2006 年第 12 期。

文的规定或者制度，潜规则与之则是相反的，并且削弱了明文规定的制度，是对明文规定制度的一种破坏。因此人们很难在二者之间有一个准确的选择，这主要是因为人们如果选择潜规则，就会受到正式制度的约束和限制，如果选择正式制度，则可能耗时耗力并且还不一定能达到效果，相比于利用潜规则，可能是事倍功半的结果，因此人们在此时往往是一个矛盾体。如今，在每个行业和领域中，都存在对正式制度不认可并且没有遵守相关规定的行为，这种情况致使人们受到的接受正式规定的思想被现实的潜规则打破，导致理论和实际不符，引起人们对所接受的教育持怀疑态度，他们的世界观以及价值观也会受到一定的影响，对教育的结果来说产生了很严重的影响。因此，国家需要加强正式制度的建立，并监督实际的实施情况，打击潜规则，将其消灭于萌芽时期，同时还应该建立和完善相应的奖惩制度，能够有效地促进和引导人们对正式制度的遵守和监督，避免潜规则的出现和运用。

参考文献

［1］［美］道格拉斯·C. 诺斯. 制度、制度变迁与经济绩效［M］. 刘守英，译. 上海：上海三联书店，1994.

［2］吴思. 隐蔽的秩序：拆解历史弈局运用初探［M］. 海口：海南出版社，2004.

［3］吴思. 潜规则：中国历史中的真实游戏［M］. 上海：复旦大学出版社，2009.

［4］郭小聪，程鹏. 非正式制度的管理效能及其建设［N］. 广东行政学院学报，2005（1）.

［5］崔万田，周晔馨. 正式制度与非正式制度的关系探析［J］. 教学与研究，2006（8）.

［6］王淑芹. 思想政治教育成效的制度分析［J］. 思想教育研究，2006（12）.

［7］徐安鑫，何以圣. 论思想政治教育中的隐性教育［J］. 求实，2008（2）.

［8］张官禄. 思想政治教育视野下自我教育机制的构建［J］. 思想政治教育研究，2010（3）.

［9］孙卫娜. 非正式制度在思想政治教育中的作用及建设途径［N］. 池州学院学报，2013（5）.

社会主义核心价值观的培育和践行

马克思主义学院　段志义

摘　要　培育和践行社会主义核心价值观需要知行合一，培育的侧重点是知，核心是内化于心；我们一定要从理论上搞清楚社会主义核心价值观包含着人类社会普遍追求的精神价值，这样才有利于真正形成共识，才能真正做到内化于心。践行的侧重点是行，核心是外化于行，本文探讨的重点就是如何把社会主义核心价值观内化于心、外化于行。

关键词　社会主义核心价值观　内化于心　外化于行

富强、民主、文明、和谐，自由、平等、公正、法治，爱国、敬业、诚信、友善，这二十四个字的社会主义核心价值观对人们具有良好的精神面貌，达成政治共识和形成行为准则都有重大意义。

一、社会主义核心价值观与社会主义核心价值体系的关系

价值观是人们在实践中形成的对于客体进行是非、有无意义、值不值得判断的尺度。核心价值观是一个人或一个团体长期遵循的基本原则，对个人、团体的行为具有决定作用，社会主义核心价值观从国家层面倡导富强、民主、文明、和谐，从社会层面倡导自由、平等、公正、法治，从个人道德层面倡导爱国、敬业、诚信、友善。在社会主义核心价值观的三个层面，国家层面富强是物质基础，是前提条件，是国家层面的核心词，有了它，国家的民主、文明、和谐才有基础。在社会层面，公平是社会层面的关键，只有公平了，才能真正实现自由的权利，实现法治的最高理念。国家层面、社会层面要接地气，最终还要落实在人的层面。富强、公平的理念最终还要靠提高人的素质、提高人的“德行”、美化人的心灵来实现。所以要净化灵魂，提升境界，提高品位。党的十六届六中全会提出建设社会主义核心价值体系，核心价值体系包括马克思主义指导思想、中国

特色社会主义共同理想、以爱国主义为核心的民族精神和以改革创新为核心的时代精神、社会主义荣辱观四大基本内容，十八大又进一步提出社会主义核心价值观。如何看待两者的关系是我们首先要明确的一个问题，两者是内在统一的，不是用后者取代前者，更不是以社会主义核心价值观否定社会主义核心价值体系，而是在前者的基础上更加注重凝练表达，更加强化实践导向，更加突出大众传播的可操作性。

二、“内化于心”：价值共识是前提

对社会主义核心价值观的三个特性的认识是实现共识的基础。人类性：比如自由、平等、公正就是世界文明发展的共同资源，这是人类社会普遍追求的精神价值。社会主义核心价值观应反映广大人民群众长久的一种价值追求，从个人层面讲人有精神属性、社会属性和自然属性，相对应的核心价值观是自由、公平、富强。这是人类社会普遍追求的精神价值。民族性：社会主义核心价值观是对中国传统社会核心价值观的一次辩证扬弃，对传统文化中的价值精髓如诚信、友善等进行了深度的挖掘和阐发。社会主义特色性：如爱国，在这里爱国和爱社会主义是统一的，这体现了社会主义意识形态的本质要求。要达成共识，我们一定要把中国社会特色的价值追求和人类社会普遍追求的精神价值相结合，这样才能形成共识，才能内化于心。

1. 价值多元时代更需要树立社会主义核心价值观

当前，我国正处在社会变革、经济转型期，各种利益集团竞相发出自己的声音，在多元复杂的价值生态中，不可否认其中会出现一些令人担忧的价值乱象，会影响社会的和谐健康发展，污染人们的精神家园，所以我们要有力抵制各种价值乱象对人精神生活的负面影响。这种影响具体表现为方向层面的价值是非颠倒。如：把辛勤劳动视为“没本事”，好逸恶劳倒成了“潇洒”；诚实守信视为“古板”，违法乱纪倒成了“勇敢”。针对这种颠倒黑白的价值乱象，我们必须旗帜鲜明地予以驳斥，弘扬正能量。在这个意义上，面对当前中国社会存在的一些价值乱象适时地提出社会主义核心价值观是合乎实势、顺乎民心的。

2. 多元的价值整合，需要确立反映全国各族人民共同认同的价值观“最大公约数”

在当今中国，社会思潮纷繁复杂，如何整合多元的价值分歧，最大限度地凝聚改革共识，促成改革合力无疑需要提出共同认同的核心价值观，在这个意义上，“三个倡导”社会主义核心价值观的提出有利于增强中华民族的整体归属感，为我国人民提供强大的精神动力和团结纽带。另外，共绘民族复兴的中国梦，需要核心价值观的支撑。要实现中国伟大复兴的中国梦，经济发展的硬实力是其重要的组成部分；但是，一个国家的强大更需要提升中华民族的软实力，为中国梦的绘就提供重要的文化自信和精神力量。文化软实力的最深层次的要素和灵魂就是核心价值观。在这个意义上，倡导社会主义核心价值观，将有利于提高我们的文化软实力，为实现中国梦提供价值支撑，为开拓进取、奋力前行的中国人民提供“精气神”。

三、“外化于行”社会核心价值观自觉践行

1. 用制度保障、合理需要引导社会主义核心价值观自觉践行

社会主义核心价值观不仅是一种理念，还要使之成为人们的自觉行动，成为一种生活方式。人们的成长需要是形成价值观的根据，人的需要是人的行为的动力基础和源泉。我们要从制度上保证人们的合理需要得到满足，对人们自身需求中不合理、不健康的成分，通过法律制度加以制约，对其中违背社会主义核心价值观的行为与做法予以坚决制止。核心价值观目的是促进人的全面发展。人的全面发展应是人的三大属性的和谐发展，这必然要求人们处理好三种关系：人与自然的关系、人与社会的关系、人与自我的关系。

2. 用教育引导、舆论宣传推动社会主义核心价值观自觉践行

实现中华民族伟大复兴的中国梦，需要信仰指引方向，有了信仰，核心价值才会内化于心，才能外化于行。人是一种追求普遍性的类存在物，这样寻找自己生存和活动的终极依据和意义就比什么都重要。没有意义的引领，人的生存就失去了方向，这是人安身立命之本。一个人活在世界上最重要的是要有自己的目的和生存指向。从一定意义上讲，也就是要有自己的信仰。没有信仰，就失去了安身立命之本，人类面临的最大危机就是意义的缺失。没有信仰，人就失去了精神的家园，人就成了无根的浮萍。所以，理想信念的树立和社会主义核心价值观的践行十分关键。在社会主义核心价值观的宣传中，我们一定要更加关注微信、微博等自媒体方式。在网络技术时代，这些新兴媒体对社会主义核心价值观的践行正发挥着极其重要的作用。

3. 社会主义核心价值观外化于行需要大众实践养成

社会主义核心价值观教育要避免空洞化、口号化必须动员人们从身边的小事做起，从一点一滴做起。同时还可以通过重大传统节日让人们更好地感受社会主义核心价值观的真谛，还可以通过一些主题活动调动人们参与的热情，使社会主义核心价值观在万众参与体验中化为行动，最终形成自觉践行社会主义核心价值观的行为习惯。

人类社会发展的历史表明，对一个民族、一个国家来说，最持久、最深层的力量是全社会共同认可的核心价值观。核心价值观，承载着一个民族、一个国家的精神追求，体现着一个社会评判是非曲直的价值标准。我们一定要把中国特色价值追求和人类社会普遍追求的精神价值相结合，真正使社会主义核心价值观内化于心、外化于行，使社会主义核心价值观成为人们的自觉行动。

高校思想政治工作话语认同现状的实证研究[1]

马克思主义学院　袁芳

摘　要　在对北京五所高校本科生抽样调查的基础上，运用 SPSS7.0 统计，研究高校思想政治工作话语认同的现状。当前，大学生群体对学校的规章制度话语认知认同和情感认同较低，但行为认同较高；对辅导员话语和网络思想政治工作话语的认知认同和情感认同较高，但行为认同较低。为了实现认知认同、情感认同和行为认同的协调一致，下一步要不断增强思想政治工作者的话语自觉性，提升思想政治工作话语的亲和力和感召力，提高思想政治工作话语的吸引力和凝聚力，以增进高校思想政治工作话语的认同。

关键词　思想政治工作话语　认同　话语权

思想政治教育包含着教育者与受教育者之间的对话，话语的表达和沟通始终贯穿其中。“在思想政治教育诸要素中，话语是思想政治教育主、客体间相互联系、相互作用的中介因素。”[2] 当前，思想政治教育实效性明显不足，人们对思想政治教育话语普遍存在各种各样的偏见，思想政治教育话语面临种种质疑。“时任上海市委书记的习近平曾做过很好的总结：‘与新社会群体说话，说不上去；与困难群众说话，说不下去；与青年学生说话，说不进去；与老同志说话，给顶了回去。很多场合，我们就是处于这样一种失语的状态，怎么能使群众信服呢？’”[3] 高校思想政治工作话语作为思想政治教育话语的重要内容，是影响高校思想政治工作效果的重要因素。当前高校思想政治工作话语认同现状如何，到底什么样的思想政治工作话语能够为大学生群体所认同等一系列问题，成为我们破

---

[1] 基金项目：首都大学生思想政治教育一般课题“高校思想政治工作话语的历史发展研究”（项目编号：BJSZ2014YB35）。

[2] 张耀灿：《现代思想政治教育学》，人民出版社，2006 年 11 月第 2 版，第 238 页。

[3] 金秋：《官员终结“念稿时代”》，载《领导文萃》，2008 年第 1 期。

解话语难题的突破点。

一、研究的理论基础

思想政治教育领域的“认同”指的是“认同主体出于自身利益需要的考虑，对思想政治教育自觉自愿的承认、认可、赞同乃至尊崇的倾向性态度，并主动以思想政治教育的要求来规约自己的言行举止，以求自身思想和行为与思想政治教育要求趋于一致的活动过程。”[1] 由此，思想政治工作话语认同不仅仅体现为一种认知认同和情感认同，更表现为一种行为认同。认知认同即对思想政治工作话语的认知和理解程度；情感认同即对思想政治工作话语形成的内在情感状态，即赞同、相信等主观层面的态度；行为认同即大学生对思想政治工作话语的践行状况。其中，认知认同是认同产生的重要前提和基础，情感作为人对客观事物是否满足主体需要而产生的一种心理体验，通常以肯定或否定、满意或不满意、热爱或憎恨、赞赏或厌恶等心理状态表现出来，并转化为一定的情绪，对认同活动起调节作用。[2] 大学生对思想政治工作话语的情感认同体现的是一种理解和赞同。当认知认同和情感认同达到一定程度，大学生群体对思想政治工作话语能够从理解和赞同上升为支持和信奉，进而产生一种持续稳定的认同，并外化为一定的行为表现。这种行为认同是认知认同、情感认同的具体体现，也是更高层次的认同，是高校思想政治工作的最终旨归。

由此，我们从认知认同、情感认同和行为认同三个维度来设计问卷，对高校思想政治工作话语认同现状展开研究。此外，从话语类型上看，高校思想政治教育话语主要包括思想政治理论课课堂话语、日常思想政治工作话语、高校思想政治教育研究领域的学术话语。本文所研究的高校思想政治工作话语主要涉及高校针对大学生群体开展日常思想政治工作领域的话语，包括思想政治工作规章制度话语、辅导员日常工作话语、网络思想政治工作话语等。我们主要从这三个不同的角度出发具体考察大学生群体对高校思想政治工作话语的认同现状。

二、调查结果和分析

我们从北京高校中抽取了 5 所大学，包括中国政法大学、中国石油大学、北京师范大学、北京化工大学、北京交通大学。在每所大学发放了 45 份问卷，一共回收问卷 215 份，去掉无效问卷 15 份，有效问卷有 200 份，占回收问卷的

---

[1] 王易、朱小娟：《思想政治教育认同初探》，载《思想理论教育导刊》，2013 年第 5 期。

[2] 王东莉：《德育人文关怀论》，中国社会科学出版社，2005 年版，第 294 页。

93%。在所调查的200名在校大学生中，文科专业学生占68.5%，理工科学生占31.5%。男生89人，占44.5%，女生111人，占55.5%。汉族学生76%，少数民族学生24%。来自城市的学生占53%，来自乡镇和农村的学生占47%。目前的学习成绩排名在班级30%以前的占56.5%，排名在中间的占36%，排名在后30%的占7.5%。在校期间担任过学生干部的占68%。政治面貌中学生党员占32.5%，共青团员占56.5%。大一学生占2.5%，大二学生占38%，大三学生占42.5%，大四学生占17%。根据认同的相关理论我们设计了相关问卷，并将每一份问卷的结果录入Excel当中，通过SPSS7.0软件进行分析，得出了相关数据。

1. 大学生对思想政治工作规章制度话语的认同现状

针对“你是否知道本校政策文件宣传栏的具体位置”这一提问，54%的大学生选择了“不知道”，44%的大学生选择了“知道”。如表1所示。这表明，当前大学生群体对学校规章制度话语的了解程度不高。

表1 是否知道本校政策文件宣传栏的具体位置

		频数	百分比（%）	有效百分比（%）	累积百分比（%）
有效	知道	88	44.0	44.0	44.0
	不知道	108	54.0	54.0	98.0
	知道一些	4	2.0	2.0	100.0
	合计	200	100.0	100.0	

针对“学校有关纪律规范、评优表彰、学分认定、资助政策等方面学生管理文件，你什么时候会查看”，53%的调查者选择“遇到问题时查看”。如表2所示。这表明，大多数学生碰到实际问题时才会查阅学校的规章制度话语，规章制度话语本身的情感认同度较低。

表2 查看学校各种学生管理文件（包括纪律规范、评优表彰、学分认定、资助政策等）的频数

		频数	百分比（%）	有效百分比（%）	累积百分比（%）
有效	随时都会查看	50	25.0	25.0	25.0
	遇到问题时查看	106	53.0	53.0	78.0
	偶然碰到时查看	34	17.0	17.0	95.0
	从不查看	10	5.0	5.0	100.0
	合计	200	100.0	100.0	

对于学校规章制度话语的总体印象，被调查者中81名学生认为规章制度话

语具有严肃性，占40.5%。32.5%的学生认为规章制度话语具有指令性，31%的学生认为规章制度话语具有权威性，30.5%的学生认为规章制度话语具有复杂性，如图1所示。这表明，高校思想政治工作规章制度话语中控制式的话语方式占据主要地位。

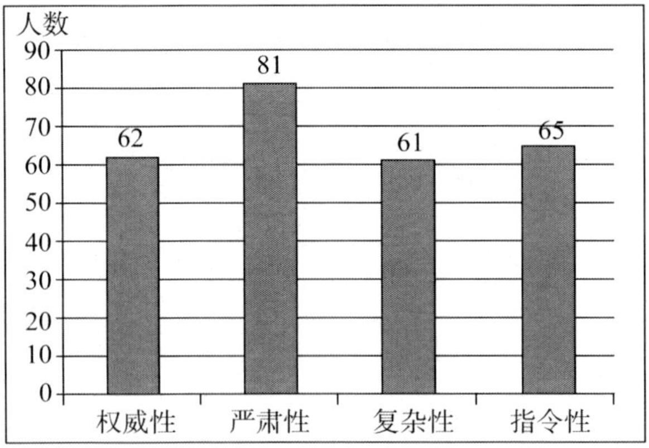

图1　对学校规章制度话语的总体印象

在众多的规章制度话语中，41.5%的学生认为最应该修改的学生管理方面的规章制度是保研制度。如表3所示。原因可能在于保研制度直接关系到学生升学方面的切身利益，同时学校奖学金制度、评优制度、发展党员制度、考试纪律等方面的规章制度发展相对完善。

表3　心目中最应该修改的学校学生管理的规章制度

		频数	百分比（%）	有效百分比（%）	累积百分比（%）
有效	保研制度	83	41.5	41.5	41.5
	奖学金制度	37	18.5	18.5	60.0
	评优制度	41	20.5	20.5	80.5
	发展党员制度	34	17.0	17.0	97.5
	考试纪律	5	2.5	2.5	100.0
	合计	200	100.0	100.0	

而学生在学校管理规章制度修改工作中是否拥有话语权呢？针对这一提问，50.5%的大学生认为“有一些话语权”。如表4所示。这说明，学生管理规章制度在做出修改的过程中一定程度上尊重了学生的意见。

表 4 学生在学校文件和政策修改中的话语权

		频数	百分比（%）	有效百分比（%）	累积百分比（%）
有效	充分掌握话语权	45	22.5	22.5	22.5
	有一些话语权	101	50.5	50.5	73.0
	偶尔有话语权	31	15.5	15.5	88.5
	不太清楚	21	10.5	10.5	99.0
	完全没有话语权	2	1.0	1.0	100.0
	合计	200	100.0	100.0	

对于“你是否自觉遵守学校的规章制度”这一提问，65%的大学生选择“会自觉遵守”，25%的大学生选择“一般会遵守”，仅 10%的大学生选择“偶尔会违反”。如图 2 所示。这表明，大多数大学生对规章制度话语在行动上会自觉遵从，行为认同度高。

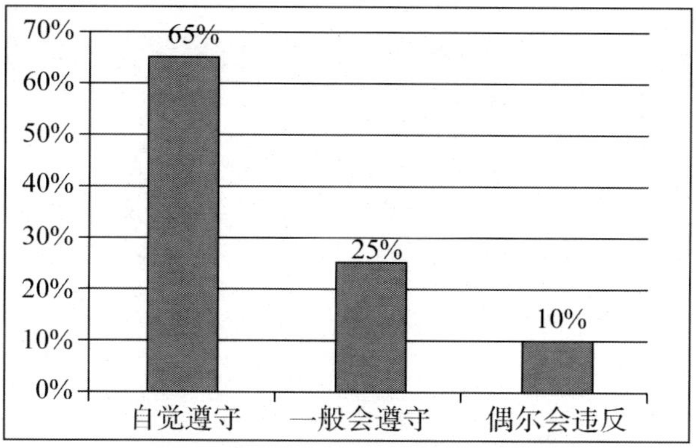

图 2 自觉遵守学校的规章制度情况

2. 大学生对辅导员日常工作话语的认同现状

针对“如果平时遇到学习和生活中的困惑，你会主动找辅导员倾诉吗”这一问题，51%的大学生选择了“会主动找辅导员”，其中 32%的大学生选择了“偶尔会主动找辅导员”，19%的大学生选择了“经常会主动找辅导员”，49%的大学生选择了“不太主动找辅导员”。这表明，辅导员在大学生日常学习和生活中发挥着重要的指导作用，超过半数的学生会主动向辅导员寻求帮助。

针对“你愿意和辅导员进行交流的方式是什么”的回答，34.5%的学生回答是“面对面交流”，23%的学生认为是“通过开会方式交流”或“通过微信、微博等方式交流”。这说明，虽然“面对面”这一传统话语方式仍然被部分学生所接纳，但辅导员仍需要不断拓展多渠道的话语沟通方式，尤其是运用新媒体的交流方式，如表5所示。

表5 心目中最理想的与辅导员的交流载体

		频数	百分比（%）	有效百分比（%）	累积百分比（%）
有效	面对面	69	34.5	34.5	34.5
	开会	46	23.0	23.0	57.5
	邮件	16	8.0	8.0	65.5
	微信、微博	46	23.0	23.0	88.5
	电话	6	3.0	3.0	91.5
	短信	17	8.5	8.5	100.0
	合计	200	100.0	100.0	

针对“在与辅导员进行交流时，能否建立平等的对话关系”这一提问，43.5%的学生认为“能够建立对话关系”，46.5%的认为“有时候能够建立对话关系”，仅6.5%的学生认为“很难建立”，3.5%的学生认为“不能建立”。如表6所示。这表明，高校辅导员这一群体能够和学生建立良好的沟通关系，这有利于增进大学生对辅导员话语的认同。

表6 与辅导员交流时能否建立平等的对话关系

		频数	百分比（%）	有效百分比（%）	累积百分比（%）
有效	能	87	43.5	43.5	43.5
	有时候能	93	46.5	46.5	90.0
	很难建立	13	6.5	6.5	96.5
	不能建立	7	3.5	3.5	100.0
	合计	200	100.0	100.0	

针对“辅导员话语能否彰显出老师的权力”这一提问，78%的大学生给予了肯定回答。如表7所示。这表明，绝大部分高校辅导员在与学生进行交流的过程中拥有话语权。尽管高校辅导员在高校整体管理和决策中并不占据主导地位，实际上在相当大的程度上，承担教学和科研任务的教师一般拥有更多的话语权，但在与学生群体进行交流和沟通中，辅导员拥有相当分量的话语权。

表 7 辅导员与学生交流时是否彰显出作为老师的权力

		频数	百分比（%）	有效百分比（%）	累积百分比（%）
有效	是	156	78.0	78.0	78.0
	否	44	22.0	22.0	100.0
	合计	200	100.0	100.0	

对于辅导员话语，学生的主观感受如何呢？针对这一提问，42.5%的学生选择了“愿意接受”，40%的学生选择了“勉强能够接受”，仅有10%的学生选择了“不太能接受”，6.5%的学生选择“没有什么感觉”，1%的学生选择了“有逆反心理”。如表8所示。这说明，绝大多数的大学生能够接受辅导员日常工作话语，辅导员话语在大学生群体中产生很强的影响力。

表 8 对于辅导员日常工作中传达的话语的感受

		频数	百分比（%）	有效百分比（%）	累积百分比（%）
有效	愿意接受	85	42.5	42.5	42.5
	勉强接受	80	40.0	40.0	82.5
	不太能接受	20	10.0	10.0	92.5
	有逆反心理	2	1.0	1.0	93.5
	没什么感觉	13	6.5	6.5	100.0
	合计	200	100.0	100.0	

辅导员话语在多大程度上影响学生的实际行动？针对这一提问，40%的学生选择“较少影响自己的实际行动”，33%的学生选择“对自己的实际行动影响一般”，仅27%的学生选择“对自己的实际行动影响很大”。如图3所示。这表明，大学生对辅导员话语的行为认同较低。原因在于，一方面学生在思想道德方面存在“知行不一”的情况，另一方面辅导员话语不能完全契合学生的实际需要和心理特征，虽然能够入耳，但不能完全入脑、入心，这表明当前辅导员话语的说服力亟待提高。

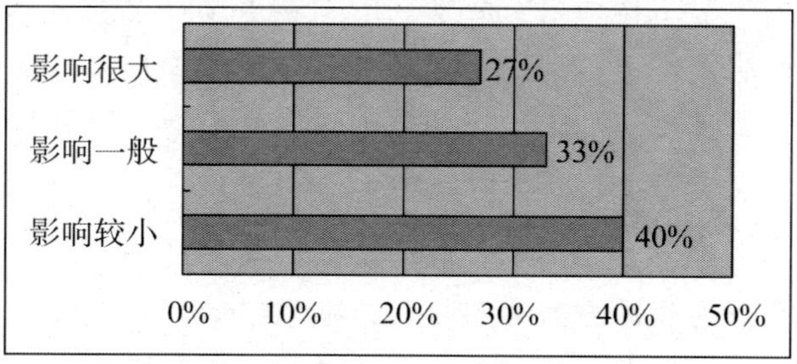

图 3 辅导员话语影响学生实际行动的程度

3. 大学生对网络思想政治工作话语的认同现状

针对“了解国家大政方针政策和时事热点问题，哪些方式更容易让你接受”这一提问，52％的被调查者选择“在网络上自行浏览”，31％的被调查者选择“去图书馆读书和读报”，21％的被调查者选择“学校通过文件通知的形式传达”，21％的被调查者选择“辅导员开会传达”，16.5％的被调查者选择“通过举办讲座和报告了解”。如图4所示。这表明，当前大学生群体更倾向于通过主动接受的方式了解国家政策和时事政治等，比如通过网络或去图书馆查阅报刊的方式获得相关信息。

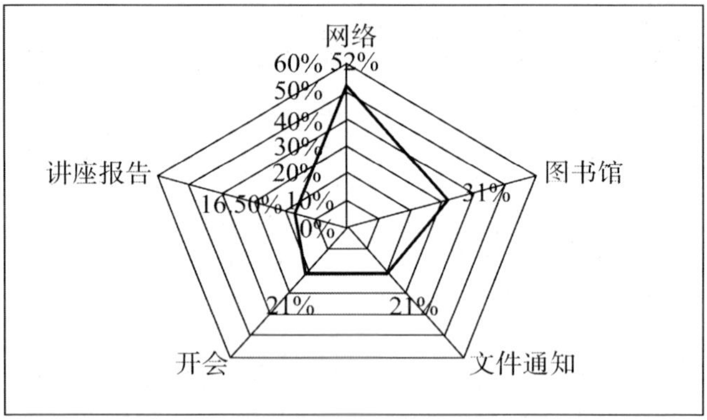

图4　了解国家大政方针政策和时事热点问题时更容易让人接受的方式

针对“执政党奋斗目标”的网络话语表达，55％的学生更乐于接受“更好的教育、更稳定的工作、更满意的收入、更可靠的社会保障、更高水平的医疗卫生服务、更舒适的居住条件、更优美的环境”这一表达方式，43％的学生乐于接受“立党为公、执政为民、求真务实、改革创新”这一表达方式，仅13％的学生乐于接受“统一祖国、振兴中华”这一表达方式，6.5％的学生乐于接受“为共产主义奋斗”这一表达方式。这说明，当前大学生更加认同趋于务实的网络话语表达。

针对网络思想政治工作话语，58.9％的大学生选择会经过自己的理性思考做出评判，然后自行决定付诸行动，23％的大学生选择会根据专家学者的观点进行推断然后付诸行动，18.1％的大学生选择根据网络大多数人的评论决定是否付诸行动。这表明，当前大学生作为思想活跃、个性张扬、视野开阔的青年群体，不再被动地接受外部信息，对网络思想政治工作话语的理解和认同一般都要经过积极的自我建构，在行为认同方面并不盲目追随网络话语。但大学生群体的价值观尚未完全形成，因而迫切需要拓展思想政治工作话语的网络平台，引导大学生群体形成正确的价值观。

三、结论和启示

1. 增强思想政治工作者的话语自觉性

话语权即说话权，是说话者控制舆论方向的权力，思想政治工作者的话语权体现为思想政治工作者话语产生的影响力。调研表明，辅导员在学生群体中能够产生一定的话语影响力，即享有一定的话语权，但这种话语权往往源于辅导员在学生事务管理中享有的权利，即高等教育法律法规赋予辅导员一定的教育权和管理权。然而，辅导员权力在高校权力体系中处于相对弱势的地位，加之随着高等教育改革日益呼唤尊重学生的权利、倡导班级民主管理模式、学生权利意识的日益觉醒，辅导员在日常工作中的管理权力弱化，辅导员话语权面临着诸多挑战。功利主义和实用主义价值倾向日益深刻地影响着学生的思想和行为，一部分学生局限于眼前的、具体的价值追求，出现了“躲避崇高”的消极心态，往往忽视远大理想和目标。如果不能及时准确地把握学生的思想特征，不能契合他们的思想实际，辅导员话语将难以产生话语的说服力，甚至让学生产生逆反心理。同时，辅导员往往扮演着“上传下达”的角色，向学生传递政策文件话语、规章制度话语。由于日常工作的繁杂性和琐碎性，大部分辅导员直接将通知转发学生或者学生班级微信群。虽然这种方式方便快捷，保证了话语传播的效率，但是在这种话语传播方式中，辅导员往往只是扮演了“传话筒”的角色，并未参与话语的自觉建构。因此，新形势下辅导员要保持在学生群体中的话语权，迫切需要增强话语的自觉性，积极主动地构建一套能够被学生群体认同的话语体系。

一方面，辅导员要积极促进思想政治工作话语的自我认同。辅导员作为高校日常思想政治教育的组织者、实施者和指导者，虽然有大量的事务性的管理工作，但其核心任务是开展思想教育和政治教育。因此，辅导员话语具有鲜明的政治导向性，旨在将特定的政治价值观传播给学生，引导学生形成正确的政治观。这意味着辅导员在向学生传播既定的政治价值观念之前，需要对多元价值观进行筛选、甄别，积极主动地建构自我认同的价值观念。尤其在社会变革时期，社会矛盾错综复杂，社会思潮相互激荡，辅导员需要主动提高自身的政治敏锐性，培养政治理论修养和专业素养，增强对国家政策话语、规章制度话语、时事政治话语的理解能力，对这些话语真信、真懂和真用，在认知认同和情感认同的基础上推进行为认同。另一方面，辅导员要积极主动地实现思想政治工作的话语转换。辅导员只有对政治权威性话语、规章制度性话语进行积极主动的自我解读和自我认同，将单调枯燥的文件话语转换为学生喜闻乐见的生活话语，才能以更好的方式传播给广大青年学生，增进学生对思想政治工作话语的理解和接受。如果不能进行自觉转换，辅导员话语则容易被大话、套话、空话所充斥，很难被学生所认同。

2. 提升思想政治工作话语的亲和力和感召力

由于认同强调的是发自内心的理解和赞同，要提升思想政治工作话语的认同度，必须在说话者和聆听者之间建立良好的信任关系，实现良好的沟通，增进双方的理解。调研表明，广大学生对思想政治工作的规章制度话语往往“敬而远之”，认知认同和情感认同较低，这主要是因为学校规章制度话语权威性和强制性突出，更多以“压服”的方式而不是以“说服”的方式赢得话语权。虽然大多数学生能够实现行为认同，但缺乏认知认同和情感认同的规章制度话语一般发挥着“事后惩戒”的效果，“事前警示”的话语效果作用并不明显。而广大学生对辅导员话语和网络思想政治工作话语情感认同度高，其原因在于辅导员话语和网络话语对于大学生群体有更强的亲和力和感召力，话语双方能够保持相对平等的对话状态。虽然思想政治工作话语认同归根结底是一种价值认同，但情感认同直接影响着学生对思想政治工作话语的认知程度。正如霍夫兰的劝服理论认为，人的态度由三方面组成，即认知、情感和行为倾向，在形成或改变态度的过程中，起决定作用的因素是情感。由此，迫切需要提升思想政治工作话语的亲和力和感召力，以增进话语的情感认同。

学校规章制度话语要提升亲和力和感召力，亟待改变“以势压人”的话语方式，及时进行废、改、立的修订工作，增强针对性和可操作性，真正尊重学生的教育主体地位。尤其要保障学生在日常管理中的话语权，这将有利于在话语双方之间建立平等合作的沟通关系。而要进一步提升辅导员话语的亲和力和感召力，迫切需要辅导员和学生之间建立更为牢固的信任关系，在话语表达中需要倾注感情，激发学生的情感认同。辅导员还需要增进自身的人格魅力，发挥无声的话语力量，正所谓“言传身教”，以实际行动率先垂范，能够实现启迪人心的话语效果。此外，当前学生群体更乐于置身于网络开放性的话语环境之中，更多地通过朋辈交往形成对某种观念和行为的认同和效仿。网络思想政治工作话语要着眼于学生的精神需求，增加内容的时代感和感染性，顺应学生的认知特点，及时回应学生思想深处的困惑。要重视对话式的话语方式，提高学生主动参与的积极性。总之，辅导员要重视运用网络新媒体，将网下思想政治工作和网上思想政治工作有效结合起来，发挥话语合力的作用。

3. 提高思想政治工作话语的吸引力和凝聚力

当前，思想政治工作话语以理论话语为主导，话语针对性和实践性较弱，难以贴近大学生的生活实际，对大学生群体关心、关注的社会热点、难点和焦点问题回应力还不够。思想政治工作话语更多围绕“应该做什么”“不应该做什么”展开，对于“为什么”则较少涉及，难以产生话语的说服力，这是当前思想政治工作话语效果不佳的重要原因之一。因此，当前思想政治工作话语迫切需要改革创新，要深入了解学生的精神需要，着力帮助学生更好地实现成长成才，真正与学生的“生活世界”接轨。只有紧密联系大学生实际生活的思想政治工作话语，才能体现人文关怀和人情味，吸引学生主动关注，提高话语的吸引力和凝聚力。

思想政治工作话语要增强对社会热点问题的回应力。当前，国内重大的群体性突发事件日益频发，国际范围内与中国切身利益相关的敏感政治事件时有发生，对大学生群体产生一定的思想冲击。加之大学生普遍具有良好的信息敏锐力，对社会热点问题具有很强的表达欲望，网络平台成为他们发表意见的主阵地，更不乏网络意见领袖的产生。大学生群体这种主动参与社会热点问题讨论的精神难能可贵，但由于缺乏系统、全面的思维能力，容易陷入片面的误解之中，形成错误的思想认识。尤其对于负面社会问题的宣传报道，学生群体容易产生悲观失望的情绪，甚至影响对我国改革发展进程的信心。这迫切要求思想政治工作者要及时引导学生正确认识社会热点问题，增强独立思考、明辨是非的能力。

思想政治工作话语要增进以社会主义核心价值观为主导的话语共识。思想政治工作话语的凝聚力主要依靠理想信念教育、爱国主义教育、马克思主义理论教育等多样化的教育话语凝聚人心的力量，以引导学生形成正确的世界观、人生观、价值观。当前，思想政治工作话语凝聚力的发挥依赖于社会主义核心价值观话语体系[1]的传播，在青年学生群体中赢得了广泛的话语共识，才能形成凝聚人心的强大动力。虽然在人们的思想观念和价值选择日趋多元化和复杂化的当今时代，整齐划一的思想引导已经变得不切实际，但社会主义核心价值观话语体系的宣传和引导，为广大青年群体提供了具有中国精神的价值理念，发挥着重要的价值引领功能，对个人的成长成才产生着重要的导向作用。

---

❶ 党的十八大把“倡导富强、民主、文明、和谐，倡导自由、平等、公正、法治，倡导爱国、敬业、诚信、友善”作为社会主义核心价值观的内容，正是融通中外优秀文化的创新话语体系，体现了中国特色的新概念、新范畴、新表述。

大学生村干部思想道德素质的培育[1]

马克思主义学院　赵庆杰

摘　要　在大学生村干部所应具备的诸多素质中，思想道德素质是其核心。大学生村干部应该具有正确的政治信仰、远大的理想志向和高尚的道德品质。思想道德素质的培育阶段可以分为在高校学习未毕业的高校阶段、大学生村干部高校毕业应聘选调生成功后的岗前阶段、大学生村干部到村任职后的农村阶段，不同的阶段有不同的培育内容和不同的培育方式。在整个的培育过程中，应该坚持一系列的原则：重视养成教育，避免突击性指导；遵循大学生成长成才规律；理论与实际相结合；注意思想道德教育过程的特殊性。

关键词　思想道德素质　大学生村干部　培育

一、大学生村干部思想道德素质的构成

大学生村干部是指由政府部门正式选聘，具有专科以上学历的应届或往届毕业生到农村（含社区）担任村党支部书记、村委会主任助理或其他村“两委”职务的工作者。承担这样一种特殊使命的大学生村干部应该具有多方面的素质，比如：思想道德素质、科学文化素质、身心素质等。其中思想道德素质是大学生村干部应具备的诸多素质中的首要素质，是诸多素质的灵魂，也是国家选聘大学生村干部的首要考察要件。

思想道德素质是行为的先导。人的思想固然由客观存在决定，并随着客观实际的变化而改变。但思想道德素质的相对稳定性一直引导其变化沿着一定的方向。人类进入高度文明阶段，思想道德素质作为行动的先导已变得越来越重要。思想道德素质是其他素质的核心，决定个体其他素质的价值以及个体本身的价

[1] 基金项目：(1) 2012年度教育部哲学社会科学研究重大课题攻关项目（12JZD043）；(2) 2013年度教育部人文社会科学研究青年基金项目（13YJC720051）；(3) 中国政法大学校级人文社科研究项目（12ZFG72001）。

值，也是个体成才的方向和保证。社会良性发展必须有正确的方向和一定的道德规范，而思想道德素质是确保实现这种追求目标的重要条件。成才的第一规范性便是为社会、为人类创造价值。缺乏思想道德素质的支撑，人们不可能为社会做有益的贡献。❶

思想道德素质主要包括思想政治素质和道德素质。思想政治素质是一种特殊的素养，是人们在为实现本阶级利益而进行的各种社会实践活动中表现出来的特定品质；道德素质是人们的道德认识和道德行为水平的综合反映，包含着一个人的道德修养和道德情操，体现着一个人的道德水平和道德风貌。具体到大学生村干部的思想道德素质，应该具有正确的政治信仰、远大的理想志向和高尚的道德品质。

1. 正确的政治信仰

人们只有树立了崇高的政治信仰，才能产生强大的内在驱动力，以坚强的毅力去从事自己的事业。大学生村干部要有马克思主义基本理论素质，要有坚持四项基本原则和党的基本路线不动摇的坚定的政治信念，要有正确的政治方向和政治立场，要有较强的政治鉴别力和政治敏锐性，要有热爱社会主义祖国的情感和民族自尊心。

2. 远大的理想志向

大学生村干部要正确认识社会发展规律和国家命运前途，心怀共产主义的远大理想，立足社会主义新农村的建设，把远大的共产主义理想和现阶段发展中国特色社会主义的具体任务结合起来，落实到自己的本职工作之中。大学生村干部必须在政治上始终与党中央保持一致，做到坚决执行党的路线方针政策，自觉维护中央权威，保证中央政令畅通，自觉用党纪国法规范自己的行动，践行全心全意为人民服务的宗旨。

3. 高尚的道德品质

道德品质是处理个人与他人、个人与社会利益关系时外显的行为习惯，是个人在一系列的道德行为中所表现出来的比较稳定的、一贯的特征和倾向。大学生村干部在工作中要以为人民服务为宗旨，以集体主义为原则，以爱祖国、爱人民、爱劳动、爱科学、爱社会主义为基本要求，运用所学知识为农民服务，具有热爱农村、服务农民的责任感和使命感，模范地遵守社会道德准则与规范，树立共产主义的道德观，培养优良品德、高尚人格，在农村工作中起到好的表率

---

❶ 毛宗山：《素质教育学导论》，安徽大学出版社，2007年版，第104—114页。

作用。

对大学生村干部而言，高尚的职业道德最为关键，社会主义职业道德的基本要求是爱岗敬业、诚实守信、办事公道、服务群众、奉献社会。其中爱岗敬业是社会主义职业道德的基本要求。爱岗敬业关键是要让大学生对村干部有强烈的职业认同感和荣誉感。当前大学生到基层就业多是应对就业压力的无奈选择，缺乏足够的热情和应付困难的思想准备，有的大学生把选择到村任职作为“前站”职业，作为自己政治前途的“快车道”，其初衷实为增加基层工作经验，为考公务员和考研等增加砝码，这必然导致大学生对村干部没有归属感，导致行为的短期性。工作态度方面，个人信心不足，工作上缺乏主动出击的意识。这样的大学生村干部一旦遇到挫折，就很容易产生退却和逃避的念头。因此加强对大学生村干部的思想道德素质的培育就变得极为重要。

二、大学生村干部思想道德素质培育的阶段

素质是指人们在先天生理基础上，经过后天教育和社会实践所形成的基本稳定的身心条件。素质是一个人的内在品格，是知识和能力的综合表述。优秀的思想道德素质离不开全方位的系统培育。

大学生村干部在其毕业前的身份为高等学校的大学生群体，在校期间主要接受的是高等学校的教育。而当大学生毕业之际，选择考取大学生村干部选调生并成功任职，则其身份转变为大学生村干部。这一身份转变的过程，为其思想道德素质培育分阶段提出对策找到了有利的依据。即对大学生村干部思想道德素质的培育需要分阶段、有步骤地进行。具体的阶段可以分为：大学生村干部在高校学习未毕业的高校阶段、大学生村干部高校毕业应聘选调生成功后的岗前阶段、大学生村干部到村任职后的农村阶段。[1]

1. 高校阶段

高校作为大学生村干部政策实施的先锋阵地，肩负着培养和输出大学生村干部的重要使命。针对大学四年的不同特点制定不同的培育方案。对于大一新生，首先应注重职业的探索定位。引导和帮助学生，认识专业的特点以及适合的职业，着重进行人生规划教育。针对基层干部这一领域，指导学生进行基层任职兴趣、基层任职职业能力的测试，帮助学生分析自我特长、优势和局限，了解自己的心理、性格特征和与基层任职的适应情况，了解专业发展方向，初步定位个人

[1] 杨依霖：《吉林省大学生村干部职业能力培养研究》，吉林农业大学2012年硕士学位论文，第21页。

今后的基层工作发展方向，初步拟定个人到基层任职的发展规划，形成正确的择业观；对于大学二、三年级的学生，正处于学习专业知识的关键时期，主要是教育他们认清基层任职的就业形势，努力建立扎实的基础知识和合理的知识结构，把专业教育和就业教育结合起来，坚定到农村去的信念，增强到农村去的本领。[1] 为此，高校需要从以下几个方面入手。

其一，课堂教育。利用《思想道德修养与法律基础》《职业规划与就业指导》等课程，宣传国家的经济社会发展形势和就业形势，引导学生树立献身基层、服务农村的职业理想。

其二，校园文化氛围的营造。高校可以利用网站、图书馆、学生生活区和教学区的橱窗和展板，宣传国家在农村的具体政策和优秀大学生村干部的先进事迹，将有关大学生村干部感人、先进、积极的成果向全校师生展示，激发他们服务农村的愿望和理想。

其三，定期举办报告会和座谈会。邀请农村政策理论方面的专家、大学生村干部中先进典型人物等为大学生举办报告会和座谈会。加深学生对村干部政策和实际的理解，消除有关疑惑，拉近大学生与村干部职业的距离。

其四，提供就业实践的机会。高校要认真组织学生的教育实践、搞好专业实习，并做好相应的社会调查，大力支持“三下乡”“四进社区”等志愿服务和勤工助学活动。积极引导大学生深入农村实践，锻炼意志。对实习优秀的学生，结合其职业理想，优先考虑留在实习村委就业。

2. 岗前阶段

在大学生村干部上岗之前，相关部门应当科学规划培训事宜，对培训的时间安排要周密考虑和编排。利用好 7—8 月，大学生刚刚毕业还未正式走上村干部岗位的空闲时间。对于准大学生村干部思想道德素质的培育，主要是帮助他们解除基层任职的困惑，对他们进行技巧、政策、法律等方面的指导，这一阶段中的思想政治教育也是整个大学生村干部培养的重点。因为：一方面，他们已经知道自己确定要走上村干部岗位，因而学习起来目标更明确；另一方面，他们还没有真正从事村干部工作，因而对未来的工作生活充满期待和神秘感。这是一个绝佳的培育时间段。岗前培训应从以下方面入手。

其一，精选培训内容。由于集中培训的时间有限，应该精选培训内容，选择

---

[1] 赵春夫：《大学生村干部培养中思想政治教育的研究》，安徽农业大学 2012 年硕士学位论文，第 10 页。

最急需、最实用的内容，不能空对空地单纯进行思想道德素质教育，而应该将之化解到具体的事项中。比如，当前农民们迫切需要增收、致富的新渠道和新技术，因此，对大学生村干部在岗前培训内容上，可以适当使用普及农业知识讲座、致富经验交流会、实地考察学习等方式，具体培训应追求实效性，学习的知识包含党的涉农政策方针，涉农专业知识，农村法律法规知识，农业管理知识，解决农村纠纷、农民矛盾的方法等实用性内容。❶

其二，培训渠道多样化。党校、高校、农业推广站等都可以承担部分的培训工作。安排农业专家、涉农部门负责同志和部分优秀乡镇党委书记、村党组织书记及优秀大学生“村干部”、致富能手，进行思想道德专题辅导，传授农村工作和致富增收的经验，帮助他们了解当地情况和农村政策，使他们尽快进入角色。

其三，确立思想导师。为帮助大学生村干部快速成长成才，各级组织部门应该积极发挥指导协调作用，开通帮助大学生村干部培养成长绿色通道。建立帮带队伍，组成大学生村干部“导师团”，与大学生村干部结成帮扶队伍，安排专人为大学生村干部的思想道德导航，为他们讲业务、传经验，帮助他们尽快熟悉新的工作环境。❷

3. 农村阶段

对于任职后的大学生村干部，主要是帮助他们顺利进行角色转变，顺利适应农村环境，从而在农村展开自己的抱负，施展自己的才华，为农村的发展做出自己的贡献。

怀揣梦想与激情的大学生真正走上村干部的岗位，在农村中安定下来，往往会出现很多思想心理问题，毕竟城市和农村有着较大的差别，再加之工作角色的不确定性和大学生村干部职业的特殊性等，使大学生村干部容易产生一些思想波动和心理问题。主要体现为以下方面❸：

其一，初到农村的失落感。尽管近些年来农村环境较之以前已经有了很大的改善，但是对于长期在城市生活的大学生来说，乡村偏僻、交通不便、办公设施缺乏以及居住条件落后，难免让他们产生心理上的巨大落差。

---

❶ 杨依霖：《吉林省大学生村干部职业能力培养研究》，吉林农业大学2012年硕士学位论文，第24页。

❷ 王娜：《大学生村干部培养使用问题研究——以泰安市为例》，山东大学2013年硕士学位论文，第13页。

❸ 韩新宝：《新形势下大学生村干部的心理问题及调适》，载《成都行政学院学报》，2011年第4期。

其二，自我定位的自卑感。大学生到农村任职，这是实施人才强国战略的客观要求，也是推动社会主义新农村建设的题中之意。但很多大学生村干部认为在农村工作脸上无光，无形之中在思想上形成了“低人一等”的感觉，导致角色定位模糊，工作缺乏自信。

其三，工作开展的挫折感。大学生满怀热情和抱负到农村任职，但是理想与现实的巨大反差让他们的挫折感与日俱增。工作中得不到充分的信任，没有相应的实权，提的建议不能被接受，缺乏施展才华的舞台，觉得自己是英雄无用武之地。

其四，未来发展的焦虑感。对大学生村干部的未来职业发展，尽管中央给了留村任职工作、考录公务员、自主创业发展、另行择业、继续学习深造五种出路的选择，但是，这五种出路均为方向性、指导性的政策，而没有一项是保障性的政策，因此，大学生村干部们普遍对自己的发展前途表示担忧和困惑。

为此，需要从以下方面入手，解决大学生的思想和心理问题。❶

一是政治上多关怀。工作中，各级党委要把大学生“村干部”教育管理、发挥作用情况作为基层党建工作考核的重要内容，经常调研，定期调度；在发展党员、选拔任用、创先争优等方面对大学生“村干部”适当倾斜，时刻让他们感受到党组织的关爱。

二是思想上常引导。管理部门要多与大学生“村干部”交流，了解清楚他们的需求，帮助解决困难。在网络和手机如此普及的时代，建立专门的网站、QQ群、微信群，便于上级部门及时听取他们的意见建议，了解思想动态，帮助解疑释惑；也便于大学生村干部们之间交流经验、联络感情。

三是出路上保畅通。为了解除大学生村干部对未来出路的焦虑，应该建立双向选择、进退有序、人尽其才、各得其所的大学生“村干部”流动发展机制，畅通大学生村干部成长发展的出路。要敢于给实权，把党员群众满意、工作表现优异的大学生村干部安排到重要岗位上锻炼，鼓励他们长期在基层建功立业。要乐于助高飞，鼓励和推荐优秀大学生“村干部”报考公务员、事业单位人员、考取研究生、另行择业等。

三、大学生村干部思想道德素质培育中应坚持的原则

思想道德素质的培育不同于一般技能的培育，改造人的思想是一项系统工

❶ 王娜：《大学生村干部培养使用问题研究——以泰安市为例》，山东大学2013年硕士学位论文，第18—20页。

程，需要坚持一定的原则。

1. 重视养成教育，避免突击性指导

思想道德素质的培育是一个缓慢的过程，大学生村干部培养中的思想政治教育工作不是一蹴而就的事情。在高校阶段，需要学校根据大学生各年级段的认知特点有针对性地开展相应的思想道德教育活动。在走上工作岗位后，要根据当时、当地的情况，因地制宜、因材施教。在大学生村干部的选拔、任用、工作等全过程中，要突出思想道德教育的全程化和连贯性。要突出对政治信念、理想志向、职业道德等素质的培养，要经常进行阶段性效果检查，并把检查结果及时反馈给他们，及时帮助他们进行调整。避免临时突击一阵风的培育方式，而忽视对他们的养成性教育。[1]

2. 遵循大学生成长成才规律

有学者提出了大学生成长成才的“双螺旋理论”，即大学生成长成才一般要经过两个阶段，是螺旋式上升的过程。第一个阶段为“修身、学业、就业”；第二个阶段为“学历、能力、人品”，这两个阶段既相对形成一个过程，又互相依存、补充、前后衔接、不断提升，形成一个螺旋式上升的体系。[2]

大学生村干部的成长成才规律也是如此，把修身作为做人的基础，学业是自我追求、实现人生价值和服务社会的载体，就业是生存、发展、服务社会的客观要求。这个过程是成长的基础，是成才的逻辑起点，但综合素质的提升，更大的发展空间、更强的发展后劲，还要借助于“学历、能力、人品”。学历是证明受教育的经历和达到的水平，能力是胜任工作的主要条件，人品是知识与能力的统帅。基于这样的成长成才规律，在大学生村干部综合素质的培育中，在全面提升这六个方面的过程中，思想道德素质的培育更是重中之重。

3. 理论与实际相结合

不管是思想政治教育还是道德教育，都非常注重理论与实际的结合。2004年中央发布的《关于进一步加强和改进大学生思想政治教育的意见》（16号文件）指出加强和改进大学生思想政治教育的基本原则有：“坚持政治理论教育与社会实践相结合。既重视课堂教育，又注重引导大学生深入社会、了解社会、服

---

[1] 赵春夫：《大学生村干部培养中思想政治教育的研究》，安徽农业大学2012年硕士学位论文，第29页。

[2] 陈国祥：《大学生成长成才规律探索：双螺旋理论》，载《黑龙江高教研究》，2009年第9期。

务社会”“坚持解决思想问题与解决实际问题相结合。既讲道理又办实事，既以理服人又以情感人，增强思想政治教育的实际效果”。道德教育也具有强烈的实践性。这里的“实践性”主要包含三个方面的含义：一是道德教育必须适应当时社会实践的客观状况和客观要求；二是道德教育必须引导受教育者实际地践行道德义务；三是道德教育者必须首先践行道德义务，先正己后教人。

对于大学生村干部的思想道德素质的培育而言更应该坚持理论与实际的结合。这种结合是双向的：一方面，广大的农村有着十分丰富的教育资源，要广泛而深刻地挖掘和利用这些资源，建立高校思想道德教育基地，将其与大学生思想政治教育理论课实践教学相结合。❶ 可以使大学生对农村的了解不局限于书本，更多、更早地了解农村的真实情况，知道农村的所需所求，响应国家的大学生村干部政策，清楚自己在农村工作中需要具备的能力和素质，为日后的发展指明方向。另一方面，当大学生村干部走上工作岗位后，要开拓渠道让他们多学习理论。比如高校、党校等教育机构举办有针对性的村干部培训班、政策理论学习班、讲座等，以便使他们的实践经验得到理论上的提升和提炼。

4. 注意思想道德教育过程的特殊性

思想道德教育过程一般包括提高认识、陶冶情操、锻炼意志、确立信念、形成行为习惯等环节。思想道德教育的全过程，具有一定的前后次序性，但这种次序并不是机械排列、不可更改的。诸环节具有同时性和渐进性，五个环节总是相互联系、相互影响；思想道德教育的起点具有多端性，教育可以根据不同的历史时期、不同的社会环境、不同的受教育者的具体情况灵活地选择教育的起点，不一定每次都从提高认识开始；思想道德教育的进程具有重复性和渐进性，不可能一劳永逸。根据思想道德教育的一般过程和规律，在教育的方法上应该坚持立体、多面的教育方法、个人示范和典范诱导的方法，集体和社会影响的方法，具体对象具体分析、具体问题具体对待的方法等。❷

---

❶ 艾雯静：《大学生村干部及对高校人才培养的启示》，山东理工大学 2011 年硕士学位论文，第 26 页。

❷ 罗国杰：《伦理学》，人民出版社，1988 年版，第 449—454 页。

试论如何在教学中培养和践行社会主义核心价值观
——以《中国近现代史纲要》课为例

马克思主义学院　周增光

摘　要　培养、践行社会主义核心价值观是《中国近现代史纲要》课教学的题中应有之义。教师在教学中，可以从言传身教、实际教学、虚拟课堂三个维度入手培养和践行社会主义核心价值观。实际课堂的教学是纲要课培养和践行社会主义核心价值观的主战场，教师可通过教学内容、形式、环节的设计，实现对学生价值观的培养。

关键词　纲要课　社会主义核心价值观　教学设计

党的十八大报告提出："倡导富强、民主、文明、和谐，倡导自由、平等、公正、法治，倡导爱国、敬业、诚信、友善，积极培育社会主义核心价值观。"这是对社会主义核心价值观问题的全新论述，同时也为社会主义核心价值观的培育路径指明了方向。❶ 培育和践行社会主义核心价值观，是四门本科生思想政治

❶ 2012年11月8日，中国共产党第十八次全国代表大会报告明确指出："社会主义核心价值体系是兴国之魂，决定着中国特色社会主义发展方向。要深入开展社会主义核心价值体系学习教育，用社会主义核心价值体系引领社会思潮、凝聚社会共识。推进马克思主义中国化、时代化、大众化，坚持不懈用中国特色社会主义理论体系武装全党、教育人民，深入实施马克思主义理论研究和建设工程，建设哲学社会科学创新体系，推动中国特色社会主义理论体系进教材、进课堂、进头脑。广泛开展理想信念教育，把广大人民团结凝聚在中国特色社会主义伟大旗帜之下。大力弘扬民族精神和时代精神，深入开展爱国主义、集体主义、社会主义教育，丰富人民精神世界，增强人民精神力量。倡导富强、民主、文明、和谐，倡导自由、平等、公正、法治，倡导爱国、敬业、诚信、友善，积极培育和践行社会主义核心价值观。牢牢掌握意识形态工作领导权和主导权，坚持正确导向，提高引导能力，壮大主流思想舆论。"2013年12月，中共中央办公厅印发《关于培育和践行社会主义核心价值观的意见》，明确提出以十八大报告提出的"三个倡导"（倡导富强、民主、文明、和谐，倡导自由、平等、公正、法治，倡导爱国、敬业、诚信、友善）为基本内容的社会主义核心价值观，与中国特色社会主义发展要求相契合，与中华优秀传统文化和人类文明优秀成果相承接，是我们党凝聚全党、全社会价值共识做出的重要论断。

理论课的题中应有之义。《中国近现代史纲要》课（以下简称“纲要课”）是四门思政理论课程之一，在纲要课的教学过程中，教师应该如何培养并引导学生践行社会主义核心价值，是一个值得进一步研究和探讨的问题。如何在纲要课的教学过程中培养和践行社会主义核心价值观呢？笔者认为，至少可以从教师言传身教、实际教学的设计与讲授、虚拟课堂的补充三方面入手。

一、通过教师的言传身教践行社会主义核心价值观

在教学过程中，对于一门从未学习过的课程来说，学生往往是通过讲授课程的教师来了解所学的课程。教学的进行，通常是学生经由对教师的喜爱，进而“爱屋及乌”地喜欢所学课程。从这个角度来说，教师的言传身教至关重要。要想在课堂中培育和践行社会主义核心价值观，作为讲授者的教师，首先必须践行社会主义核心价值观。

崇尚民主、平等、公正等诉求，既是我国社会主义现代化国家建设的追求，也是现代民主政治的客观要求。作为高校教师，首先必须打破传统观念中高高在上，与“天地君亲”一同受人顶礼膜拜的“师”，打破“师尊生卑”，与学生建立平等关系。依据高校教师职业道德中师德的公正性原则，要求教师在师生交往过程中实践公正，教师必须在教学活动实践的各个环节中，自觉实行教育公正原则。要做到这一点，教师必须自觉培养自己的公正品质。要遵守这一点，首先教师必须树立现代教育民主观念，建立公正、平等、民主的师生关系。健康良好的师生关系，应该是亦师亦友，而不是上下级、居高临下。除了打破“师尊生卑”关系以外，教师还必须坚持对学生一视同仁、平等对待，设法使每个学生都能得到适应自己个性和智力发展的教育。

现实生活中教师队伍中免不了存在着些许败类。随着众多师德败坏案例不断在网络等新媒体上曝光、放大，人们对教师职业由忧虑到质疑，甚至有些过激者嘲讽“专家”为“砖家”、“教授”为“叫兽”。在这种情况下，作为一名教师，要维护教师理应受到的职业尊重，必须不断加强培养自身修养、人格魅力以赢得教师的威信。这不仅仅要求教师们不断提高自己的教育教学业务水平，更要求老师们不断提高自身思想政治觉悟和自身职业道德修养。在课堂讲授之外，教师必须切实践行社会主义价值观，切实奉行敬业、诚信等公民的基本道德规范，这样

才能通过言传身教，发挥教师“为人师表”“行为世范”[1] 的作用。

二、通过实际教学环节培养学生的社会主义核心价值观

正如邓小平所言：“当我听到西方七国首脑会议决定要制裁中国，马上就联想到一九○○年八国联军侵略中国的历史……要懂得些中国历史，这是中国发展的一个精神动力”[2]，学习历史，尤其是中国近代史，与现实关系非常密切。《中国近现代史纲要》这门课，旨在让学生认识中国近现代史，了解近现代史上中国人民的四个选择[3]。通过纲要课教师的教学，学生了解国史，进而了解国情，在学习的过程中明白当代大学生的历史使命与社会责任感。纲要课的开设目的与教学内容，决定了它与社会主义核心价值观密切相关，这主要体现在：

其一，富强、民主既是我国社会主义现代化国家的建设目标的一部分，也是中国近现代史上无数志士仁人的追求目标，是整个中华民族的奋斗目标。

其二，文明、和谐既是我们社会主义现代化国家建设的目标，也与中国优秀传统价值观密切联系，“以和为贵”的思想，贯彻古今。

其三，自由、平等、公正、法治，既是我国中国特色社会主义的基本属性，也是中国近代史上的志士仁人、革命先辈为了奋斗、奉献才智乃至生命的目标。

其四，爱国、敬业、诚信、友善，既是我们当代倡导的公民基本道德规范，也是中国近现代史上无数伟人、革命先行者人生观、价值观的核心内容。

纲要课的特殊性质，决定了实际课堂的设计与讲授是教师宣传、培养社会主义核心价值观的主战场。教师应该如何把握这个主战场呢？

首先，教师在设计纲要课的课堂教学内容时，不应只是按照教材照本宣科，而必须结合当前研究前沿，把当下的各种观点合理地介绍给学生。在上纲要课之

---

[1] 师德对于教师的重要性，从各大师范大学的校训中可窥一斑。历观各个师范大学的校训，各有侧重，有些学校强调教师的“学”，有些强调“才”或“识”，但“德”却无一例外，是各师范大学校训所明确倡导的。综观各大师范大学的校训，无一不强调师德的重要性，要求师者必须立德，为人表率。不管是北京师范大学的“学为人师，行为世范”，还是华东师范大学的“求实创新，为人师表”，或是华中师范大学的“求实创新，立德树人”，华南师范大学的“艰苦奋斗，严谨治学，为人师表，求实创新”、东北师范大学的“为人师表，勤奋创新”，虽然各校各有侧重，但它们在强调师德方面是一致的。

[2] 邓小平：《振兴中华》，载《邓小平文选》第3卷，人民出版社，1993年版，第357—358页。

[3] 四个选择是指“历史和人民是怎样选择了马克思主义，选择了中国共产党，选择了社会主义道路，选择了改革开放。”参见《中国近代史纲要》编写组编：《开篇的话》，《中国近现代史纲要》，高等教育出版社，2013年修订版。

前，学生们在初中、高中已经通过中学历史课的学习，对中国近代史上的有关内容，尤其是重大历史事件的大致过程有所了解。据笔者在教学过程中做的小调查，发现当今大学生对中国近现代史上的重要事件、人物的关注是非常多元化的，不过在学生兴趣点的多元之中也存在着相对集中。

在教学过程中，笔者曾征集学生关于“你最关注的中国近现代史上的重要人物、重大事件是什么?”的答案。提问在自由解答、不设数目限制的情况下，一共收到154份有效问卷。按154份不限数目的自由回答，统计得出学生最为关注的历史事件为（按得票高低排序）：五四新文化运动（24票）、抗日战争（21票）、辛亥革命（17票）、戊戌维新运动（13票）、国共第一次合作（13票）、洋务运动（12票）、“文化大革命”（12票）、太平天国运动（11票）、清末新政（10票）、军阀割据（10票）、鸦片战争（8票）、改革开放（5票）。相对重大历史事件关注的集中，对于历史人物，学生的兴趣点就非常广泛。在154份不限数目的回答中，一共出现了67个人物，包括近现代政治人物、学者、民族资本家、将领等。很多人物是一人一票，体现了学生兴趣点的分散性。而在分散中，也有相对集中的答案，得票数在5票以上的历史人物共计16人，为（按得票高低排列）：李鸿章（31票）、孙中山（30票）、袁世凯（23票）、曾国藩（21票）、慈禧（13票）、蒋介石（12票）、梁启超（12票）、毛泽东（8票）、康有为（8票）、左宗棠（7票）、张之洞（6票）、宋教仁（6票）、周恩来（6票）、张学良（6票）、胡适（5票）、洪秀全（5票）。

而将问题：“你认为中国近现代史上最重要的人和事是什么？你最关注的人和事是什么?”改为要求有限制的回答，对最重要的人和事、最关注的人和事限答一人、一事，可重复也可不同，一共征集到87份有效问卷。入选学生们认为中国近现代史上最重要的人物，共有12人，得票分布极其集中：孙中山（40票）、毛泽东（24票）、曾国藩（8票）、陈独秀（3票）、李鸿章（3票）、邓小平（2票）、蒋介石（2票）、黄兴（1票）、胡适（1票）、鲁迅（1票）、慈禧（1票）、林则徐（1票）。学生票选出来的中国近现代史上最受关注的人物，共计27人（此27人共计83票，其余4票分别是：2票为“没有关注”；1票投给群体“文革”那批人；1票投给当代国家领导人“习近平”）：毛泽东（12票）、孙中山（11票）、慈禧（6票）、李鸿章（6票）、曾国藩（5票）、陈独秀（5票）、鲁迅（5票）、袁世凯（4票）、胡适（4票）、周恩来（4票）、邓小平（3票）、蔡元培（2票）、蒋介石（2票）、林则徐（1票）、洪秀全（1票）、奕䜣（1票）、光绪帝（1票）、梁启超（1票）、李大钊（1票）、段祺瑞（1票）、张作霖（1票）、张学良（1票）、林徽因（1票）、宋庆龄（1票）、宋美龄（1票）、江青（1票）、溥仪（1票）。“中国近现代史最受关注人物”票选人物分散，除了政治人物之外，学者、女性也进入学生关注的视野，体现了学生们兴趣的分散性及多元化。在多元兴趣的同时，学生票选出来的“中国近现代史最重要人物”孙中山和毛泽东，也是得票最多的两位最受关注人物。

学生票选出来的中国近现代史上最重要的历史事件，共计12件（此12件重大历史事件总共有86票，其余一票认为“没有重要事件”），得票分布也非常集中：辛亥革命（39票）、五四新运动（13票）、鸦片战争（8票）、新中国的建立（6票）、抗日战争（5票）、洋务运动（4票）、改革开放（3票）、甲午战争（2票）、中国共产党的建立（2票）、太平天国运动（2票）、同盟会建立（1票）、新民主主义革命（1票）。学生票选的“中国近现代史最受关注历史事件”（在87份问卷中，除了9份表示没有关注的历史事件外，其余的78份问卷均有各自的关注对象），相比票选“最重要的历史事件”范围更广、得票更分散，分散中又有集中，五四新文化运动及辛亥革命，仍是得票数居于前列的事件：五四新文化运动（23票）、辛亥革命（14票）、“文化大革命”（5票）、新中国建立（5票）、军阀割据（4票）、抗日战争（4票）、鸦片战争（3票）、清末新政（3票）、改革开放（3票）、太平天国运动（2票）、清帝退位（2票）、解放战争（2票）、社会主义建设（2票），得票数为1票的历史事件共计13件，分别为：甲午战争、北伐战争、国民大革命、党内斗争、东北易帜、国共两条道路、建党、近代军事、女子解放、戊戌变法、西安事变、洋务运动、袁氏窃国，具体事件、时间分布均分散，类型则集中在政治史的事件中。

无论是在自由回答中，还是在有限制的回答中，学生们票选的最为重要、最为关注的历史事件，与纲要课讲授的要点基本上是重合的。而学生们所关注的重要人物，无一不是在近代中国历史上为了探寻中国的国家出路付出心血、做过贡献的人物，同时，他们关注点相对集中的历史人物，在不同历史观的描述下，在不同时段的历史研究中，存有一定的争议性。

大学课堂的讲台，应该促进大学生从被动学习转向主动学习，不宜是某一学派或某一专家的“一言堂”，也不宜再给学生灌输浅、窄、指向性、目的性强烈的知识点，而应该是“百家争鸣”，引导学生深入探索、培养学生的开阔视野。教师在准备课堂讲授内容时，要注意引入具有争鸣性的观点及学科前沿，同时也要注意对学生进行社会主义核心价值观的方向性引导。教师在纲要课的讲授时，应坚持唯物主义史观，辩证地分析历史问题。既要依据史料就事论事，对历史人物报以理解之同情，同时又要注意作为后来人，应超越时代，指出历史人物的局限性。例如，教师在讲辛亥革命的失败时，可以向学生介绍在宋案发生后，国民党内部对如何应对此事并未达成一致，而是分为战、和两派，主和派主张按照法律途径解决，而主战派的主张就是学生们经过中学历史教学所熟知的发动二次革命。通过向学生展示教科书中未曾展示的历史细节，指出在当时的历史环境下，无论是旧式官僚出身的袁世凯，还是革命先行者孙中山，双方都无意于坚持现代意义上的法治观念，要想真正实现民主、法治还需要很长的路要走。

其次，教师在设计教学内容时，应该考虑到大学生也有不同的层次，对不同年级的学生开设的课程必须有针对性，要因材施教。就纲要课的教学而言，教师面对的基本上都是大一新生。大一新生大多数没有脱离高中学习模式。以笔者兼职班主任的大一新生班级为例，根据对大学新生一对一深度访谈的结果，全班33个学生，超过3/4的学生困惑于“我每天上的课与考试有什么关系呢?”由此可见，虽然已经成为大学生将近一个学期，但是这些新生却依然停留在高中“学习是为了考试”的被动学习模式。大学新生正处在被动学习向主动学习的过渡阶段，如果教师的讲授枯燥无聊，他们在无考试压力的情况下，毫无主动学习的可能。针对学习纲要课学生的这些特性，教师要想通过教学联系社会主义核心价值，则需要选择与之最为贴切的教学内容，以鲜活、雅俗共赏的讲授方式吸引学生。在具体课堂教学内容的讲授上，例如，在讲授近代以来不同阶级对国家出路的早期探索时，尽可能多地向学生讲述中学教学过程中未揭示的有趣案例。如向学生介绍在洋务派追求“自强”“求富”过程中产生的唐胥铁路上的“马拉火车”现象，教师配合历史照片，对奇闻逸事绘声绘色地描述，向学生展示在中国近代史上追求富强由来已久，而追求富强的过程却漫长而艰辛。在课堂讲授增加趣味性的同时，纲要课教师在给学生推荐参考书目时，还要针对大一新生的特性，注重入门性，不宜太高深。教师在整个课堂讲授过程中要切忌为了宣传社会主义核心价值观而堆砌经典、生搬硬套，引起学生的逆反、对抗心理。

再次，教师在课堂讲授中，要注重引导并培养学生的问题意识。在课堂讲授的过程中，教师要尤为注重问题群的设置。课堂讲授过程中的问题设计不能是无意义的，问题最好是成梯状、有层次、有冲突性地出现，而教师在解答问题的过程中，要秉持公正平和的态度，以“润物细无声”的形式向学生输出社会主义核心价值观，通过言传身教影响学生。

最后，培养学生的社会主义核心价值观，光靠教师的一周两学时的课堂讲授，形式太过单调。在课堂教学的形式上，教师要尽可能地多样化，注意引导学生在解决问题过程中践行社会主义核心价值观。在课堂讲授的过程中，教师可以适当引入短小视频，例如截取大型纪录片“百年中国”“北洋大时代”“国宝档案”等与讲授内容相关、长度控制在5分钟左右的小视频，并针对视频所展示的有争议性的历史人物，如李鸿章、曾国藩、袁世凯等人的评价问题，组织学生进行课堂讨论。除了针对视频的课堂即兴发言，纲要课教师还可以根据教学内容，尝试更多的学生参与式教学。在课堂讲授的结尾部分，教师可以在总结一堂课的内容后，适当留给学生一定量的思考题，引导学生进行思考。思考题大小要适宜，留给学生一定线索，能够让他们在一周内收集适当的材料，进行一定的探讨和解答。在第二次上课的前半段，可以组织学生分组讨论。但是要注意引导学生的发言，把握解决问题的研讨性及方向性。在有条件的情况下，研讨性的课堂更能培养学生的问题意识和研究能力。教师还需要根据学生的研讨情况关注学生的水平是否适宜研讨性教学，如果学生存在懒散、课下不按指导准备、讨论问题仅仅停留于表面，则需要及时喊停，调整课堂进展。

教师在设计教学环节时，还需要考虑设计适当的实践环节，让学生在教师的指导下进行科研实践，既能培养学生的科研兴趣，又能锻炼学生的动手能力，实践学生的研究能力。实践教学环节，就纲要课而言，不仅仅可以带领学生参观爱国主义教育基地，培养学生的爱国主义精神；还可以针对性地指导学生进行实践调查、研读某一特定史料，引导学生发现问题，指导学生解决问题并撰写成文；还可以利用新媒体，指导学生用多种手段学习，例如，就北京市的爱国主义教育基地与中国近代史的关联，录制5～10分钟的视频等。寓教于乐，通过学生的自主性学习，让学生在自己收集整理近代志士仁人对民主、自由、平等、公正、法治等社会主义核心价值观念的追求史迹中受到熏陶和感染。

三、通过虚拟课堂引导学生课后学习、践行社会主义核心价值观

在当今社会，网络对大学生产生了广泛而深刻的影响。网络给大学生个人成长发展提供来源更广、获取更便捷的海量信息以及更便利的交流方式等好处的同时，也给大学生的价值观念带来了种种冲击和负面影响。当前网络日益成为社会思潮传播新路径和新载体，要想不落后于时代，在纲要课的讲授过程中，教师还应重视网络环境下如何引导学生在课后学习、践行社会主义核心价值观，应当积极探索各种有效途径，充分发挥网络的正面教育功能，培养大学生树立社会主义核心价值观，并引导学生践行社会主义核心价值观。

具体而言，教师在纲要课的课堂讲授之外，可以尝试构建虚拟课堂，作为引导学生课后学习、践行社会主义核心价值观的补充。具体来说，纲要课教师可以

做以下几个方面的尝试：

其一，充分利用学校已有的网络平台。现在很多高校已经建设了网络平台，但很多课程的内容常年不更换，甚至有些教师从来不使用。纲要课教师可以依托学校已经建设好的网络平台，给学生开辟虚拟课堂，以弥补实际教学过程中课堂讲授、实践教学环节的不足，鼓励学生充分利用教师创设的虚拟课堂。一方面，教师可以给学生提供课外拓展阅读材料，如经典文献的选读材料。另一方面，教师也可以给学生提供在课堂上囿于时间，不能播放的长时间电影、纪录片，结合纲要课的讲授需要，配合实际课堂的进程，在虚拟课堂上提供诸如《建国大业》《建党伟业》等有助于培养学生社会主义核心价值观的优秀影片，组织学生以论坛发帖的形式讨论观后感。

其二，充分利用现有的网络交流工具及网络文化产品。教师可以利用校园已有的BBS论坛等，关注并参与学生在校园生活中关注的话题、讨论的热点话题，构建和谐师生关系。教师也可以依托现在的新媒体、移动交流网络，建立师生共同的微信群、QQ群、飞信群等。在创建和谐、友善的师生关系之余，教师还需要注重自身身为师者的作用，立德树人、言传身教，密切关注国家党建公共微信号、官微、博客等，实时向学生转发，为学生价值观的培养提供正面引导。

其三，充分发挥网络在培育、践行社会主义核心价值观的正面作用，在虚拟课堂的建设过程中，教师还要注重对学生的正面引导。在开辟虚拟课堂前，教师必须通过正确的引导，纠正网络生态环境对学生造成的不良影响。

综上所述，教师如何在纲要课教学中培育和践行社会主义核心价值观，至少有三个需要留意的方向。在这三个方向中，“立德树人”是所有教师的基本职业道德，言传身教是首要且必需的，同时也并不仅仅是纲要课教师所特别需要的；纲要课实际教学的设计与讲授，是纲要课教学培育和践行社会主义核心价值观的主战场，需要教师花费最多心力投入；而虚拟课堂的补充，则是科技发展给包括纲要课在内的所有教师的一个时代挑战。

新时期校园文化建设中弘扬优秀传统文化的思考与实践

党委宣传部　孙黎萌

摘　要　中华优秀传统文化是社会主义核心价值观的不竭之源，是中华民族最具特色的精神标识，它为高校校园文化建设奠定了理论基础、丰富了内容，也开拓了新局面。但在新时期，传统文化传承的效果一般，也缺乏有效的传承方式，并没形成传统文化传承的有效机制，没有统一的机构牵头和引领，更缺乏科学的规划。因此，我们确立了“在内容上，找准传统文化与新时期校园文化的‘契合点’；在形式上，融合新时期校园文化的流行元素；在传播途径上，借助新时期各种新兴媒体，营造立体的传播途径”的工作思路。近年来，着力建立和健全传承优秀传统文化的工作机制；提升传统文化品牌活动的品质，按照活动等级做好时间部署，做到“年年有大集、月月有小集”；借助校外力量，引入外部资源，丰富校园传统文化活动。但我们仍需要“规划保障”“制度保障”和“物质保障”，才能实现习近平总书记提出的“传统文化的创造性转化、创新性发展，使之与现实文化相融相通，共同服务以文化人的时代任务”。

关键词　传统文化传承　新时期校园文化建设　社会主义核心价值观

中华优秀传统文化是社会主义核心价值观的不竭之源，是中华民族最具特色的精神标识。近年来，优秀传统文化的传承越来越受到党和国家的重视。早在1993年《中国教育改革和发展纲要》中就指出“要重视对学生进行中国优秀文化传统教育”。2001年，《国务院关于基础教育改革与发展的决定》中再次强调教育内容要“继承和发扬中华民族的优秀传统”。党的十八大更是把传统文化上升到体系的高度，强调“建设优秀传统文化传承体系，弘扬中华优秀传统文化”。2014年，中共中央政治局就培育社会主义核心价值观、弘扬中华传统美德进行第十三次集中学习，习近平总书记再次提出，培育和弘扬社会主义核心价值观必须立足中华优秀传统文化。

但在新时期、新形势下，高校校园文化建设中弘扬优秀传统文化面临着不少问题与挑战。我们只有认真分析现状，结合当代青年师生的特点和互联网时代的特色，找准其与优秀传统文化的“契合点”，才能得到大家的普遍认同，从而产生强大的向心力和凝聚力，用优秀传统文化滋养法大校园文化，进一步增强社会主义核心价值观的生命力和影响力。最终，实现习近平总书记提出的“传统文化的创造性转化、创新性发展，使之与现实文化相融相通，共同服务以文化人的时代任务”。

一、优秀传统文化在新时期校园文化建设中的重要作用

优秀传统文化是我国宝贵的精神财富，对高校校园文化建设具有重要的作用。

1. 优秀传统文化为高校校园文化建设奠定了理论基础

一个学校的校园文化和精神要具有强大的生命力和影响力，就必须扎根于本国的思想文化土壤。用辩证的态度对待传统文化，汲取其精髓和丰富营养，将之作为大学文化建设的理论基础，才能形成有底蕴的文化。

2. 优秀传统文化为高校校园文化建设丰富了内容

中华优秀传统文化是中华民族生生不息的精神纽带。因此，高校校园文化建设应充分挖掘优秀传统文化的现代价值，并汲取思想道德营养。如古代中国所强调的“博施济众”“仁者爱人”等就体现了当下我们所倡导的以人为本、团结友爱、和谐友善的先进理念。

3. 优秀传统文化为高校校园文化建设拓展了新局面

新时期、新形势下，多元文化对校园文化的冲撞不容忽视，因此，正确的价值导向和思想教育显得尤为重要。而优秀传统文化底蕴深厚、内容丰富，对人生各种伦理问题见解独到，并给人以深刻的道德启迪和思想导向。因此，加强优秀传统文化教育，对陶冶大学生的情操、提高个人综合素质具有重要作用，为高校校园文化建设拓展了新局面。

二、优秀传统文化在新时期校园文化建设中的传承现状

根据近三年来多项调查总结，[1] 优秀传统文化在新时期校园文化建设中的传承现状主要有以下几个特点：

[1] 史铁杰、余妍霞：《高校传统文化的传承现状及对策研究》，载《江淮论坛》，2015 年第 2 期。卢少华：《高校传统文化教育现状调研及对策研究——以北京地区八所高校为例》，载《长春教育学院学报》，2014 年第 6 期。

（1）从认知层面来看，当前学生对于传统文化有着较为积极的态度。从弘扬传统文化层面，大部分学生认为传统文化有继续发展的必要，也认可其对于个人修养、社会文化的积极影响。

（2）从实施效果层面来看，传统文化传承的效果一般。学生总体对传统文化有大概的了解，但具体内涵和精髓却很少真正掌握。

（3）从途径上看，传统文化缺乏有效的传承方式。大多数学生获得的传统文化影响主要来源于其自身的生活经历，如仁、义、孝、忠等传统美德的认识和情感未能受到系统而深入的教育。

（4）从传承机制上看，没有形成传统文化传承的有效机制，没有统一的机构牵头和引领，更缺乏科学的规划。弘扬传统文化的活动往往由多个部门在做，却各自为营，未能形成统一合力。

三、新时期校园文化建设中传承优秀传统文化的工作思路

2014年，习近平总书记在纪念孔子诞辰2565周年时发表重要讲话，强调要“努力实现传统文化的创造性转化、创新性发展，使之与现实文化相融相通，共同服务以文化人的时代任务”。在新时期高校校园文化建设中，尤其要落实这一点，努力结合本校师生的特点和学校的文化传统，找准传统文化与新时期校园文化的“契合点”，将传统文化与马克思主义文化统一于社会主义现代化建设的实践中。

（一）在内容上，找准传统文化与新时期校园文化的“契合点”

从内容上讲，一是要对传统文化进行全面客观的内容选择，将具有代表性意义的传统文化呈现给学生，包括传统文化中的主流思想价值观、民族性文化传统、特色文化艺术等；二是要在扬弃的基础上选择经典的传统文化著作；三是要将传统文化与当前的思想价值观相对比融合，与时俱进地对师生进行文化引领。

（1）找准传统文化与社会主义核心价值观的“契合点”。我们在校园文化建设中要让师生充分领会传统文化的精髓，把它与社会主义核心价值观特别是个人层面的“爱国、敬业、诚信、友善”结合起来，并扩散到其他方面，形成一种行为价值取向。

（2）找准传统文化与高校德育教育的“契合点”。认真汲取中华优秀传统文化的思想精华和道德精髓，大力弘扬以爱国主义为核心的民族精神和以改革创新为核心的时代精神，深入挖掘和阐发中华优秀传统文化讲仁爱、重民本、守诚信、崇正义、尚和合、求大同的时代价值。

（3）找准传统文化与高校美育教育的“契合点”。养育了华夏儿女的中华传

统文化对大学生高雅的审美情趣的培养起着重大的浸润作用。古代优秀的文学作品、书法和美术作品、中国古典音乐等都在潜移默化中陶冶着炎黄子孙的情操。这些，是我们当今美学教育不可缺少的。

(4) 找准传统文化与民族情感、个人情感的“契合点”。尤其是有纪念意义的传统节日、重大节气等，如清明、端午、中秋、七夕、冬至等，都是培养学生血肉亲情，激发学生民族情感的好时机。

（二）在形式上，融合新时期校园文化的流行元素

长期以来，中华优秀传统文化得不到发展的重要原因就是形式比较单一、古板，不能引起广大青年学生的兴趣，或是因为其“规矩”太多、“讲究”苛刻，致使对之有兴趣的人也望而却步。因此，我们必须对传统文化的形式进行“创新型发展”，融合新时期校园文化的流行元素。用广大学子更为喜闻乐见的形式来吸引更多人的关注，比如用“传统服饰”展示来侧面介绍古代民间文化的演变，或者用“传统节日的美食”来吸引大家关注其背后的文化内涵。

（三）在传播途径上，借助新时期各种新兴媒体，营造立体的传播途径

古话说“好酒不怕巷子深”，但在如今信息爆炸的时代，如果再闭门造车，只能让中华传统文化的瑰宝变得“养在深闺人未识”。

长期以来，传统文化的传播都是以传统媒体为主要途径。新媒体的出现大大改变以往的传播格局，由于新媒体拥有许多传播上的优势，所以给传统文化传承提供了崭新的模式。新媒体不仅可以保护和传承传统文化，也可发展传统文化。当今时代网络技术发展迅速，也促使新媒体艺术表现形式越来越丰富。新媒体具有很强的包容和兼容性，它不仅可以综合不同媒体形式，而且还具有其他媒体无法比拟的优势。新媒体可以运用虚拟技术、感应技术使艺术表现更真实、更立体，把艺术欣赏变为可以参与、体验、互动的过程。

四、我校在新时期校园文化建设中传承优秀传统文化的实践

近年来，我们逐渐认识到在校园文化建设中传承优秀传统文化的重要性，也将优秀传统文化的传承作为我们的一项重点工作来推进。结合之前所述的工作思路，我们在以下几方面进行了探索和实践。

（一）建立和健全传承优秀传统文化的工作机制

如前所述，目前在传承优秀传统文化的工作上，存在各自为政的情况，开展的工作不少，却并未形成合力。我们也慢慢意识到这个问题，因此从 2012 年，我校党委宣传部就开始着力整合校内各个机构的资源，形成由党委领导、校内各部门联动的工作机制，打造传统文化活动品牌。

2012年，党委宣传部首创了“法大传统文化节”，于每年端午、重阳等中国传统节日前后举办，迄今已成功举办四届。“法大传统文化节”从一开始就是全校联动机制的产物——第一届文化节由党委宣传部牵头，联合校内传统文化学社、古琴社、汉服社和345诗社等多个学生社团共同举办。2014年，“法大传统文化节”的参与单位又增加了人文学院这一传统文化的学术重镇。

由于“法大传统文化节”的旗舰作用，各部门在党委的部署下，也分别开创了自己的传统文化活动品牌。如2013年人文学院的“中华文明月”，以“中华文明通论”的通识课程为起点，充分利用学院教师和学生的专业优势，打通传统文化教育的“第一课堂”与“第二课堂”，吸引了更多师生对传统文化的关注。又如由中国政法大学教育基金会主办的“大言诗声——法大诗歌赛”，首届便征集到了我校同学原创诗歌作品178首。就连聚集了各国留学生的国际教育学院都曾举办过“中国书法沙龙”“中华文化知识邀请赛”等活动。

（二）提升传统文化品牌活动的品质，按照活动等级做好时间部署，做到“年年有大集、月月有小集”

（1）年年有大集。每年举办一次“法大传统文化节”、两次“中华文明月”。这两个活动定义为我校传统文化的A级品牌活动。它们均由一系列活动组成，如“幽兰雅韵——京剧专场”“清秋撷芳——非遗手工大集”“千古长歌——古琴音乐会”“闲情雅趣——端午文化游戏会”“礼敬民族魂——人文知识竞赛”等。它们是我校最高水平的传统文化盛会，集中在一个月内形成声势与规模，让传统文化逐渐深入人心。

（2）月月有小集。在A级品牌活动之外，我们还跟各部门一起联合安排了不少B级活动，它们规模并不大，但各有特色，且通过有组织的规划，陆续开展，在校内保持传统文化的宣传热度。如“汉服展演”“诗歌朗诵会”“古诗词比赛”“陶笛演奏会”等。

（三）借助校外力量，引入外部资源，丰富校园传统文化活动

“一个篱笆三个桩，一个好汉三个帮”，传承与弘扬优秀传统文化亦是如此。为了弥补我校在传统文化资源方面的短板，我们积极引入校外优质资源，丰富传统文化活动，开阔师生视野。

如我们跟幽兰基金会合作，共同举办了“幽兰雅韵——京剧经典专场演出”；与琉璃厂古玩艺术品交易网合作，共同举办了“非遗手工大集”；与北京曲剧团合作，引入了曲剧专场演出；与北京市文联合作，共同举办了“非遗文化精品晚会”等。

这些活动不仅让师生不出校门就可以领略高档次的优秀传统文化活动，同时也节省了我们的人力、物力、财力。

五、对我校传承优秀传统文化进一步工作的思考

2014 年 3 月，教育部印发了《完善中华优秀传统文化教育指导纲要》，指出：“加强中华优秀传统文化教育，对于引导青少年更加全面准确地认识中华民族的历史传统、文化积淀、基本国情，认清中国特色社会主义的历史必然性，坚定走中国特色社会主义道路、实现中华民族伟大复兴中国梦的理想信念，具有重大而深远的历史意义。”

因此，我们任重而道远，在校园文化建设中传承优秀传统文化的进一步工作，应该从以下几方面入手：

（1）将传统文化的传承与弘扬列入学校整体“校园文化建设规划”。2016 年是“十三五”的开局之年，我们要利用好此契机，将传承与弘扬优秀传统文化纳入学校“十三五规划”中来，以此保证传承传统文化有效、有序地开展。

（2）给予传统文化传承以有效制度保障。一是在对师生的教学评价体系中，加入“传承传统文化”这一考量维度。二是将传统文化相关的活动开展及学生社团组织建设纳入学生工作管理考评制度中。如此，建立起一个立体的、有效的传统文化传承体系。

（3）为传统文化的传承与弘扬提供必要的物质保障。优秀传统文化的传承与弘扬需要特定的空间与物质保障，更需要必要的经费支持。除基本的保障性拨款外，还可以设立专项经费，鼓励全校上下对传统文化的传承进行积极探索，从而形成良好的氛围。

论社会主义核心价值观融入高校思想政治教育[1]

民商经济法学院 刘贺元 王洪松

摘 要 社会主义核心价值观作为党和国家对新时期的时代精神和时代价值的高度凝练，充斥着中国人民渴望求索、自强不息的信念元素，承载了每个中华儿女的中国梦想，理应，也必将成为高校思想政治教育的时代最高价值选择。因此，高校应该通过社会主义核心价值观融入思想政治教育理论课堂全过程、立体化平台建设、体系化内容完善三个方面，在培育和践行社会主义核心价值观落细、落小、落实上下功夫，促进青年学生将社会主义核心价值观内化于心。

关键词 社会主义核心价值观 高校 思想政治教育 路径

党的十八大报告明确提出“倡导富强、民主、文明、和谐，倡导自由、平等、公正、法治，倡导爱国、敬业、诚信、友善，积极培育和践行社会主义核心价值观”。2014 年 5 月 4 日，习近平总书记在与北京大学师生座谈时发表重要讲话，深刻阐释了社会主义核心价值观的内涵精髓、历史观和时代作用。他强调核心价值观承载着一个民族、一个国家的精神追求，是最持久、最深层的力量，广大青年要从现在做起，从自己做起，勤学、修德、明辨、笃实，使社会主义核心价值观成为自己的指导思想，并身体力行，大力将其推广到全社会去，努力在实现中国梦的伟大实践中创造自己的精彩人生。

当前，我国正处于经济和社会全面深化改革的关键时期，各种思想观念和文化形态错综复杂，对高校大学生的思想产生了强烈的冲击。高校思想政治教育必须要以党的十八大，十八届三中、四中全会和习近平总书记系列重要讲话精神为指导，将培育和践行社会主义核心价值观、促进社会主义核心价值内化作为高校

[1] 本文为中共北京市委教育工作委员会 2015 年度首都大学生思想政治教育一般项目“社会主义核心价值观融入高校思想政治教育路径探析”（项目编号：BJSZ2015 年第 YB34）成果。

思想政治教育的重要任务，坚持不懈，常抓不松，深刻阐释好践行社会主义核心价值观的大学生故事，切实推动社会主义核心价值观融入高校思想政治教育，不断开创大学生思想政治教育工作的新局面。

一、社会主义核心价值观的内涵

习近平总书记指出社会核心价值观，承载着一个民族、一个国家的精神追求，体现着一个社会评判是非曲直的价值标准。富强、民主、文明、和谐是国家层面的价值要求，自由、平等、公正、法治是社会层面的价值要求，爱国、敬业、诚信、友善是公民层面的价值要求。这个概括，实际上回答了我们要建设什么样的国家、建设什么样的社会、培育什么样的公民的重大问题。

社会主义核心价值观是在中国特色社会主义建设的历史实践中逐步形成的，关于社会主义价值本质相对稳定的价值理念。当今时代，任何社会的生存和发展都需要一种普遍的社会认同和凝聚能力，以维护社会的协调和稳定，这种认同和凝聚能力主要来源于核心价值观。[1] 社会主义核心价值观奠定着国家制度的道义基础，传承着中国优秀传统文化的基因，体现着中国人民的道路自信、理论自信、制度自信，是国家制度赖以立足发展的灵魂，决定党和国家各项事业制度变革和调整的基本方向，处于整个社会价值体系的核心地位。

二、社会主义核心价值观与高校思想政治教育

对于思想政治教育的理解，一般以陈万柏和张耀灿主编的《思想政治教育学原理》中的定义为基础，即“思想政治教育是指社会或社会群体用一定的思想观念、政治观点、道德规范对成员施加有目的、有计划、有组织的影响，使他们形成符合一定社会、一定阶级所需要的思想品德的社会实践活动”。[2] 根据这一定义，笔者认为，不难发现思想政治教育是完成一定阶级、政党、社会群体要求或任务的一种途径或方式，它实现的是一种社会价值，体现的是思想政治教育的价值选择。高校是培育中国特色社会主义事业可靠接班人的摇篮，通过教学、科研、管理、服务、环境等多种方式育人，开展思想政治教育对于实现“立德树人”的根本使命有着重大作用。高校思想政治教育价值选择的形成和发展也是处于动态发展之中，与特定的社会历史条件相适应，随着社会和人的发展变化而不

---

[1] 冯留建：《社会主义核心价值观培育的路径探析》，载《北京师范大学学报（社会科学版）》，2013 年第 2 期。

[2] 陈万柏、张耀灿：《思想政治教育原理（第二版）》，人民出版社，2007 年版，第 19 页。

断调整与拓展，思想政治教育的内涵也随着其价值选择的调整和拓展而不断延伸、丰富。因此，在不同的历史时期，高校思想政治教育在具体目标、内容和方法等方面存在着一定的差别。如在改革开放之前，社会的主流意识倡导集体主义，反映高校在思想政治教育领域为灌输、强化学生的社会意识、集体意识；改革开放之后，个人的主体意识逐步被唤醒，个体的价值也逐步得到社会的肯定与认可，人的主体性、独立性、创新性的培育理应成为高校思想政治教育所追求的目标。

当前，我国高校的主流意识形态与党和国家倡导的社会主义核心价值观是一致的，但由于多方面的冲击，非核心价值观不但存在且有扩张之势。国无德不兴，人无德不立。笔者认为，我们应该认识到当代大学生是可爱、可信、可贵、可为的，作为党和国家建设事业的接班人，是实现中华民族伟大复兴的主力军，在实现国家富强、民族复兴的道路上处于关键地位，关乎中国特色社会主义事业的希望和未来，赢得了他们就意味着赢得了希望、赢得了未来。因此，高校必须高度重视对于学生的价值观教育，这不仅是高校思想政治教育的本质要求和实现育人的重要抓手，更是抵御不良社会思潮和筑牢思想防线的迫切所需。只有用社会主义核心价值观教育学生，才能使青年学生排除困扰，坚定正确的理想信念，最终赢得青年一代。由此及前述，处于价值体系核心地位的社会主义核心价值观是马克思主义理论与中国特色文化相结合的创新成果，是当代主流意识形态与社会伦理规范的融合凝练。[1] 其理应成为高校思想政治教育的价值选择。与此同时，作为高校思想政治教育工作者，推动社会主义核心价值观融入高校思想政治教育，不仅是优化高校育人环境的重要路径，更是创新高校思想政治教育、实现高校立德树人根本任务的崭新课题。

三、社会主义核心价值观融入高校思想政治教育实现路径

推进社会主义核心价值观融入思想政治理论课课堂教育全过程。思想政治教育课是培育社会主义核心价值观的主课堂，是帮助大学生认知和认同社会主义核心价值观的重要途径。[2] 社会主义核心价值观与时事关联性很强，有很强的实效性，因而高校应充分发挥“第一课堂”的育人效用，创新课堂教学方式，结合当

---

[1] 裴延锋：《社会主义核心价值观融入高校思想政治教育的思考》，载《三门峡职业技术学院学报》，2014 年第 2 期。

[2] 李剑伟：《社会主义核心价值观在大学生思想政治教育中的地位和实现途径》，载《内蒙古教育·职教版》，2014 年 11 月刊。

前的热点话题，利用情景还原、专题研讨、案例分析等多种教学手段，以全新的课堂模式激发学生学习的兴趣，让学生切身感受到社会主义核心价值观的要义，并对个人的日常行为进行总结和思考，引导学生掌握和认同社会主义核心价值观，促进社会主义核心价值观的内化。从具体内容来看，笔者认为，高校思想政治理论课程应该加强对于学生的马克思理论体系教育、中华民族共同的理想追求教育、社会发展共识教育和个人道德准则教育。其中，以马克思理论体系教育为基础，增强学生的理论功底，强化其对于马克思主义的信仰，夯实理论根基；以中华民族共同的理想追求教育为核心，开展“中国梦”的主题教育，面向学生进行爱国主义的民族精神教育和改革创新的时代精神教育，让学生树立起强烈的民族自豪感和自信心；以社会发展共识教育为纽带，使得学生明确社会发展共识，加强对于青年学生的国情教育，帮助其深入了解社会发展进程，掌握社会发展现状，正确认识社会发展所面临的问题；以个人道德准则教育为保障，使得青年学生具有良好的思想道德品质，能够明辨复杂社会的是非，形成诚信意识，友善面对生活中的人和事，坚守道德标准，成为一名现代社会的合格公民。

推进社会主义核心价值观融入思想政治教育立体化工作平台建设。高校思想政治教育通过多种方式育人，在“第二课堂”中，搭建了形式多样的立体化工作平台，这些平台为高校开展思想政治教育提供了重要载体，覆盖了学生课外生活的绝大部分。推进社会主义核心价值观融入高校思想政治教育，应该也必须充分利用起这些有效平台，促进社会主义核心价值观的融入实效，拓展融入空间。首先，高校应充分认识到新媒体时代所带来的校园环境的变化，高度重视校园网络平台建设。❶ 在社会主义核心价值观融入思想政治教育过程中，积极开展网络思想政治教育，利用新型媒体的新特点，加强网上舆论阵地建设，增强网络平台的思想性、教育性、服务性和互动性，开展生动活泼的网络教育活动，加大社会主义核心价值观宣传力度，使校园网络平台成为弘扬主旋律、培育社会主义核心价值观的重要手段。其次，组织学生社团深入到学生中，发挥学生社团在育人中的独特作用，开展朋辈教育，指导学生社团开展诸如知识竞赛、情景剧演出、主题微电影拍摄等多种形式的教育实践活动，切实增强社会主义核心价值观融入实效。最后，深入学生公寓，举办以践行社会主义核心价值观为主题的宿舍文化节，鼓励学生发扬友善精神，打造和谐宿舍文化，实现教育空间的延伸，覆盖学

❶ 黄荣明：《浅谈移动互联网时代大学生社会主义核心价值观教育》，载《艺术科技》，2014 年第 6 期。

生校园生活的全方位，拓展社会主义核心价值观引领深度，实现社会主义核心价值观入脑入心。

推进社会主义核心价值观融入思想政治教育体系化工作内容完善。高校思想政治教育涵盖学生日常成长成才的诸多方面，应将培育和践行社会主义核心价值观融入思想政治教育的体系化内容完善。在全面融入的基础上，对照社会主义核心价值观的具体要求，有针对性地强化重点领域，突出特点特色，形成示范引领作用。具体来说，弘扬爱国精神，加强先锋型党团组织建设，充分发挥学生党员的先锋模范作用，加强基层党组织建设，开展培育和践行社会主义核心价值观的党日活动，组织学生党员开展社会主义核心价值观的理论学习，以学生党员带动身边学生，形成人人践行社会主义核心价值观的良好局面；倡导敬业理念，建设一支专业化、职业化的思想政治教育工作团队，促进服务型教师队伍创建，通过组织教师参加培训和再教育，使教师内心真正树立起为学生服务的意识，以学生为本位，一切为了学生，形成敬业乐业的良性职业信念；培养诚信品质，对青年学生开展诚信专题教育，通过诚信标兵评选、诚信班级建设、诚信宿舍创建等品牌活动，加强中华民族传统美德教育，使学生养成良好的行为习惯和行为意识，培育积极向上、诚实守信的学生风貌，进而助力高校优良校风学风建设。

四、结语

一个国家的强盛，离不开精神的支撑；一个民族的进步，有赖于文明的成长。习近平总书记在政治局第十三次集体学习时强调："把培育和弘扬社会主义核心价值观作为凝魂聚气、强基固本的基础工程，要注意把我们所提倡的与人们的日常生活紧密联系起来，在落细、落小、落实上下功夫"。高校肩负着培养合格的社会主义接班人的重要使命，将社会主义核心价值观融入高校思想政治教育是一项理论和实践相统一、传承和创新相统一的系统工程，是高校实现"立德树人"根本任务的必由之路，必须加强体制机制建设，拓展实现路径，推进社会主义核心价值观融入思想政治理论课课堂教育全过程，推进社会主义核心价值观融入思想政治教育立体化工作平台建设，推进社会主义核心价值观融入思想政治教育体系化工作内容完善，促进青年学生将社会主义核心价值观内化于心。

运用心理效应提高大学生思想政治教育的实效性

社会学院　桑迪

摘　要　合理运用心理效应能提升大学生思想政治教育的效果，有助于调节好教师与学生之间的关系，便于激活教育对象的内在积极性，使得受教育者主动追求自我完善，进而实现思想政治教育质量的提升。因此，在针对大学生进行的思想政治教育中，需要加强心理效应的运用。运用首因效应和近因效应，正确认识教育对象；运用光环效应和定势效应，促进教育效益最大化；恰当运用“蝴蝶效应”，增强思想政治教育的预见性和扩张力。

关键词　心理效应　大学生思想政治教育　实效性

大学生肩负着建设祖国明天的重任，在推进民族进步中发挥着不可替代的作用，是国家的希望所在，大学生的综合能力水平直接关系到建设祖国明天的质量高低问题。如何才能提升大学生的综合素质，最终实现大学生的德智体美等全面发展，是高校需要着重思考并解决的问题。作为培养大学生最重要的场所，高校除了要注重提升大学生的专业知识水平之外，还要进行综合素质方面的培养。近年来，各高校都在加大力度提升思想政治教育方面的工作，如何实现教育效果最大化，是高校思想教育需要面临的重要任务之一。心理效应存在于很多领域之中，其中就包括大学生思想政治教育方面，研究并掌握心理效应的基本规律，尽可能减少心理效应在大学生思想政治教育中的负面作用，挖掘各种心理效应在教育活动中的积极作用，进而提升大学生思想政治教育的实效性。

一、心理效应在大学生思想政治教育中的作用

与一般的群体不同，大学生在思维水平、心智、情感等方面有着一定的独特性，研究其心理变化的规律，有助于进行针对性的思想政治教育，进而激发大学生主动提升的自我意识，从而实现思想政治教育效果的最大化。

1. 运用心理效应有利于改善教育者与教育对象的关系

思想政治教育属于双向活动，也就是教育实施者与教育对象之间的一种双向

互动过程，而不是单边行动。具体来说，在落实思想政治教育的过程中，教育实施者是传授方，而被教育者（学生）则是接受方。受传统思想的影响，一直以来，在实施思想政治教育行为过程中，更倾向于注重从教育者方面的角度进行研究，而没有关注受教育者的反应、感受、回馈等方面的内容，即“教师主体论”这样的思想较为严重，这不利于思想教育质量的提升。事实上，有效的思想政治教育活动中师生应该是一种平等、和谐的关系。教师理解与尊重学生，学会站在学生的角度思考问题，只有这样，学生才会对教师产生一种信任感，才会认可教师传授的知识及教育方式。因此，教师在进行思想政治教育的过程中，要放下教师架子，运用各种心理效应提升自己的工作效果。例如在交流中利用角色置换效应，主动走近学生，深入学生中进行交流，了解学生的想法，并进行面对面交流。而这种“接地气”的交流方式，更容易获得学生的认同，学生在潜意识里会主动把教师当作“自己人”，对教育者不会设防，能把自己心中的困惑及存在的问题主动向教育者倾诉，对教育者也不再充满排斥感。而当教育者与被教育者之间建立和谐的关系之后，就有利于推进思想政治教育的落实，受教育者更容易接受各种政治教育观点，在无形中实现受教育者思想素质的提升。

2. 运用心理效应有利于调动教育对象自我完善的内在积极性

作为国家的栋梁之材，大学生思想政治素养及道德品质水平的提升，不仅关乎其个人的发展，还关系到国家的长远发展，而在提升大学生思想素养上，除了需要对其进行针对性的思想政治教育之外，其个人的自我消化也很重要，也就是进行“内化”。众所周知，即使外在的教育形式再先进再科学，如果没有“内化”作为支撑，那么任何形式的教育也就无法达到相应的效果。对大学生进行思想政治教育也是一样，需要大学生从内心里认同思想政治教育并接受教育，也就是通过心理效应，激活大学生的自我反省及自我教育意识。对大学生实施思想政治教育，其主要目的是提升大学生的综合素质，使其在投入到社会主义建设中能发挥更大效用，通俗来说就是把大学生培养成为合格的社会主义建设接班人。而在高校中实施思想政治教育，其核心就是培养大学生的理想信念。对于大学生而言，只有坚定理想信念，才会主动追求进步，才会主动追求完美，而在这种内驱力的促动下，才会主动激活内在积极性，最终不断提升及超越自我。

3. 运用心理效应有利于增强思想政治教育的实效性

大学生与社会上其他群体不同，他们有着自己的个性特征，在思想特点及行为方式上也存在独特性，因此，对其进行思想政治教育，需要了解及掌握他们的心理特点及发展规律，这也是有效进行思想政治教育的前提。在过去，尽管各高校也进行思想政治教育活动，不过基本上停留在简单层面上的思想教育，没有注重研究大学生的心理发展规律，导致所实施的思想政治教育效果并不明显。相反，学会运用心理效应，让教育者学会关注受教育者的内心世界，了解大学生真正需要什么，他们对哪些方面更为注重，在这个基础上进行针对性的思想政治教育，容易获得较佳的教育效果。实践表明，进行思想政治教育适当运用心理效应，能提升教育效果，为此，高校及教育者应积极创设进行产生心理效应的条件。如在运用跨门槛效应方面，可以先分解教育目标，然后对教育形式进行设计，让教育对象通过“跳一跳”，就能摘到相应的“桃子”，在这个过程中逐渐完成各个教育目标，并最终完成总的教育目标。除此之外，还可以根据暗示效应，也就是通过设计各种暗示活动，让受教育者在无形中接受到相应的教育内容，实现自身品质的提升。

二、心理效应在大学生思想政治教育中的运用

心理效应实际上是一种心理反应，是指在某种相同的情境下，进行某种相同刺激产生的某种相同或相似心理反应现象。在落实大学生思想政治教育过程中注重融合积极的心理效应，对避免教育工作的盲目性，增强自觉性，提高实效性具有重要意义。大学生思想政治教育中存在各种各样的心理效应，本文主要论述首因效应、近因效应、光环效应、定势效应和蝴蝶效应在大学生思想政治教育中的运用。

1. 运用首因效应和近因效应，正确认识教育对象

首因效应也称为第一印象，也称为最初效应，指人与人之间第一次接触时留下的印象最生动、最深刻，令人最难以忘怀，并且影响以后对该人的认识。[1] 而近因效应是指在人际关系中，对人的特性进行评价主要由最近印象所起的作用。尽管都是认知问题负面的效应，但是首因效应与近因效应的侧重点并不同，首因效应侧重于最初的心理印象，近因效应倾向于对最近的心理印记进行强调，不过，这两者对人际认知都会产生重大的影响。也就是说当这两种印象形成之后，就会左右评价主体对他人的评价，且不管这些印象是否客观或科学。这也就意味着这些印象的存在，导致针对他人的认知会存在片面性。“总体来说，首因效应

[1] 杨芷英、王希永：《思想政治教育心理学》，首都师范大学出版社，1999 年版，第 241 页。

在不太熟悉或者陌生人身上的反应比较明显，近因效应则对熟悉的人更为明显。”[1]

首因效应和近因效应在大学生思想政治教育中客观存在，且具有两面性，即积极性与消极性。在积极方面，主要在借鉴和利用方面起到一定作用；而在消极性方面，主要表现在不确定方面。由于实施大学生思想政治教育受到首因效应和近因效应方面的影响，因此需要注重适当运用这两方面的效应。第一，在结合两方面的积极效应上进行着手，也就是要看到首因效应和近因效应在大学生思想政治教育中所发挥的积极作用。具体来说，也就是在实施思想政治教育的过程中，如果学生对教育者及教育内容的印象较好，那么就容易接受；反之，如果受教育者对教育者或者教育内容没有好的印象，且较为排斥，那么一般也就很难会对教育内容感兴趣，甚至会有厌恶之感。大学生存在这些方面的心理反应，我们应注重进行研究，并在实施思想政治教育之初就优化好教育模式，给学生好的印象，让学生在内心里接受教育的内容及教育方式。第二，需要重视首因效应和近因效应带来的负面效应，不能对其采取直接忽视的态度。作为教育的指引者，教育者除了要注意第一印象之外，还要确保良好习惯的持续性，只有这样，才不会引起学生的反感甚至排斥，这也是做好思想政治教育工作的根基。

2. 运用光环效应和定势效应，促进教育效益最大化

光环效应在生活中较为常见，也叫晕轮效应。晕轮或光环是一种自然现象，指月亮周围有时出现的一圈光环，或称晕轮，致使人们在看月亮时模糊不清，产生泛化。人们在对个体进行评价时，主要依据个体身上的品质进行评定，即“一美遮百丑”，或“一丑遮百美”的现象。定势效应，也称为定型效应，刻板印象。指对某个人或某一类人形成的一种比较固定的看法，而且是一种概括而笼统的看法，这种看法影响到对人的进一步深刻认识。前一种效应，主要是基于个体崇拜心理，在进行思想政治教育过程中学会利用这些心理，有助于实现教育效果的最大化。而定势效应则是拘泥于一种循旧心理，当对个体存在这种认知之后，就存在持久性认知，这种效应也容易导致很难做出客观及与时俱进的评价，而是会进行一种“总结”性的认知。

这两种效应在开展大学生思想政治教育时也会存在，因此，要注重对其进行融合，充分吸收两种效应的积极部分，实现教育效果的深化与最大化。第一，对

[1] 张学俊、王争印：《心理学理论在思想政治工作中的运用初探》，载《陕西青年管理干部学院学报》，2003 年第 4 期。

大学生进行分析，掌握其具有追求时尚性等方面的特点，在这方面可以结合光环效应，也就是通过借助具有“光环”属性的人物进行宣传教育，也就是发挥典型的榜样作用。第二，可以借助“定势效应”持久性特征实现教育效果的提升。由于定势效应具有稳定性的特点，在落实思想政治教育时，可以融合这个特点进行思想政治知识的传授，让大学生接受这些知识。由于在人的潜意识里，总是会存在一定的惯性效应，因此，思想政治教育者可以充分利用“定势效应”的这种特点实施教育，进而获得较好的教育效果。第三，这种“光环效应”的渗透性十分强大，而“定势效应”具有一定的催化剂的作用，能够影响“光环作用”的使用范围。当我们的宣传部门在树立“典型人物”的时候，首先要将所要宣传的内容进行整理，然后传播出去，通过整理后的教育内容，延迟了受教育对象对教育内容的排斥，从而使宣传内容能够潜移默化地传播到受教育者的心里，从而使其能够规范自己的行为和树立良好的道德价值标准，这样就能够树立正确的榜样，让接受教育的人能够去学习它。我们将“定势效应”用于对大学生思想教育工作当中，这样对大学生的教育效果得到进一步提升。

3. 恰当运用“蝴蝶效应”，增强思想政治教育的预见性和扩张力

有一个著名的现象被称作“蝴蝶效应”，这一现象是美国著名气象学家爱德华·洛仑兹在1979年12月所进行的一个比喻，具体就是在南美洲热带雨林里的一只蝴蝶，仅仅扇动了几下翅膀，结果时隔两周之后，就在美国德州引起了一场剧烈的龙卷风。这是由于，这只蝴蝶扇动翅膀之后，引起了空气中气流的变化，因而在温度、风速等各种因素的影响下，引起其他系统发生变化，从而导致德州龙卷风的发生，这也就是著名的“蝴蝶效应”，简单来说就是在一个动态系统当中，只需要很微小的变化，就能导致整个系统做出巨大的反应。从科学角度来说，这一现象已经被证明是存在的，经研究发现，它也存在社会的各个方面。从社会学的角度来解释，一件微不足道的小事，如果没有加以处理，很可能产生极大的破坏力；如果对其进行正确的指导，那么就能促进社会的进步，产生积极的影响。西方历史实际上也对“蝴蝶效应”进行了相关表述，民谣里这样唱道：“如果丢失一个钉子，则等于亡了一个帝国。”从西方的谚语中我们可以得知与“蝴蝶效应”相类似的观点，这句谚语充分展示了古代人对于“蝴蝶效应”的认识。在现代生活中，就经常遇到这种问题，看似很多不相关的事，其实际上也是存在千丝万缕的关系，因此一个不起眼的行为就有可能使得这个城市遭受到毁灭性的打击。比如，大学生中，由于突然受到来自外在的攻击、考试失败等因素，再加上教学环境的变化，这样就有可能影响到某些人的行为，甚至引起这种人的心理变化，从而做出一些违法事情。前几年云南大学“马加爵杀人案”，就是通过小事引起的恶性事件。

从上文中的“蝴蝶效应”，我们可以得到：在教育领域中没有小事。教育者的一句话、一个行为都可能影响到受教育者的一生，这也是蝴蝶效应的一个具体体现。为了杜绝因为小事而导致恶性事件，就要针对大学生思想文化的不同，建立有针对性的教学工作，从而使得大学生能够产生良好的道德风尚。在对大学生进行思想教育的过程中，首先要善于观察大学生的思想状态，然后根据调查结果，预测大学生的思想状态，从而预防不良行为的产生。给大学生进行教育工作的过程中，要通过各种渠道，了解当前大学生遇到的问题，积极解决这些问题，从而稳定大学生的情绪。对于大学生的教育工作，主要是对他们进行减负，从而使得大学生能够更加容易地接受思想教育。想要实现思想教育工作的有效提升，需要落实好超前预防转变方面的工作。总的来说，应针对思想教育的特点，不能放弃对小事的处理，即重视小事并着手进行解决，改变在教育方面的前瞻性，最终确保充分发挥思想政治教育的感召力和扩张力。

参考文献

[1] 杨芷英，王希永．思想政治教育心理学［M］．北京：首都师范大学出版社，1999．

[2] 张学俊，王争印．心理学理论在思想政治工作中的运用初探［N］．陕西青年管理干部学院学报，2003 年第 4 期．

[3] 朱仁宝．心理效应在大学生思想政治教育中的运用［N］．湖州师范学院学报（社会科学版），2005 年第 4 期．

[4] 段江玲．大学生思想政治教育的心理效应运用［N］．新疆教育学院学报，2007 年第 3 期．

[5] 段爱萍，高娜．论心理效应在思想政治教育的运用［N］．西北工业大学学报（社会科学版），2009 年第 1 期．

[6] 马琴芳．论心理效应在高校思想政治教育中的应用［N］．辽宁经济职业技术学院．辽宁经济管理干部学院学报，2009 年第 3 期．

[7] 范树成．运用心理效应提高思想政治教育实效性［J］．思想教育研究，2011 年第 8 期．

[8] 陈慧英．应用心理效应提高思想政治教育的实效性［J］．改革与开放，2012 年第 24 期．

论课堂教学形式与自由平等的价值观培育

比较法学研究院　翟远见

摘　要　大学课堂应当承担社会主义核心价值观的培育职能。学生是大学课堂的主体，绝不应被视为教学的消极受众。教学形式有独立于教学内容的独立价值。课堂上自由的空气、平等的氛围，可以浸染学生的灵魂，有利于激发对自由平等核心价值观的认同感，有利于培养富有理性和民主精神的健全“人格人”。

关键词　教学形式自由　平等

一、引言

中国共产党的十八大报告总结提炼出了社会主义核心价值观的内容，即“富强、民主、文明、和谐，自由、平等、公正、法治，爱国、敬业、诚信、友善”。[1] 这24个字从国家、[2] 社会[3]和公民[4]几个层面系统而凝练地表述了社会主义的价值追求和精神实质。社会主义核心价值观的提出，具有深刻的历史和现实意义。它是对马克思主义价值观理论的深化和发展，是凝聚全国人民思想共识、

---

❶ 2012年11月8日，时任中共中央总书记胡锦涛代表十七届中央委员会向中共第十八次代表大会做了题为《坚定不移沿着中国特色社会主义道路前进　为全面建成小康社会而奋斗》的报告，胡锦涛在会上宣读了报告的要点。在题为“扎实推进社会主义文化强国建设”的第六部分，该报告明确提出要“倡导富强、民主、文明、和谐，倡导自由、平等、公正、法治，倡导爱国、敬业、诚信、友善，积极培育和践行社会主义核心价值观”。

❷ “富强、民主、文明、和谐”是在国家层面，就经济建设、政治建设、文化建设和社会及生态建设而提出的价值追求。

❸ “自由、平等、公正、法治”是在社会层面，就人与人之间的关系而提出的价值目标。

❹ “爱国、敬业、诚信、友善”是在公民层面，就个人的价值理念和道德准则而提出核心价值观。

从而实现中华民族伟大复兴的中国梦的重要思想武器。❶

大学是培养传承和创新人类科技文化的高级专门人才的场所。大学的兴衰成败，直接决定了科技文化可能达到的高度，关系到一个国家乃至整个人类的命运。新的形势下，为了培育德、智、体等方面全面发展的社会主义建设者，必须在课堂教学中，润物无声地增强大学生对核心价值观的认同。本文将就课堂教学形式与对大学生自由平等的价值观培育之间的关系做一探讨。

二、课堂教学之于价值观培育

任何学科门类的教学，都离不开对教学内容和教学形式的探讨。教学内容主要涉及统编教材、参考资料等“教什么”的问题；而教学形式主要涉及的是教学模式、教学策略、教学手段、教学方法、教学风格、教学环境、教学语言、教学结构等“怎么教”的问题。而对“教什么”和“怎么教”的回答，又都取决于到底“谁来定”。❷

1. 教什么

在教学内容上，大学教师当然应当遵守《中华人民共和国高等教育法》第3条的规定，在马克思列宁主义、毛泽东思想、邓小平理论的指导下，讲授相关的内容，不得将任何违反法律和道德的内容带进课堂。在课堂上，教师可以适时地对学生进行爱国主义、社会主义的教育，还可以结合中华民族的优秀传统文化和世界各国的先进文化，积极引导学生树立正确的价值观。

另外，有些授课内容，表面上看起来似乎与社会主义核心价值观关系不大，实则不然。例如，理工科的教师认真传授给学生相关知识，其结果就会使我们的科学技术更加进步，国家更加“富强”，生态文明更加“和谐”。相应地，这种个人或群体的行为，就是“爱国”和“敬业”的表现。他们所追求的宝贵价值，他们所具有的优良品质，会薪火相传、生生不息，并最终形成社会主义核心价值观。

在大学课堂，尤其是人文学科的课堂上，“教什么”的问题似乎更重要。例如，作为一名人民教师，应当赞赏富强，而不能羡慕贫弱；应当宣传民主，而不

---

❶ 中共中央办公厅印发的《关于培育和践行社会主义核心价值观的意见》强调，“积极培育和践行社会主义核心价值观，对于巩固马克思主义在意识形态领域的指导地位、巩固全党全国人民团结奋斗的共同思想基础，对于促进人的全面发展、引领社会全面进步，对于积聚全面建成小康社会、实现中华民族伟大复兴中国梦的强大正能量，具有重要现实意义和深远历史意义。”

❷ 蔡伟：《论教学形式系统》，载《课程·教材·教法》，2005年第25卷第5期。

能鼓吹专制；应当讴歌文明，而不能称颂野蛮；应当倡导和谐，而不能诱发冲突；应当播撒自由的种子，而不能移植奴役的秧苗；应当铺下平等的道路，而不能构建等级的楼阁；应当耕耘公正，而不能献媚权贵；应当弘扬法治，而不能提倡人治；应当鼓励爱国，而不能夸奖卖国；应当传授敬业理念，而不能教唆耍滑之术；应当教学生以诚实信用为立身之本，而不能让他们以唯利是图为谋生理念；应当给学生以友善的阳光，而不能将他们抛进仇恨的海洋。

2. 怎么教

但是，我们也应当认识到，内容和形式之间是相互作用、相互转化的，也就是说，在某种意义上，“内容非他，即形式之转化为内容；形式非他，即内容之转化为形式”。❶ 内容和形式之间本就不存在不可逾越的鸿沟。况且，教学的形式有其自身独立的价值。不同的教学形式是对不同的教学理念的反映，而不同的教学理念又是不同的价值观的承载。如果要达到培育社会主义核心价值观的效果，两个方面均不可偏废。这项培育工作也如同一项艺术，也需要让“内容和完全适合内容的形式达到独立完整的统一，因而形成一种自由的整体”。❷ 若想使课堂教学能够达到培育社会主义价值观的理想效果，则它必须具备本身即包含上述价值内容的成熟形式。

3. 谁来定

西方现代大学的历史可以追溯至中世纪。大学诞生是当时的社会历史背景决定的。亚里士多德、欧几里得、托勒密等人的学说的翻译，欧洲文明与阿拉伯文明的相遇，罗马法的复兴，这些都使人们渴求抛弃旧的观念，寻求更有新意、更为深刻的知识。于是，掌握这些知识的教师周围就聚集了越来越多的学生，并且参与其中的利害关系人最终组建了被称为 Universitas 的组织。Universitas 的含义是“团体”，它与手艺人协会的性质相似，目的都是维护其成员的利益。之后，“教师团体”（universitas magistrorum）或“学生团体”（universitas scholarium）具体组织“研究”活动（studium），后来研究专门用来指称抽象意义上的学术活动，在 13 世纪上半叶，“大学”几乎成了“研究”的代名词。❸

历史可以追溯至 1088 年的博洛尼亚大学（Università di Bologna），她是以

❶ ［德］黑格尔：《小逻辑》，贺麟译，商务印书馆，1980 年第 2 版，第 278 页。

❷ ［德］黑格尔：《美学》第 2 卷，朱光潜译，商务印书馆，1979 年版，第 157 页。

❸ 关于大学的诞生历史，可参见 U. Gualazzini，Ricerchesullescuolepreuniver-sitariedelMedievo，Milano1943；C. Calcaterra，Almamaterstudiorum. L’UniversitàdiBologna，Bologna1947.

"学生团体"的形式诞生的。她很可能不是博洛尼亚本地的学生，而是面对博洛尼亚市和他们选择并支付薪水的教员，为了保护自己的利益，而成立的团体组织。

最初，这些学生集中起来，共同聘任一位教员，给他们讲一年的课程，内容主要是罗马皇帝优士丁尼编纂的《市民法大全》。伊尔内留斯（Irnerius）是教员中最著名的一位。他生于1055年，卒于1130年。在他的周围，聚集了一大批来自欧洲各地的学生，并且一些其他教员也逐渐赶来与他一起教书。据统计，在1150年左右，博洛尼亚的法科学生大约有2000人。根据学生的种族和地域不同，以"民族"进行划分，目的是管理方便和给他们提供保护。在13世纪初，至少有六个"合伙"性质的组织（societates）；在1250年稍早些时候，合并成了两个"合伙"组织：一个由来自阿尔卑斯山以南的意大利学生组成（Citramontani），一个由主要来自阿尔卑斯山以北的非意大利学生组成（Ultramontani），其中每个组织都有一个"校长"（rector）来管理。这两个组织共同组成"学生团体"。❶

有必要提请注意的是，"大学"的创始人中并没有大学教师！只是到了14世纪初，"教师与学生团体"（universitas magistrorum et scholarium）才成为通用的名称。❷ 当时的学生结合成团体的益处对他们而言是显而易见的：联合起来可以使他们更有效地与当地政府或教员们打交道，并且主导学校的组织工作。

通常来自非常富有的家庭的学生，给博洛尼亚城市带来了丰厚的财政收入。因此，1158年，费德里科（巴尔巴洛萨皇帝）给予了学生团体一系列的豁免权和特权。比如，该团体可以与教员们缔结契约，制定关于学生宿舍租赁的规定，决定想听课程的类型及内容，确定教学日历及放假时间等。教员的薪水直接由所教班级的学生支付。学生团体甚至对其成员还享有广泛的民事和刑事方面的司法管辖权。根据其《章程》，该团体还有责任"传播博爱、互助和友谊精神，帮助病人和其他陷入困难之人，参加送葬活动，消除仇恨和争端，参与组织课程考试

---

❶ V. Varano, V. Barotti, Latraduzionegiuridicaoccidentale, vol. 1, Testoematerialiperunconfrontocivillawcommonlaw, Torino2004, pp. 97ss..

❷ 在14世纪，博洛尼亚大学的教员中除了"法学家"（giuristi）外，其他的教员都被称为"艺术家"（artisti），包括医学家、哲学家、数学家、天文学家、逻辑学家、演说和语法学家。自1364年才开设神学课程。关于博洛尼亚大学的历史，参见 http://www.unibo.it/it/ateneo/chi—siamo/la—nostra—storia/luniversita—dal—xii—al—xx—secolo，2015年5月1日。

和论文答辩，关心成员的精神健康”。[1]

教员们组建他们的“博士协会”(Collegium Doctorum)。该协会可以考察和决定谁可以获得博士学位。因为只有具有博士学位的人，才能取得教学职位，所以，到底让谁参加他们的协会是教员们的权利。不过，这也是他们仅有的权利。除此之外，别无他权。如果学生认为一位教员没有好好教课，可以拒绝上他的课，甚至可以拒绝向他支付报酬。在授课内容上，大学完全是独立自由的机构，不受教会的影响和制约。[2]

而巴黎大学（Université de Paris）是以“教员团体”的形式诞生的。整个大学的管理权掌握在教员们手里。她由四个学院组成：哲学院、神学院、教会法学院和医学院。每个学院都配有一位院长。教员和学生每三个学期投票选举一次校长（rector）。从公元14世纪中叶开始，校长成了学校的真正法定代表人。1167年，从巴黎回到英国的学生创建了牛津大学。[3]

由西方早期大学的历史我们可以看出，学生从大学诞生之初便是大学里的主体（有时甚至还主导着大学的办学权）。教什么和怎么教的问题，他们有权参与决定。社会主义核心价值观的培育，只有倾听他们的心声，并让他们的意见在教学内容和教学形式的决定问题上真正发挥作用，教育活动才能接地气，培育工作才能结硕果。

所以，在核心价值观培育问题上，学生也应当被看作主体。他们有权通过发表对教学形式是否合适的意见而影响教学过程、评价教学结果，而绝不应被视为教学的消极受众。

三、课堂教学形式与自由的价值观

课堂的教学形式本身，也可以承载对自由这个社会主义核心价值观之一的培育功能。我们首先了解一下什么是自由，然后再分析通过什么样的教学形式来培育学生自由的价值观。

---

[1] 转引自 V. Varano，V. Barotti，Latraduzionegiuridicaoccidentale，vol. 1，Testoematerialiperunconfrontocivillawcommonlaw，Torino2004，p. 98.

[2] 1219年，罗马教皇颁布法令规定，任何人如果不同时通过博洛尼亚副主教的考试，均不得走向讲台。参见 V. Varano，V. Barotti，Latraduzionegiuridicaoccidentale，vol. 1，Testoematerialiperunconfrontocivillawcommonlaw，Torino2004，p. 98.

[3] 当时英国的大学也受到意大利大学的影响。例如，牛津大学自12世纪中叶始，开设讲授瓦卡里奥（Vacario）的罗马法著作的课程。

1. 自由的含义

何为自由的问题，几乎每个人都会给出不同的答案。给自由下个定义是困难的，甚至或许是徒劳的。但是大致了解一下自由可能具有的含义，却仍是必要的。

我们通常说的自由，可能指消极自由。所谓消极自由，指的是一个主体具有可以不受其他主体禁止而行动的可能，或者可以不被其他主体强迫而不行动的可能。只有存在两个或多个主体之时，才有谈消极自由的必要。换言之，自由就是禁止或强迫的不存在。如果说“禁止”指不允许其他人做某事，“强迫”指约束他人做某事，那么，禁止的不存在或者强迫的不存在合在一起，方将消极自由的含义表述完整：它不仅包含“为”的可能，也包含“不为”的可能。由于我们生活在一个充满规范的社会，于是，当规范体系允许某个主体为或不为一定的行为之时，我们就说他/她是自由的。

对这个意义上的自由概念的经典表述来自孟德斯鸠。他说：“自由是做法律所许可的一切事情的权利；如果一个公民能够做法律所禁止的事情，他就不再有自由了，因为其他的人也同样会有这个权利。”❶

我们通常说的自由，也可能指积极自由。所谓积极自由，指的是一个主体为了达到某个目的，具有按照自己的意愿做出决定而不受他人意志左右的可能。这种自由，其实与“自我决定”或者“自治”具有相同的含义。与消极自由不同，积极自由以某项事物的存在为前提，即某人有按照其意志为一定行为以达到某一目的的资格。

积极自由的经典定义是卢梭下的。在卢梭看来，在人类从自然状态进入文明状态后，在其行为中正义便取代了本能，行动开始具有了道德性。人做任何事情，都要先请教自己的理性。由于社会契约的缔结，人类获得了道德的自由，并真正成了自己的主人，“因为仅有嗜欲的冲动便是奴隶状态，而唯有服从自己为自己所规定的法律，才是自由”。❷

2. 自由的课堂

要想使学生在走出大学校园时是一个自由的“人”，而不只是掌握了公式、

❶ ［法］孟德斯鸠：《论法的精神》（上），张雁深译，商务印书馆，1959 年版，第 183 页。

❷ ［法］卢梭：《社会契约论》，何兆武译，商务印书馆，2003 年修订第 3 版，第 25—26 页。

单词、概念或法条的“产品”，大学课堂必须充满自由的氛围，让他们每日沉浸其中，并逐渐将这种氛围内化为自己的精神品格。一个到处充满禁忌的课堂，难以培养出具有自由气质的社会主义建设者和接班人。一个到处充满禁忌的大学，也绝对不可能走在世界大学的前列，为人类文明做出不可替代的贡献。

在教学形式方面，首先要保障学生拥有选课的自由。学生不应该听从自己的命运的安排，而应按照自己的理性，选择自己感兴趣、对自己有用的课程来听。这就要求大学教务机构尽量多安排选修课，少安排必修课；同一门课尽量安排多个老师授课。另外，在考察过程，要有真正的学分制与之配套。一般而言，一个学生应有安排自己在什么阶段学习哪门课程的自由。笔者曾在国外留学多年，也访问过多家国外大学，他们大多实行的是名副其实的弹性学分制。实际上，这是形式自由的一个重要体现。与他们相比较，我们只是挂了个学分制的名，而没有行学分制之实。大学四年，每年学哪门课，已在入学时由大学划定；四年结束，学生几乎悉数毕业。既然如此，要学分制何用?

此外，即使选了一门课，学生也应当享有来与不来听课的自由。用脚投票，是学生应有的权利。哪怕学生已经选了某些课，如果教师讲得味同嚼蜡，还要强迫学生照单全收，这就是“强迫”别人做一件事，就构成了消极意义上的不自由。当然，学生可以自由决定来与不来，教师可以按照事前的规定组织考试，决定让学生过还是不过。倘若，许多学生不来听课也能考出好成绩，只能证明这些课程是“注水的”，最好取消。

在课堂上学生应当享有发表自己观点的“积极自由”。学术应该是一个没有国王的自由王国，统治她的唯一法则就是理性。即使是已经对一门知识有相当把握的教师，也不是权威，他的所有知识和理论也可以被质疑。如果在一个课堂上，学生只能同意权威的观点，面对权威只有膜拜和服从的分儿，那么，这就是学术专制。而从专制的课堂上，学生是不能侵染自由之精神的。

课堂上，还应该给学生充分的时间和机会相互辩论。通过辩论，他们必将学会在倾听他人见解的基础上，不断调整自己的观点、充实自己的论据。通过辩论，他们必将学会在继承前人成果的前提下，相互合作，碰撞出新的思想火花、新的知识体系。

自由形式的课堂教学与“满堂灌”“一言堂”的填鸭式教学针锋相对。对前者，学生不仅是听众，而且是课堂的积极参与者；对后者，学生不过是讲课的对象，是课堂的被动接受者。前者有利于培养具有独立思考能力的自由人，后者反之，培养的人难有自觉的独立人格。

另外，自由形式的教学还要求有空间上的保障。比如，尽量保障大家有足够大的空间用以讨论，尽量不要让老师站在高高的讲台上，尽量安排可以自由移动的桌椅等。

其实，这种形式的教学，我国亦古已有之。整部《论语》就是孔子及其弟子的对话集。其中的对话或者是一对一的，或者是三五成群的；或者是师生之间的，或者是同窗之间的；观点或者所见略同，或者针锋相对。比如，有一次孔子和颜渊、子路谈志向。孔子首先诱导道："你们怎么不谈谈自己的志向呢?"子路回答道："我愿意将自己的车马衣裘与朋友一起使用，哪怕用破了，我也没有什么遗憾的。"颜渊则说："我愿意己所不欲，勿施于人；对待别人为善，而又不感到是在施予。"紧接着，子路问他们的老师的志向。孔子阐发了自己的志愿，即他想让老者安度晚年，使朋友基于信任而与之交往，使少年对他有所怀念。❶ 从这段对话中，我们可以看出，孔子没有将自己的观点强加于自己的学生，而是启发他们思考人生的意义，并水到渠成地做出适当的点拨。

可见，对话式教学是孔子留给后人的宝贵财富，是属于整个中华民族的优秀文化遗产，大学课堂理应将之继承并发扬光大，以培养新时代具有自由价值观的中国公民。可以断言，当自由的空气充满整个大学课堂，当教室中不单有讲解，而且不乏质疑和辩论，中国大学的一流梦一定能够实现，中华民族的复兴梦一定能够实现。

四、课堂教学形式与平等的价值观

在法学、政治学和历史学中，自由和平等几乎是一对如影随形的概念。它们都以将自然人（man）视为"人格人"（person）为前提。"自由"表明一种状态，"平等"表明一种关系。一个自然人要成为或者被当作人格人，作为个体存在的他，必须是自由的，作为社会存在的他，必须与其他个体处于一种平等关系之中。❷

1. 平等的含义

如果甲给予乙和丙同样的好处或施加同样的负担，那么，人们就会说乙和丙得到了甲平等对待。如果乙能够发表观点，而丙不能，或者对他们二人的劳动成

---

❶ 《论语·公冶长第五》："颜渊、季路侍。子曰：'盍各言尔志?'子路曰：'愿车马，衣轻裘，与朋友共，敝之而无憾。'颜渊曰：'愿无伐善，无施劳。'子路曰：'愿闻子之志。'子曰：'老者安之，朋友信之，少者怀之。'"

❷ N. Bobbio，Eguaglianzaelibertà，Torino2009，p. vii，Prefazione.

果采取不同的评价标准，那么，人们就会说乙和丙在这些方面就受到了不平等的对待。乙和丙到底应该受到平等还是不平等的对待，取决于可以适用的分配规则。❶

在很多情况下，平等与公正是同一事物的不同表述。一般认为，平等的实现需要满足如下条件。其一，使每个人“各得其所”。❷ 其二，当事人间的这种平衡由人们普遍遵守的规则予以维持。这两个条件对于实现平等而言，缺一不可。

在某种意义上，一个社会的成员之间的平等是构建民主社会的前提。意大利著名思想家马基雅维里就得出结论说，在一个到处充斥着慵懒而高高在上的绅士的地方建立共和国是行不通的，除非把他们赶尽杀绝；同时，在一个普遍平等的地方建立王国或者共和国也是行不通的。如其不然，马基雅维里认为，这样的体制也会因为失去平衡而难以持久。尽管历史上试图在适合王国体制的地方建立共和国，或者在适合共和国体制的地方建立王国的“稀世之才”前赴后继，但是最终都难逃失败的命运。❸ 也就是说，在他看来，一个到处充斥着不平等的社会一定是不民主的，难以称得上是真正的共和国体制。

孟德斯鸠根据政体的原则将不同的政府做了分类，而且，他将平等与民主之间的关系说得更直接。他认为，在民主政治之下，爱共和国就是爱民主政治；而爱民主政治就是爱平等。而且，在民主政治之下，“爱平等把人们的野心局限于一种愿望和一种快乐之上”。❹ 这种对平等的爱，不是具有宗教意义，也不是个人品德，而是一种政治品德，是使共和政府运转的动力。

但是在法国学者托克维尔的眼里，民主国家也可能因受到压迫而遭受威胁。这种压迫不是专制或暴政，而完全是一个全新的事物。“到那时候将出现无数相同而平等的人，整日为追逐他们心中所想的小小的庸俗享乐而奔波。”每个人都不关心他人的命运如何，而只关心自己和自己的亲朋好友。虽然他们也跟其他人接触，但是经常对后者熟视无睹。“如果说他们还有一个家庭，那么他们至少已

❶ 关于平等的讨论，可参见 N. Bobbio，N. Matteucci，G. Pasquino，Dizionariodipolitica，3PER－Z，“Uguaglianza”，pp. 665ss. VocescrittadaF. E. Oppenheim.

❷ 古罗马法学家乌尔比安说：“正义就是给予每个人属于他的永恒不变的意志。”参见《学说汇纂》（第 1 卷），片段 D. 1. 1. 10pr. 罗智敏译，中国政法大学出版社，2008 年版，第 13 页。

❸ ［意］马基雅维里：《论李维罗马史》，吕健忠译，商务印书馆，2013 年版，第 153－158 页。

❹ ［法］孟德斯鸠：《论法的精神》（上），张雁深译，商务印书馆，1959 年版，第50 页。

经不再有祖国了。”在这群人之上，有一个只照顾他们享乐的监护性质的当局。这个当局虽然对公民无微不至地关怀，但是它要充当公民幸福的“唯一代理人和仲裁者”。公民逐渐不再使用自己的脑子进行独立的判断，日复一日地失去了自己的自由意志，最终失去了自己的活动能力。

西方哲人论述的平等的含义，以及平等与民主之间的关系，以及当代代议制民主可能面临的危险，都值得我们在培育社会主义的平等价值观时批判地接受，并做出我们自己的回答。

在大学课堂上，通过灵活的教学形式，不断探索和丰富平等的社会主义内涵，是每一个课堂中的人格人所肩负的政治道德义务。

自由的课堂是由平等的师生共建的。这种平等关系，既包括师生间的平等，也包括学生间的平等。

2. 师生间的平等

在课堂上，教师与学生完全处于平等的地位。教师不是课堂上的权威，学生也不是教学的客体。老师应该充分尊重每一位学生的学习主体地位，通过对话和交流，启发和帮助学生，为他们传道、授业和解惑。

这就要求，老师在讲课的过程中，不能只讲授而不提问，只说而不听。恰当的做法是，每次讲课都应留出充分的时间用以提问和交流。

再以圣人孔子为例，诲人不倦的孔子，从来不把自己看作是高高在上的权威，而是把学生们看成是交流自己成功经验和失败教训的对象。创立中华师道的孔子，从来不以向他人学习为耻，而且认为三个人同行，其中必定有他的老师。这里的他人，当然包括自己的学生。

我们从《礼记》中，也可以看出孔子经常和弟子围坐在一起交流心得。我们不妨回放一下这个发生在两千多年前的师生平等交流的动人画面：“仲尼燕居，子张子贡子游侍，纵言至于礼。子曰：‘居，女三人者，吾语女礼，使女以礼周流，无不遍也。’子贡越席而对曰：‘敢问何如？’子曰：‘敬而不中礼，谓之野；恭而不中礼，谓之给；勇而不中礼，谓之逆。’子曰：‘给夺慈仁。’子曰：‘师，尔过；而商也，不及。子产犹众人之母也，能食之不能教也。’子贡越席而对曰：‘敢问将何以为此中者也？’子曰：‘礼乎礼！夫礼所以制中也。’

子贡退，言游进曰：‘敢问礼也者，领恶而全好者与？’子曰：‘然。然则何如？’子曰：‘郊社之义，所以仁鬼神也；尝禘之礼，所以仁昭穆也；馈奠之礼，所以仁死丧也；射乡之礼，所以仁乡党也；食飨之礼，所以仁宾客也。’子曰：‘明乎郊社之义，尝禘之礼，治国其如指诸掌而已乎！是故，以之居处有礼，故长幼辨也；以之闺门之内有礼，故三族和也；以之朝廷有礼，故官爵序也；以之田猎有礼，故戎事闲也；以之军旅有礼，故武功成也。是故，宫室得其度，量鼎得其象，味得其时，乐得其节，车得其式，鬼神得其飨，丧纪得其哀，辨说得其党，官得其体，政事得其施。加于身而错于前，凡众之动得其宜。'”

这样的教育形式怎能不产生润物细无声的教学效果？孔子就像是一位和蔼可亲的长者，在他面前你可以多次“越席而对曰”，在其他人问完后，你还可以接着“进曰”。在这里，你丝毫感觉不到坐在自己面前的是一位自以为是完人的“权威”；在他面前，你可以促膝交谈、直抒己见、畅所欲言；在他面前，你不是被各种条条框框捆绑着的听众，而是一个与其他人平等交流、无拘无束的自由的人！

3. 学生间的平等

学生之间没有贵贱之分、一律平等也是让课堂充满自由空气的必要条件。这种平等包括但不限于如下含义。

首先，要保障学生间的机会平等。比如，如果一个教室无法容纳所有对某门课程感兴趣的学生，最好的方式就是抽签决定谁有资格参加；在课堂上，老师不应该只对某些学生提问，或者倾听某些学生的发言，而应使提问和发言具有最大的随机性。

其次，要保障对所有学生采用统一的评价标准。只有标准统一了，评判的结果才算是公正的。为了使评判结果是否公正具有可检验性，教师应当提前或事后将标准公布。

五、结语

大学课堂应是培育具有自由和平等价值观的公民的主要场所。只有尊重学生的主体地位，我们的核心价值观培育工作才能接地气、出实效。只有不仅在教学内容上下真功夫，而且在教学形式上做真文章，才能让课堂充满自由的空气、平等的氛围。只有呼吸了足够自由的空气，并且意识到自己是与他人平等存在的人，才能包容他人的观点，尊重他人的自由。只要师生一起努力、代代努力，我们一定能够成功建设富有创新精神、不断探索真理的世界一流大学，一定能够成功建设一个充满正能量的理想社会。

中国政法大学大学生德育状况调查报告

学生处　卢少华　张永然　熊元林　孙峰悦

摘　要　德育工作是大学教育的重要组成部分。为了更好地了解大学生学习生活及价值观念状况，为学校总结和改进德育工作提供基础支持，中国政法大学学生处于2015年3—4月间在在校大学生中进行了问卷调查。

高校德育工作包含内容十分广泛，本次调查主要集中在大学生在校学习生活、社会及政治参与、道德认知、价值观念、心理健康、网络行为等几个方面。

关键字　大学生　德育调查

一、抽样方法

本次调查采取了规范的概率抽样方法。总体为中国政法大学全体在校大学生。调查采取问卷方式，直接针对政法大学全体在校本科生进行。考虑到现实情况，调查总体中不包括第二学位、双学位生，不计休学、留级等特殊情况。根据中国政法大学教务处提供的最新资料，全校本科197个班级，每个班级最少15个学生，最多56个学生，平均40个学生，学生总数8124名。研究生213个班级，学生总数6058名。

为了简化抽样程序，降低执行成本，从可行性和科学性结合的角度考虑，并顾及各类型学生都具有一定样本量，本次调查采取不等概率分层整群抽样的方式进行抽样。由于班级规模、专业构成存在较大差异，且为了推论各院系情况，在院一层，大致按比例但考虑代表性确定各院入样班级数目。由于这种安排，样本在专业、性别等方面构成与总体构成存在差异，统计时均根据总体数据进行事后加权调整。除特殊说明，本报告统计结果均是在学院、性别加权的情况下计算而得。[1]

---

[1] 由于各院抽取班级并未遍及所有年级，因此不能在考虑学院的情况下直接使用年级作为加权变量。

考虑到专业之间的差异，顾及可能存在的聚类效应，保证样本代表性，此次调查抽中班级30个，设计目标样本总量为1100。调查执行中由于部分毕业班学生未在校，难以在调查执行时间内找到本人，实际样本数量低于目标样本量。至调查结束之日，回收有效问卷1009份。有效率92%。

二、样本构成

样本中男生占47.9%，女生占52.1%。平均年龄21.43岁。法学占61.2%，非法学占38.8%。上大学之前农业户口占31.3%。少数民族比例为7.8%，党员、预备党员占28.9%。需要指出的是，由于毕业班许多学生不在校，本次调查中班级构成可能会与总体存在差异。四个年级分别占48.0%、30.8%、16.6%、4.6%（见表1）。

表1　学院—性别分布

学院	样本		
	男生比例（%）	女生比例（%）	总计（%）
法学院	3.5	4.1	7.6
民商经济法学院	7.4	7.7	15.1
刑事司法学院	8.5	9.4	17.9
国际法学院	11.9	3.3	15.2
政治与公共管理学院	1.3	0.8	2.1
商学院	4.8	7.5	12.3
人文学院	1.9	2.9	4.8
比较法学研究院	0.1	1.9	2.0
法律硕士学院	2.1	1.3	3.4
马克思主义学院	0.4	1.3	1.7
社会学院	2.5	2.7	5.2
外语学院	1.4	4.8	6.2
中欧法学院	0.1	0	0.1
光明新闻传播学院	2.0	4.4	6.4
总计	47.9	52.1	100

从性别、学院、年龄等关键背景变量来看，样本主要背景特征分布正常，样本构成与总体构成接近，表明样本具有较好的代表性。

三、主要发现

（一）学习风气

1. 大部分学生表现出对专业的兴趣，在学习方面投入较多

从调查来看，68.9%的学生表示“喜欢”所学专业，17.8%的表示“说不好”，表示“不喜欢”的占13.3%。由此可以看出大部分学生对于专业的认同感比较高，专业幸福感比较强烈。

学生中平均每天在自习方面投入2.79个小时。从年级分布来看，大四学生在自习方面投入的平均时间最长，达到3.20个小时（见表2）。

在专业书籍的阅读方面，上学期，完整读完一本以上专业书籍的同学占到93.2%，平均数为4.34本，中位数为3本。

表2　年级与平均自习的时间

年级	均值（时）
一年级	2.75
二年级	2.63
三年级	3.04
四年级	3.20
全体	2.79

2. 学生中“轻微违纪”现象较为普遍

从调查结果来看，大学生总体纪律性较强，严重违纪现象属于极少数，但大学教学形式相对自由，学生上课选择权也较大，“逃课”“迟到”等轻微违纪现象较为普遍。

根据本次调查，63.9%的学生表示上学期有“逃课”行为，60.0%的学生表示有“迟到”行为，16.8%的学生上大学以来有课程不及格的情况。根据统计分析结果，逃课、迟到、不及格现象与对专业的喜爱程度有一定关系（见表3～表5）。

表3　大学生对专业的喜欢程度与逃课行为

专业喜欢程度 是否逃课	“喜欢”的比例（%）	“说不好”的比例（%）	“不喜欢”的比例（%）	总计（%）
是	60.8	71.8	65.8	63.9
否	39.2	28.2	34.2	36.1
总计	100.0	100.0	100.0	100.0

表 4 大学生对专业的喜欢程度与迟到行为

专业喜欢程度 / 是否迟到	"喜欢"的比例（%）	"说不好"的比例（%）	"不喜欢"的比例（%）	总计（%）
是	58.3	66.2	48.6	60.0
否	41.7	33.8	51.4	40.0
总计	100	100	100	100

表 5 大学生对专业的喜欢程度与不及格行为

专业喜欢程度 / 是否不及格	"喜欢"的比例（%）	"说不好"的比例（%）	"不喜欢"的比例（%）	总计（%）
是	15.1	20.6	22.9	16.8
否	84.9	79.4	77.1	83.2
总计	100.0	100.0	100.0	100.0

（二）校园生活

1. 较高比例的大学生对自己的职业发展有规划，但存在明显的功利性

根据本次调查，54.4%的家庭对大学生职业发展有想法，大学生本人有职业规划的比例为78.9%。不过从单位类型来看，大学生职业规划具有很高的共性特征，无论是家庭还是本人，最理想的职业是进入政府机关。这体现了近些年来社会上"公务员热"的影响（见表6）。

表 6 大学生本人及家庭职业规划的单位性质

单位类型	家庭意见比例（%）	本人意见比例（%）
政府机关	65.2	37.3
事业单位	7.8	7.3
国有企业	2.5	5.1
集体企业	0	0.6
私营企业	4.1	8.8
外资企业	1.9	6.5
个人创业	0.7	3.2
合伙企业	0.7	2.9
自由职业者	2.5	5.6
国内继续深造	8.7	12.4
海外留学	3.7	7.2
其他	2.3	3.1
总计	100	100

大学生本人的职业规划显然与家庭存在密切的关系。尽管家庭对学生职业的期望较为集中，但大学生个人的职业规划多样性要强一些，进入市场、希望创业

的情况也占了一定比例（见表7）。

表7　大学生本人及家庭职业期待的对应关系

		家庭			总计
		“体制内”的比例（%）	“体制外”的比例（%）	“深造”的比例（%）	
本人	“体制内”的比例（%）	65.8	18.0	17.5	54.8
	“体制外”的比例（%）	22.6	74.0	14.3	26.8
	“深造”的比例（%）	11.6	8.0	68.3	18.5
总计		100.0	100.0	100.0	100.0

在问及倘若毕业后是否会响应政府号召去西部工作的问题时，22.4%的大学生给出肯定答案，26.9%给出否定答案，更多的（50.7%）大学生态度犹疑，表示“说不好”。

2. 大学班级集体氛围较好，学生互助关系良好

本次调查中使用了一个含有12个题项的量表❶测度了班级氛围（总分60，分数越低表明集体氛围越好）。从结果来看，总体而言班级集体氛围处于较好水平。尤其是学生们对同学之间的互助关系较为认可（见表8）。❷

表8　班级氛围

	得分（1～5分）的比例（%）
我和班上其他同学交往很密切	2.22
班上的同学都愿意为班级发展做些事情	2.46
我帮助过班上同学	1.85
我得到过班上同学帮助	1.9
我经常和同学讨论班上事情	2.48
没人关心班级事务	3.78
我觉得能作为这个班级一员很幸运	1.91
手头暂时紧张，可以向班上同学借到一两百元应急	1.93
班上同学之间关系是和谐的	1.76
我们班是一个有凝聚力的集体	1.97
班级荣誉是大家很在乎的事情	2.04
班级内部奖学金、班干部人选等资源分配是公平的	1.96

❶ 科隆巴赫信度系数=0.85，表明具有较好的内部一致性。量表中有一个反向题，以调整方向。

❷ 根据统计结果，班级氛围与专业、年级、班级规模均不显著相关，而有其内生的规律性。

3. 学生内部社会支持与交往比较密切，同学关系较为融洽

从调查来看，与同学本人关系密切，可以从其处获得支持和帮助的朋友数量的平均值为5.52个，中位数为5个。在遇到紧急情况时，能得到经济支持和解决实际问题的帮助的比例占到90.6%，来源最多集中在家人、亲戚、朋友和同学。

从调查来看，30.5%的同学表示从朋友那里得到过帮助，20.9%的同学表示在遇到急难的情况时，从家人那里得到过帮助，11.5%的同学表示从室友处得到过帮助。鉴于大学生这一群体的特殊性，其朋友大多也为同学，故同学的范围包括朋友、室友、同班同学和其他同学。根据“讨论网”的社会网测量结果，在大学生的社会网中，与家人、同学、室友之间的交往占较大比例（部分与“朋友”关系重叠），表明在独生子女较多的社会现实状况下，大学生的社会网络中家人之间、同学之间的社会交往占据了重要位置。89.0%的同学表示同学之间很关心（见表9）。

表9　大学生讨论网构成

	响应数百分比（%）	样本百分比（%）
朋友	30.5	40.9
家人	20.9	28.1
室友	11.5	15.5
同班同学	10.0	13.4
其他同学	9.0	12.1
恋人	6.0	8.0
老乡	5.1	6.9
亲戚	3.7	5.0
老师	2.1	2.9
辅导员	0.5	1.2
其他（注明）	0.3	0.4
总计	100	134.4

（三）社会及政治参与

1. 大学生公益参与比例较高

从调查来看，大学生对捐款、支教、志愿者服务等公益活动参与率较高，如57.3%的学生近一年来参与过捐款捐物，42.4%的学生参与过支教，参加志愿者服务的比例达到42.0%。从被访者的表态来看，各类公益活动自愿参与率都在

65%以上（见表10）。

表10　大学生公益参与

	参与比例（%）	自愿比例（%）
捐赠（款、物）	57.3	87.1
献血	18.1	79.4
支教	42.4	89.7
植树	11.7	68.4
敬老	33.2	75.4
大型活动志愿者服务	42.0	87.8
普法	25.7	78.7
法律援助	19.9	84.0

2. 参与社团在大学生中非常普遍

51.3%的学生表示对于团体（如党团组织、学生会等）组织活动“经常参加”或“主动参加并积极活动”。

参加过社团的同学占到86.6%，参加社团数量的平均值为2.82个，中位数为2个，参加社团中学生会、团委等官方社团或自治团体占到44.8%，文体娱乐性社团占18.7%，公益服务性社团占14.1%（见表11）。

表11　大学生参与社团类型

	响应百分比（%）	样本百分比（%）
官方半官方社团或自治团体（如学生会、团委）	44.8	84.8
文体娱乐社团（如吉他协会、足球协会等）	18.7	35.3
公益服务社团（如青年志愿者协会、环保协会）	14.1	26.6
政治思想类（如邓小平理论研究会）	1.7	3.1
信仰修身社团（如宗教团体、素食协会）	0.7	1.3
学术研究社团（如创新协会）	5.8	11.0
创业类社团（如创业协会）	1.6	3.0
专业团体分会（如红十字会分会）	1.9	3.6
联谊交往社团（如同乡会）	9.2	17.3
其他（请注明）	1.6	3.0
总计	100	189

3. 大学生政治参与态度积极，参与率较高

调查结果显示，大学生积极向党组织靠拢。本次调查中，大学生中党员和预备党员占28.9%，入党积极分子占17.1%，共青团员占48.7%。在非党员的学生中，65.7%的比例递交了入党申请书，有入党意愿的占81.7%。

根据调查结果，13.9%的大学生参加过基层人大代表选举的投票，19.3%的大学生向学校、学院有关部门反映意见。虽然在基层人大选举中完全自愿参与的比例为78.4%，但从态度上看，68.4%的比例认为大学生有必要参与基层人大代表选举投票，也有65.7%的学生支持大学生成为人大代表候选人参与竞选。该结果表明，有待通过各种方式，提高主动参与的积极性（见表12）。

表12　大学生政治参与情况

	参与比例（%）
班干部选举的投票	85.8
院学生会选举投票	26.0
校学生会选举投票	9.7
基层人大代表选举投票	13.9
向学校、学院有关部门反映意见	19.3

调查结果显示，大学生非常关心时事政治。问及“日常生活中，你是否会与同学讨论国家政策、政府行为等政治问题”，68.6%的学生表示“经常，很热衷”“有时，尤其是热点问题”。

（四）政治思想状况及社会态度

1．大学生主体认同社会主义核心价值观

调查表明，大学生主体认同社会主义核心价值观的基本内容，如集体主义、奉献精神、爱国主义、法制观念、公民意识等。不过在某些问题的理解上存在一些模糊之处，认识和态度方面存在较明显的分化（见表13）。

表13　大学生对社会主义核心价值观的态度

	“非常不同意”的比例（%）	“不太同意”的比例（%）	“说不好”的比例（%）	“比较同意”的比例（%）	“非常同意”的比例（%）
当今中国社会，雷锋精神已经过时了	25.3	43.5	21.6	6.5	2.4
在考虑利益问题时，应首先考虑国家利益和集体利益	6.0	20.1	33.5	29.6	10.8
人生的价值在于奉献	5.3	12.4	30.7	37.5	14.1
孝是百善之首	4.9	6.9	17.0	27.0	44.2

续表

	“非常不同意”的比例（%）	“不太同意”的比例（%）	“说不好”的比例（%）	“比较同意”的比例（%）	“非常同意”的比例（%）
个人只有在集体中才能更好地得到发展	4.1	10.8	28.7	36.7	19.8
无私奉献在市场经济条件下实现有困难	8.4	25.8	31.9	28.0	5.9
如果没有积极行动，法律赋予的权利不会落实	6.6	10.5	19.6	35.9	27.3
哪怕审讯和取证程序违反规定，确实有罪的罪犯也应被处刑	21.8	31.5	26.8	15.7	4.2
国家的统一和领土完整是社会的最高利益	5.7	12.7	25.3	33.3	23.0
大多数人决定的事儿，不能因少数人的反对而改变	18.8	36.1	31.3	10.4	3.5
只要经济能保持稳定发展，就不必提高民主程度	45.0	31.5	16.5	4.9	2.1
在公共场合，多管闲事会惹麻烦	8.4	33.6	35.1	19.8	3.1
买到假冒伪劣商品，只能自认倒霉	32.0	37.1	21.9	7.8	1.2
民工地位低下，是由于素质低造成的	25.6	35.3	23.6	12.1	3.4

2. 大学生群体中在政治、经济、社会文化某些方面态度存在分化，但对改革持有普遍的支持立场

为了定位大学生政治态度，借鉴“中国政治坐标系”❶，本次调查拟定了一份测量对大学生在政治、经济、社会文化等方面态度的量表。从结果来看，总体

❶ http：//zuobiao. me，2015 年 7 月 15 日。取值在［－2，＋2］。

而言，大学生在政治方面更具有现代民主政治意识；在经济方面，略倾向市场取向；在文化方面，则介于保守与激进之间的状态（见表 14）。

表 14　大学生政治、经济、社会文化态度

	均值	标准差	最小值	最大值
政治	0.15	0.19	−0.63	1.57
经济	0.33	0.28	−0.89	1.76
社会文化	0.42	0.60	−1.01	1.43

注：表 14 数据表示大学生在政治、经济和社会文化这三个方面中对于市场取向和国家调控取向的选择，以完全市场取向为−2，市场与国家兼备为 0，完全国家调控取向为 2，依据数据求得均值、标准差和最大、最小值。

尽管存在一定的分化，但在改革问题上，大学生们具有相当一致的立场。对于“当前中国已经形成最好的发展模式，无须进一步改革”的表述，73.7%的大学生表示不同意，表示同意的仅占 4.6%，表示说不好的占 10.1%。

3. 大学生对于社会现实团体和个人表现出基本信任，但同时对于网友等陌生群体持较强烈的警戒心态

调查显示，对于家人、关系较为亲密的朋友、一般朋友、同学、辅导员、教师等日常接触较为频繁、关系较为密切的团体或个人，大学生表现出比较信任的倾向；对于中央政府、省/市政府、区/县政府、街道/乡镇政府、国内媒体新闻、法院、宪法、警察等官方团体或单位，大学生也表现出较为信任的倾向，但在其中也有一部分同学持无所谓的观点；对于网友、外地人，大学生表现出比较强烈的质疑倾向，说明其在面对不熟悉、不经常接触的群体时，表现出比较强的戒备心理（见表 15）。

表 15　大学生对各类团体的信任程度调查

类型	“不信任”的比例（%）	“不太信任”的比例（%）	“无所谓”的比例（%）	“比较信任”的比例（%）	“信任”的比例（%）
家人	1.6	1.6	4.2	10.3	82.3
关系亲密的朋友	0.7	1.7	4.8	27.6	65.1
一般朋友	0.7	4.0	26.4	58.4	10.5
中央政府	3.6	9.4	29.9	43.5	13.7
省/市政府	4.9	13.3	34.0	37.9	9.8
区/县政府	6.6	18.0	37.5	29.1	8.8

续表

类型	“不信任”的比例（%）	“不太信任”的比例（%）	“无所谓”的比例（%）	“比较信任”的比例（%）	“信任”的比例（%）
街道/乡镇政府	7.4	18.6	37.4	28.9	7.8
法院	4.1	10.8	21.5	48.9	14.7
宪法	5.5	10.3	23.1	38.9	22.3
警察	5.1	14.8	27.7	40.1	12.2
学校	3.1	9.5	17.7	51.9	17.7
国内媒体新闻	7.1	32.3	31.0	23.6	6.0
网友	31.3	36.4	20.0	8.1	4.3
同学	2.4	7.1	24.9	55.9	9.7
外地人	10.5	26.2	47.8	10.9	4.6
社会上大多数人	8.2	21.5	46.1	19.1	5.1
教师	2.2	4.7	16.8	56.0	20.3
辅导员	2.5	6.4	15.9	50.6	24.6
慈善组织	5.7	16.0	32.7	34.9	10.7

（五）道德判断能力

培养道德能力是对大学生的公民道德教育乃至整个思想政治教育的基础内容。道德是人们依据一定的准则去行动时所表现出来的稳定的特征。道德由道德认知、道德情感和道德行为三个成分组成。道德行为目前尚未出现公认的问卷调查使用的量表，本次调查中使用国际通行的道德判断测验（Moral Judgment Test，MJT）对中国政法大学学生的道德认知❶和道德情感❷同时进行测量。❸该测验属于所谓“实验问卷法”，由两个两难故事构成“工厂风波”和“医生困境”。每个故事的后面有 13 个问题，要求被试在“－4”到“＋4”的 9 级评定量

❶ 道德认知即对现实道德关系和道德规范的认识，包括道德印象的获得、道德概念的形成和道德思维能力的发展等。

❷ 道德情感是个人道德意识的构成因素，指人们依据一定的道德标准，对现实的道德关系和自己或他人的道德行为等所产生的爱憎好恶等心理体验。

❸ 道德判断测验是在德国康斯坦兹大学的林德和威根赫特前人研究的基础上发展的一种道德判断测量方法，可分别测量被试在同一行为中的情感分数和认知分数。

表上做出相应的判断。

1. 大学生道德态度分布较为正常

多数学生对“工厂风波”两难故事中工人的偷窃行为持较反对态度；而对“医生的困境”两难故事中医生实施安乐死行为持较赞成的态度。这与中国传统文化以及当前法律对这类行为的规范有关。从选择的分布来看，大学生对道德两难故事的态度较为适当，没有极端化，也非过于中庸（见表16）。

表16 MJT道德情感偏好分布

态度	−4	−3	−2	−1	0	1	2	3	4
工厂风波	22.65	13.16	18.27	13.27	19.69	7.04	4.08	0.92	0.82
医生困境	7.95	4.49	6.93	8.77	26.70	12.54	15.49	11.52	5.50

2. 总体上大学生道德情感处于较高水平

以被试对科尔伯格道德推理六个阶段（惩罚和服从、工具性的相对主义、人际的和谐、法律与秩序、社会契约、普遍的伦理原则）的认可程度为依据，[1] MJT同样提供了个体道德倾向或道德情感的指标，包含了代表六个阶段的6个得分。从不同阶段的得分可以看出个体最偏向哪一个阶段，最不认同哪一个阶段。

从调查结果来看，虽然第二阶段低于第一阶段，但六个阶段总体呈递增趋势，基本符合道德发展的规律。而且，道德情感与道德认知之间存在密切的相关关系（见表17）。

表17 MJT道德情感偏好分布

道德阶段	第一阶段	第二阶段	第三阶段	第四阶段	第五阶段	第六阶段
得分（分）	−2.83	−3.30	−1.97	1.31	2.24	2.43

[1] 科尔伯格对道德判断能力的定义为：“个体（基于内心的道德原则）对哪些是道德的进行决策和判断的能力，以及能够根据这些判断付诸行为的能力。”科尔伯格认为个体道德判断的发展存在一种普遍的阶段顺序，即三种水平六个阶段。道德发展处于第一、二阶段的个体属于前习俗水平，习惯从个人现实利益出发处理道德问题，不关心在某种情况下社会规定的正确的行为方式，而只关心行动的实际后果（如惩罚、奖励），道德发展处于第三、四阶段的个体属于习俗水平，习惯从社会成员的角度处理道德问题，个体认识并考虑到群体或社会的期望并使自己的行动符合社会道德规范的要求；道德发展处于第五、六阶段的个体属于后习俗水平，习惯超越他所处的社会的观点来处理道德问题，即个体超越了社会已经确定的规范和法律来观察问题，个体的道德判断逐步固定在最普遍的公正原则之上。

（六）心理健康

1. 大学生心理健康总体处于较好水平，但也有相当大比例的大学生心理健康值得关注

对心理健康的测量采用的是 CHQ—12，就最近一两周心理健康问题进行调查。[1] 根据调查结果，使用 0011 的计分方法，以 3/4 为临界点，计算得出大学生心理健康阳性检出率为 35.7%。

该结果表明虽然大部分大学生心理健康状况良好，但有相当大比例的大学生心理健康问题值得关注。调查也显示，有 7.1%的学生到学校心理咨询部门就自己的问题进行过咨询或治疗（见图 1）。

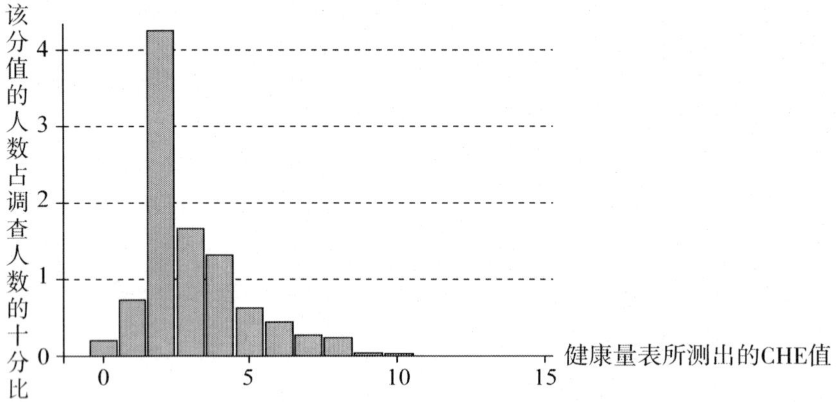

图 1　大学生心理健康得分直方图（未加权）

2. 学业压力和就业压力是大学生压力的主要来源

从调查结果来看，在大学生中，压力主要来自于学业压力和就业压力，比例分别为 78.0%和 74.6%（见表 18）。

[1] 该量表是台湾学者郑泰安在国际流行的一般健康量表（GHQ）的基础上，结合中国文化特点经本土化研制出的中文版健康问卷。量表由 12 个项目组成，含三个方面因素：躯体症状，包括失眠、疲劳、情绪沮丧等；焦虑，包括对事物的感觉应对、紧张程度等；抑郁，包括对自己失去信心、自卑等。该量表计分方式一般有两种：其一，量表选项由轻到重分四个等级，对各项目方向统一调整后，分别赋值 0～3（总分范围 0～36 分），心理健康得分为量表各项目得分的总和。其二，针对 CHQ—12 个项目四个选项严重程度由低到高以 0011 赋值（总分范围 0～12 分），以 3/4 作为心理健康状况阳性临界点。两种方式都是 CHQ 值越高，表示心理健康状况越差。

表 18 大学生感知压力来源

	比例（%）
学业压力	78.0
人际压力	57.6
生活改变与环境压力	53.5
就业与前途压力	74.6
家庭关系与变故压力	23.5
爱情婚姻压力	30.9
关于自我的压力	51.0
其他方面压力	18.6

大学生普遍学习压力较大，此外的部分压力主要与年级有关系，比如本科一至二年级相对于本科三年级和四年级面临的就业与前途压力稍小（见表 19）。

表 19 大学生感知压力来源与年级的关系

	一年级所占比例（%）	二年级所占比例（%）	三年级所占比例（%）	四年级所占比例（%）	总计（%）
学业压力	77.7	78.1	77.4	73.3	77.0
就业与前途压力	69.8	79.1	83.1	77.2	74.7

3. 大学生心理健康受社会支持、班级氛围等诸多因素影响

根据统计结果，压力、社会支持、班级氛围、学习成绩等是影响大学生心理健康的显著因素。作为干预的手段，心理咨询对心理健康起到显著改善作用（见表 20）。

表 20 大学生心理健康及相关影响因素（未加权）

	自评心理健康	自评幸福度
社会支持人数	.003	.021＊＊＊
进行心理咨询	.009	—.351＊＊＊
生活压力	—.087＊＊＊	—.099＊＊＊
向别人倾诉	.022	.053
性别	.069	—.121＊＊
收入	—.004	.013

续表

	自评心理健康	自评幸福度
是独生子	.020	.113 *
学习成绩	.107 * *	.057
向别人求助	.069 * *	.129 * * *
Constant	4.415 * * *	4.277
N	760	760
AdjustedR2	0.069	0.167

. *<.1，* *<.05，* * *<.01。

提高大学生心理健康水平，除了加强和改进心理咨询工作之外，还应加强社会支持系统建设，提高班级凝聚力。

（七）满意度评价

1. 大部分学生对学校“校风”状况持肯定评价

大多数学生对中国政法大学“校风”表示了认可态度。调查表明，79.8%的大学生表示学校“校风”状况“很好”或“好”，认为“不好”或“很不好”的比例仅为4.9%，认为“一般”的占15.2%。

2. 大学生对学校德育工作比较满意，德育工作提升空间较大

从调查结果来看，60.4%的学生对学校德育工作表示“满意”或“很满意”。表示“不满意”或“很不满意”的仅占7.6%。另有31.9%的持中间态度，这种状况表明学校德育工作有较大改进和提升空间。具体来看，在德育涉及各方面学校工作中，学生们普遍给予了认可的态度（见表21）。

表21　大学生对学校德育相关方面工作的满意评价

	“很不满意”的比例（%）	“不太满意”的比例（%）	“一般”的比例（%）	“比较满意”的比例（%）	“很满意”的比例（%）
辅导员工作	5.4	6.4	21.2	37.2	29.8
师生关系	2.5	5.3	22.8	41.6	27.7
班主任工作	5.0	7.0	30.7	34.2	23
助学金发放	3.8	6.1	26.2	40.1	23.8
心理咨询	2.7	6.7	41.4	32	17.4

续表

	“很不满意”的比例（%）	“不太满意”的比例（%）	“一般”的比例（%）	“比较满意”的比例（%）	“很满意”的比例（%）
考务管理	3.5	5.2	30.3	41.2	19.8
大学生党建	3.6	7.7	34.1	35.6	19
共青团工作	3.0	6.9	35.2	36.2	18.7
宿舍管理	4.1	6.7	26.4	42.1	20.7
学生活动组织	3.0	6.9	25.4	43.6	21.2
学术活动组织	2.4	4.6	27.3	44	21.7
就业指导	3.3	7.4	36.6	34.3	18.5
“马克思主义基本原理”教学	4.2	7.4	31.9	35.8	20.7
“思想道德修养与法律基础”教学	4.4	7.9	30.7	35.1	22
“中国近现代史纲要”教学	3.6	5.4	30.8	35.4	24.9
“毛泽东思想、邓小平理论和‘三个代表’重要思想概论”教学	4.6	6.8	33.5	33.9	21.1
“军事理论”教学	4.8	8.0	35	31.6	20.6

（八）网络行为

1. 网络社交工具已经成为大学生重要社交工具之一，其中微信的使用频率最高

调查显示，有94.9%的大学生经常使用微信这一网络社交工具，69%的同学经常使用QQ，34.4%的同学经常使用微博，4.8%的同学经常使用人人网络工具。此外，有20.3%的同学选择经常在网上通过更新状态来晒心情，58%的同学选择了偶尔更新（见表22）。

表22　网络社交工具使用情况

	响应数百分比（%）	样本数百分比（%）
QQ	34.5	69.0
人人	2.4	4.8

续表

	响应数百分比（%）	样本数百分比（%）
微信	46.4	94.9
微博	16.6	34.4
总计	100.0	203.1

在与网络社交好友的互动情况调查中显示，绝大部分大学生与同学、老乡、辅导员、班主任以及硕士生导师都已建立网络好友关系，同学之间经常使用网络工具进行联系，老乡、辅导员、班主任则是在节日或有事时联系较多，而有一小部分研究生和导师之间并没有建立社交网络关系（见表23）。

表23　大学生与网络社交好友的互动情况

	"经常联系"的比例（%）	"过节日时联系"的比例（%）	"有事联系"的比例（%）	"从不联系"的比例（%）	"不是好友"的比例（%）
同学	66.0	11.5	21.9	0.3	0.2
老乡	22.3	28.5	43.7	3. 2	2.3
辅导员	12.8	11.9	59.8	7.9	7.7
班主任	6.3	12.8	51.7	15.3	13.9
硕士生导师	16.7	12	31	9.9	30.4

2. 网络在校园信息共享、班团建设等方面发挥着重要的作用

在参与调查的同学中，有47.2%的同学关注了学校的官方微博，有62.8%的同学关注了学校的官方微信，有39.8%的同学关注了学校的人人网主页。在对个人微博、微信或人人账号的关注调查中显示，92.4%的同学关注了其他同学，59.8%的同学关注了校内名师，56.1%的同学关注了明星，30.1%的同学关注了校领导。有88.9%的同学选择会"经常关注"或"偶尔关注"网络上的学习分享、就业等经验帖。

在获取学校就业、评优、选课等信息时，有79.6%的同学选择"校园网主页、学院网通知、学校或学生处微信平台、学院相关微信平台"等网络平台（见表24）。

表24　大学生关注的校园网络公共平台

	响应数百分比（%）	样本数百分比（%）
中国政法大学微博	16.9	47.2

续表

	响应数百分比（%）	样本数百分比（%）
中国政法大学微信	22.4	62.8
法大学生处人人网主页	14.2	39.8
中国政法大学学生处微博	10.6	29.8
法大就业微信	10.9	33.3
中国政法大学学生处微信订阅号	17.6	49.3
社团组织	3.6	10.1
没有关注	4.25	11.9

在对班级或年级的网络平台活跃程度的调查中，微信的活跃程度最高，飞信群和人人网的使用频率相对较低（见表25）。

表25　网络平台活跃程度

	"很活跃"的比例（%）	"非常活跃"的比例（%）	"活跃"的比例（%）	"一般"的比例（%）	"不活跃"的比例（%）
QQ群	10.8	6.3	14.7	38.9	29.3
微信群	24.4	15.4	33.4	21.9	5.0
飞信群	5.3	3.4	7.1	19.3	64.8
人人网	5.1	4.4	7.7	24.2	58.4

在班级建设方面，有63.9%的同学认为班级群或年级群的主要功能是"就业、选课、评优以及班级活动等信息共享"，有27.5%的同学选择"学习资料分享"。

由此可见，网络社交工具在班团建设方面也发挥着校园信息共享、学习资料分享等积极的作用。

3. 网络使用在大学生中非常普及，但网瘾现象较少出现

调查结果显示，71.7%的同学每周的上网时间在20小时以内，只有5.9%的同学每周上网时间超过40小时。在上网用途的统计中显示，56%的同学上网主要是用于查资料学习，40.3%的同学是用来购物，31%的同学在聊天，30.1%的同学是用来看新闻，而只有19.1%的同学会上网打游戏（见表26）。

表 26　上网用途

	响应数百分比（%）	样本数百分比（%）
玩游戏	10.8	19.1
浏览网页购物	22.8	40.3
查资料学习	31.7	56.0
看新闻时事	17.1	30.1
聊天	17.6	31.0

4. 社交网络在公益活动、思想政治教育方面有较大发展空间

目前通过社交网络发起的“微活动”在社会上具有一定的影响力，但是通过调查发现，我校学生对于壹基金、微尘公益等公益活动了解并不多，只有50.4%的被访者有所了解。但是在对微公益活动的认识上，81.5%的被访者愿意通过这种网络上积少成多的方式来帮助别人，而且有72.8%的被访者认为，参加这种微活动能够有助于提高自身的道德修养（见表27）。

表 27　社交网络使用中对于公益活动的关注程度

	“肯定”的比例（%）	“否定”的比例（%）
对壹基金等公益活动是否了解	50.4	49.6
是否愿意通过微公益的方式帮助别人	81.5	19.5
参加这些微活动是否有助于提高自身道德修养	72.8	27.2
高校是否有必要通过“微方式”来传播思想政治教育	73.1	26.9

（九）学风考风

1. 学风整体良好，学生学习愿望较强

在每天自习时间的调查中，有39.5%的同学每天自习1～2小时，32.9%的同学每天自习2～4小时，每天自习1小时以下的同学有13.9%，4小时以上的同学占13.6%。

在课外书籍的阅读方面，91.8%的同学每学期都能完整地阅读一本课外书籍，36.3%的同学每学期能够阅读4本以上课外书籍。

在集体学习方面，77.8%的同学“参加过或想参加”读书会等学习小组，说明同学们对于小组学习等活动还是比较偏爱的。而对于经验交流会、分享会等活动，只有30.5%的同学认为有意义并愿意参加。

2. 考风整体较好，部分学生感到学习压力大

在对考试作弊行为的调查中，只有6%的同学经常作弊，6.3%的同学曾经有过这样的行为。其中，多数同学对学校的相关规定表示知道、了解。在作弊原因方面，52.4%的同学认为主要是害怕不及格，心理压力太大，27.6%的同学对所学的课程或专业不感兴趣，只为应付考试。在学业压力方面，32.6%的同学感到学习压力大（见表28、表29）。

表28 对相关规定的了解

	“知道”的比例（%）	“不知道”的比例（%）
是否知道“使用通信设备作弊会被开除”的规定	84.4	15.6
是否知道“在校期间未受过留校察看（含）以上处分”是授予学士学位的必要条件	69.2	30.8

表29 引发作弊的原因

心理压力大，害怕不及格	52.4%
对所学的课程或专业不感兴趣，只为应付考试	27.6%
社会活动太多，分散了学习时间	6.3%
周围有不少成功的作弊现象	6.1%
为能保送研究生、拿到奖学金、各种荣誉称号	7.6%

论动态化视野下优秀传统文化对高校人才培养的意义

法学院　王琦

摘　要　近些年来，传统文化的传承与教育渐渐受到重视，但同时也带来了许多错误的做法和认识的误区。与此同时，高校人才培养进入了瓶颈期，如何实现突破，达到高校人才培养的高效化与高质量化，是时代给我们出的难题。中国优秀传统文化历经几千年的时间仍保持生机与活力，从动态化视野来看，就可以发掘出其创新性、包容性的重要特性。而这一特性对于高校人才培养模式的革新与发展具有很强的借鉴意义。如何看待中国优秀传统文化与高校人才培养模式的融合，并妥善处理好两者间可能出现的矛盾冲突，将成为影响高校人才培养实现突破和优秀传统文化传承教育的一个重要因素。

关键词　优秀传统文化　高校人才培养　创新　包容

一、中国优秀传统文化的发展现状

首先，对于中国优秀传统文化的内涵和外延的厘定，是相关问题讨论的基础和出发点。事实上，文化这个广泛的概念本身就很难下一个严格和准确的定义。被称为“人类学之父”的英国学者泰勒在 1871 年撰写的《原始文化》中给文化的定义对于学术界产生很大的影响，“所谓文化或文明，乃是包括知识、信仰、艺术、道德、法律、习俗以及包括作为社会成员的个人而获得的其他任何能力、习惯在内的一种综合体。”❶ 笼统地说，文化是一种存在于社会的现象，是生活于其中的人们长期创造而形成的产物，同时它又是一种历史现象，是社会发展和历史演变的积淀物。基于此，可以说中国优秀传统文化是历经长时间文明演化而汇集成的一种反映民族特质和风貌的优秀民族文化，是民族历史上各种起到积极

---

❶ ［英］爱德华·泰勒著，连树声译：《原始文化》，广西师范大学出版社，2009 年版，第 10 页。

作用，推动历史向前发展的思想文化、观念形态的总体表征。❶

中国优秀传统文化是中华民族所具有的独特的精神标识和宝贵的财富，当今世界各种各样的思想文化相互激荡，或吸收融合，或冲突毁灭。我们能够在这样的局面中站稳脚跟的根基就是历久弥新的中国优秀传统文化，它给我们提供了精神上的支柱和社会整体发展的大方向。

现如今，中国优秀传统文化传承和教育的必要性已经得到了充分的认识，并在一定程度上进行了探索与实践。传承和教育的方式，归结起来是三个途径：尊重传统说，不论是对优秀传统文化的研究还是教育，都要以其本身的含义和精神为出发点，不能歪曲解释来迎合现在社会主流的价值观，更不能为了功利化的教育来生搬硬套传统。正视传统，尊重传统是进行一切教育的前提和底线。与尊重传统说相对的，还有创新解释的观点。尽管说中国优秀传统文化历经朝代的变更与历史的积淀，但是其历史性和过去性使得其无法避免地存在一些不适合于现在社会的东西。创新解释的观点认为，对传统文化的研究和教育应该以社会发展和正确的价值道德观为前提，从而在传统文化中发掘出或者解释为符合教育目的的文化实体。相比于上边的两种途径，折中选择的方法倒更为可取。折中选择综合了上述两种的基础，一方面，尊重传统的原意与精神，不能为了功利教育或者宣传主流价值观进行解释；另一方面，对解释的结果全面客观地看待和系统科学地分析，选择其中可借鉴之处转入教育行业，而对其余的部分也应保留和研究，以此为鉴，更能为社会发展与变革提供动力。

从中国第一所现代大学的建立到现在，已经有一百多年的历史。但是，对于中国优秀传统文化的教育之路却艰辛和曲折，进展堪忧。在新中国成立之后，受到“左倾”思想的干扰，以及“文化大革命”运动的冲击，使得几代人对我国优秀传统文化产生了认知上的忽视甚至是误解。

直到1998年，原国家教委正式下发《关于加强大学生文化素质教育的若干意见》的2号文件，文化素质教育才开始备受重视，各地高校也纷纷开展了以提升高校大学生文化素质为目标的有益探索。例如，大学生文化素质基地的建设，大学生传统文化社团的创建，中国传统文化课的开设，等等。❷ 现如今传统文化

---

❶ 宋向华：《中国优秀传统文化对高校创新人才的育人研究》，重庆工商大学2014年硕士学位论文，第11页。

❷ 宋向华：《中国优秀传统文化对高校创新人才的育人研究》，重庆工商大学2014年硕士学位论文，第11页。

教育的开展主要通过以下几个途径：

（1）经典阅读。曾有学者指出“经典阅读是中华优秀传统文化与高校思想政治理论课教学融合的知识前提”。[1] 经典是一个民族优秀文化的结晶，虽然说经典并不能立体、全面地反映文化，但是民族的优秀文化和精神在很大程度上只有依靠经典才能得以传播和继承。中国传统文化博大精深，源远流长，诸多经典也自然成为不可分割、不容忽视的一部分。从《论语》《道德经》到《三字经》《资治通鉴》，从人生哲理、处世之道到治国之法、变革之理，中华经典包罗万象。因此，经典阅读在整个教育体系中具有不可替代的地位，是当代中国人和大学生价值观建构的重要来源之一。[2]

（2）理论教学。虽然我们一直在强调在课堂之外学习成长，但是不可否认的是，课堂教学是实现知识传授、文化传承的一个主要途径。对于大学生的思维训练和素质提升而言，课堂也是一个最重要的平台。对于中国优秀传统文化而言，也必须通过课堂教学这一途径，才能够更好地被当代学生所接受和认可。2014年4月1日，习近平总书记在比利时欧洲学院谈中华文明时指出：“2000多年前，中国就出现了诸子百家的盛况，老子、孔子、墨子等思想家上究天文、下穷地理，广泛探讨人与人、人与社会、人与自然关系的真谛，提出了博大精深的思想体系。他们提出的很多理念，如孝悌忠信、礼义廉耻、仁者爱人、与人为善、天人合一、道法自然、自强不息等，至今仍然深深影响着中国人的生活。”在课堂教学中，将中国优秀传统文化中的基本精神作为出发点和准则，来解读教材，教授知识，不仅能够掌握原则，举一反三，更重要的是能够将优秀的传统文化根植于每个人的知识体系之中，更便于落实在行动和实践当中。

（3）实践活动。实践活动是优秀传统文化传承教育的一个重要途径，不仅可以通过同学小组探究传统课题来加深了解、激发兴趣，还可以通过学生团体开展相关的学生活动来宣扬优秀传统文化。实践活动相比于理论教学，趣味性、灵活性更强，更有利于思想的交锋与碰撞。习近平总书记在北京大学师生座谈会上的讲话指出：“道不可坐论，德不能空谈。于实处用力，从知行合一上下功夫，核心价值观才能内化为人们的精神追求，外化为人们的自觉行动。”因此，实践活

[1] 迟成勇：《论中华优秀传统文化与高校思想政治理论课教学的融合》，载《思想理论教育》，2014年第12期。

[2] 迟成勇：《论中华优秀传统文化与高校思想政治理论课教学的融合》，载《思想理论教育》，2014年第12期。

动是实现大学生的文化理念、道德规范以及价值意涵等验证和强化的重要途径，对于优秀传统文化的传承具有不容忽视的作用。

但是，我们应该正视的现状是，我国优秀传统文化的教育仍旧停留在表面，相关人文教育得不到重视。改革开放以后，一些经济发达的西方国家的思想和价值观念不断涌入，在一定程度上影响了人们对传统文化的兴趣与学习。即使是在高校的学生，虽然拥有丰富的专业知识，但是对于传统文化的了解却少之又少。据相关学者的调查表明“某高校中文专业的大学生中没有一人通读过仅有五百多字的《朱子治家格言》，有些学生甚至望文生义，把该书的作者猜为朱熹；也没有一个人读过《论语》；绝大多数人不知《十三经》为何书。”❶ 这样的调查可能并不全面科学，但却能在一定程度上反映当下高校学生对传统文化的了解程度。即使有一些学生了解一些传统的经典，但大多是为了应试而死记硬背的内容，并没有主动学习的兴趣，也没有把这些内容真正消化理解而内化到自己的认知体系之中。

目前我国优秀传统文化的发掘、研究与教育，面临着诸多困境。一方面，学生学习传统文化的积极性不高，大多是为了应付考试而死记硬背，并不能达到进行传统文化教育的真正目的；另一方面，社会上存在一些过度的传统文化至上的现象。据报道，河南一学校不但要求学生跪拜孔子像，还规定在校学生每天清晨5点必须起床诵读《道德经》《论语》，不少在校学生对此怨声载道。人民日报评论“近年来，随着传统文化热持续升温，各地祭拜孔子像的新闻不时见诸媒体。有私人国学夏令营甚至把跪拜孔子像作为惩罚不听话学生的手段。”❷ 这样的一种方式不仅不利于传统文化的发展传播，还抹杀了学生对国学、传统文化的兴趣与热情，是我们应该警惕和防止的。

二、当代高校人才的培养与革新

教育的问题始终是人类社会面临的一个重大问题。作为维系人类文明发展的重要机制，教育是一代文明与下一代文明间沟通的桥梁。事实上，社会之所以能够发展革新，文化之所以能够经久不衰，在很大程度上依赖于一个健全的教育体制。

---

❶ 郭波：《高等学校人才培养和优秀传统文化熏陶》，载《中国高教研究》，1998年第5期。

❷ 张贺：《“跪拜心态”岂能弘扬传统文化（金台论道）》，载《人民日报》，2015年4月2日19版。

高校教育是现代教育的一个关键环节。与基础性的义务教育不同，它的专业性、研究性更强，也就需要更多的思考与扩展。高校人才的培养也就更具难度和挑战性，它以之前的教育经历为基础和出发点，从而在很大程度上影响一个人的塑造。高校教育的目的实际上是培养绅士型领袖和学者，按照英国教育家纽曼的话来讲就是“学会思考、推理、比较、辨析和分析，情趣高雅，判断力强，视野开阔的人”。[1] 真正意义上的中国大学起步要晚于大部分西方国家，因此在模式上大体也是模仿西方大学的模式。的确，西方大学的发展经历了九百多年，积累了很多的经验和教训。模仿、套用它们的模式能够在很大程度上避免走弯路，也就能够站在巨人的肩膀上去发展革新。

但是，这并不是说这样一种高校教育体系的建立方式就没有弊端。首先，它缺乏本土性。现如今中国高校的院系设计、课程设计等大多是借鉴西方模式，并不是基于中国本土的国情而形成，所以在一定程度脱离了中国社会的现实。高校培养出来的人才，无法直接融入社会、投入到工作岗位之中。所以，有相当一部分的大学生只是读了四年的课本，出来之后无一技之长，也难以立即投入到某一个岗位进行工作。换句话来说，他们并没有因为四年的高校学习获得优势，更有甚者其实是浪费了四年的光阴。其次，这样的一种教育体系限制了中国高校教育的发展与革新。基于西方历史传统和研究习惯形成的教育机制，蕴含着西方社会的一种价值取向与整体观念。而相比较而言，中国高校的教育模式缺乏本土性，因为在源头上就没有以中国的历史和现实为基础，也就自然体现出更多的西方色彩。然而，我们不能止于此，我们需要在这样的一个局面上发展革新，来适应社会的发展和国际大环境的变化。这就产生了一个问题，我们究竟是应该用中国的元素去改造还是应该用西方的元素去改造？后者无异于继续照搬，也就谈不上什么革新发展了。唯有前者才可能真正实现突破。此时，源头的西方性与后来加入的中国元素必然会产生摩擦，产生碰撞。如何解决这些不和谐也就是中国高校教育革新发展的关键所在。从这里也就不难看出西方模式的教育体系对我国高校教育发展的限制和阻碍。最后，我们应该更加注意高校学生的人文素质教育。目前中国高校的院系设置、课程设置等具有科学性和效率性，能够在一定程度上培养高校学生的科学素养与理性精神，他们明白民主与和平，也懂得宪政与人权。但是，在很大程度上他们丢失了中国传统的一些价值观念与道德取向。不可否认，

---

[1] 季洪涛：《创新型人才培养体系的研究与仿真实现》，东南大学 2009 年硕士学位论文，第 2 页。

传统文化中的一些糟粕确实不利于社会文明高速发展，与科学理性相冲突。但是我们应该给予优秀传统文化足够的重视。其中关于自然、社会与人生的哲理对于我们人格的塑造具有积极的意义，并足以成为我们精神的支柱和为人处世的根本准则。

我们现在已经注意到了这样的问题，并做了很多的尝试与革新。例如，现在高校基本都开设有中国传统文化方面的课程，供学生们学习和交流；也都有相应的学习交流小组汇集对优秀传统文化感兴趣的学生，民乐团在高校也搞得风生水起；更加重视课堂外的教育教学，社会实践、工作实习、志愿服务成为大学生学习很重要的一部分。这样的一些尝试的确收获了不错的成效，在一定程度上打破了单纯理论学习所造成的僵局。但是，对于构造一个科学健全的高校教育体系，我们还有很长的路要走。

三、对优秀传统文化动态性的认识

笔者认为，中国优秀传统文化中具有很多可借鉴性的元素。这些元素不仅有很强的本土性和社会性，也符合中国传统的价值观念与道德取向。因此对这些元素的发掘和认识就变得至关重要。

之所以选择优秀传统文化的动态性进行分析，是因为中国传统文化贵在一个“动”字。一方面，中国传统文化历经几千年的考验，尽管朝代更替、外强入侵，但仍保存下来，始终巍然挺立，在时间的纬度上它是发展的、变化的；另一方面，中国传统文化从来就不是单一的，在大多数时间它都呈现出各家学说学派碰撞交融，而文化就在这样的交互之中发展、充实。从动态性入手认识中国优秀传统文化，能够更好地发掘其优势所在，从而为高校教育所借鉴和吸收。

（1）创新性。创新是一个民族的灵魂，中国优秀传统文化之所以能历经几千年的考验而仍旧屹立，其根源就在于生生不息的创新精神。有学者曾如此描述中国优秀传统文化：“在我国，优秀传统文化是指居住在中国地域内的中华民族及其祖先所创造的、为中华民族世世代代所继承发展的、具有鲜明民族特色的、历史悠久、内涵博大精深、传统优良的文化。”[1] 社会劳动力、劳动关系、分配制度总是不断变化的，社会也就不可能停滞不前，而以社会为基础和根基的文化就必须与时俱进，才能实现文化与社会之间的交互促进。例如，《易传》的核心思想是“唯变所适”。“唯变所适”是指“时中”，“时中”是依时而行，与时变通。

[1] 戴琳：《民族民间传统文化产业的制度环境》，中国社会科学出版社，2007 年版，第 2 页。

主张实践主体具有主动性适应和创造性顺应的“时中”思想，具有生生日新、变通创造、刚健进取的创新精神。[1] 不论是我们从小就熟知的四大发明，还是各种时期新思想的出现，抑或是一种思想在不同时期体现出多样性，其根源都在于优秀传统文化与时俱进的创新性。国学大师张岱年老先生就曾指出：“历史证明，中华民族是具有创新精神的民族，是一个坚强不屈，不断发展的民族。”[2]

（2）包容性。与创新性息息相关的是优秀传统文化兼容并蓄的包容精神，一个典型的例子就是百家争鸣时期的交锋融合。春秋百家争鸣时期，有仁者爱人的儒家，有无为而治的道家，有一断于法的法家，还有兼爱非攻的墨家。如果这些思想激烈交锋不相融合，那么只会造成玉石俱焚的悲剧，更可能造成文化的倒退。但是，中国优秀传统文化的包容性，使得这些观点学说不同的学派仍旧能够吸收融合，他们相互借鉴，相互学习，使得中国传统文化得以发展和壮大。同时，除了体现在不同学派的融合之外，包容性还体现在同一种学说的演变上。就以儒家为例，从春秋孔子的仁者爱人，到战国时期的孟氏之儒，再到汉代的今古经学，后来的宋明理学，儒家不断发展，在不同的时代呈现出不同的特点。的确，宋明时候的儒学与先秦孔子时候的思想学说已经有很大的不同，但是这正是儒家学说发展变化的体现。朝代更替，社会变迁，人们的价值观念和精神需求不断发生变化，只有包容地吸收其他的学说观点来改造自己，才能适应变化，保持自己的生命力与活力。

四、高校人才培养借鉴优秀传统文化动态性实现的转变

高校人才培养机制发展到现在，实际上已经遭遇到瓶颈。如何才能摆脱限制，真正地将人才培养与社会现实对接，实现高校培养的本土化，是实现突破的关键所在。中国社会是根基于传统而形成、发展的，借鉴优秀传统文化中的元素进行改造，能够在很大程度上实现高校模式的革新，培养出能适应社会发展需要的复合型、创新型人才。作为社会主义先进文化的重要组成部分，中国优秀传统文化应当作为现代教育的直接内容。高等教育只有真正根植于文化之中，坚持文化育人，才符合教育文化本性的必然要求。正如有学者指出的那样，“优秀传统文化具有很强的文化力、融合力、生命力，它通过文化调节、激发人的内在力

---

[1] 宋向华：《中国优秀传统文化对高校创新人才的育人研究》，重庆工商大学2014年硕士学位论文，第12页。

[2] 张岱年：《文化与哲学》，教育科学出版社，1988年版，第79页。

量，塑造社会人格，被视为育人的宝贵资源。”[1]

中国优秀传统文化崇尚人格的独立，并且具有怀疑批判的理性精神。从春秋时期的百家争鸣开始，就充满了对自然和人性的理性思考，这样的一种思潮蕴含着丰富的创造力。事实上，中国优秀传统文化具有很多与创新性相关的元素，不论是上边提到的理性思考的精神，还有自强不息的人生态度，以及厚德载物的价值理想，笃学求真的知识态度等，都可以视为现在创新精神的思想渊源。

事实上，创新是一种文化，一个民族能够长久生存下来所必需的品质。外界的情况是不断变化的，社会的关系也是不断更新的，不论是生产力、生产关系的革新，还是社会群体规模及组织形式的演变，都会对文化的生存和延续提出新的要求。如果文化停滞不前，守着自己固有的内涵不肯改变，就必然会被社会和人群所淘汰，这样的文化也就不具有生机和竞争力。中国优秀传统文化的可贵之处就在于经历了漫长的岁月却仍能够保持生命力，单单这一点就值得我们反思学习。包容其他的文化元素，吸收值得借鉴的部分来扩充自己的内涵，并基于此进行革新，是文化创新的一个主要模式。基于优秀传统文化的这一特性，构成了高校创新人才培育和创新性或创新能力提升的丰富资源。当前高校针对创新人才的培养，大多缺乏全面可行的有效机制，通过优秀传统文化这一生动的例子，有助于高校老师及学生立体、动态地理解创新性与创新能力。创新，并不是静止不动的，只有变化和发展才能够创造革新。这样的“动”既可以通过包容吸收其他的优秀元素，也可以基于客观状况的预期来突破。

创新人格表现的主要优秀心理品质包括：远大的理想抱负、坚定的信念、极强的自信心、坚强的意志、不满足于现状、勇于进取、勤奋善思、独立性、强烈的好奇心、专一等。[2] 高校培养创新人才，并不单单限于理论研究的领域，更重要的是一种能够应用于各行各业的创新能力。将中国优秀传统文化融入高校创新人才培养，能够将其中自我认识等元素更好地发挥出来，从而教化、熏陶高校学生，提高创新人才培养的质量和效率。这不仅是继承和弘扬中国优秀传统文化的必然选择，更是实现高校培养人才体制改革和发展的有效途径，同时也将是高校培养模式本土化的重要突破。

---

[1] 宋向华：《中国优秀传统文化对高校创新人才的育人研究》，重庆工商大学2014年硕士学位论文，第21页。

[2] 周希贤：《思想政治教育与创新人才培养研究》，西南师范大学出版社，2011年版，第75页。

动态化视野下优秀传统文化的包容性也具有很强的借鉴意义。尽管说，高校创新型人才培养模式中注入传统文化的元素考虑到了其多学说的包容性，但是包容性的借鉴意义并不只限于此。

中国优秀传统文化的包容性同样应当以动态的角度认识。一个民族的文化从来就不是单一的、封闭的，中国亦如此。就像是一条大江大河，追溯到源头不过是小溪流。只有不断汇聚，不断扩充，才能变得庞大而不可阻挡。中国优秀传统文化追根溯源到最初不过是野蛮人的一些简单制造，后来通过分流再合流，才不断发展壮大。如果说在每一个时间纬度内，都只允许一种文化形式存在，那么我们难以想象现如今的中国文化将会如何，甚至传统文化是否能够延续至今都将成为一个问题。文化从来都不是封闭的，像河流一样，流动的才能保持生机与活力。中国历史上，除了个别特殊的历史时期之外（秦时焚书坑儒，汉时独尊儒术等），都存在着多种多样的文化形式。虽然他们的地位和影响力可能有所差别，但却能保持一种和谐的共存关系。随着时间的推移，处于共存关系中的多元文化形态间会融合吸收，再与其他新的文化形态保持共存关系。这样一个动态包容的过程是中国优秀传统文化能够保持活力延续至今的一个重要原因。

目前，高校人才培养的困境就是，如何在保持高校培养专业性的前提下，培养出多元复合型人才。借鉴于优秀传统文化的包容性，高等学校教育应该走出专业性封闭的误区，包容并不意味着泛而不精。相反，包容是为了让自己的专业知识体系更加具有生命力，更能适应多变的工作环境。每个高校生的专业知识体系都与传统文化相类似，如果不采取一种包容的态度，就会难以扩充和保持，反映到现实中，也就难以高效地运用到工作岗位上。高校人才培养应该借鉴动态化的包容特点，在培养人才的时候，注重专业知识以外的一些通识教育。只有采取这样的一种方式，才能够实现复合型人才与实践性人才的培养。这也是中国优秀传统文化与高校人才培养结合的又一途径。

五、优秀传统文化与高校人才培养之间的“磨合”

尽管列举了优秀传统文化与高校人才培养模式结合的若干好处，但想要真正推进却并不简单。正如本文刚开始提到的，目前我国高校的人才培养模式源自西方，要真正实现其与优秀传统文化的融合，就必须妥善处理好它们之间的矛盾与冲突。从另一方面来看，这也正是高校人才培养借助优秀传统文化实现突破和革新的一个关键所在。

首先，现在关于优秀传统文化传承和教育存在着很多误区。过度宣扬和完全否定都是我们应该避免的误区。对待它，我们应该采取一个正确的态度。优秀的传统文化是祖先遗留下来的宝贵财富，是我们社会产生的根基，也是我们未来发展的保障。因此，我们无法避免优秀传统文化的发扬与传承。应该发掘其对我们现在的积极意义，反映在高校教育之中，即为对创新型人才和复合型人才培养的借鉴意义。

其次，高校人才培养模式已经进入到发展的瓶颈期。虽然说近年来我们对高校人才培养进行了许多方面的改革和尝试，但是仍旧没有达到大学和社会的平稳接轨，也没有一个完善科学的人才培养机制。因此，如何突破这样的一个瓶颈，实现高校人才培养模式的突破，是时代给我们的一份考卷。究竟如何落实优秀传统文化在人才培养中的应用，同样成为一个不容忽视的难题。

对此，笔者的看法是立足于现如今的高校教育机制基础，大胆尝试。优秀传统文化中的创新性、包容性等元素，对于创新型、复合型人才的培养具有很重要的意义。我们应该大胆尝试，把传统文化的元素通过理论传授、实践教学、师资队伍建设等途径渗入到高校教育体制之中，真正地实现两者的融合与相互促进。

最后，我们应该同时保持优秀传统文化的完好性。尽管说中国优秀传统文化对于高校人才培养具有积极的借鉴意义，但是我们应该保持一个冷静客观的态度看待，不能急功近利地为了人才培养而破坏优秀传统文化的完好性。保持优秀传统文化的正确内涵和外延，尊重其在历史和社会上的地位等，是我们借鉴其进行培养模式改造的前提。也唯有这样做，我们才能真正实现高校人才培养模式的革新与突破，并保持长久的发展。

六、结语

近些年来，传统文化的传承与教育渐渐受到重视，但同时带来了许多错误的做法和认识的误区。与此同时，高校人才培养也进入了瓶颈期，如何实现突破达到高校人才培养的高效化与高质量化，是时代向我们提出的难题。

事实上，通过动态化的视野看中国优秀传统文化，我们可以发现其创新性、包容性等优秀的品质与元素，而这些对于高校培养人才具有很强的借鉴意义。中国传统文化历经几千年而仍旧保持生机与活力，就是通过不断创新与包容融合其他学说观点而实现的。通过将中国优秀传统文化与高校人才培养模式相融合，并处理好其中可能产生的一些碰撞和问题，达到双方的“磨合”与相互促进，是实现高校创新型、复合型人才培养模式突破的一个重要途径。动态化视野下借鉴中国优秀传统文化，既是高校人才培养革新和发展的一个契机，也是优秀传统文化本身得到继承和发扬的一条必经之路。

思考与构建：社会主义核心价值体系教育的基本模式

共青团中国政法大学委员会　朱林

摘　要　本文以“深化教育领域综合改革”提出“加强社会主义核心价值体系教育”为研究中心，以该项改革的背景和意义，改革创新之处，改革的关键点，改革体系的构建思路为线索，结合思想政治教育工作实践，探索培育和践行社会主义核心价值观的有效形式和长效机制。文章认为，构建社会主义核心价值体系教育模式是一个系统工程，应从教育目标的确立、教育内容的确定、教育方式方法的制定、教育载体的搭建和评价体系的制定五个方面以及这五个方面之间的运行机制入手，将各项改革内容逐一落实。并提出，根植于本土传统文化，提升主渠道国民教育的创新能力，推进国家意识形态教育理念的现代化是保障和加强社会主义核心价值体系教育的关键。

关键词　社会主义核心价值体系　教育　改革

一、加强社会主义核心价值体系教育的背景和意义

党的十八届三中全会通过的《中共中央关于全面深化改革若干重大问题的决定》（以下简称《决定》）围绕党的十八大报告提出的“深化教育领域综合改革”总体要求，进一步明确了教育改革的方向，指出，“加强社会主义核心价值体系教育，完善中华优秀传统文化教育，形成爱学习、爱劳动、爱祖国活动的有效形式和长效机制，增强学生社会责任感、创新精神、实践能力。”[1] 其中，“加强社会主义核心价值体系教育”、形成“有效形式和长效机制”的提出具有创新性意义，但也仅仅提出了“要求”，并没有具体的“办法”和措施，而《关于培育和践行社会主义核心价值观的意见》（以下简称《意见》）进一步丰富了改革和加强

---

[1] 《中共中央关于全面深化改革若干重大问题的决定》，《党的十八届三中全会〈决定〉学习辅导百问》，党建读物出版社，学习出版社，2013 年 11 月，第 1 版。

社会主义核心价值体系教育的内容，并明确地从工作思路、工作路径上提出一系列具体而明确的要求。

一个国家的核心价值观是该国民族精神文化的核心和支柱。当前，我国经济体制的深刻变革、社会结构的深刻变动、生活方式的深刻变化、思想文化的相互激荡，致使在教育领域开展深层次、综合性的改革迫在眉睫，特别是要形成一套具有中国特色社会主义核心价值体系教育工作的模式，将在各类意识形态教育领域具有示范性作用。就目前而言，国家社会主义核心价值体系教育的开展还面临诸多问题。

（一）社会主义核心价值体系教育面临的困境

随着对外开放不断扩大、社会主义市场经济的深入发展，我国社会经济成分、组织形式、就业方式、利益关系和分配方式日益多样化，人们思想活动的独立性、选择性、多变性和差异性日益增强。可以说，我国正在经历一个经济大发展、社会大变革、生活大变化的时代，而这个时代也必然伴随文化的冲突、观念的融斥。

国际国内形势的深刻变化，社会网络舆论环境的空前繁荣，使大学生思想政治教育既面临有利条件，也面临严峻挑战。社会思想相互激荡，不同观点争鸣博弈，虽然有利于增强公民的自主意识、竞争意识、效率意识、平等意识，树立民主法治观念，激发创造活力，但在这种思想意识良莠混杂、泥沙俱下的社会文化背景下，大量西方文化思想和价值观念的冲击，某些腐朽不良的生活方式的负面影响客观存在。因此，如何对大众进行有效的、主流价值方向的思想引导，也是当前社会面临的重要难题。具体而言有以下三点：

(1) 多样选择与一元要求的矛盾：现今国家意识形态教育中，更强调社会主义核心价值观教育这一元要求，而往往忽视了公民个体价值选择的多样性。特别当面对网络多元化价值选择的现状时，一元化的价值要求与其构成了矛盾与冲突。

(2) 多样需求与单一教育模式的冲突：当前，我国开展核心价值观教育的主要方式以灌输式的显性教育为主。这种方式以集中教育，如课堂讲述、文件学习为主要形式，特别是在国民教育领域，主要以思想政治理论课为教学主要内容，这种教育往往仅局限于学校以内，主要关注政治原则的灌输，忽略了显性教育与隐性教育的合力作用，忽略了教育的现实性和对生活的回归性，缺乏与现实生活的联系，忽略了理性教育与情感教育的有效融合。

(3) 整体价值与个体价值过度偏向：任何核心价值观教育的功能都可以分为

社会价值和个人价值两种。社会价值，是“一个国家、一个民族为了整合社会需要而进行的整体价值教育，其目标是为社会正确的判断和价值取向给予合理性论证和解释，同时把这种合理性的解释变成社会凝聚力”。[1] 实践证明，任何核心价值观教育的整体价值功能的实现都必须与个体价值功能有机结合。社会主义核心价值观也不例外。社会主义核心价值观体现了整体价值与个体价值的统一、社会发展和人的发展的统一。但是，在长期的教育实践中，由于教育者的认知局限和传统教育理念的影响，我国的核心价值观教育一味强调教育的整体价值导向而缺少对个体价值的满足。[2]

（二）现阶段社会主义核心价值体系教育模式存在的不足

1. 教育方式的定位不明确

对社会主义核心价值观教育方式的定位不明确，现行社会主义核心价值观教育大多是只有“提法”而没有非常具体的“办法”，基本上是用思想政治教育代替社会主义核心价值观教育。但结合高等教育的思想政治教育的内容和要求来看，其内容是十分宽泛的，相关理论内容多、方向多，教育者在进行理论传授、实践指导时往往会受多种因素干扰，在这样的情况下，对社会主义核心价值观教育的定位、目标及内容的针对性就会下降，教育效果就差强人意。

2. 教育方式和载体较为单一

任何一种工作模式的产生都是具有一定历史时代背景的，也一定具有其时代合理性的一面。在计划经济，乃至市场经济初期，传统的社会主义核心价值观教育模式都取得了一定效果，但目前来看，该模式存在着教育的方式方法和载体比较单一、教育内容刻板枯燥、脱离现实生活实践等问题，以大学生群体对现阶段社会主义核心价值观教育的反馈来看（见图 1）[3]，传统的社会主义核心价值观教育模式已经不能完全满足目前意识形态教育的需求，甚至让青年产生不同程度的排斥心理。

---

[1] 陈章龙等：《大学生精神彼岸的探寻——社会主义核心价值体系引领校园文化的实现机制研究》，社会科学文献出版社，2011 年版。

[2] 张陟瑶、戴玉琴：《核心价值观教育范式问题探析——以新加坡高校的核心价值观教育为例》，载《毛泽东邓小平理论研究》，2013 年 9 月。

[3] 数据来源：2012 年 6 月，某高校所做的大学生社会主义核心价值观教育现状的调查统计，发放问卷 700 份，回收有效问卷 673 份。

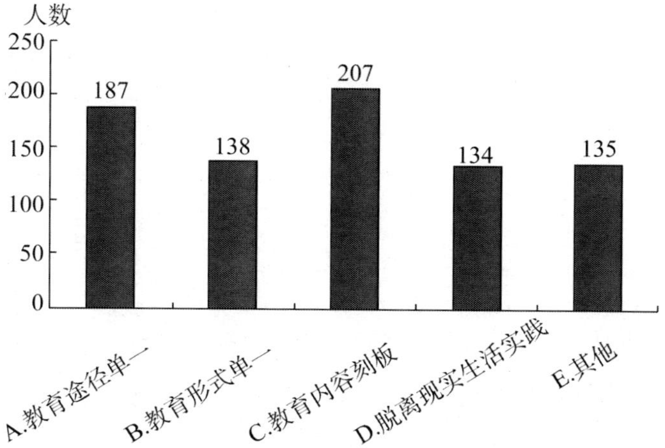

图1　大学生社会主义核心价值观教育存在的问题

首先，传统教育模式的教育方式方法单一，注重形式而不注重效果，注重理论灌输而不注重现实生活，不能够充分认识到信息化社会的新挑战。现阶段最重要的网络意识形态阵地的“失守”也直接导致教育载体的创新性不足，根据邓若依等人对全国的大学生调查显示，3.6％的人会仔细阅读关于社会主义核心价值观相关的宣传网页，而其他的都是“草草浏览”或是“关闭网页”，有51％的大学生认为网页宣传“说教色彩太浓”，45.3％宣传的社会主义价值观“与社会实际不符合”。❶ 根据这个调查结果可以知道，网络作为一个重要的平台，要有效发挥其作用，必须要根据网络的特点，结合时代的特征，创新网络展现形式和内容，使社会主义核心价值观教育大众化、亲民化，使公众乐于在网上浏览相关的宣传信息，提高教育效能。❷

3. 教育效果缺乏有效评估和反馈

意识形态教育的主要目的是通过一定的方式对受教育者施加影响，受教育者接受特定的思想、观点和理念，并认同内化为自己的思想修养，同时外化为教育过程要求的行为表现，这个过程是漫长而又变化不明显的。现行的教育模式在教育过程中注重教育过程，而忽视对影响效果的评估，对教育模式的效果不能及时进行评价、反馈，不能对现行模式及时修正和完善，势必将更加影响社会主义核心价值观教育的实效性。

---

❶ 邓若伊、蒋忠波：《网络传播与大学生社会主义核心价值观的建构——基于五省市大学生的调查分析》，载《西南民族大学学报》，2011年第9期。

❷ 张丁杰、曾贤贵：《论大学生社会主义核心价值观教育模式的构建》，载《四川理工学院学报》，2013年4月第28卷第2期。

二、社会主义核心价值体系教育的基本内容和创新之处

《决定》中关于深化教育领域综合改革的部分提出，“加强社会主义核心价值体系教育”，创造性地指出要建设“形成爱学习、爱劳动、爱祖国活动的有效形式和长效机制”，而在随后的《关于培育和践行社会主义核心价值观的意见》（以下简称《意见》）中，更明确了培育和践行社会主义核心价值观的六大项基本内容，并较为具体地提出该领域的改革和发展意见。本文不再加以赘述。

需要说明的是，深化教育领域综合改革部分提出的创新之处很多，如构建政府、学校、社会新型关系；“健全政府补贴、政府购买服务、助学贷款、基金奖励、捐资激励等制度，鼓励社会力量兴办教育”等内容，但在“探求加强社会主义核心价值体系教育，形成有效形式和长效机制”方面，仅仅是创新性地提出了“要求”，没有具体、切实的“办法”，而在《意见》中阐述了一些工作要求和办法。因此，笔者在学习《意见》的基础上，结合自身工作实践体会，尝试谈几点具体工作的完善及有效形式和长效、实效机制探索方面的建议。

三、推进社会主义核心价值体系教育改革的关键点和着力点

1. 以人为本——社会主义核心价值体系教育改革的关键点

《意见》指出，“培育和践行社会主义核心价值观要坚持以下原则：坚持以人为本，尊重群众主体地位，关注人们利益诉求和价值愿望，促进人的全面发展；坚持以理想信念为核心，抓住世界观、人生观、价值观这个总开关，在全社会牢固树立中国特色社会主义共同理想，着力铸牢人们的精神支柱……”❶ 任何一种核心价值体系的主要目的，是在于影响人和怎样影响人。从根本上来说，一种核心价值体系怎么样，不仅仅要看现阶段多少人能够认同、多少人能够以其为行动准则，而更要以关注长远的发展，用历史的视野看它能够孕育出什么样的公民意识、国家意识，影响出什么样的人，进而才能看出它对国家、民族的思想文化体系的作用。

2. 立德树人——社会主义核心价值体系教育改革的着力点

党的十八大报告把教育放在改善民生和加强社会建设之首，并首次在党的全国代表大会报告中提出把“立德树人”作为教育的根本任务。而社会主义核心价值体系教育改革，就是要解决“如何培养政治合格的公民”这个关键问题的。就高等教育来说，落实“立德树人”，最根本的是坚持一切从培养创新人才出发，把科学精神、思想品德、实践能力和人文素养的培养贯穿于人才培养的全过程，着力提高学生服务国家人民的社会责任感、勇于探索的创新精神和善于解决问题的实践能力。那么，就公民培养来说，落实“立德树人”，是培养有责任感的、

❶ 新华网：中共中央办公厅印发《关于培育和践行社会主义核心价值观的意见》，http：//news. xinhuanet. com/politics/2013－12/23/c _ 118674689. htm，2015 年 7 月 15 日。

有创新精神的、有高素质技能的公民的主要着力点。

四、构建社会主义核心价值体系教育模式的思路和建议

（一）教育模式的构建思路

社会主义核心价值体系教育模式的构建是一个系统工程。根据一般教育模式的要求，该模式包括教育目标的确立、教育内容的确定、教育方式方法的制定、教育载体的搭建和评价体系的制定五个方面以及这五个方面之间的运行机制。该模式各要素的运作程序如图 2 所示。

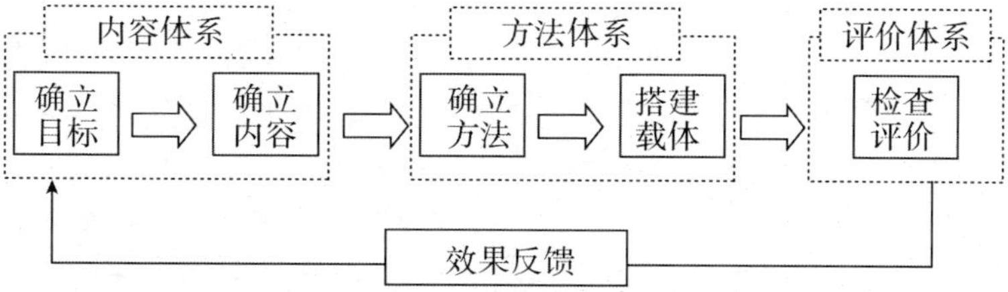

图 2　社会主义核心价值体系教育模式运作示意图

1. 确定目标

社会主义核心价值体系教育模式的工作目标为公民社会主义核心价值观教育模式提供方向性指导，对培养哪些价值观进行了总体规定，即党的十八大提出的，倡导富强、民主、文明、和谐，倡导自由、平等、公正、法治，倡导爱国、敬业、诚信、友善，积极培育和践行社会主义核心价值观。这与中国特色社会主义发展要求相契合，与中华优秀传统文化和人类文明优秀成果相承接，是我们党凝聚全党全社会价值共识做出的重要论断。富强、民主、文明、和谐是国家层面的价值目标，自由、平等、公正、法治是社会层面的价值取向，爱国、敬业、诚信、友善是公民个人层面的价值准则，这 24 个字是社会主义核心价值观的基本内容，为培育和践行社会主义核心价值观提供了基本原则。

培育和践行社会主义核心价值观要坚持的原则是目标定位、设置及作用的集中体现，即坚持以人为本，尊重群众主体地位，关注人们利益诉求和价值愿望，促进人的全面发展；坚持以理想信念为核心，抓住世界观、人生观、价值观这个总开关，在全社会牢固树立中国特色社会主义共同理想，着力铸牢人们的精神支柱；坚持联系实际，区分层次和对象，加强分类指导，找准与人们思想的共鸣点、与群众利益的交汇点，做到贴近性、对象化、接地气；坚持改进创新，善于运用群众喜闻乐见的方式，搭建群众便于参与的平台，开辟群众乐于参与的渠道，积极推进理念创新、手段创新和基层工作创新，增强工作的吸引力、感染力。[1]

---

[1] 新华网：中共中央办公厅印发《关于培育和践行社会主义核心价值观的意见》，http://news.xinhuanet.com/politics/2013－12/23/c_118674689.htm，2015 年 7 月 15 日。

2. 确定内容

社会主义核心价值体系教育的主要内容，即社会主义核心价值观融入国民教育全过程、社会主义核心价值观落实到经济发展实践和社会治理中、社会主义核心价值观宣传教育、开展涵养社会主义核心价值观的实践活动、加强组织领导五个主要方面。

3. 确定方法和载体

在国家意识形态教育工作中，需要注意三个方面的问题：

一是要注意显性教育与隐性教育互补结合。所谓显性教育，是指“充分利用各种公开的手段、公共场所，有领导、有组织、有系统的思想政治教育方法。❶显性教育的特点是有目的、有计划、公开的。隐性教育是指在社会主义核心价值观指导下将爱国精神、爱岗敬业、诚实守信、待人和善等价值观融入不同的教育活动中，使受众在潜移默化中接受教育、受到影响的过程。这两种不同的教育方式相互对应、相互补充。一直以来，我国社会主义核心价值观教育的开展，都比较重视国家教化宣传主阵地的显性教育，突出其“主渠道、主阵地”作用，而忽视专业课、人文环境的隐性教育功能。显性教育与隐性教育没有互为补充，教育投入更大，但教育的力量并没有增强，教育效果也没有理想中的好。所以，根据教育学、心理学相关理论，显性教育与隐性教育一定要有机结合起来，才能达到最佳效果。❷

二是建立“国家—社会—家庭—个人”的“四位一体”教育的互动层级体系。现代社会是一个多元社会，个体价值观的形成受各方力量的影响，只有各方形成合力，才能实现社会主义核心价值体系教育模式功能的最大化。

三是把握全媒体时代特征，拓宽教育路径，增强主流文化输出能力和创新能力。截至 2012 年 12 月底，我国网民规模达到 6.49 亿，互联网普及率为 47.9%❸。社会主义核心价值体系教育必须在网络多元文化环境中寻求突围，建设出符合社会主义核心价值体系要求的网络媒体平台，将社会主义核心价值体系以直接或渗透的方式融入各种资讯形式，对全体公民进行核心价值体系教育，使其在获得有用资讯时受到教育。

4. 效果评估——评价体系的设计

笔者曾参与共青团北京市委员会关于“高校团组织育人效果评价体系”构建的工作，结合该工作的主要内容，以与本文有关的思想教育类工作评估体系的设计为

---

❶ 王瑞孙：《比较思想政治工作学》，高等教育出版社，2011 年版。

❷ 张丁杰、曾贤贵：《论大学生社会主义核心价值观教育模式的构建》，载《四川理工学院学报》，2013 年 4 月第 28 卷第 2 期。

❸ 数据来源：CNNIC 发布第 35 次《中国互联网络发展状况统计报告》，http：//news.xinhuanet. com/fortune/2015－02/03/c _ 1114239282. htm，2015 年 7 月 15 日。

例，如表1所示，阐释社会主义核心价值体系教育的构建及评价体系的设计。

表1　高校共青团大学生思想政治教育工作指标体系❶

一级指标	二级指标	测评要素	主要检查内容	计分参考	得分
引导青年能力与水平（100分）	大学生思想政治教育工作（40分）	1. 围绕落实大学生思想政治教育的四项主要任务开展活动，即：以理想信念教育为核心的世界观、人生观和价值观教育；以爱国主义教育为重点的民族精神教育；以基本道德规范为基础的公民道德教育；以大学生全面发展为目标的素质教育。(10分) 2. 开展社会主义核心价值体系的理论学习教育活动。(3分) 3. 学生对开展思想政治教育类活动的意见反馈。(3分) 4. 发挥在教育、团结和联系大学生方面的优势，使思想意识类、需求反馈类调研活动常态化，把握青年思想认识规律和特征，了解青年成长成才的需求。(4分) 5. 发挥班级、学生会、研究生会等大学生群众组织在加强和改进大学生思想政治教育工作中的重要作用，以学生为本，务实创新地设计思想政治教育主题活动。(10分) 6. 把握国内外时政热点，关注校园舆情动态，组织大学生形势政策教育活动。(10分)	1. 关于大学生思想政治教育工作的通知、方案、年度计划和总结等文件。 2. 学生组织及社团围绕大学生思想政治教育所设计的活动策划和方案。 3. 思想政治教育主要任务等相关主题活动的新闻报道文字及影音资料。 4. 各级团组织围绕社会主义核心价值体系的理论学习教育开展活动的情况。 5. 学生对思想政治教育类活动的参与度及满意度情况的调研。 6. 学生发展需求方面的调研报告。 7. 团系统、学生组织思想政治理论和科研工作开展情况，以及主流价值类社团的发展情况。 8. 形势政策教育活动的组织与开展情况。	1. 围绕大学生思想政治教育四项主要任务开展工作，每缺失一项扣2分，工作思路和内容不能体现或满足任务需要，每项扣1分。 2. 相关工作计划、总结、活动策划以及落实相应工作的规范性文件不完善，不能满足专项工作要求，扣2～5分。 3. 社会主义核心价值体系学习教育活动，每学年少于2次的，扣3分，形式和方法单一，学习效果较差的，扣2分。 4. 学生参与思想政治教育类活动比例低于80%的，扣1～2分。 5. 学生对开展思想政治教育类活动的满意度不足60%的，扣2分。 6. 针对学生发展需求的调研活动，每学年不足3次的，扣2～3分。 7. 思想政治教育工作规划和方案不完善或执行不力的，扣5～10分。 8. 主流价值类社团数量未占全校注册社团数量50%以上的，每少10%，扣4分。 9. 在国内外重大事件敏感期内，没有开展有效引导的，每缺一项扣5分。(以第十八次党代会的召开、中日钓鱼岛事件为例)	

❶　此表插入本文，作为意识形态教育类工作评价体系的示例。可参见笔者《试论高校共青团引导功能的深化与评价体系的构建——基于目标管理理论视角下的工作评价体系研究》一文，载《高校德育工作科学化的探索与实践》，2013年7月版，第57页。

续表

一级指标	二级指标	测评要素	主要检查内容	计分参考	得分
引导青年能力与水平（100分）	大学生社会实践教育工作（30分）	1. 明确引导大学生走出校门，服务基层的实践育人理念，建构大学生社会实践保障体系和长效、常态机制。（10分） 2. 在校大学生参与社会实践活动的情况及社会实践的质量和效果。（4分） 3. 实践服务类活动或载体的品牌性、影响力，及开展实践教育活动的及时性、体系性、创新性。（4分） 4. 组织大学生参加社会实践活动的多样性，如社会调查、生产劳动、志愿服务、公益活动、科技发明和勤工助学等方面。（8分） 5. 大学生社会实践活动与专业学习、服务社会、择业就业、创新创业等各方面相结合的相关性。（4分）	1. 组织开展实践类活动的实施方案和活动记录。 2. 大学生社会实践保障机制、管理体系的运行以及扶持经费投入的情况。 3. 社会实践类社团的发展情况。 4. 校内外开展大学生社会实践活动的基本设施和工作条件。 5. 学年内开展大学生社会实践活动的统计数据，包括参与人数、活动区域分布及相关支持单位的数量等。 6. 大学生参加社会实践活动的相关主题活动的宣传、新闻报道等文字、影音资料。 7. 学生组织及社团组织各类主题社会实践活动项目成果报告。	1. 倡导服务基层的实践育人理念不明晰的，扣3分。 2. 社会实践活动管理不成体系，激励机制不完善的，扣3分；活动保障经费不足的，扣2分；实践场地或基地不完善的，扣2分。 3. 社会实践类社团数量未占全校注册社团数量20%以上的，扣2分。 4. 各级团组织、学生组织开展社会实践活动，不能实现全员覆盖的，扣3～5分；辐射区域过于局限的，扣2分。 5. 实践活动周期不稳定、品牌性不足的，扣2分。 6. 社会实践活动形式固化的，扣3分；活动内容单一的，扣3分。 7. 实践活动的策划与专业学习、服务社会、勤工助学、择业就业、创新创业等方面结合不紧密的，扣2～4分	

续表

一级指标	二级指标	测评要素	主要检查内容	计分参考	得分
引导青年能力与水平（100分）	校园文化建设工作（30分）	1. 结合学校特色的校园文化，优良的校风、教风和学风，充分发掘、提升校园文化潜移默化的育人功能。(8分) 2. 重视校园第二课堂等素质教育软环境建设，把握开展德育工作的重要契机，形成德育工作品牌。(8分) 3. 培养和树立一批优秀青年典型，发挥榜样引领的作用。(4分) 4. 传统媒介的宣传报道形式和水平，即传统校园中的媒体报纸、电视、广播等宣传方式的建设。(6分) 5. 探索微博、短信、视频、手机报等网络承载的新媒体技术，优化共青团宣传载体，拓展思想、文化引导的平台。(4分)	1. 关于介绍展示校园文化优良校风、教风和学风的宣传材料。 2. 诚信考试、新生入学教育、毕业教育等具体的德育工作方案的梳理和总结。 3. 关于学生组织、社团开展素质拓展活动的效果及学生反映情况的调研。 4. 对优秀青年的宣传案例。 5. 传统媒介的运行、发展情况，如期刊的存档。 6. 团系统各级组织、学生社团对新媒介平台的使用情况，包括人人网、微博等新兴媒介载体的使用和维护情况。 7. 团系统宣传采编平台等基础设施、设备情况，文化传播媒介发展经费的投入和使用情况。	1. 介绍、展示特色校园文化的宣传策划或工作方案不规范、不完善的，扣2～5分。 2. 学校校训、校歌、校徽等标识系统不完善或认同度低的，扣2～5分。 3. 学生对共青团德育项目工作满意度低的，扣2～5分。 4. 各级团组织、学生组织或社团开展第二课堂素质教育活动的参与度低的，扣2～5分；学生满意度低的，扣2～3分。 5. 学校优秀青年的代表性或校园知晓度低的，扣2～4分。 6. 传统媒介运行不规范，缺乏周期性，不能有效实现文化传播效果的，扣1～3分。 7. 宣传采编平台等基础设施、设备陈旧，宣传投入经费不足的，扣1～3分。 8. 对新兴媒介平台的利用率不高，传播效果差的，扣2～4分	

如图表所示，关于思想引领工作评价体系的设计是一个复杂的系统工程，既要有一定显性的“硬指标”，也要看到“软要素”内容的主要体现。在设计过程中，要从以下几个层面进行：

一是设计原则。必须要考虑到价值目标的一致性原则、动态性原则（实践性原则）、完整性原则、可操作性原则。

（1）一致性原则：按照社会主义核心价值教育体系的总目标要求，制定对应的子目标，层层分解细化为具体的评价指标，确保每项指标都符合体系的总目标和总方向。

（2）动态性原则：也称实践性原则，即根据社会主义核心价值教育体系的实践特点，随着社会和时代的不断变化和发展，相应的社会主义核心价值教育体系评价指标也要紧随工作的开展不断进行修正调整，使评价指标更完善、更科学。同时，评价的手段、方法也应该是动态的。要把社会主义核心价值教育体系涉及的各项指标放在一种动态的过程中去评价，要重视对教育过程的评估和对未来发展可能性的评估。

（3）完整性原则：社会主义核心价值教育体系的建构要遵循系统论的原理。一是要重视评价体系的整体性、层次性及其之间的关系，要形成系统；二是体系构建的内部各要素、依存的条件要形成系统，从而保证符合客观实际的评价。

（4）可操作性原则：评价体系不可避免地要对社会主义核心价值教育体系的各项指标进行定性定量。社会主义核心价值教育体系的主体是公民，最终教育和培养的目标是主观思想、价值判断、意识形态等，由于人和价值本身的特殊性，对于显性的要素进行评价相对比较容易，但对于隐性的价值观念却很难进行量化指标的评定。如何实现定性与定量结合，使各个评价指标客观、科学、具有可测性，是构建评价体系必须要充分研究和考虑的问题。

二是评价体系的标准。对社会主义核心价值教育体系进行评价的标准，主要从宏观和微观两方面来进行考虑。前者是从国家、社会的层次，在一定时期内，对社会主义核心价值教育体系在社会发展进程中占据的地位及具有的社会价值进行评估，而微观评估则是对社会主义核心价值教育体系落实的过程中的具体某项工作进行评价。

根据评价体系的范围、标准等设计社会主义核心价值教育体系的评价指标，将其教育目标逐级分解形成具体指标，从而对社会主义核心价值教育体系的影响效果进行量化评价的设计。

（1）宏观方面的指标，主要是考察社会主义核心价值教育体系所在的社会环境是否得以优化。包括社会主义核心价值教育体系是否坚持了党和国家的指导思想；社会主义核心价值观是否融入国民教育全过程；社会主义核心价值观是否能够落实到经济发展实践和社会治理中；社会主义核心价值观宣传教育是否赢得受众；社会主义核心价值观实践类活动是否得以有效开展；党和国家对社会主义核心价值观的组织领导是否得当，共六大方面。

（2）微观方面的指标，主要包括社会主义核心价值体系建设的诸多方面，主要在于培育和践行社会主义核心价值观的二十三项重点工作，以及其细化在各个领域、各个层面的要点。

5. 评价方法

评价方法是指对社会主义核心价值体系教育开展的效果评价和检验的程序、途径和方法，从定性、定量的需求出发，可以采用系统分析方法、数学建模方法、模糊综合评判法等。如系统分析方法是根据系统科学的原理，将大学生社会主义核心价值观教育看成一个系统，根据其目标分析、要素分析、环境分析来评判大学生社会主义核心价值观教育的质量和效果。

（二）教育理念创新的两点建议

1. 提升主渠道意识形态教育的创新能力与全方位、现代化的引导手段相结合

社会主义核心价值体系教育是一个长期的教育过程，更是一个全方位的教育系统工程，除了需要对大学生进行主渠道的意识形态理论灌输，还要进行潜移默化、日积月累、持之以恒的宣传、引导和教育。要增强其实效性，必须构建“学校－政府－家庭－社会”相互衔接、相互补充的综合德育模式，将社会主义核心价值体系教育融入国民教育和社会生活中。特别是要在文化现代化进程中，提升政府“濡化”能力，“任何社会都有一套核心价值体系，是整个政治制度的精神支柱，关系到其命运与存亡。世界上没有一个明智的政权会放弃对社会的核心价值加以主导、对人们精神信念进行濡化。”[1] 进而培养公民的国家意识、公民意识。

现阶段，我国政府在科教文化方面“濡化”能力需要面向现代化和大众化需求，占领文化产品市场和公民内心市场。在今天泛西化的文化市场中，很难发掘出中国传统文化的“市场地位”。美国“9·11”事件以来，美国好莱坞电影市场抓住“反恐”与“爱国”的民族情绪，把“抵御外来入侵”作为爱国文化主旋律

[1] 王绍光：《国家能力的重要一环：濡化能力》，http：//www.aisixiang.com/data/16592.html，2015年7月15日。

教育手段，连续推出《惊天危机》《奥林匹斯的陷落》等“攻陷白宫”的大胆制作，不但占领美国票房的制高点，在我国的电影市场也有较好的票房回馈。电影文化作为现今较为流行的大众文化产品，具有极强的意识形态“渗透”的功能，仅此一点来看，不难感知西方文化的文化渗透能力和国家濡化能力的强大，何况在互联网络如此强大的今天（中国网民规模已经达到5.64亿人），在这个传统主流引导手段弱化的环境中，如何占领主流引领的高地，将成为现代国家核心价值工程建设的主要难题。因此，在进行社会主义核心价值体系教育时，政府应充分利用现代多媒体文化引领的优势，深刻反思国家传统价值文化的优势和劣势，发挥我国在组织领导、宣传动员、整合力量、机制保障方面的强大优势，集中打造一批大众化、现代化的文化产品，迎合社会文化需求。

2. 正视核心价值主导与多样价值追求相统一，推动情感认同与价值同构相融合

社会主义核心价值观是国家战略层面的社会思想和行为价值体系，是团结我国人民共同建设中国特色社会主义的精神旗帜，但在坚持社会主义核心价值体系主导地位的同时，不能否认公民个体之间的不同层次和多样的价值选择，随着社会的不断发展，公民意识的觉醒，个体的价值追求将越发具有差异性和多样性，这是必须正视的社会现实。因此，在进行核心价值体系教育时，不能忽视公民的多样化需求。

长期以来，我国核心价值体系教育注重规范性、制度化、同一化，但这容易忽视公民的多样化需求，核心价值观教育的目的是实现人对真、善、美的追求，而不是力求千人一面的“三观”。所以，社会主义核心价值体系教育也要实现教育理念的现代化，既要强调公民多样的价值选择必须以社会主义核心价值体系为前提，也要认可价值需求的多样性。同时，在增强国家认同感为核心目标的基础上，达到情感上的认同，增强国家的凝聚力和向心力，加强个人价值与社会价值的同构教育。一要增进情感认同，通过教育理论和社会实践的相统一，避免出现“教化”和“现实”相背离的情况，从而引导公民对社会价值和个体价值进行定位，让人们在实践中采用社会已确立的主流标准来衡量、约束自己，并内化为自己的理想信念，形成正确的政治态度和政治理想，形成科学的思维方法和正确的价值观念。二要价值重构，深入发掘传统文化，加强对优秀传统文化思想价值的挖掘，梳理和萃取中华文化中的思想精华，赋予其新的时代内涵，使之与中国特色社会主义相适应，让优秀传统文化在新的时代条件下不断发扬光大，实现社会价值和个体价值的和谐统一。

参考文献

[1] 陈章龙，等. 大学生精神彼岸的探寻——社会主义核心价值体系引领校园文化的实现机制研究 [M]. 北京：社会科学文献出版社，2011.

[2] 冯世勇. 高校德育工作科学化的探索与实践 [M]. 北京：高等教育出版社，2013.

[3] [美] 克拉克·克尔. 大学之用 [M]. 北京：北京大学出版社，2008.

[4] 王瑞孙. 比较思想政治工作学 [M]. 北京：高等教育出版社，2011.

[5] 张陟瑶，戴玉琴. 核心价值观教育范式问题探析——以新加坡高校的核心价值观教育为例 [J]. 毛泽东邓小平理论研究，2013.

[6] 邓若伊，蒋忠波. 网络传播与大学生社会主义核心价值观的建构——基于五省市大学生的调查分析 [N]. 西南民族大学学报，2011 年第 9 期.

[7] 张丁杰，曾贤贵. 论大学生社会主义核心价值观教育模式的构建 [N]. 四川理工学院学报，2013 年 4 月第 28 卷第二期.

网络思想政治教育

运用微信提升大学生思想政治教育实效
——以中国政法大学国际法学院为例

国际法学院　顾永强　刘瑾

摘　要　近年来，新媒体对大学生思想政治教育工作的影响及对策研究成为学生工作理论与实践研讨的热点内容，学生工作者对其内容多样性和影响力扩张性也寄予厚望。这篇文章针对利用微信进行大学生思想政治教育的实效性问题，以中国政法大学国际法学院利用微信开展思想政治教育的方式方法为例，通过文献研究、问卷调查、访谈和实验等方式，对基于微信的思想政治教育实效性进行全面分析，总结出目前利用微信开展思想政治工作面临的挑战，并提出了提高其实效性的应对策略。

关键词　微信　思想政治教育　实效性

一、绪论

1. 研究背景及研究现状简述

把握思想政治教育的时代特征，聚焦思想政治教育的前沿问题，推动理论与实践的相互促进是深入学习贯彻党的十八大和十八届三中全会、四中全会精神，落实立德树人根本任务，进一步提升大学生思想政治教育工作科学化水平的基本要求。随着互联网技术的发展和智能手机的普及，微信以其独特的功能强烈地吸引着大学生群体，并已经成为其交流沟通、展示自我的主要渠道之一。广大思想政治教育工作者也以此为契机，将微信作为开展思想政治教育工作的新平台。

新媒体对大学生思想政治教育的影响及对策研究是当今学生工作理论与实践研讨的热点内容，而过去的研究成果大多是宏观谈论新媒体与大学生思想政治教育，往往涉及依托于数字技术、互联网技术、移动通信技术等的多种媒体，例如搜索引擎、门户网站、即时通信、微博、网络论坛社区和社交网站等，实际上已经有些“过时”了。新媒体相对于旧媒体而言，代表当前正在壮大的传媒介质，代表紧跟技术与需求发展的前沿思路。[1] 大豫网执行总裁崔俊超认为，“400 年前报纸就是新媒体，因为那个时候是自然传播。93 年前的新媒体是广播，73 年前的新媒体是电视，23 年前的新媒体是互联网，而到了 4 年前新媒体已成为社交网站，3 年前新媒体是微博，现在新媒体是微信。”[2] 针对微信与大学生思想政治教育的研究本就不多，且基本集中在微信对大学生思想政治教育的影响和举措方面，不甚系统，很少有学者研究利用微信进行大学生思想政治教育的实效性问题。

2. 研究思路、方法、意义及创新之处

本文从国际法学院利用微信进行思想政治教育的方式方法入手，从教育者和受教育者，发送者和接收者等不同角度，通过研究文献、问卷调查、访谈和实验等方法，对基于微信的思想政治教育的实效性进行从微观到宏观的分析，以探讨研究增强其实效性的应对策略。

结合微信对大学生思想政治教育工作进行研究，是极具现实意义的，有利于加强对大学生当前的思想动态、行为倾向以及可能出现的问题进行全面的了解和追踪，并将科学理论和崇高品德传递给学生。更重要的是，对基于微信的思想政治教育工作的实效性进行研究，将效果与过程并重，以找到行之有效、事半功倍的对策，拓宽教育途径、改进教育方法，培养社会主义事业的合格建设者和接班人。以上也是本文的创新之处。

二、基于微信的思想政治教育实效性相关理论概述

1. 微信的内涵及功能

“微信，是一种生活方式”是微信的“个性签名”。微信（WeChat）是腾讯公司于 2011 年推出的一个为智能终端提供即时通信服务的免费应用程序，微信支持跨通信运营商、跨操作系统平台，通过网络快速发送免费的（需消耗少量网络流量）语音短信、视频、图片和文字，同时，也可以使用通过共享流媒体内容的资料和基于位置的社交插件“摇一摇”“漂流瓶”“朋友圈”“公众平台”“语音记事本”“微信支付”和“游戏中心”等服务插件。用户可以通过“摇一摇”“搜索号码”“附近的人”、扫二维码方式添加好友和关注公众平台，同时用户可以将

[1] 王雪野：《新媒体发展与国际传媒秩序重构》，载《今传媒》，2011 年第 4 期。

[2] 吴孝文等：《全媒体时代下报纸经营模式的探究》，载《神州》，2013 年第 2 期。

看到的精彩内容分享到微信朋友圈。[1]

2. 基于微信的思想政治教育及其表现方式

基于微信的思想政治教育，即在充分利用微信这一应用程序的基础上，紧密结合当代大学生认知特点，开展思想政治教育工作。例如，思想政治教育工作者通过微信了解学生的现实生活和心理特征；让微信成为拓展思想政治理论课程的第二课堂；辅导员通过微信与学生交流，进行深度辅导；构建班级、社团微信群，增强凝聚力；开通学院、年级、学生组织官方公众平台，架设学校与学生沟通的桥梁等，这都是我院已付诸实践的思想政治教育方式。

3. 基于微信的思想政治教育实效性的含义

所谓“实效”，顾名思义，是实际的效果，一般指好的方面的效果。实效性，是“实践活动的预期目的与结果之间的张力关系，是实践活动结果对于目的是否实现及其实现程度，亦即实际效果问题”。[2] 讲求实效是我们党多项重要工作的基本要求，也是高校德育工作的必然要求。基于微信的大学生思想政治教育实效性可以具体化为大学生对思想政治教育内容在知识层面的接受程度、在观念层面的内化程度以及在接受教育后的实践状态。

三、基于微信的思想政治教育实效性调查分析

为了准确把握我院目前利用微信开展思想政治教育工作的实效性取得情况，我们通过调查问卷、分类访谈和数据分析等方式，从学生、辅导员和微信公众号运营者等角度，对此进行了调查研究。

（一）针对微信使用情况的问卷调查分析

本调查采用随机抽样方法，在我院本科生中选取调查对象，涵盖全部年级。在问卷发放中，采取单盲式问卷调查法[3]，以确保问卷的有效性。本次调查实际发放问卷 300 份，总回收 290 份，有效问卷 290 份。

---

[1] 百度百科：《微信》，http：//baike. baidu. com/subview/5117297/15145056. htm，2015 年 4 月 22 日。

[2] 葛喜平：《高校德育过程实效性低的理性分析与对策研究》，载《学术交流》，2009 年第 9 期。

[3] 单盲式问卷调查法，即在调查前不告知被调查群体调查目的。

1. 学生对微信的依赖程度较高（见图1）

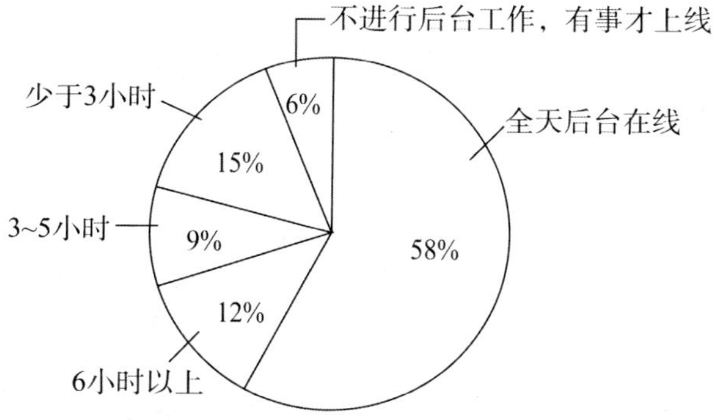

图1 调查对象每天的微信在线时长

经调查，微信在学生中的装机率达到了100%。每天微信在线时长在6个小时以上的同学占到了总数的70%，其中，全天微信在线的同学达到了58%，这充分说明绝大多数同学对微信的依赖程度较高。微信无疑已成为和同学们加强沟通交流、进行思想政治教育的重要阵地（见图2）。

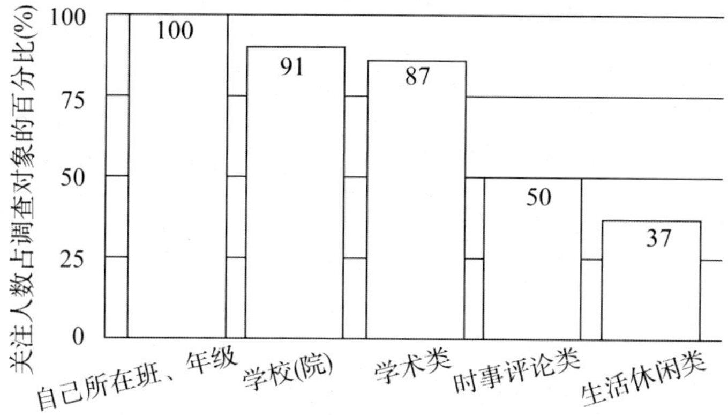

图2 调查对象所关注微信公众号的主要类型

2. 微信公众平台、朋友圈为思想政治教育提供了良好的途径（见表1）

表1 调查对象查看朋友圈的频率

查看朋友圈的频率	所占比例
一有动态就查看	60.6%
有固定的时间进行浏览	12.7%
偶尔打开，随便看看	24.7%
基本不看	2.0%

所有被调查的同学均关注了自己所在班级、年级或社团的微信公众号，对学校或学院微信公众号的关注量也占到了调查对象的90%以上。80%以上的同学愿意通过微信与辅导员老师进行互动。只有2%的同学不查看朋友圈，70%以上的同学会专门查看朋友圈。由此可见，利用微信公众平台和朋友圈进行思想政治教育能够取得一定的效果。

3. 要在思想政治教育的内容和形式上下功夫（见表2、图3、图4）

表2 对所关注的微信公众号的使用方式

使用方式	所占比例
对于公众号推送的内容，选择感兴趣的阅读	39.7%
和公众号进行互动	38.1%
对于公众号推送的内容，都会点开阅读	19.1%
对于公众号推送的内容，基本不会阅读	3.1%

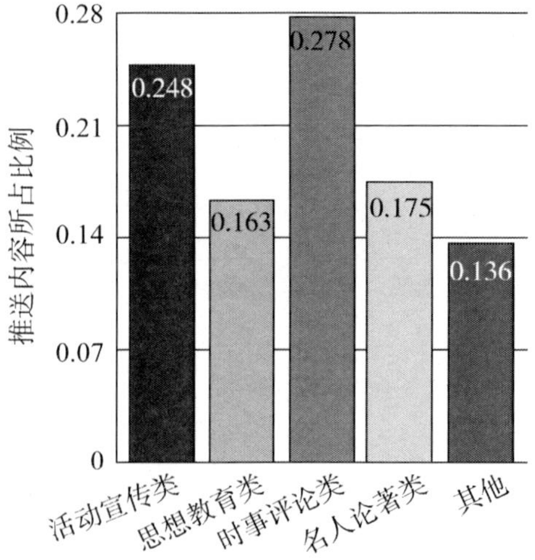

图3 调查对象最感兴趣的推送内容

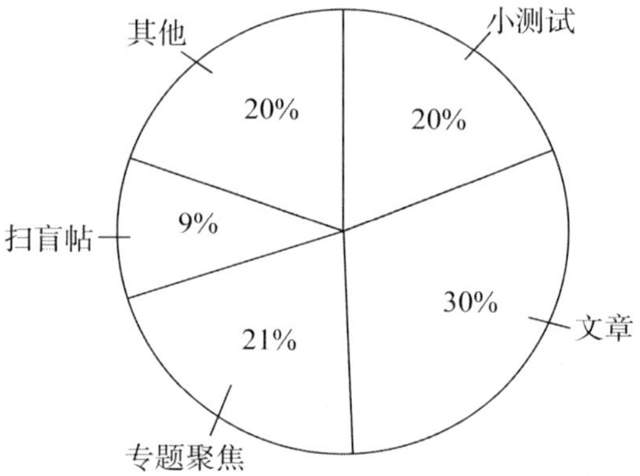

图4 调查对象最感兴趣的推送形式

微信，无论是从最初的即时通信软件，还是到如今的综合社交平台，本质上都是一种信息交流的媒介。随着微信传递信息的载体不断丰富，内容不断拓展，各类消息的推送如雨后春笋般不断涌现，学生用户在接收和阅读时也是完全自主的。学生对利用微信传递的思想政治教育内容进行阅读、思考并内化，才能达到实效。因此，从学生的实际需求出发，准确把握形式和内容，才能在这样一场思想主导权的竞争中取得胜利。

（二）针对辅导员的访谈分析

本访谈针对国际法学院本科生的所有辅导员，采用一对一的形式，并对访谈记录进行了对比分析。

辅导员在日常工作中，经常使用微信以协助工作的开展，也都和自己的大部分学生互为微信好友。主要使用即时对话、微信群、朋友圈和公众平台等功能，用来推送通知、分享信息和了解学生动态等。辅导员们普遍认为，微信为其工作带来的影响是积极的。

辅导员以前很难了解每一名学生的兴趣点、闪光点等，尤其是那些平时默默无闻的学生。现在学生通常将微信作为其情感发泄和心理表露的一个载体，在朋友圈中记录自己一天的心情或对某件事的看法、感受，或在朋友的动态下进行评论。辅导员通过查看朋友圈，可以更加全面地了解学生，及时掌握学生的行为和思想动态，有针对性地及时开展学生工作。给学生的朋友圈点赞，也传递了一种态度，在潜移默化中影响学生走上积极健康的成长道路。通过“隔空对话”，辅导员可以与更多的同学进行交流，微信单聊的私密性也使学生更加真诚地与辅导员进行沟通。

（三）针对公众号运营者的访谈分析

本访谈针对“FREETALK”[1]、国际法学院学生会、国际法学院学委会、2014级团总支和2014级涉外班这五个公众号的运营者，对公众号的定位、推送内容及其审查、阅读量和互动频率等方面进行了分析。

这些公众号大多是立足于组织本身，以一种相对平等的交流方式，推送通知、文章和专题等内容。学生组织的公众号主要作为其宣传方式的一种，取得了良好的宣传效果。问卷调查结果也显示，学生对活动宣传类的推送比较感兴趣。年级、班级的公众号主要用来发送通知，也会有一些专题活动和具有班级、年级特色的相关内容，对于增强凝聚力效果明显。值得一提的是，“FREETALK”公众号，每周定时推送3期，除了学院通知和新闻以外，固定的板块有“思法”“视野”“文化”和“拓展”，不定期的板块有“群言”“连载”“万花筒”和“人物”，每期推送内容都是编辑们精选的，并提前一周做好，经过指导老师预审后发布。其中许多板块都涉及思想政治教育的内容，阅读量却不尽相同，有些能达到1000多，有些只有20左右。通过分析、比较我们发现，阅读量高的推送一般都具有贴近学生学习生活、时效性强和图文并茂等特点。

---

[1] “FREETALK”，是一个内容较综合的学院官方公众平台，由国际法学院新闻中心群言编辑部负责运营。

四、增强微信思想政治教育实效性的挑战与对策

微信是一种新生事物。它的出现，不仅给我们带来了互联互通和信息传播的便利，也引发了我们对在传统环境下思想政治教育的形势、工作方式、教育内容、预期效果等多方面的反思。在我们迅速将微信运用到学生工作中的同时，也不得不去观察、总结和应对随之而来的问题，也不得不思考如何利用微信开展思想政治教育工作才能取得更好的效果。

（一）目前利用微信开展思想政治工作面临的挑战

1. 对了解和引导舆论走向的挑战

微信是一个集开放性与封闭性于一身的事物。其开放性表现在，作为基于网络的应用程序，互联网上的所有信息对微信的使用者都是开放的；其封闭性表现在，微信是一个以“熟人”社会关系为基础的社交网络，与特定的人群分享特定的信息均是可控的。这种状态的后果是，开放性使得通过微信传播的信息对于思想政治教育工作者来说无法预计、无法评估、无法控制，封闭性使得使用者倾向于接收、相信微信上传播的信息。这样就为各种假新闻、谣言以及一些与我们努力倡导的价值观、历史观背道而驰的文章、观点提供了滋生的土壤。这大大增加了高校思想政治教育工作的难度，也可能轻易推翻业已取得的成果，而这一切都是难以评估和控制的。

2. 对构建实效性评估体系的要求

思想政治教育工作模式，往往是单向的、一次性的，对学生的评价是相对静态的，这往往限制了思想政治教育工作所能取得的实际效果，不利于对学生做出发展的、客观的评价。微信的出现，在教育工作者和学生之间建立了一种实时的、点对点的联系和互动关系。微信不仅仅是一个即时通信工具，而且是一个可以承载、传播、互动的信息平台。它为我们提供了新的可能，即变革传统环境下僵化的、静止的、主观任意性强的学生思想政治评价体系。但是，破旧易，布新难。进行以微信为载体的高校思想政治教育，同时构建其评价体系，是一项规模大，体系性强且前所未有的尝试。这不仅依赖高校思想政治教育工作者基于以往的经验，巧妙设计制度架构，也依赖于微信平台上各种功能与高校学生工作的契合度。

（二）提高基于微信的思想政治教育工作实效性的对策

1. 培养具备新媒体意识与素养的思想政治教育工作者团队

思想政治工作归根结底还是培养人的工作，需要我们思想政治教育工作者用积极的学习态度紧跟时代的步伐，迎合时代的需要。思政工作者能否迅速感知学

生群体的变化并且对这种变化做出反应，甚至是参与到这种变化中去，直接关系着思想政治教育的实际效果。目前，微信基本已经运用到了思想政治教育工作中，但还浮在表面，取得的实效如何是一个很模糊的概念。这就要求高校打造一支熟谙新媒体运作，能够将教育学、传播学的相关理论与微信等新媒体的使用相结合的思政工作团队。

2. 创新基于微信的思想政治教育内容❶

引入时效性强的内容、合理开发多层次的内容、夯实指导性的内容、注意内容服务性和传递青春正能量是基于微信的思想政治教育内容创新的几个重要方面。首先，要求思想政治教育工作者紧跟时代步伐，把时事性、新闻性与传统思想政治内容结合起来，吸引大学生关注思想政治教育内容。其次，分层次合理开发和创新教育内容：第一个层面是资源的核心内容，第二个层面包括与核心内容相符合的背景知识介绍和述评，第三个层面则为核心内容的延伸。与此同时，加强教育引导，重视建构信息传播的伦理规范。最后，要把握和熟知他们的心理、生理、学业成长过程与特点，以多向思维、多样化的沟通方式和人文情怀，用发展和超前的眼光，尊重和倡导大学生自主性、独立性、能动性和创新性的发挥，展示其青春的一面，以充分解决大学生在世界观、人生观、价值观、政治观和伦理观等方面存在的问题。

3. 探索基于微信的思想政治教育工作模式，不断提升工作成效

在学生工作中，我们需要密切掌握学生的思想动态、政治立场，但又不能生硬地、强制地对其进行批判和灌输，应当允许学生在充分的讨论和甄别后，真正地认识到什么是正确的、值得坚持的思想和立场。微信提供了师生之间的相对平等的交流“场所”，物理的距离减少了学生下意识产生的防备，凸显了思想和人格的对等，这样也就使老师能够了解学生相对真实的想法。利用微信设置一定的生活环境和文化氛围，引导学生去感受和体会，使他们在轻松愉快、不需要意志努力的情境中学习知识、发展智慧、开拓思维、产生顿悟，进而得到心灵的感化、情操的陶冶和哲理的启迪，潜移默化地受到教育。❷

---

❶ 陈志勇：《新媒体时代的大学生思想政治教育》，中国文史出版社，2014 年版，第 33 页。

❷ 龚志宏：《润物细无声：思想政治教育中的无意识教育研究》，河南大学出版社，2007 年版，第 3 页。

4. 构建基于微信的学生思想政治状况数据库，更好地为学生提供个性化服务

在这个“大数据”的时代，对学生思想政治状况的把握，自然离不开真实有力的数据支撑。设计基于微信的大学生思想政治数据收集与评估体制，建立数据库，将为高校思想政治教育的科学化、规范化打下基础，基于大数据对学生做出的评价也将更加客观、更加有时效性。对于高校下的各个学院，以微信为基础建设数据库，用较小的经济和人力成本，获得最直接、最真实的学生思想政治状况数据，是相对可行的。在思想政治教育工作中，要坚持以人为本，德育内容要体现时代性，从学生的特点出发，符合学生的需求，以更好地为学生提供个性化服务。

新媒体时代下，大学生网络思想政治教育工作方法探析
——以政管学院网络思想政治教育数字化平台工作模式为例

政治与公共管理学院　张艳萍

摘　要　新媒体时代下，加强大学生的网络思想政治教育成为高校德育工作者的重要手段。政管学院学工系统立足学生群体中使用率高、关注度广、互动性强的各大网络平台，形成了系列“公共账号”和“公共主页”，建立了多层次、分类化、菜单式的“微政管”网络思想政治教育数字化平台，凝练出了一套较为完善的网络思政教育工作模式，引导学生积极健康地学习、生活，促进了师生之间、朋辈之间的交流和学习。

关键词　新媒体　网络　思想政治教育　工作模式　政管特色

新媒体时代的到来，对高校思想政治教育工作提出了更高的要求和挑战。各高校目前都高度重视对学生的网络思想政治教育（简称网络思政教育），在实践中也形成了各具特色的网络思政教育的工作方法和工作模式。政管学院学工队伍在网络思政教育实践中形成了自己的工作思路和理念。即网络思政工作能否取得成效的关键主要是能否打造出吸引学生注意力和关注度的、具有品牌效应的数字化平台和栏目。为此，学院在实践中及时整合数字平台资源，立足学生群体中使用率高、关注度广、互动性强的各大网络平台，形成了系列“公共账号”和“公共主页”，建立了多层次、分类化、菜单式的“微政管”网络思想政治教育数字化平台，实践中凝练出了一套较为完善的网络思政教育工作模式，引导学生积极健康地学习、生活，促进了师生之间、朋辈之间的交流和学习。

一、“微政管”网络思政教育工作模式的内容

（一）以“网”为网，编织大学生成才之梦——人人网专区

人人网是目前学生群体中参与度最高的大型社交网络，因其具有广泛的社会资源、众多的社会公共主页和极强的互动交流机制，其在较短时间内吸引了大批

用户。但因其开放度较高，信息错综复杂，对于网络思想政治教育工作的开展形成了极大的挑战。所以，在学院网络思政教育工作中，人人网也成为网络思政教育的主要“战场”。

1. 传递正确信息，促进学生沟通与交流——学生组织人人网主页

“政管之家”人人主页于2009年创建，添加好友总数已突破2000余人，关注面涵盖了学院绝大多数年级、班级及部分校友。发布的内容主要包括：国内外重特大事件的官方公报和新闻，对社会热点问题的“正导向”宣传及回应，促进学生快乐健康成长的“正能量”状态及文章，学生参与的学校及学院各文艺、体育、学术等活动的宣传、新闻及媒体资料，与学生切身利益密切相关的通知、公告及其他活动信息等。为了增强实效性和思想政治的引导性，在重大时期“政管之家”都会及时设立相关专题，如“历届三中全会回顾”“直击三中全会”“大学生眼中的三中全会”等专题，积极引导同学们的关注和广泛参与。

“政管之声”人人主页是以“维权、监察、自律、兼听”为目的建立的公共主页。其目的是拓宽学生的维权途径，促进学生对于学院工作的监督，传递“正能量”，为学生的健康成长营造良好氛围。与“政管之家”不同，“政管之声”更注重为学生们“发声”，作为连接学生和学院、学校的纽带，传递学生们在日常生活、学习过程中的疑惑、建议和质询。同时，及时有效地了解学生的思想动态，积极有效地解决学生的合理化诉求。在这个过程中，“政管之声”也紧密联系时政，鼓励和引导学生关注并参与党和国家重大会议、庆典和活动。

“爱心政管”人人主页是专门宣传公益思想、介绍公益活动、开展公益宣传的公共主页。其目的是让大学生们关注公益、关心公益，增强对社会高度的责任感，培养奉献精神，树立主人翁意识。“一米阳光”公共主页是以学院“一米阳光”公益服务团队为运行支持的公共平台。在传播公益思想的同时，也积极开展“微公益”活动，利用网络平台与校内外热心公益的“网友”进行互动，共同促进学院公益活动的开展。如其开展的“一米阳光·爱地敬老院摄影展”“一米阳光·太阳村支教”等深受学生们欢迎。

2. 班级进网络，积极开展虚拟班级建设——各年级、班级人人主页

学院在积极建设学生组织“人人主页”的同时，也大力推进各年级、班级的人人网“虚拟班级”建设。目前，班级“人人主页”基本涵盖了各个年级的每个班级，逐渐形成了“学院统一部署，年级各有特点，班级独立建设”的特点。从目前的建设情况看，各年级、班级的主页主要发布以下信息：学校、学院与学生密切相关的信息；学校、学院重大活动的宣传；年级、班级的相关通知；年级、班级相关活动的宣传、新闻、总结；优秀校友的经验分享；“正能量”语录、文章；国家大型会议、庆典和活动的相关公报等。

人人网虚拟班级的建设立足学生网络社交的特点，定期开展“网络班会”“网络交流会”等活动。高效运用网络平台，第一时间促进学生与老师之间、学生与班级之间、学生与学生之间良好的互动与沟通。真正实现了虚拟班级在学生发展、师生沟通、就业指导、舆情控制等方面的突出作用！

（二）今天，你“微政管”了么？——微信、微博专区

微信、微博具有开放、便捷、互动、高效等特点，特别是微信，近年来成为师生们广泛使用的新兴社交工具。对学生长期使用的通信工具情况进行调研后，发现微信的适用率几乎覆盖了各年级、班级。因此，学院迅速组建了我院的主要学生组织微信公共账号。在第一时间占据微信平台上思想政治教育的阵地！同时学院也加强对微博信息的关注和监控，通过微博关注诸多“大 V”和许多官方微博的信息。

1. 便捷、高效的网络思政教育平台——微信专区

当前，学生组织微信公众账号有院学生会“政管之家”、院学生会学术部“学术政管”和院分团委“一米阳光志愿服务平台”，与此同时，学委会的微信平台也正在紧锣密鼓地筹建中。

“政管之家”微信平台主要传递学院最新动态，分享与政管学子息息相关的信息及与专业接轨的新闻，同时提供各类生活贴士等。当前“政管之家”的关注人群已经几乎涵盖了学院的各个年级、班级，具有极高的传播速度和极强的传播能力。“学术政管”的公共平台则致力于提供前沿的学术资源，分享最新的学术讲座信息，推荐和分享专业相关书籍，为学术部的读书会、各类讲座等活动做宣传。通过“学术政管”的公共平台，随时随地都可以了解市内、学校和学院的各类学术活动和学术新闻。“一米阳光志愿服务平台”旨在提供各类公益咨询及公益活动信息，传播公益，传递正能量。“一米阳光”平台通过微信平台大力推进“微公益”工作，通过向大家介绍世界各地的各类公益项目以及公益活动，使大家对于公益有更加深刻的了解和认识。同时，“一米阳光”还开展了我身边的公益者，通过向大家推送我们身边的公益者，让大家更加了解公益活动开展的意义和价值。

在微信公共平台进一步建设的同时，学院学工、行政队伍以及各学生组织、年级、班级也积极通过微信开展交流沟通，通过微信进行工作经验交流、工作信息通知和学生思想舆情监控。

学院学工队伍也积极通过微信自带的“朋友圈”功能对学生进行心理辅导、就业信息发布和政策传播等工作。这样不但大大提高了工作效率，同时也与学生们保持了信息互动的同步率和有效性。

2. 加强舆情监控和信息发布——微博专区

微博作为传统的网络社交工具具有开放性、时政性、互动性等特点，但是由于其开放性，信息的真假难以辨识，很容易使学生们“听谣、信谣、传谣”，造成极大的隐患。所以立足微博，建立起一套舆情控制和信息发布体系是至关重要的。

目前学院学生组织的官方微博主要包括“政管之家”“一米阳光”等公共认证账号，同时我院学工队伍及部分专业老师都建立了自己实名认证的微博，组成了良性互动的微博矩阵，深入开展形式多样、内容健康、互动性强的微博话题讨论。同时，逢学院的重大学生活动，都会开通微博墙，鼓励各位参与者通过微博与活动嘉宾进行互动，或对活动提出自己的建议和意见。

在微博矩阵的建设中，学院十分重视专业老师的参与，许多知名教授都建立了个人微博，他们多次通过微博与同学开展专业学术讨论和前沿话题互动，不断产生出思想的火花。在学生组织层面，“政管之家”与“一米阳光”凭借其发布的各类有用信息和时政要闻等迅速在学生群体中传播，逐渐形成了自己的信息推送特色。

二、“微政管”网络思政教育模式的实效

本模式采取金字塔结构，从而形成网络思政教育数字化平台矩阵。即在一个统一的指导思想和体系下，形成若干独立的分支，而后再针对不同对象逐渐进行覆盖。最终达到“每一位学生至少有一项数字平台与之互动，每一位学生至少有一种途径与主管老师交流，每位学生至少有一项措施能够进行舆情控制”。“微政管”模式之所以具备实效性与其运作理念、运作模式和运作团队是分不开的。

（一）成熟新颖的理念是“微政管”模式良好运转的基础

1.“微政管”模式高效运转的核心是其成熟新颖的理念

学工队伍深入研究自媒体时代下的网络思想政治教育课题，在无数次研讨、调研和尝试后，最终形成了一套相对成熟的理念：网络思想政治教育——网络是工具，教育是关键，思政是核心。从而定位了各数字平台的运行基础。

在互联网快速发展的时代，互动性强、信息量大、关注度高的社交平台已经成为个体在网络世界中实现自身价值的主要工具。所以，在网络思想政治教育中必须牢牢抓住这个工具，积极有效地开展工作。“微政管”模式充分覆盖了大学

生群体常用且关注度相对高的社交平台，在第一时间建立了自己的公共账号和公共平台。这样，就可以主动加大学生群的关注度。在这个过程中，我们多采取冠以“政管”之名的方法，如“政管之家”“政管之声”等，这样增强学生们对该平台和账号的归属感和信任感。通过对不同的社交平台的建设可以保证尽可能多的关注度，使不管热衷于哪一类工具的学生都能从中找到具有“政管”特色的公共账号，从而在覆盖面上深入到每一年级、班级甚至是个人。

2.“微政管”模式注重内容上的健康、积极、活泼和引导

要丰富话题和板块，使学生们愿意参与到活动中来，积极开展讨论和交流，真正达到“网络育人”的效果。在内容和板块的设置上，“微政管”网络思政教育注重与学生的切身利益相关，与时政相关，与学生个人发展成长相关的信息，通过内容的独特性、有效性和互动性吸引同学们的关注。如“学术政管”微信平台，定期推送北京市近期各类学术讲座安排、本校近期学术讲座信息、名师寄语、读书心得等信息，使同学们轻轻点击手机屏幕就可以了解到近期将要开展的各类活动。同学们通过微信平台，与喜爱的老师们进行互动和沟通，提高了该平台的知名度和参与度。

3.“微政管”模式注重与时事政治接轨

在党和国家的重大庆典、会议召开之际，“微政管”会设立专题板块对会议内容和历史沿革进行详细介绍，并在第一时间开展学生与会议的互动，围绕着会议内容进行专业讨论。在重特大敏感时期，通过人人、微信、微博等平台密切关注学生思想动态，及时形成学院舆情报告，对于潜在隐患进行排查，确保安稳。例如，在党的十八大召开之际，我们利用“政管之家”“政管之声”等平台及时发布了会议新闻、会议精神和学生们对十八大的期待与互动等。

总之，在该平台运转过程中我们始终保证在学院分党委的统一指导下，由分团委具体负责实施，由各学生组织运转团队负责整理和发布，从而保证思想上、内容上的高度整合。

（二）高效的运作模式是保证活力的有效手段

网络思想政治教育的难点和重点是保证其能够迎合当代大学生群体的需求，能够在思想正确、意识形态明确的前提下与学生之间形成良性互动，保证其具有极强的生命力。这就需要一支政治素质过硬、网络技术先进，同时能与学生进行良好沟通的队伍。我院学工系统在学院分党委的部署下，形成了以分团委为主力，各年级办辅助的团队。通过分团委指导下的学生会、学委会、一米阳光公益服务团队等进行部门网络数字化平台建设，同时由各年级办结合年级特色开展网络虚拟班级建设等。从而形成了一套多维度的建设体系。

在模式运作的过程中，学院形成了一套独特的信息审查、发布制度。对于常规信息的发布，由学生组织、各年级、班级负责人保证信息的真实性便可直接发布，而对于涉及政治话题、时政热点的信息则须由团委老师及各年级辅导员进行审核，准确无误后方可进行发布。同时，在各平台建设初期就已经形成了自己独特的“板块”，每一个子板块又有自己独立的信息收集和整理方案。这样，不管是否从事过相关工作的人都可以在最短的时间内按照以往工作模式形成信息的收集和发布工作，保证整个模式运转的流畅和正确。

（三）合格的运作团队是维持健康发展的助推器

模式的健康发展离不开队伍的建设。一支团结协作的队伍是促进“微政管”模式在学生群体中能够长期健康发展的助推器。我们的团队以分管学生工作的副书记为组长，分团委老师及各年级办老师为成员，共同维护“微政管”模式的健康发展。在队伍自身的建设中，学院十分重视对人员的培养和锻炼。学院一方面邀请校内外专家，加强学工队伍网络思政专业化培训；另一方面推荐教师参加各级网络思政教育培训，加强教师的网络思政意识和素养。同时，学院积极鼓励辅导员老师、专业教师开展网络思想政治教育并定期在朋友圈、人人网进行“互赞”和“访问”，并利用每周学工例会的机会进行微博写作的心得分享。

所以，“微政管”模式不仅在运作理念、运作模式和运作团队上有着良好建设，学院也积极地开展了多项有利于“微政管”模式发展的工作，保证其能够在快速发展的网络文化中占据网络思想政治教育的主阵地，保证各项教育活动的实效性。

新媒体时代背景下的大学生意识形态教育

外国语学院　赵云鹏

摘　要　新媒体时代的到来为大学生意识形态教育带来了新机遇，也提出了新挑战。在这样的时代背景下，对大学生意识形态的教育理应转变观念，适应新媒体环境下沟通平等化、个性化的特点，并及时提供合理的、适当的、听取学生意见的媒介平台，同时注意建立信息安全监督机制。

关键词　新媒体　意识形态教育

根据中国互联网信息中心统计，截至2013年年底网民数量已达6.18亿，1700万在校大学生96.5%都是网民，这些数据说明了新媒体的快速发展，随之而变的是信息传播模式。网络已经成为大学生提出维权诉求、描述自我现状、展示价值取向、传播校园事件、关注社会议题和组织集体活动的重要媒介平台。

新媒体，不同于报纸等传统媒体，是以数字技术和网络技术为依托，衍生出来的多样化、多层次的媒体形式，涵盖数字报刊、手机微信、网络平台、触摸媒体等具体媒体形态。新媒体在诸多方面都给予社会以强大的冲击力，潜移默化地影响着社会大众的生活方式，新媒体对当代大学生的影响更是不容小觑，以其自身的特点改变着大学生的思维模式、语言特点、行为方式、心理意识等。新媒体凭借其特殊的娱乐性、多元性、互动性和虚拟性吸引着大学生群体，他们热衷于使用匿名方式与外界进行沟通和交流，习惯在网络虚拟空间传递感情、宣泄压力；他们更自觉地追求平等，更加突出自我地位，更加希望得到尊重。这为高校意识形态教育提供了机遇，也带来了挑战。

一、新媒体为大学生意识形态教育带来了新机遇

1. 多途径直观地了解学生动态

大学生在新媒体技术环境下，有更多的载体和方式来展现自我、张扬个性，反映学生个体和群体对于现实世界的主观意见。个人空间、网络博客、微信朋友

圈，甚至微信微博签名，都已成为学生表露性格特点、展现素质素养、表达个人情感的载体，微信群、QQ群也成为学生群体讨论日常生活学习情况的重要媒介平台，这些都为教育者掌握学生舆情、了解其生活动态提供了全方位、立体化的途径，使教育者更加直观、实效地把握意识形态教育的方向。

2．为学生意识形态教育提供了新的载体

学生接受教育的途径增多，学生借助手机、网络等方式，通过高共享性的网络课程、精品课网站、数字化校园平台等途径，在任何时候、任何地点都可以主动获取信息和教育。这有助于改变传统填压式的意识形态教育状况，通过学生容易接受的新媒体方式，借助学生喜欢的信息传播方式，变换意识形态教育方式，使其真正融入学生生活。例如，我校近年来在校园数字化网络平台上发布的"cupl正能量"专题板块、学校官方微信平台定期的语音推送都已成为学生主动关注的信息传播渠道。

3．其隐蔽性为师生间的交流提供了新空间

在意识形态教育工作中，师生之间的信任程度直接关系教育质量，在传统教育方式下，师生双方一般处于相对不平等地位的状态，这样的模式下学生往往不愿意说出心里的真实想法，很大程度妨碍着教育的效果。但是，新媒体中的短信、微信、微博、论坛等方式，将教育者与受教育者之间的交流置于一定的隐蔽性之下，令双方在人格、权利和地位上处于平衡状态，这样有利于消除交流隔阂，将学生的意识形态教育由被动接受变为主动汲取。这也是辅导员进学生微信聊天群的原因之一。

二、新媒体对大学生意识形态教育提出了新挑战

1．新媒体带来的"信息污染"能量巨大

新媒体无论在时间、空间、速度上都打破传统媒体的限制，冗杂的海量信息带来的"信息污染"不容小视。例如，现在盛行的微博，以短短的140字的小小容量，散布着巨大的传播能量，一条微博在几分钟内被上万次盲从转载已不少见，如此能量若被加载在不良信息或刻意煽动大众情绪的评论之上，其带来的消极影响可想而知。更何况对于新媒体的极度依赖几乎是这一代人最显著的特征，近来有一个实验，让三十名青年离开手机和网络生活二十四小时，可有相当一部分实验参加者只坚持了三十分钟就宣布放弃实验，称"生活可以没有食物，但不能没有网络"。如何减少"信息污染"，是网络管理者应该思考的问题，同时也是

高校意识形态教育工作者需要考虑的问题。

2. 新媒体中传播的负面消息影响大学生的价值观和心理健康成长

毋庸置疑，新媒体为大学生的生活带来了巨大的便利，但同时也以海量的信息冲击着大学生的人生观、世界观、价值观。新媒体环境中，无严格筛选情况下信息就达到移动终端的情况相当普遍，导致盲目接受信息的部分学生生理和心理出现了双重危机。

其中，对大学生道德教育和人际交往的影响尤为深刻。首先，网络虚拟世界的无序性对传统道德评价体系提出了挑战，其开放性、虚拟性使大学生易于摆脱现实社会中诸多关于人伦的束缚，挣脱道德的束缚，肆意放纵自己的行为，忘却本应承担的社会责任，呈现道德极度弱化的现象。例如，有的学生因某些原因在网络上肆意发泄个人不良情绪，以匿名形式公开传播虚假事实，甚至进行人身攻击，以达到不健康的心理满足感；再例如，有一个新型手机应用软件叫“秘密”，它是一个匿名的社交应用，在应用中可以匿名吐露心声，也可以随意地聊天，因为其匿名性，同时大学生心理处于不稳定状态容易被煽动，于是就出现了很多恶意侵犯他人隐私的言论，以及一些极其不健康的信息。其次，新媒体导致部分学生在人际交往方面出现危机，产生了逃避现实的心理倾向，进而发生逃学、厌世情绪，变得孤僻冷漠，只热衷于各类新媒体媒介。

3. 新媒体冲击大学生意识形态教育模式

如前所述，新媒体背景下供学生筛选进而接受的信息不计其数，教育的传播不再是“单向模式”而转为“互动模式”，学生对教育信息的接受自主选择性大大增强，这样的情况下，如果大学生意识形态教育模式不能与时俱进，不能揣摩学生心理进行改变，而是仍然遵循较为刻板的模式，想必教育效果会微乎其微。例如，学生的“七个一”形势与政策课程，虽然很难突破听讲座、听报告的框架，但是可以运用新媒体，搭建沟通教育平台，从而使得学生欣然接受意识形态感染。

三、新媒体背景下大学生意识形态教育的应对对策

1. 转变观念，适应新媒体环境下沟通平等化、个性化的特点

教育者首先应是一名观察者，成为学生的微信、微博好友，密切关注学生成长动态。其次成为一名参与者，以网友和博友身份与学生进行平等交流，然后成为一名指导者，以学生容易接受的方式开展正面引导和全方位沟通。再次，做一

名建设者，营造积极向上的网络文化，做网上的意见领袖。只有了解学生在想什么，意识形态教育工作才能具有针对性。最后，轻松的网络语言并不与严肃的意识形态教育相冲突，要尽可能进入学生的心理世界，以其容易接受的言语进行个性化的教育引导。

2. 提供合理的、适当听取学生意见的媒介平台

学生在学习、生活过程中难免会遇到困难与问题，在焦虑的状态下极易发生情绪激动的情况，而一部分学生会选择在网络上发布不正当言论。为应对这一情况，学校可以尝试利用微信公众号“一对多”的特征，开通学生提意见的专项通道，在管理员做简单筛选后进行公开答复。

3. 建立信息安全监督机制

从教育者角度出发，除了要贴近学生心理状态，还要对网络信息的传播加以严格监控，监督信息传播的各种途径和渠道合乎法律规定、合乎道德标准，对发布在校园论坛中的帖子和回复以及发布于校园新媒体媒介沟通平台的信息进行严格的把关，最大限度净化校园网络环境。

浅析互联网思维下的高校宣传思想工作

光明新闻传播学院　胡梦瑶

摘　要　互联网大行其道的当下，学生思想活跃而动荡。大学的思想教育怎么抓、怎么做？这个问题成为当前高校教育者普遍关注的热点。本文将结合高校宣传思想的现实及互联网环境下高校学生的特点，借助互联网的思维观念，来探讨开展高校宣传思想工作的新途径。

关键词　高校思想宣传　互联网思维　意识形态　大学生

一、开展高校宣传思想工作面临的现实困境

一些高校教育工作者曾坦承，现在的思政课堂内容“比较干”，教学形式“机械而刻板”。相信大学生们都有着这样的记忆：思政课上，教师讲得空洞无聊，学生学得头疼勉强，甚至有一大部分学生是因为老师要点名才去上课的。这种情况的广泛存在，从侧面反映出高校思想教育存在严重的问题，即高校宣传思想工作仅止于课堂。

2015年年初，中共中央办公厅、国务院办公厅印发的《关于进一步加强和改进新形势下高校宣传思想工作的意见》中指出：“坚持改革创新、注重实效。准确把握师生思想状况，创新工作理念和方式方法，把解决思想问题与解决实际问题结合起来，不断增强针对性、实效性。”身处互联网时代，“网络思想政治教育”成为高校创新宣传思想工作方式的首要目标。培育一批网络名师，建设校园网站，开设学生主题教育网站和网络互动社区，鼓励辅导员开博客、思想政治理论课教师开博客，发展校务微博、校园微信公众账号等一系列网络新媒体建设如火如荼地开展起来。

然而，简单创新宣传方式并不能从根本上让高校宣传思想工作取得实效，就拿张万年逝世来说，人们原本对他只有一个大概的印象，了解得不深，直至他去世，多数人尚不知道这位令中央领导人悲痛万分的将军究竟是什么样的人，有着怎样令人动容的生平事迹。尽管高校通过互联网发起了各种形式的纪念活动，但

没有了解，纪念就可能沦为一种形式。此外，互联网的传播环境下，高校教师可借助自媒体自由发表言论，他们作为高级知识分子，极易变身为网民眼中的“舆论领袖”，这就可能滋生一种高校教师言论“越界”的危险，“越界”言论在高校、在媒体、在互联网上的肆意传播，只会让高校宣传思想工作事倍功半。

高校宣传思想工作，是一项战略工程、基础工程、灵魂工程，是为了搭建起高校意识形态阵地。在这个工程中，主体是高校，客体是学生，介体是传播工具，环体是宣传思想的大环境。要想提升新形势下高校宣传思想工作的实效性、针对性，高校需大力建设好“四体”，形成并提升宣传思想工作的引领力、感召力、覆盖力和吸引力。

虽然我们深知高校思政课堂上所讲述的思想是先进而深刻的，论断是合理且有说服力的，但是它们无法形成对学生的感召，不能说服他们接受，反而对他们产生逆反效果，这需要高校从教学方式、方法上寻找原因。做好高校宣传思想工作应该让正确的价值成为学生们“自发的选择”。

二、新形势下高校宣传思想工作的特征

1. 对象——大学生是一群思想叛逆的年轻“网民”

当代大学生是伴随着互联网的壮大而一步步成长起来的，他们创造出异彩纷呈的网络语言及网络沟通方式，形成了他们独特的思维习惯和思维方式。高校工作者的实践表明，使用网络化的语言、网络形象、网络交流互动方式更容易获得学生的亲近、关注和追崇，更易于激发他们思想上的共鸣和情感上的认同。

而那些“居高临下、空洞说教、照抄照搬”“语言生硬、方式刻板、内容模式化、讲课套路化”的工作方式，因为与学生的生活实际有一定差距，所以显得格外空洞、无效，甚至可能引发学生的逆反心理，使得思想宣传工作无法取得理想结果。

2. 主要方式——课堂与思想政治教育

当今社会已步入信息与知识社会，随着信息量的剧增以及传播工具的不断创新发展，高校必须努力使宣传思想工作适应时代的步调，实现更快、更深、更大范围的覆盖。为此，高校需增强课程覆盖力。高校宣传思想工作不仅要依赖思想政治理论课堂发挥影响，而且还要依靠专业课、选修课等多类课堂综合发挥渗透作用。

此外，加强和改进高校宣传思想工作要走出课堂。高校教师借助微博、微信等自媒体传播思想早已不罕见，而且高校教师与一般网民不同，他们崇高的社会地位和独特的思想极易在网络上成为“舆论领袖”。

3. 传播机制——学生自主获取意识形态教育

仅是思想内容价值高并不意味着它一定能被广大群众所接受，还取决于它是否符合中国国情，是否合学生口味，如果“板着严肃的面孔”，一味“书生意气”“强拉硬套”，再有价值的思想也难被学生认同。科学、合理且颇具时代感的思想才更易于为学生们所接受。

在尊重学生自主获取意识形态教育的同时，需要警惕的是在大学的思想超市里，可以有争论、有交锋，但也要防止那种站队性质的简单攻伐、那种大棒压人的粗糙讨论。这就要求高校教师要更加正视其为人师表的责任，一旦在讲台上肆意发表视野狭隘、观点偏颇的内容，极易让尚处于心灵成长期的学生产生错误认知。

三、互联网思维下的高校宣传思想工作

基于此，笔者在认真思考，有没有一种高校宣传思想工作模式，在互联网的背景下，基于互联网传播的便捷性、即时性，基于学生信息获取能力的提升，基于良好的高校宣传思想，可以打破高校宣传思想工作与学生之间的话语鸿沟？最近互联网思维观念在冲击着笔者对于新形势下高校宣传思想工作的认识。笔者主张借鉴互联网思维开展高校宣传思想工作，将其精髓运用于今后的实践，其核心要点如下。

1. 有效开展高校宣传思想工作，就是要注重学生的体验，包括平台下教师的体验

一个平台如果想同时提高学生和教师的体验，必须从学生和教师的需求点、兴趣点入手。目前高校宣传思想工作开展的“难点”在于：内容无法吊起学生胃口、宣传方式比较单调、单向传播手段僵硬。这就要求高校在互联网新形势下进行宣传思想工作时，要增强走在前列的意识，把握网络技术媒介创新发展的趋势，对互联网信息技术给予关注，尽可能地使用网络化的语言、网络形象、网络交流互动方式来获取学生们的关注和追随，激发大学生的情感认同和思想共鸣，一方面增强思想宣传教育的效果，另一方面掌握住高校宣传思想工作的主动权。

2. 让学生回归学生，让教师做回教师

高校宣传思想工作的目标，在于让学生树立起社会主义核心价值观，以中国共产党的先进理论武装大学生们的头脑，不断增强青年大学生的道路自信、理论自信、制度自信。在当前高校宣传思想工作上，学生“应付式”接受现象普遍，思政教师想说的内容并没有入得了学生的耳、脑、心。最大的问题就是没有调动起学生们主动接受思想的积极性，因此，要创新高校思想政治教育方式，开办一批贴近师生学习、生活的网络名站名栏，让学生和教师共同组成宣传思想的工作队伍，搭建思政教育资源库、学生思政教育社区等，鼓励辅导员、教师开通博客、微博、微信，全面提升高校宣传思想工作的引领力。

3. 高校要打造平台式宣传思想体系，让各个资源节点在一个平台上发挥最大效用

众筹模式是用一种沟通和交易成本最低的方式，争取实现在同一个平台上，让每个资源节点都实现各自的价值。运用众筹思维，就是将高校思政教育的各类资源集成化，让校园文化、意识形态、宣传、管理等各个资源节点，在一个平台上都能发挥其最大效用。把空洞无聊的思政课堂，变成趣味十足的学生特色活动。让平台帮助放大高校宣传思想工作的能量，拓展空间。所谓平台，是为师生搭建，帮助高校实现宣传价值的，它统筹校内校外、课上课下和网上网下等文化资源，形成宣传思想工作的协同化教育环境，让无处不在、无时不在的隐性宣传文化发挥效用。做平台需要的是“以理服人”，而非教师所说就一定是准则，反而是师生共同参与、讨论后所形成的思想“真理”才更能为学生所接受。

高校思想政治教育新媒体平台建设的思考
——以法大校园微信公众平台建设为例

学生处　张永然

摘　要　微信作为微时代的新兴自媒体，其微信公众平台能够成为开展思想政治教育的有效平台。笔者立足于对法大校园微信平台的调研，认为应当通过规范管理、加强引导、重点扶持等措施鼓励校园微信公众平台多元、特色发展，满足大学生的个性化成才需要，以合作创新形成育人合力。

关键词　思想政治教育　新媒体　校园微信公众平台

作为移动互联网背景下的新兴自媒体，微信集通信、社交和生活服务于一身，❶ 以其丰富的信息资源和独特的功能优势，❷ 对当代青年尤其是90后的大学生具有很大的吸引力。时下，通过微信进行聊天、视频对话、获取信息成为大学生常用和有效的媒介之一，而刷朋友圈、分享信息已经成为大学生们记录成长、展示自我的平台。“微信，是一种生活方式”，极为形象地描述了微信的影响力和渗透力。

如何充分挖掘微信的功能，建设校园微信思想政治教育平台，开展有效的网络教育引导和管理服务已经成为微时代大学生思想政治教育的一个新课题。

一、微信公众平台是开展思想政治教育的有效途径

近年来，微信用户呈迅猛增长趋势，据统计，截止到2015年第一季度，其已经覆盖中国90%以上的智能手机，月活跃用户达到5.49亿人，各品牌的微信

❶ 靖鸣、周燕、马丹晨：《微信传播方式、特征及其反思》，载《新闻与写作》，2014年7月刊。

❷ 吴欣遥：《微信时代大学生思想政治教育工作的新问题与新举措》，载《理论导报》，2014年7月刊。

公众账号总数已经超过 800 万个。[1] 这背后，微信独具特色的公众平台功能功不可没。

与 QQ、飞信和 MSN 等同类型软件相比，微信在提供聊天社交的基本功能和体验服务的扩展功能的基础上，还推出了特色的公共账号功能。即个人和企业只要通过审核，都可以打造一个微信的公众号，就可以向特定群体推送消息，实现文字、图片、语音的全方位沟通、互动，开展一对多的媒体行为。[2] 微信用户可以通过选择关注公众号，实现获取“私人定制”的信息，并且通过朋友圈等方式进行私人分享和传播。可以说，微信公共账号开启了一种新的网络大众传播模式，这为开展网络时代大学生思想政治教育工作提供了天然的自媒体平台。

首先，微信公共账号技术的低门槛、简便性有利于增强大学生思想政治教育工作与互联网的融合度。在现有开展思想政治教育工作的平台中，大学生思想政治教育的门户网站和手机 App 客户端的开发，往往需要大量资金和人力投入，专业技术要求程度很高；而已有的网络软件则因定位存在功能上的一定不足，如飞信、QQ 等社交软件覆盖面有限，微博、博客等个人空间则互动性有限。但微信以及大量第三方软件的支持已经使得微信公众号的操作者无须专业系统的网络技术和新闻编辑培训，就能轻松设计公众号界面，以图文并茂的形式推送信息。可以说，微信的公众号作为微时代开展大学生思想政治教育工作的新利器，能以较少投入，迅速搭建起独具特色的思想政治教育平台，其优势是其他网络工具难以比拟的。

其次，微信公共账号设置的开放性、平等性有利于促进大学生思想政治教育参与者的主体性进一步发挥。跨入 Web 2.0 时代的互联网，其显著特点是用户的交互性和参与度。让用户充分发声，不仅让用户成为信息的接受者，还要让其成为内容的制作者和传播者，这成为微信自媒体的显著特点。相对我国传统新闻报刊的严格审批，微信公众号设置了较低的准入制度：不限主体，个人和企业均可；认证方便，所需手续简单；管理宽松，对用户较少约束。这符合当前大学生

---

[1] 数据引自百度百科：http：//baike. baidu. com/link? url＝wwrpALorKCpae41UU-JqVw2oEqzT9IROSPpoWH8cB3YJ0poUZIaxiFpxFFL3PM2dT6n _ MKoEOLbUQwGW6DQpm-2rLfCbLCV0BySUkwtyjXK6q，2015 年 7 月 15 日。

[2] 数据引自好搜百科：http：//baike. haosou. com/doc/5335445 － 5570883. htm，2015 年 7 月 15 日。

思想政治教育从传统的教导式到对话式的范式转变的趋势，无论是教师还是学生都可以参与到教育中来，发出自己的声音。微信打破了教育者的话语垄断权，激发受教育者的参与热情，学生通过微信公众号的媒体平台，发出自己的声音，表达自己的诉求，发挥教育的主体作用。

最后，微信公共账号传播的广泛性、精准度和深度性有利于提升大学生思想政治教育工作的实效性。微信具有极为庞大的用户群，这就决定了微信公众号推送范围具有很大潜力，而微信账户和单一手机号绑定，使得微信更接近一个实名平台，这使得微信公众号的推送信息能精准地为绝大部分真实用户接受。而与微博等平台相比，其立体化的推送内容和限定的推送次数，一定程度上克服了互联网时代浅阅读的传播习惯，往往更具有深度性。可以说，实现了受众广泛、精准传达、内容深刻等优点，微信公众号的这些特点同样是思想政治教育工作开展的基本要求，两者具有天然的契合度。

当然，微信作为网络时代自媒体的典型代表，同样也存在着个体化、多样化、普泛化、去主体化等不利于思想政治教育工作开展的因素，这点在高校校园微信公众平台建设中也显示了出来。

二、法大校园微信公众平台的现状以及发展

近年来，随着微信在大学生中迅速普及，微信公众平台也已经受到了师生的广泛关注，高校校园的微信公众平台也迅猛发展起来。仅以法大为例，学生处网络思想政治教育工作室的木笔数据显示，自 2011 年微信公众平台上线以来，法大校园内目前微信公众号有百余个，其中既有法大官方微信公众号——中国政法大学，也有相关校务机构的，如中国政法大学学生处、法大饮食、法大鉴定、法大青年等，还有各级学生组织和学生社团，如中国政法大学学生会、刑司学委会、法大心协、法大街舞社等，另外还有一些是学生因兴趣自发组成的，如法大小石桥、宇昕有话说，等等。这些公众号虽然在功能定位、目标受众、组织运作、影响力等各方面大相径庭，却在一定程度上对宣传学校、服务同学起到了推动作用，有利于调动各方积极性，多方推进大学生思想政治教育工作的开展。

但繁荣背后，我们也看到了其中存在的诸多问题，制约了校园微信公众平台在思想政治教育工作效应的发挥：

（1）法大校园微信公众平台缺少统一管理认证，难以形成合力。由于微信公众号的申请和认证是开放式的，且是由腾讯公司最终审核，因此，学校无法掌握

微信公众号的运营主体的信息，不了解每个公众号的背景，更难进行对推送信息的有效管理。而出于吸引微信大学生用户额市场的需求，一批有“法大”之名而无“法大”之实的公众号也就冒出来了，如“法大微生活”，其完全由企业运作，和法大并无关系，但却因名字吸引了大批法大学子和外部的关注。目前此类公众号尚未给法大带来负面影响，但其完全商业化的运作手段，很难杜绝其借“法大”之名进行炒作，误导学生，进而影响法大声誉的情况。

在学校层面，除法大官微之外，各相关部门只是根据工作情况和领导重视程度开设公众号，并无统一要求，只有少数部门如学生工作部（处）、团委、饮食服务中心开设了公众号。而随着学生个性化的发展，值得注意的是，一些同学建起个人微信公众号，如宇昕有话说、脆脆日报。虽然在内容上有些小众，主要关注内心体验和个人生活，但也着实得到部分同学的关注。总体来说，法大校园微信公众号还处在分散阶段，学校缺乏统筹管理，各个部门、各个组织乃至个人都处在各自为政的状态。

（2）法大校园微信公众平台缺少品牌精品，整体影响力有待于提升。目前衡量微信公众号影响力主要采用 WCI 指数，即由综合分析总阅读量、总点赞数、发布文章总数、当期最高阅读量等形成的参考指标。据目前国内两个比较有规模的微信公众号排行榜显示，我校微信公众平台的社会影响力较整体偏低。如新媒体指数提供的数据显示，以“中国政法大学”为关键字进行搜索，相关微信公众号约 130 多个。其中排名最靠前的是中国政法大学学生会，排在七千多名；其他均在万名开外；法大官方微信公众号——中国政法大学，排名只是在一万六千余名左右。据南方周末推出的高校微信公众号排行榜显示，中国政法大学微信公众号在高校的官方微信公众号中排在 60 名左右，落后于西南政法大学、对外经贸大学等高校的公众号名次；我校的学生处、校团委等微信公众号虽在分榜里面取得名次尚可，如中国政法大学学生微信公众号排在其校务机构排行分榜的第 19 名，但在总榜上的名次依然差强人意。

当然，排名以及参考指标的科学性还有待于探讨，而且具有鲜明自媒体特色微信公众号的影响力和传播力是要依靠特定群体，法大校园的微信公众号主要是服务于法大师生，应当突出法大特色。但不可否认的是，该指标和排行也从一个侧面反映出法大校园微信公众号竞争力还有待提升，尤其在推出一批具有特色的微信公众号，持续推出一批能广泛传播的精品信息上，还有很多值得努力的地方。

(3) 法大校园微信公众平台之间发展不平衡，功能定位、组织运作尚待规范。当前法大校园微信公众平台虽处在迅速发展期，但是各微信公众号发展不平衡的现象很明显。据学生处网络思想政治教育工作室的木笔数据统计，现有100多个校园微信公众号里活跃的也只有60个左右。而从关注人数、WCI指数来看，中国政法大学、法大小石桥、中国政法大学学生会等微信公众号具有很强的实力，在已经进行的12期校内排名中，始终名列前茅。其中中国政法大学微信公众号关注量高达两万多。值得一提的是，中国政法大学学生处微信公众号自2014年7月上线来，发展迅速，目前关注量已达到七千多。而从推送内容和提供服务来看，虽然有中国政法大学学生会的微信公众号推出空余教室查询的服务，中国政法大学学生处微信公众号推出心理健康自测的板块，但各微信公众号同质性很高，整体上功能比较单一，均为推送信息的订阅号，目前还没有能对学生实现个性化服务的服务号。

而之所以出现这些问题，笔者认为主要是与法大校园各微信公众号运营者的重视程度有关。中国政法大学等几个学校层面的微信公众号，相关领导高度重视并给予大力支持，切实把其作为开展工作、服务师生的重要平台。如学生处的微信公众号设立宗旨就是服务于学生的健康成长成才，开设诸如“经典E文”“好好学习”“暖心驿站”等诸多栏目为学生提供指引服务。其在2015届毕业季，持续推出最美法大人等系列视频、摄影，关注量屡创新高，在毕业生中取得良好效果。而对于学生组织和社团而言，学生们热情虽高，但对微信公众号的功能定位认识不清，内部运作机制不顺，人员素质和投入精力都不足，因此推送信息不及时、不定期、缺少原创性，往往沦为发布通知的布告栏，导致一些微信公众号的活跃程度不高。

三、加强法大校园微信公众平台建设的几点建议

微信公众平台作为开展大学生思想政治教育的有效平台，从当前法大校园各微信公众号存在的实际问题出发，我们认为如果要充分发挥其在育人中的功能，学校相关管理机构和微信公众号的运营者应该开展以下工作：

第一，规范管理，健全完善法大校园微信公众号的管理机制。如何对微信等网络自媒体进行管理，是当前社会治理和互联网管理的热点和难点。设立微信公众号，必须要遵守相关法律法规以及公众平台的规范，其受到运营商提供服务协议的制约，一旦违反相关规定，就可能被封号。但这毕竟只是底线管理。而要充

分发挥微信公众号的思想政治教育的作用，有效地对师生开展教育管理服务，就必须加强规范引导。对此，学校宣传部门应当积极介入，在掌握校园各微信公众号的基础上，进行分类管理，落实主体责任。对虽冠以法大之名，但由商家和社会人士等运营的微信公众号，要密切关注其动态，建立和微信公众平台运营商和上级主管部门的联动机制。一旦发现其有损法大声誉的行为，要及时给予警告，要求其改正，必要时诉诸法律维护法大的权益。而对于校园内法大师生开设的微信公众号，则应制定校园新媒体管理办法，将微博、微信、博客等统一纳入管理。明确各级管理责任，如官方微信公众号和校务机构的微信公众号应纳入学校宣传部门统一管理；各级学生组织和学生社团微信公众号由学生处、校团委以及各学院等学工部门分头管理。由法大师生自发建立的微信公众号，则分别应由校人事、师德建设部门和学生处、相关学院以相应的教育引导，要求其遵守法律法规、校规校纪，不逾越法律和道德底线。

第二，加强引导，全面提升法大校园微信公众号的整体素质。微信公众号虽然入门低，但是单靠热情是无法做好做大做强的，必须遵循自媒体的传播规律，需要一定网络技术支持和专业的新闻素养。当前法大校园的微信公众号整体素质参差不齐，这在由学生组织和师生个人发起的微信公众号中表现突出。网络技术、新闻专业知识的缺乏，直接导致了许多校园微信公众号活跃程度不高，影响力不高，个别甚至成为摆设，长期处于停滞状态，成为僵尸号。如果要充分发挥校园微信公众号的思想政治教育作用，学校在规范管理的基础上，更应给予这些微信公众号以多方引导。学校要定期开展相关的培训对校园微信公众号的运营者进行网络技术和新闻知识的培训，这不仅提升其技术能力，还有效加强其政治意识和新闻素质的培养。要建立常态化的沟通机制，通过 QQ 群等方式进行经验交流和分享。要建构奖励、激励机制，给予优秀微信公众号和精品文章表彰和推广。在条件成熟的情况下，组成校园微信公众号思政联盟，实现互相关注和互联互动，扩大整体影响力。目前学校学生处正在开展此项工作，组织了首次校园微信公众号负责人培训，邀请新闻学院的专业教师和宣传部的负责老师，进行了理论和实践两方面的培训。下一步，将开展优秀校园微信公众号和优秀文章的评选，并初步搭建校园思政微信联盟，并将邀请北京地区高校参与进来，形成更广泛的协作。

第三，重点扶持，着力培养一批具有广泛影响力、独具法大特色的微信公众平台。法大校园微信公众号虽然发展迅速，但社会影响力较弱，其原因是多方面的，一是和学校专业特色有关，技术上先天不足；二是和运营者重视程度有关，打造精品意识和新闻传播意识有待提升。对此，学校相关部门应当充分认识到微信公众号作为高校宣传教育工作的一个重要阵地，对于提升学校形象、服务师生、开展有效思想政治教育工作具有重大意义，应当重点扶持一批特色的校园微信公众号，扩大影响力。对此，对于法大校园现有功能定位清晰、内容特色鲜明、受众较广的全校范围的微信公众号，如中国政法大学学生处、法大小石桥、法大青年，给予政策上的支持、资金上的扶持和业务上的指导，努力提升其内容的特色，健全其运行机制，扩大社会影响力。而对于各学院学生组织、学生社团的内容和受众范围特定的微信公众号则应鼓励立足学生实际，贴近学生生活的特色发展，不求大而全，走深度融合、小而精之路。而对于由法大师生开设的自媒体微信公众号，则应及时关注和沟通，引导其导向，善用其影响力。最终通过以上举措，形成功能定位层次清晰、内容多元统一、满足学生个性化成才需求的校园微信公众号体系，真正形成育人的合力。

教学和人才培养

高校形势与政策教育课程现状调研及改革建议

学生处　卢少华

摘　要　形势与政策教育课是高校思想政治理论课的重要组成部分，是对学生进行形势与政策教育的主渠道、主阵地，是每个学生的必修课程，在大学生思想政治教育中担负着重要的使命，具有不可代替的作用。通过实证调研，笔者发现大多数高校形势与政策教育课教学开展情况较好，但在师资队伍建设、课程管理等方面也存在发展不平衡等问题。笔者结合学校实际，借鉴相关高校做法，提出完善我校形势与政策教育课程改革建议。理顺体制机制，在学校党委的领导下，马克思主义学院牵头开展课堂教学，党委宣传部、学生工作部、教务处及校团委等部门分工协作，负责形势与政策教育报告会和实践教学；加强师资队伍建设，建立一支以专职教师为骨干，兼职教师参与的专兼职教师队伍；创新教学形式，规范课程考核，完善课程建设；最终构建科学的形势与政策课教学体系，不断提高我校形势与政策教育规范性和实效性。

关键词　高校　形势与政策教育　课程改革

形势与政策教育课是高校思想政治理论课的重要组成部分，是对学生进行形势与政策教育的主渠道、主阵地，是每个学生的必修课程，在大学生思想政治教育中担负着重要的使命，具有不可代替的作用。《中共中央国务院关于进一步加强和改进大学生思想政治教育的意见》《中宣部教育部关于进一步加强高等学校学生形势与政策教育的通知》（以下简称《通知》）指出，要积极探索新形势下开展形势与政策教育的新方式和新途径。要根据教学的需要和学生的特点，采取灵活多样的教学方式。要努力做到系统讲授与形势报告、专题讲座相结合，请进来与走出去相结合，课堂教学与课外讨论、交流相结合，正面教育与学生自我教育相结合。

一、我校形势与政策课程设置现状

为贯彻落实《中共中央国务院关于进一步加强和改进大学生思想政治教育的意见》，不断增强形势与政策教育的针对性和实效性，根据《通知》精神，2006年，学校结合实际出台了《中国政法大学关于进一步加强大学生形势与政策的实施意见》，明确了学校形势与政策教育指导思想和重要内容，提出以规范化、制度化建设为重点加强形势与政策教育课，提出实施形势与政策教育“七个一”工程——每个同学每年听一次高水平的形势报告、听一次英模报告、听一次党课、观看一次有教育意义的影片、参加一次主题研讨、参加一次社会实践活动、撰写一篇论文。教务部门将形势与政策教育纳入本科教学计划，平均每学期16学时，四学期共计2个学分，实行学年考核制，每学年考核一次，该课程成绩为各学年考核平均成绩，一次性记入学生的成绩册，考核工作由教务部门统一安排。

经过多年的实践，学校形势与政策教育不断推进，但随着互联网的飞速发展，信息更新速度加快，同学们获取信息的渠道更加多元和畅通，获取信息的速度加快，形势与政策教育课程面临新的挑战。为此，本课题组在全面分析我校目前开展形势与政策教育现状和面临的困境的基础上，通过实证调研，了解相关高校开展形势与政策教育的有效方法和途径，了解学生对形势与政策教育的满意度和新需求，以及了解一线思想政治教育专任教师及辅导员队伍的想法。通过分析研究，提出改进形势与政策教育改革的工作对策和建议，探索形势与政策教育的新方式和新途径。

二、形势与政策课程现状调研

（一）调查目的及对象

为全面了解大学生形势与政策课程的现状，并根据现状分析原因，以便更具针对性地提出科学合理的大学生形势与政策课程改革建议。本次选取了54所高校进行抽样调查，共发放问卷54份，回收有效问卷54份。调查覆盖了本科和专科（含高职）学历层次，其中本科院校40所；专科（含高职）院校14所。

（二）调查现状分析

1. 形势与政策课在各个高校开设情况比较好，绝大多数都以必修课形式开展课堂教学

各个高校普遍开展形势与政策课堂教学，仅有极少部分高校未开展课堂教学。绝大部分学校将形势与政策教育课设置为必修课，极少部分学校设置为选修课。关于形势与政策课的考试周期设置，超过60%的学校将课程设置为学期考核制，少数设置为学年考核制或者其他考试周期。

图 1 显示，有 92.59%的学校开设形势与政策课堂教学，仅有 7.41%的学校未开设形势与政策课堂教学。可见，绝大部分学校开设了形势与政策课堂教学。

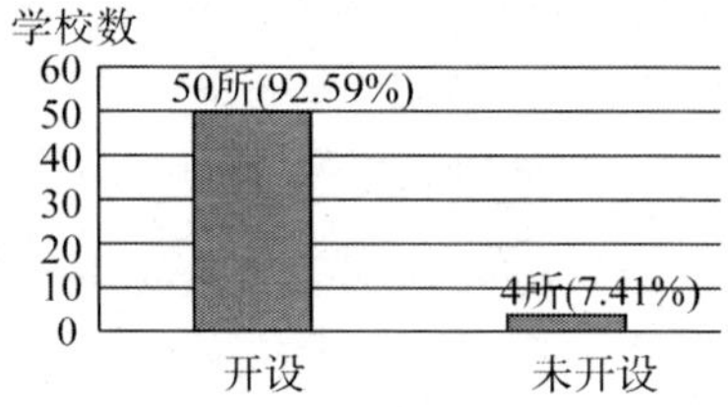

图 1　学校是否开设形势与政策课堂教学

图 2 显示，有 94.44%的学校将形势与政策课设置为必修课，5.56%学校未将形势与政策课设置为必修课。可见绝大部分学校将形势与政策课设置为必修课。

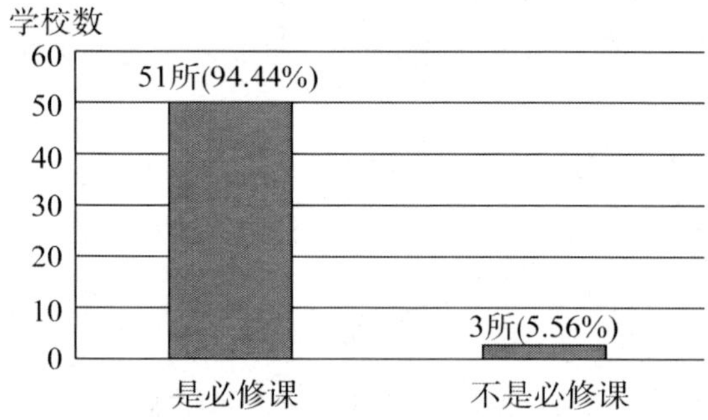

图 2　所在学校形势与政策课是否为必修课

图 3 显示，64.81%的高校将形势与政策课的考核周期设置为学期考核制，14.81%的高校将考核周期设置为学年考核制，另有 20.37%的高校用其他考核周期进行形势与政策课的考核。

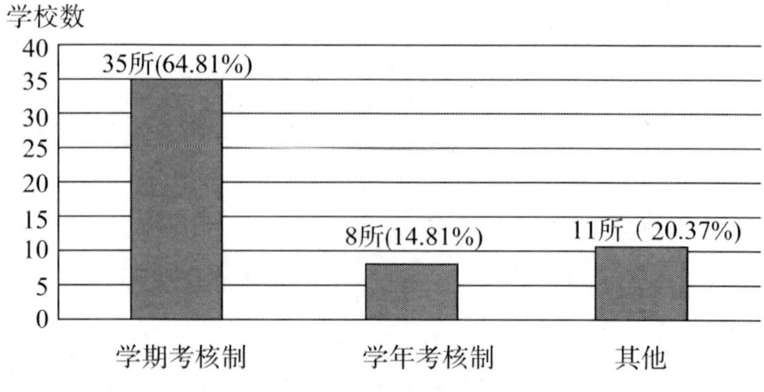

图 3　学校形势与政策课的考试周期

2. 形势与政策课牵头部门相对集中，绝大多数由思政课教学管理机构牵头

《通知》中明确规定了“高等学校要建立健全党委统一领导，党委宣传部与思想政治理论课教学管理机构牵头负责，教务部门、学生工作部、团委直接参与的教育教学领导体制和工作机制，制订教育教学计划，组织实施教学活动。”调查显示，有超过三分之二的高校都是思想政治理论课教学管理机构牵头开设形势与政策教育课程，其他部门共同参与。

图 4 显示，11.11％的学校形势与政策课牵头部门为党委宣传部，18.52％的学校由党委学生工作部牵头进行课程教育，66.67％的学校形势与政策课牵头部门为思政课教学管理机构，还有 3.70％的学校由其他部门牵头进行课程教学。

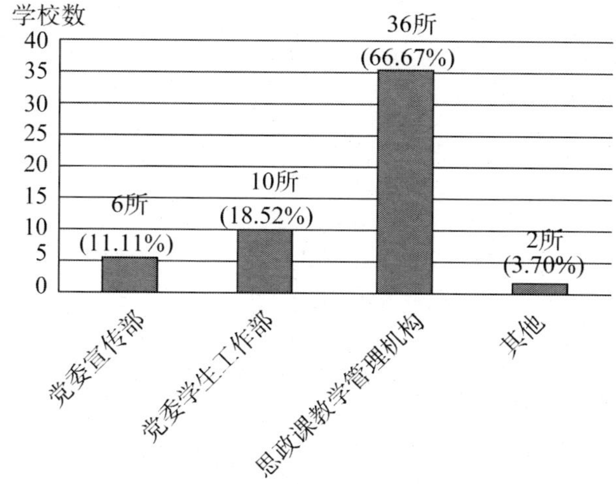

图 4　所在学校形势与政策课牵头部门

图 5 显示，学校形势与政策课直接参与部门中以思政课教学管理机构比重最大，占 79.63％；其次是教务处，占 40.74％；之后是党委学生工作部，占 38.89％；党委宣传部，占 34.48％；直接参与部门所占比重最小的是团委，仅占 16.7％。

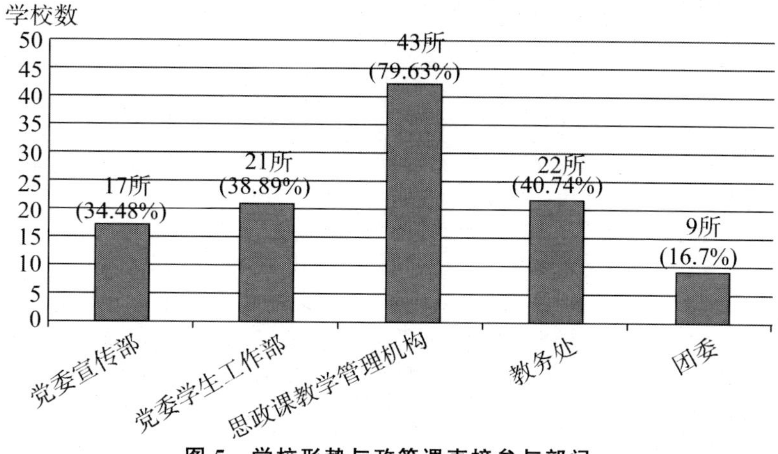

图 5　学校形势与政策课直接参与部门

由图 4 和图 5 可见，学校形势与政策课主要负责的部门为思政课教学管理机构，学校要继续提升对形势与政策课的重视程度，把形势与政策课放在重要的高度，纳入全校思想政治理论课程总体建设体系中，并要明确牵头部门和参与部门的职责，规范教学管理。

3. 形势与政策课的教师队伍建设有待加强，应积极构建一支以专职教师为骨干，兼职教师参与的专兼结合的师资队伍，并不断提高教师队伍的专业素质

形势与政策教育课具有内容更新速度快、信息量大、覆盖范围广、专业性较强等特点，对于教学的教师提出了更高的要求，形势与政策教育课的教师队伍有待进一步加强，课程要求教学教师具有高度的政治敏感性和较强的综合素质。形势与政策课教师对于结构的基本要求应该是以专职为主、兼职为辅、专兼职结合，从目前形势与政策课程教师队伍状态来看，“专职为主”“兼职为辅”在多数高校得到了落实，但还是有相当部分高校没有建立专职教师队伍。

图 6 显示，69%的学校具有形势与政策课的专任教师，31%的学校不具有专任教师。

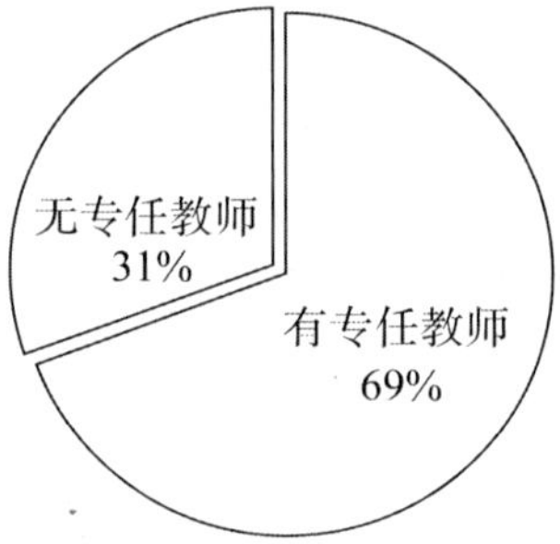

图 6　形势与政策课是否具有专任教师

图 7 显示，93%的学校有形势与政策教育课的兼任教师，7%的学校没有兼任教师。

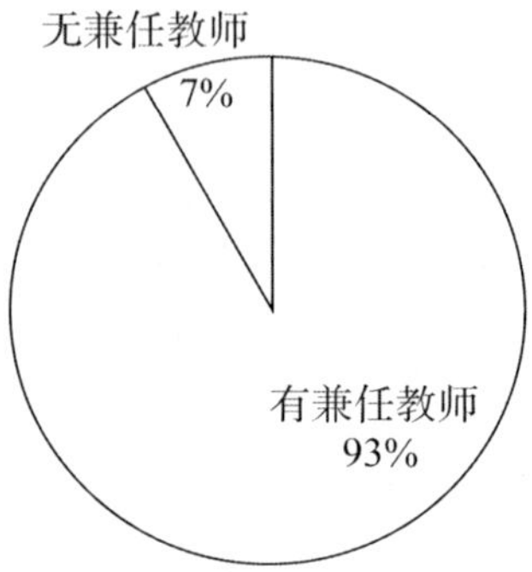

图 7　形势与政策课是否具有兼任教师

图 8 显示，形势与政策课兼职教师类型中，比重最大的为思想政治理论课教

师，为29%；党政干部教师占27%；辅导员占25%；哲学社会科学相关学科专业课老师占15%；其他教师为4%。

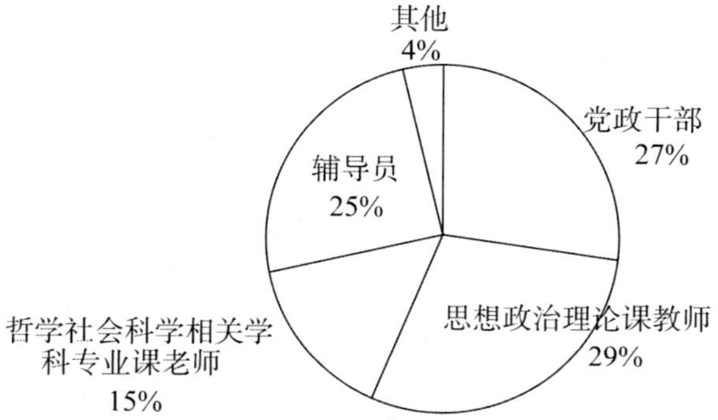

图8 形势与政策课兼职教师类型

图9显示，72.22%的学校没有校外兼职教师，仅有27.78%的学校有校外兼职教师。

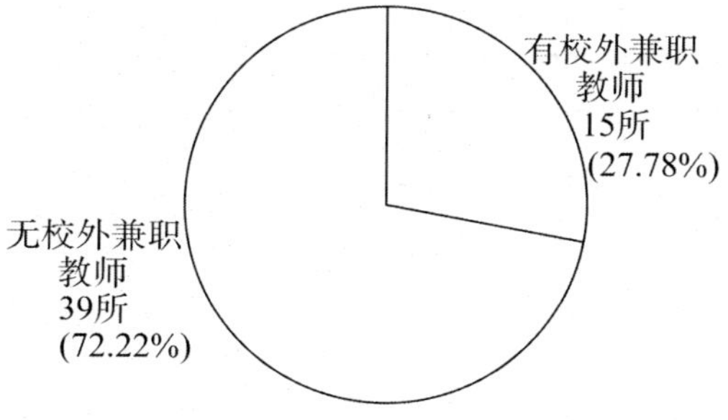

图9 形势与政策教育课是否有校外兼职教师

从图6～图9中得出，大部分高校都有专任教师和兼职教师，可见高校在师资力量上对于形势与政策课的配备比较重视，但是专兼职比例不协调、教师专业局限性较大、校外兼职教师比重小。应优化师资队伍，充分发挥思想政治理论课教师和党政领导干部的积极作用，提升对形势政策基本理论的讲解水平和分析的权威性；另外要开展好形势与政策教育课程教学，必须要有专职教师队伍，尚未建立专职教师队伍的高校必须加快建设。

4. 形势与政策教育课的教材主要依靠教育部的教学要点，课程教材建设相对薄弱

在完整教学过程中，教材是教学和学习的基本依据和主要工具，是进行教学的重要媒介物，是规范教学规程和保证教学质量的基础❶。目前学校形势与政策

❶ 周子勇，《高校“形势与政策”课教材编撰的“五化”》，载《鸡西大学学报》，2013年4月，第11—12页。

教育课的教师使用教材及主要参考书多为教育部下发的形势与政策课教育教学要点，学生使用的教材多为中宣部、教育部编写的《时事报告》（大学生版），主要依靠教育部的教学要点开展教学。课程教材并不规范，对此各省市及学校应结合各地特点和实际情况，制定适合本地区和学校特点的教学资料，并做到教学资料的常变常新。

图 10 表明，教师使用的教材及主要参考书中，教育部下发的形势与政策课教育教学要点，占 72.22%；中宣部、教育部编写的时事报告（大学生版）占 64.81%；中宣部《时事报告》杂志社编写的教师讲稿和课件占 62.96%；教育部指定形势与政策课音像教材《时事》DVD 占 42.59%；最后是自编教材和其他教材均为 14.81%。

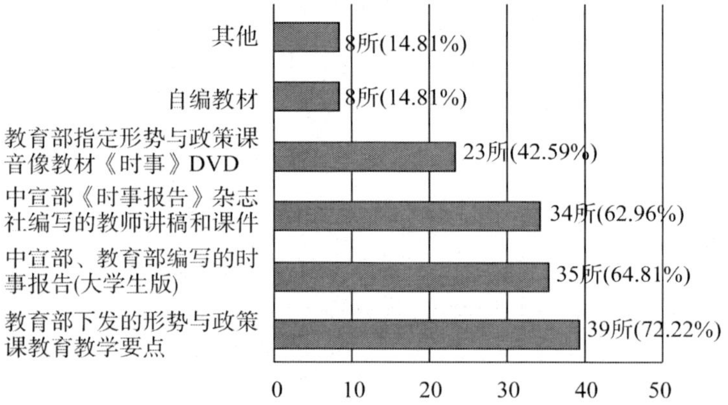

图 10　教师使用教材及主要参考书

图 11 显示，学生使用的教材主要为中宣部、教育部编写的《时事报告》（大学生版）为 61.11%；省编教材与自编教材均为 18.52%；其他教材为 16.67%；最后是校际合编教材，为 5.56%。

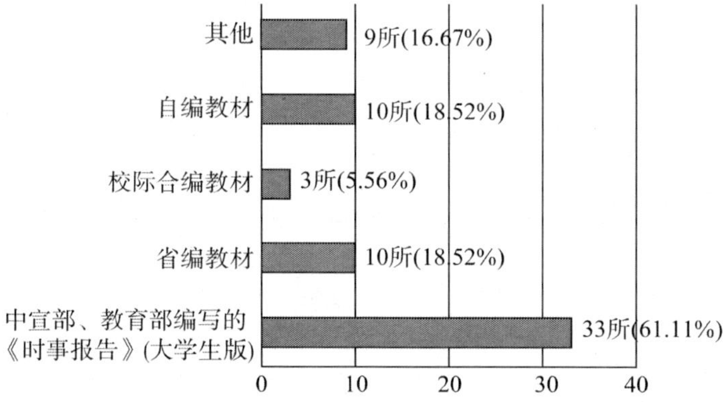

图 11　学生使用的教材

教材建设是课程体系完善和规范的前提和基础，形势与政策课的内容具有动态性、时效性和政策性相统一的特点，处在不断变化发展中，这就要求学校成立专门的教师备课组，并设立课程领导小组，在课程领导小组的指导下，参考教育部《要点》，编写符合国情、当地情况及适合学校的专题辅导材料。

5. 形势与政策课教学模式相对单一，课程建设有待加强

图 12 显示，在政策课教学安排中，有 81.5%的学校编制教学计划；74.1%的学校开展集体备课；46.3%的学校建立成绩档案；40.7%的学校建立专门的教学机构；38.9%的学校反馈教学信息；3.7%为其他。

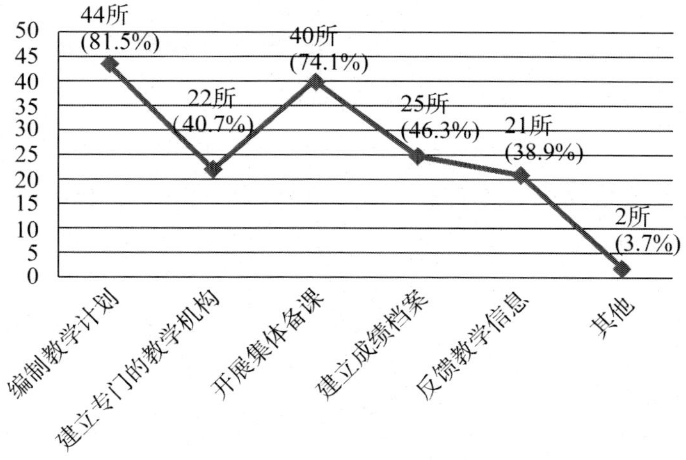

图 12　形势与政策课教学安排

图 13 显示，学校在形势与政策教育课采取的形式上，课堂讲授与专题讲座均为 76.78%；形势报告为 46.30%；主题教育与社会实践均为 40.74%；网络教学为 11.11%。

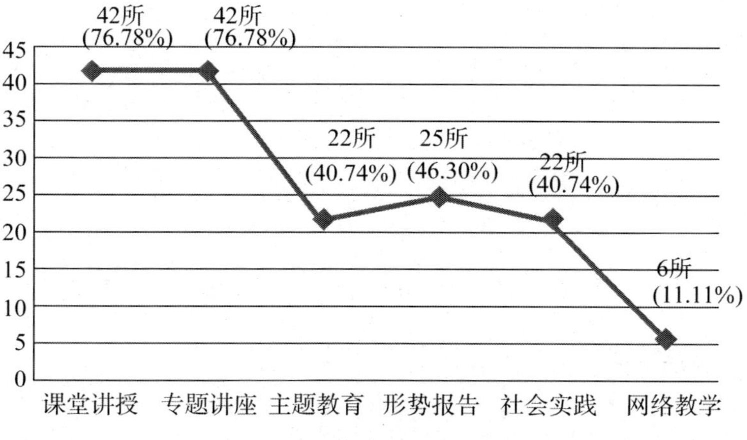

图 13　形势与政策教育课的形式

由于形势与政策课内容具有广泛性、复杂性，教学方法应该灵活多样，在加强专题讲座教学的基础上大力倡导互动式、启发式以及体验式教学，并让形势与政策课与社会实践、志愿服务活动相结合。要充分运用网络信息技术，通过网络和多媒体让形势与政策课的教育更加生动形象，便于学生学习，提高教学效果。

6. 形势与政策课的内容比较丰富，能够起到比较好的教育引导作用

图 14 显示，形势与政策教育课的内容最主要的为党的基本理论、基本路线、基本纲领和基本经验教育，占 23%；我国改革开放和社会主义现代化建设的形势、任务和发展成就教育为 22%；党和国家重大方针政策、重大活动和重大改革措施教育也为 22%；马克思主义形势观、政策观教育为 17%；当前国际形势与国际关系的状况、发展趋势和我国的对外政策，世界重大事件以及我国政府的原则立场教育为 10%；空白为 6%。由此可见形势与政策教育课的课程内容安排比较丰富，重点比较突出，能够起到比较好的教育作用。

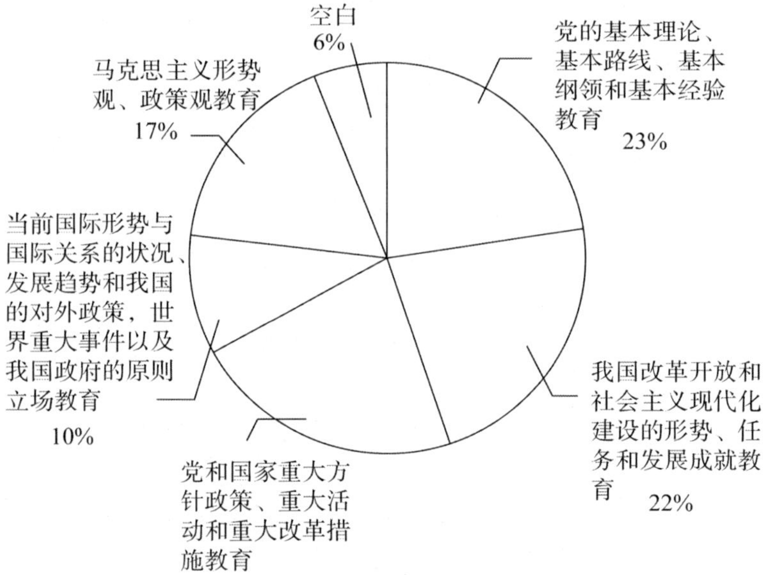

图 14　形势与政策教育课的内容

7. 课程考核形式单一，未能实质考察学习效果

图 15 显示，形势与政策教育课考核方式主要为考勤统计，占 59.3%；其次是论文写作，占 55.6%；书面考试，占 46.3%；调查报告，占 40.7%；另外有

16.7%的其他考核方式，如演讲、实践等。

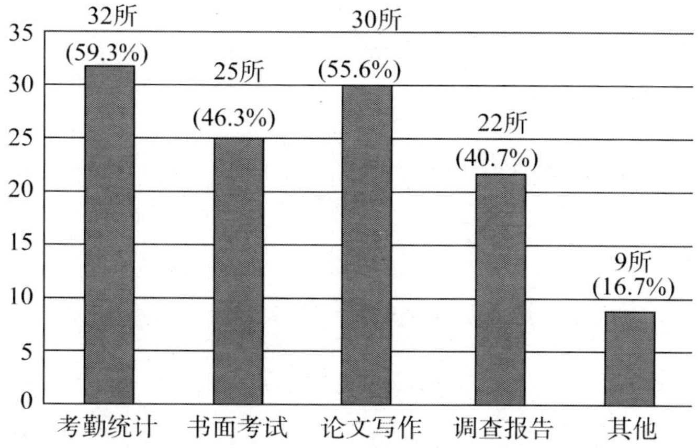

图 15　形势与政策教育课考核方式

图 16 显示，调研高校中形势与政策课出勤情况很好为 57%；一般为 37%；不足为 6%。

形势与政策课考核通常有考勤统计加学生文书写作，由教师综合考勤和论文给出课程学习成绩，缺乏科学的定量标准，难以很好地判断学生的学习状况，达不到学习和考核的效果。形势与政策教育课的考核应该从多角度考核进行，通过社会实践、调查报告、演讲答辩等方式综合考察，以期能全面检验学生的学习效果。

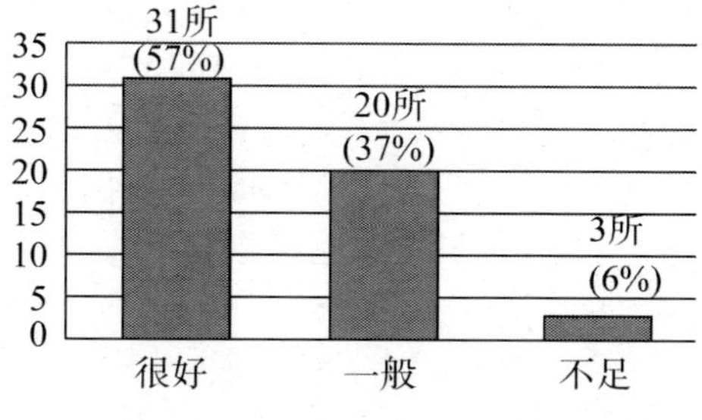

图 16　形势与政策课出勤情况

8. 学生对形势与政策课的满意度总体比较肯定，给予课程较高评价

图 17 显示，46%高校的同学对形势与政策课表示满意，46%高校的同学认为一般，仅有 8%高校的同学不满意形势与政策课程。由此可见多数高校大学生对于这门课程总体给予了肯定的评价。

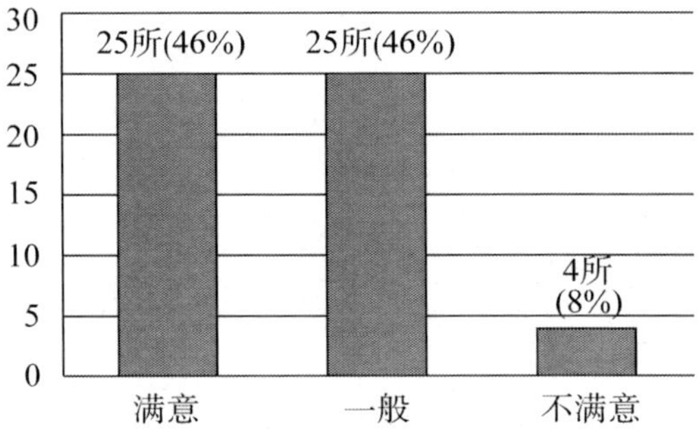

图 17　所在高校同学对形势与政策课的满意度

9. 教师基本接受形势与政策课的网络教学，但需要进一步加强

随着网络信息技术的发展，以电视、网络为主的传播方式深刻改变了学生的学习方式，使学生更倾向于利用多种媒体吸收新知识。根据调查来看，老师对于形势与政策课的网络教学满意度中等，并表示网络教学并不能替代传统教学，网络教学还有很大的可提升空间。

图 18 显示，44.44%的老师认为形势与政策课的网络教学效果一般，无法替代课堂教学的效果；38.89%的老师认为网络教学效果很好，能够通过多样的方法使同学接受教育；另外有 16.67%的老师认为网络教学效果不好，无法保证同学真正接受教育。

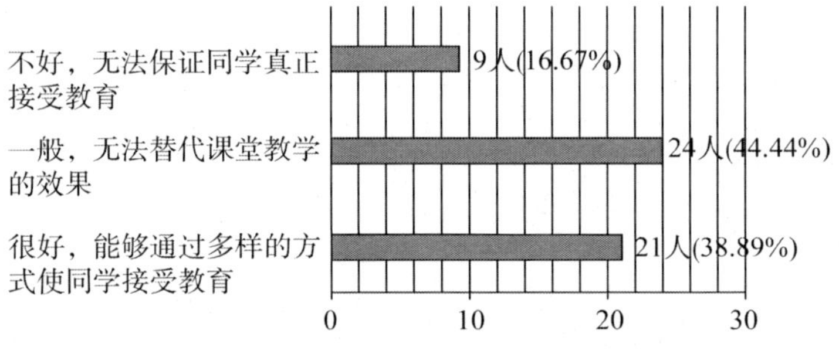

图 18　对形势与政策课的网络教学的看法

图 19 显示，62.96%的老师认为网络形势与政策教学课程无法保证同学真正完成了规定的课程，缺乏监督机制；55.56%的老师认为没有合适的网络教学平台；50%的老师认为网络教学系统资源不足；37.03%的老师认为网络形势与政策教学现有的考核方式需要改进，另外还有 3.70%的老师认为有其他不足。

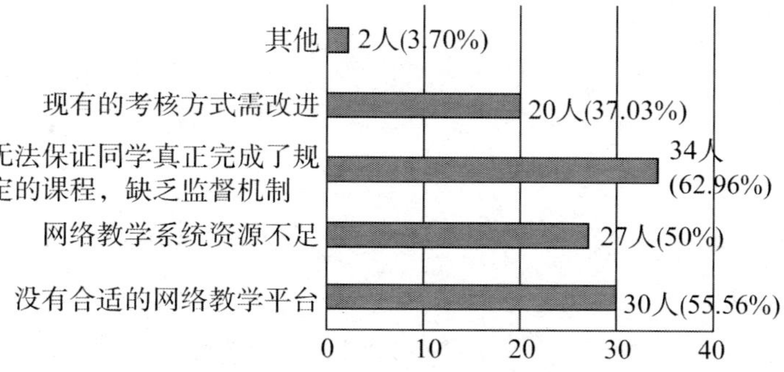

图 19　通过网络进行形势与政策教学的不足

图 20 表明，老师们希望形势与政策的网络教学应在创建更丰富的网络教学资源方面的占 75.93%，有 70.37% 的老师希望加强各高校间的资源共享，64.81%的老师希望网络教学要更好地保证网络教学资源的权威性，62.96%的老师希望加强网络教学与课堂教学的结合，希望完善网络教学的考核方式和希望丰富网络教学形式的老师均占 57.41%，另外还有 1.85%的老师希望改进其他方面，如每节网络课的课程时间长度。

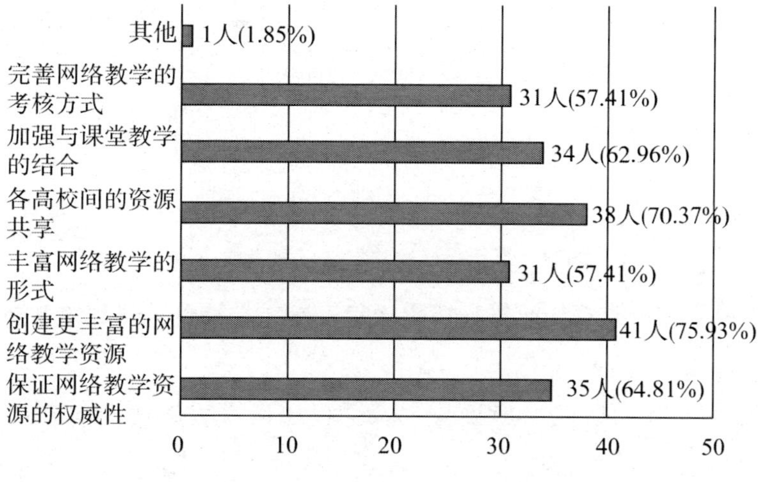

图 20　形势与政策网络教学的进步方向

通过图 18～20 可见，形势与政策课网络教学还有待提高，首先要注重教学内容的权威性、及时性；其次要增强课程的吸引力，将多种形式内容综合起来，但要避免形式过于复杂和花哨；最后还需要加强课程的资源共享，让同学通过网络能够获取权威、丰富的教学内容。

形势与政策课应该积极利用网络资源，可以通过开设专门教学网、公共邮箱、教师博客微博等方式实现教学资源共享，并根据时事政治热点新闻，用微博、微信等方式展开讨论、互动评论，从而提高形势与政策课网络教学的效果。

10. 形势与政策课教学内容应突出学生关注的热点难点问题，并配合其他热点问题进行教育

图 21 显示，老师们认为形势与政策课内容中应突出的内容最主要的为学生关注的热点、难点问题，占 50％。抓住重大节日、纪念日、重大事件发生的时机开展主题教育内容占 24％。与“三下乡”“青年志愿者”等结合开展社会实践课程内容占 14％。最后希望突出学生先进典型和英雄人物等事迹宣讲占 12％。

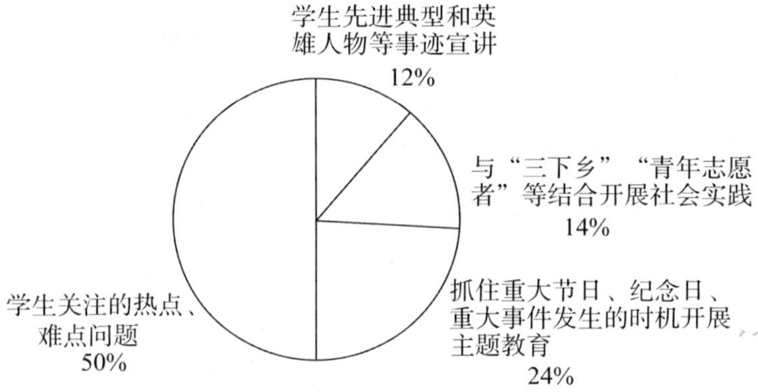

图 21　形势与政策课教学应突出的内容

11. 形势与政策教育的政策有待进一步完善，学校着重理顺体制机制，加强师资队伍建设

图 22 表明，政策层面上形势与政策课程建设需要解决的问题最主要的为“课程建设规范性不够”，为 34％；之后是“课程建设要求与实际教学情况差距太大”，为 29％；“统筹协调不够”的问题占 21％；“课程规定的学分较少”占 15％；另外有 1％的其他问题需要解决。

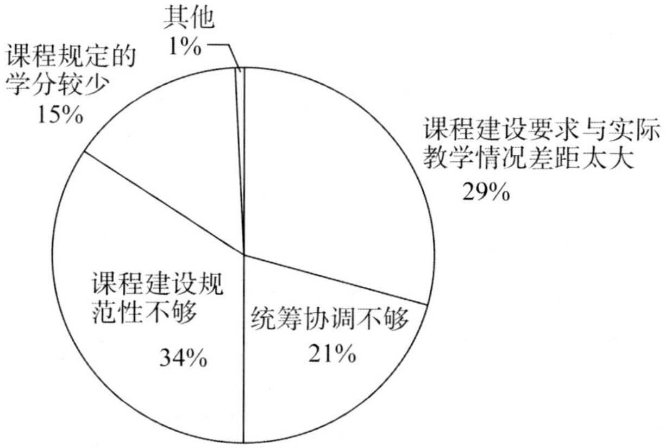

图 22　政策层面上形势与政策课程建设需解决的问题

图 23 显示，学校层面上形势与政策课程建设需要解决的问题最主要的为“教师队伍建设不完善”，占 24%；“教材问题不好解决”和“领导重视不够”各占 17%；之后“教学质量有待提高”占 16%；“教学管理不规范”占 13%；“教学时间不能得到保证”占 11%，还有 2%的其他问题需要解决。

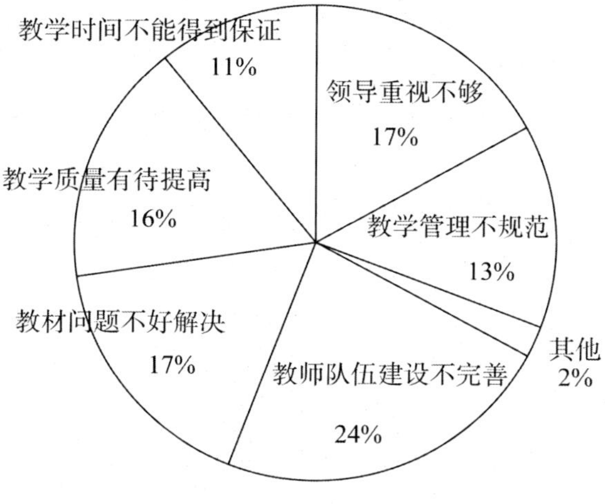

图23　学校层面上形势与政策课程建设需解决的问题

通过图 22～23 可见，形势与政策课程建设在政策层面上需要规范课程建设，将热点及时融入课堂，并加强统筹协调，切实将形势与政策课与学生所需所想结合起来。在学校层面上，要完善教师队伍、教学教材，并规范教学管理，提高教学质量，让相关教学和管理部门各司其职，努力使教学效果最优化。

三、完善形势与政策课程建设的对策及建议

形势与政策教育是高校学生思想政治教育的重要内容和主要途径，通过对全国 54 所高校的调研发现，目前绝大多数高校形势与政策课开展情况比较好，高校对形势与政策教育在育人中的重要作用有了新的认识，形势与政策课在学校有了规定的课时学分，师资力量有了提高，一些新的教学模式得到较好应用。希望通过分析，能够对我校形势与政策课程改革提出有效建议。

1. 理顺体制机制，明确建立党委统一领导，党委宣传部和思想政治课教学机构牵头，学生工作部、教务部门以及校团委积极参与的体制

随着思想政治课专门教学机构的不断完善，绝大多数高校都成立了独立的马克思主义学院或者思想政治课教学中心等专门教学单位。《通知》中有明确要求：高等学校要建立健全党委统一领导，党委宣传部与思想政治理论课教学管理机构牵头负责，教务部门、学生工作部、团委直接参与的教育教学领导体制和工作机制，制订教育教学计划，组织实施教学活动。但由于 2004 年，许多高校尚未成立单独的马克思主义学院和思想政治课教学中心，或者刚起步，导致了形势与政策教育课牵头部门的不明确。因此，非常有必要再次明确该课的牵头部门和参与部门，严格落实《通知》要求，调研中有 66.67％的学校形势与政策课牵头部门为思政课教学管理机构。

2. 协同配合，明确分工，马克思主义学院负责课堂教学，党委宣传部、学生工作部、教务处以及校团委等负责形势政策报告会以及实践教学

《通知》要求，要把形势与政策课作为重点课程加强建设，作为考核评估高等学校教学质量和水平的重要指标，纳入高等学校党建工作和思想政治教育工作评估体系。根据调研，目前 92.59％的学校都开展形势与政策课课堂教学，因此，开展形势与政策课课堂教学迫在眉睫。同时根据《通知》要求，形势与政策课要系统讲授与形势报告、专题讲座相结合，请进来与走出去相结合，课堂教学与课外讨论、交流相结合，正面教育与学生自我教育相结合。要建立高等学校学生形势报告会制度。除课堂教学外，党委宣传部、学生工作部、教务处以及校团委要积极协同配合，做好形势政策报告会以及实践教学等内容。

3. 配备专职教师，建立一支专兼结合的师资队伍

形势与政策教育这门课，具有难度大、变化快、备课耗时多的特点，因此，必须要有专职教师。《通知》也有明确规定，要建设一支以精干的专职教师为骨干，以思想政治教育工作队伍为主体，专兼结合的教师队伍。专职教师，要纳入思想政治理论课教师编制。可以从学校党政领导、辅导员、哲学社会科学相关学科的教师中选拔兼职教师。还可以聘请地方党政领导、知名企业家、社会各条战线的先进人物担任特约报告员。最终建立一支专兼结合的师资队伍。

4. 创新课程形式，加强课程管理，完善课程建设

随着网络信息技术的发展，除了传统的课堂讲授外，可以考虑开展网络课堂教学，创新课堂形式，让学生可以自主进行课程学习。以及在课堂教学中，引入学生参与，让学生课前搜集素材，组织开展时政热点分析报告会，建立一种互动式、体验式和启发式的课堂。加强课程管理，完善考核方式，每学期考核一次，考核包括课堂教学考核和实践教学考核，课堂教学考核以学生课堂表现和期末集中考核成绩计算，实践教学考核以学生平时参与实践教学的表现以及实践教学调研报告成绩进行计算。同时按照“常编常新”的原则，根据教育部的教学要点，结合地区和学校实际，编撰针对性、实效性强的教学大纲，建立集体备课制度。

总之，“形势与政策课程”教学内容动态性强，教学任务艰巨，必须以改革创新的精髓不断探索形势与政策教育的特点和规律，在教学体制机制、教学内容方法、教学模式等方面深入研究、不断创新，不断提高形势与政策教育课的规范性和实效性。

高校形势与政策教育“慕课”模式研究
——以中国政法大学为例

外国语学院　许慧芳

摘　要　高校形势与政策教育是学生思想政治教育的重要内容，以“慕课”技术为代表的新媒体技术的兴起不仅对形势与政策教育提出了挑战，而且也为提升形势与政策教育的实效性提供了新的发展空间。立足中国政法大学形势与政策教育的课程内容及教学模式实际，笔者对形势与政策教育“慕课”模式进行探索式研究，构建形势与政策教育网络课程群和教学体系，以期推动学生自主学习，在师生全程互动参与的基础上，在知识分享、问题探究中实现思想政治教育的引领与指导，从而提升形势与政策教育的实际效果。

关键词　形势与政策　新媒体　慕课　模式　教学改革

高校形势与政策教育正面临严峻挑战。从 1987 年《形势与政策》课程被列为高校思想政治教育必修课以来，国务院、中宣部和教育部等部委先后颁发了《中共中央国务院关于进一步加强和改进大学生思想政治教育的意见》（中发〔2004〕16 号）、《关于进一步加强高等学校形势与政策教育的通知》（教社政〔2004〕13 号）等系列文件强调形势与政策教育是高等学校学生思想政治教育的重要内容，它是“对学生进行形势与政策教育的主渠道、主阵地，是每个学生的必修课程，在大学生思想政治教育中担负着重要使命，具有不可替代的重要作用。”但在实际教学实践中，和其他思想政治教育课程相比，形势与政策教育则日益被边缘化。

随着大数据时代以及网络信息技术的创新，“慕课”（MOOC，即大规模在线开放课程）作为一种新兴的数字化、开放式教学方式被引入高等教育中，2013 年北京大学、清华大学、复旦大学等中国高校也开始进行“慕课”的课程开发和推广，其课程也先后被纳入 Coursera，Edx 等全球性学习平台中[1]。“慕课”以学习过程的高度互动性、学习时间的片段性、学习资源的优质性以及课程安排的系统性为高等教育教学提供了更为多元化的空间，是更为生动，并易于被接受的新的教学模式。与此同时，源自美国的“慕课”平台所提供的课程在传播文化的同时也对我国的思想政治教育提出了严峻的挑战。网络化、微课化、专家化以及互动式的教学方式吸引着越来越多的学生通过“慕课”平台来汲取知识，构建自己的世界观、人生观和价值观。

如何充分利用“慕课”平台，沿承并拓展社会主义思想政治教育，规范并深化形势与政策课程成为全球化、信息化时代中的中国高校亟待解决的问题。

一、研究概览

高校思想政治教育研究者们立足形势与政策教育教学实践，针对如何切实发挥形势与政策教育在大学生思想政治教育中的引领作用，进行了大量探索性、创新性的研究。

1. 关于形势与政策教育的课程建设研究

针对形势与政策教育教学内容，研究者的观点基本一致，教育部社科司组织编写的“形势与政策教育宣讲提纲”，《高校思想政治理论课教学参考资料》《时事》和《时事报告》（大学生版）等时政教材是最重要的教学资料来源[2]。自2004年始，每年的春季、秋季教育部会同大学生时事报告杂志社对全国的“形势与政策”骨干教师进行课程培训，对当年的时政要点、授课内容以及课件进行统一规范化、系统化的培训。中宣部、教育部定期、不定期颁发的时政宣传热点内容是形势与政策教育课程讲授的重点。

同时，部分研究者在对传统的形势与政策教育课程内容反思的基础上，认为新媒体的广泛应用已经对形势与政策教育内容产生了深远的影响，杨晓慧[3]、李

---

[1] 卫志民：《“慕课”本土化开发面临的问题及对策》，载《西北师范大学学报（社会科学版）》，2015 年 1 月刊。

[2] 李学保：《新媒体背景下高校“形势与政策”教育教学改革刍议》，载《黑龙江教育》，2015 年第 1 期。

[3] 参见杨晓慧：《新媒体与思想政治教育新思路》，载《高校理论战线》，2009 年第7 期。

学保❶、丁卫华❷等学者认为新媒体时代知识信息传播的快捷性、互动性、大众性和丰富性直接决定了当代形势与政策课程的内容设计不仅要坚持舆论引导，确保热点问题分析和政策解读的准确性，而且应调整讲授中心，重视重大事件的背景解读和政策形成过程的分析；李梁则直接提出形势与政策教育课程不仅要把问题说清楚，传递“是什么”的知识性内容，而且要让学生理解“为什么”和“怎么样”的内容，即将教材的体系逻辑转换为教学的问题逻辑，从而实现对学生的问题思维逻辑的培养❸。

2. 关于形势与政策教育的教学模式研究

针对形势与政策教育的教学模式的研究，研究者们主要对课堂教学、实践教学、参与式教学等教学模式进行了探讨。在课堂教学模式研究中，刘淑兰❹、谭希培❺等提出了“热点专题”教学模式，依据时政热点，进行专题性讲授；王久高等教师提出了“教学组专题”教学模式，发挥不同教师的特长，形成教学合力❻；朱宗友、曾毅红、董丁戈、关晓梅、张少兰、王洪新、于冰等提出“参与式”教学模式，通过课堂讨论、辩论赛、学生“主讲”、情境体验、互动合作以及经典文献阅读等方式丰富学生情感、经历和经验，从而推动学生积极思考，明确认识，以实现其世界观、人生观的构筑，实现对其认知和学习方式的改变❼；欧海燕提出“主体间性”形势与政策教育模式，提出培养受教育者的主体性、提升教育者的主体性和发挥客体的媒介作用，从而提高课程的实效性❽。

在对教学方式的探讨中，大部分学者都意识到现代科技对于教学的影响，朱

❶ 参见李学保：《新媒体背景下高校“形势与政策”教育教学改革刍议》，载《黑龙江教育》，2015 年第 1 期。

❷ 参见丁卫华：《新媒体时代大学生思想政治教育实效性探析》，载《广西社会科学》，2011 年第 7 期。

❸ 李梁：《“慕课”背景下思政课教学改革的问题逻辑视角》，载《中国高等教育》，2014 年第 2 期。

❹ 刘淑兰：《“概论”课中民生热点问题专题式教学的设计与运用》，载《思想理论教育导刊》，2012 年第 2 期。

❺ 谭希培：《大学生思想热点问题导向——深化思想政治理论课专题教学的一条途径》，载《思想理论教育导刊》，2011 年第 1 期。

❻ 王久高：《“中国近现代史纲要”教学组专题教学模式探析》，载《教学与研究》，2010 年第 6 期。

❼ 朱漪：《高校思想政治课教学模式研究述评》，载《科教导刊》，2014 年第 3 期。

❽ 参考欧海燕：《主体间性视域下的形势与政策教育探析》，载《教育与教学研究》，2015 年第 3 期。

宗友认为要积极利用现代科技，为教学提供重要的技术支撑[1]；朱漪认为基于多媒体组合的演示型教学模式、基于网络交互的个别辅导模式，以及基于资源利用—主题探索—合作学习的学习模式、基于互联网的“翻转式课堂”教学模式等将为思政教学提供更为开阔的发展平台[2]，李梁提出应充分利用慕课平台的“微课”建立“问题逻辑”教学模式，构建问题链中心系统，创新教学模式，实现教师和学生教学的全程参与，从而增强课程教学的实效性[3]。

3. “慕课”：形势与政策教育教学改革的新契机

从目前形势与政策教育课程的课程内容以及教学模式研究来看，形势与政策教育的实效性问题是研究者关注的核心问题，同时研究者已经注意到新媒体技术不仅对形势与政策教育提出了挑战，而且带来了新的发展机遇。虽然对于高校形势与政策教育“慕课”教学方式的研究现处于起步阶段，需进一步拓展，但通过“微课程”让形势与政策教育走进学生生活，实现生活化教育，利用“慕课”技术实现师生全程参与、互动式教学已经成为提升形势与政策教育课程未来发展的重要方向之一。

二、实证分析：亟待变革的“七个一”工程为主体的形势与政策教育课程

中国政法大学是我国教育部直属的唯一一所政法大学，是我国政法教育的中心和政法干部的重要培养基地，人才培养的特殊性决定了学校德育工作的重要性和特殊性，因此对中国政法大学形势与政策教育课程建设的研究将有助于分析同类高校形势与政策教育课程的教学实际以及可能的发展方向。本文拟以中国政法大学形势与政策教育课程的研究和探索为例，探析传统教学模式与新媒体下慕课教学模式的异同、优劣，以期为高校形势与政策教育课程改革提供助力。

1. 研究个案：中国政法大学形势与政策教育“七个一”工程

2005 年，为了切实贯彻中央关于加强和改进大学生思想政治教育以及加强形势与政策教育的文件精神，切实将形势与政策教育落在实处，中国政法大学学生处立足学校本科生思想政治教育实际，提出将形势与政策教育和思想理论课程建设相结合，形成了思想政治理论课课堂教学和形势与政策教育“七个一”工程

---

[1] 参考朱宗友：《高校思想政治理论课参与教学的探索与思考》，载《思想理论教育导刊》，2013 年第 7 期。

[2] 参考朱漪：《高校思想政治课教学模式研究述评》，载《科教导刊》，2014 年第 3 期。

[3] 参考李梁：《“慕课”背景下思政课教学改革的问题逻辑视角》，载《中国高等教育》，2014 年第 2 期。

相结合的思政育人机制，前者由教务处负责组织管理，马克思主义专业教师组织课堂教学，后者由学生处负责组织管理，专职辅导员组织课堂外教学，这一定位确立了“形势与政策教育”课程是学生第二课堂教学活动，是学生思想政治教育第一课堂教学的重要补充。

形势与政策教育“七个一”工程，即中国政法大学本科生形势与政策教育课程，内容包括“七个一”，即组织学生每年“听一次高水平的形势报告、听一次英模报告，听一次党课，观看一次有教育意义的影片，参加一次主题研讨，参加一次社会实践活动，撰写一篇论文”，它涵盖了知识学习、专题培训、分组研讨、实践教学以及学术反思等丰富的内容。学生每参加一次需在学生处制定并下发的本人《学生形势与政策教育手册》（以下简称“手册”）中进行专项记录，每学年结束后，由辅导员根据学生参加活动情况、手册记录情况和论文完成情况给予学年考核成绩，并在大学四年级第二学期给出学生本科四年形势与政策教育的总的考评成绩，成绩为“不合格”“合格”“良好”和“优秀”四档，记必修课 2 学分。

为了组织好、开展好形势与政策教育“七个一”工程，学生处每学年都举办数场英模报告会、感动法大人物等优秀学生事迹报告会、大使论坛、专家时政讲座等形势与政策教育活动，学院本科生辅导员结合学生党日活动、团日活动、志愿服务以及社会实践等开展了系列形势与政策教育活动，旨在实现全员参与、全职司责、全域渗透和全程贯通的德育教育目标。

经过近 10 年的不懈努力，在校、院两级各部门的协同配合下，勤勉求实、格物致知的优良学风、校风已经形成，形势与政策教育“七个一”工程为学风、校风的建设做出了重要的贡献。但也正是在这 10 年间，随着信息化技术的迅速发展，微信、微课等新媒体对学生的影响日益深入，对社会的影响日益广泛，“七个一”工程实施的有效性正面临着严峻的挑战。

2. 数字化时代新媒体的挑战：信息还是思路

21 世纪，信息化技术迅猛发展，通过模拟来展现形象的传统媒体广播、电视、报纸和户外广告已经逐渐向新媒体形态转型。新媒体，即基于数字传输技术传播的媒体，它通过数字来展现形象，涵盖了我们所知的网上论坛 BBS、微博、微信等即时互动媒体。新媒体为人们的生活、学习和工作带来了传统媒体无法实现的各种便利，只需动动手指，就可以通过新媒体解决学习、生活、工作甚至旅游等诸多问题，只需一个联网电脑或者一部智能手机，就可以获得你所需要的信息。信息化的时代中，信息不再是稀缺资源，单向度灌输式教育或者单纯的体验式教学已经很难对生活并成长在数字化时代的青年学生产生所期望的影响，他们通过数字媒体学习，通过数字媒体生活，也在数字媒体的影响下形成自己的思维路径。正是在这一背景下，形势与政策教育的内容将不再是“杯子里是否有什么水”的问题，而是“这有半杯水”还是“这有半个空杯子”的问题，学生需要的不再仅仅是信息，而更需要的是如何辨别信息，如何分析信息以及如何认识信息所体现的实质性问题。无疑，以传统媒体为主体的形势与政策教育“七个一”工程在这一点上已经力不从心。

3. 出路：坚守还是转型

当精心策划、筹备的形势与政策专题讲座不再是学生课余首选的专家解读，当主题研讨流于形式，当形势与政策论文沦为敷衍搪塞之作时……我们在对学生的漠视痛心疾首时，其实也当对与思想政治理论课结合的形势与政策教育“七个一”工程进行全面的反思。“七个一”工程强调的仍然是单向度的灌输式教育和引导，设计者和组织者的主要职责是策划、组织活动，而对于作为参与主体的学生的思想引领则是缺位的，对参与主体的要求是“参加”，坚信的理念是“参加必获益”，但这个“参加必获益”的前提是你将会获得你所不知道的内容。正因为如此，在信息化时代新媒体广泛应用的今天，这将不再是吸引学生关注的“亮点”，而且对信息的明辨分析不是一次或几次相互独立的讲座、实践等能够完成的，这需要系统化、规范化的培训。

与之相对应，契合信息化、数字化的时代特征，承载“微课程”的“慕课”平台的建设则在传承知识的同时，通过主体间性的交互型问答教学模式，逐层推进，逐级深入，通过新媒体培养学生严谨的思维能力，并引导学生在对碎片化信息的整理和分析中明辨是非，在潜移默化中自主形成符合教学设计的思维路径。慕课方式为被数以千万计信息流包裹着的学生独辟蹊径，从信息的“奴隶”成为信息的“主人”，剥茧抽丝，明辨是非，从而形成并完善自我的价值观、人生观和世界观。

信息化、数字化潮流已然不可逆转，依赖传统媒体的课堂教学以及第二课堂教学的形势与政策教育“七个一”工程改革势在必行。

三、模型建构：形势与政策教育“慕课”模式

信息化网络技术，使得“慕课”平台的搭建成为可能，拓展了微时代思政教育的新空间，在“微课程”教学与互动中，课程的一人讲授转变为群策群力，每个教师可以就自己研究专长进行专题讲授和深入答疑，教学资源的优化使学生最终受益，教师主导、知识性传授为主的形势与政策教育转变为教师引领、学生自

主学习体验式教学，推动学生自主完成知识学习，着重培养学生的问题认知能力、思辨能力以及问题解决能力。

形势与政策教育“慕课”教学模式将涵盖课程群建设、师生交互平台建设以及专题学习圈建设等三部分内容。首先，形势与政策教育“慕课”平台课程群建设，即立足教育部思政司历年关于高校形势与政策教育重点内容，分类归纳课程所属专业学科，搭建专业化、学术化课程群；其次，形势与政策教育“慕课”师生，交互教学平台构建，即结合“慕课”在线课程学习、讲授、互动、答疑和评价等环节，设计、构建形势与政策教育“慕课”教学模式，实现课内、课外、线上、线下相结合，教师引领与学生自主体验式学习相结合的立体化教学模式；最后，形势与政策教育专题学习圈构建，即立足学生问题关注点，通过互动交流平台，搭建网络主题式学习圈，并以此为基础形成线下自主学习小组，结合课堂专题教学，延展形势与政策教育空间。

四、结语

作为信息化时代新媒体中的一员，“慕课”教学模式虽然运行成本高，且存在着一定的安全风险，但“微课程”和师生交互学习模式，专题线上、线下学习圈等使得“形势与政策教育”不再高高在上，严肃冷峻，而是化为细流，融汇于生活，在潜移默化、循循善诱中实现思想引领和思维重塑。

意识形态领域的阵地争夺从未停止，形势与政策教育是时政教育的必要核心内容，课程改革依然箭在弦上，不得不发，“慕课”模式也势在必行。

关于开展大学生学业发展辅导工作的一点思考

国际法学院　杨俊丽

摘　要　学业是大学生的立身之本，学业发展关系着每一个学生的成长成才。学业发展辅导对于大学生学业发展及成长成才至关重要，也关系着高校人才培养质量和优良学风建设。针对目前高校学业发展辅导中存在的各种困境，高校应立足每一个学生学业发展的需求，通过观念转变、队伍建设、途径方式科学多样及制度化保障等来加强对大学生的学业发展辅导，提升大学生的学业质量和综合素质。

关键词　大学生　学业发展辅导　对策与措施

人才培养质量的提升关系着一个学校的发展，同样一个大学生在大学阶段的学业发展也关系着学生个体的综合能力及未来职业的发展，甚至是为一个学生一生的发展奠定基础的关键阶段。因此，学业问题目前已经成为学生成长发展过程中面临的首要问题。学业发展辅导对于学校发展、对于学生的成长与发展都是非常重要的。本文以近期参加的学业辅导专题理论与实践学习为指导，在结合自身在辅导员岗位上对学生学业发展实践进行总结的基础上，对学业发展辅导重要性进行分析，对学业发展辅导的概念进行新的认知，并以高校目前学业发展辅导中存在的困惑与不足为基础，提出如何开展好学业发展辅导的一点粗浅见解。

一、关于学业发展辅导概念的新认知

关于学业发展辅导，学界有很多不同的概念。比如“学业辅导是指以提高学生学习质量、促进学生学业发展为目的，通过组织校内外相关力量对学生进行辅导和帮助的教育活动”。[1]“发展性学业辅导是一种以全体学生为对象，在学生发

[1] 王达品：《人本主义学习理论视角下的大学生学业辅导探究》，载《华北电力大学学报（社会科学版）》，2014 年第 1 期。

展理论指导下，采用个体辅导、团体辅导等辅导措施，为学生提供每一个学习阶段的学业辅导，以达到发挥学生的学习潜能，完善个人发展之目标的辅导活动。”❶ 还有学者认为学业发展辅导应是“遵照教育目标的要求，实现行为或行为潜能开发，比较持久稳定、面向全体学生的发展性辅导活动。核心是如何挖掘学生的学习潜能，提高其自学能力、独立思考能力和解决问题能力等”。❷

笔者认为，高校学业发展辅导就是在大学阶段，通过坚持用主动干预、全面发展的态度，坚持全覆盖，体系化，立足于学生未来的职业发展和综合能力的提升，而开展的学业适应、学业规划、学业创新、学业转型的系统化指导，从而达到激发学生学习的积极性和学习潜能的目的，进而提升自身综合素质，实现自我价值最大化的过程。具体来讲其概念包括以下几层意思：

在工作态度上，由以前被动性干预转变为主动的、带有前瞻性的干预引导。在服务群体上，由对学困生的干预转变为对包含学困生、中等生及优秀生的所有学生的全覆盖式干预辅导。在工作形式上，从碎片化干预转变为体系化干预。不同年级学生学业发展辅导重点不同，从大一到大四，主要就学业适应、学业规划、学业创新与技能及学业发展与转型，形成纵向的体系化的学业发展辅导。在辅导内容上，从单纯地解决课程学习辅导转变为学习动机、学习能力的培养，发展方向的确定直至最终达到综合能力和核心竞争力的提升，实现价值最大化等。在预期效果上，从以前的学困生脱困转变为努力实现不同层次学生切合实际，凸显因材施教，发挥各自专长的不同目标的辅导。

二、开展学业发展辅导的重要性与必要性

开展学业发展辅导工作，从学校层面来讲，是关系高校人才培养质量的关键问题，也是关乎良好学风建设的重要一环；从学生个人层面讲，学业发展辅导在大学生全面发展、成长成才中发挥着重要作用。

其一，开展学业发展辅导，是关系高校人才培养质量的关键问题。在我国高等教育发展中，高校担负着培养社会主义建设者和接班人的职责。“为谁培养人，培养什么样的人”是高校必须紧紧抓住的培养目标，其中人才培养质量的提升关系着一个学校的发展与社会的声誉。而学业发展是衡量一个学生成长成才和综合

---

❶ 王秀彦：《发展性学业辅导：高校学生工作新视点》，载《中国高等教育》，2011 年第 3 期。

❷ 卢桂珍：《大学生学业辅导探究》，载《当代中国青年研究》，2010 年第 11 期。

素质的重要因素。

其二，开展学业发展辅导，有力促进学校优良学风建设。仔细想想，当今高校中依然存在的现象：上课迟到早退，旷课现象，考试作弊问题，学年论文、毕业论文抄袭问题，学业成绩不够 60 分或 70 分以下等，这些都给学生本人带来不同程度的负面影响。这既影响了学校的人才培养质量，又不利于学校优良学风建设。究其原因，主要还是部分学生学业发展的态度不积极、动机不主动、学习动力不足、缺乏学业规划和目标等方面的问题造成的。因此，优良学风的建设，需要开展学业发展辅导。

其三，开展学业发展辅导，是一个学生的成长成才与发展的有力保障。有国内学者指出，“高校学生的学业水平，除了要注重学生的认知水平外，更要注重学生学习能力、动机、态度、情感、意志、人格、人际交往技巧等非智力因素”。❶ 可见，一个大学生的成长，应该是以学业发展为核心，以职业发展为目标，综合能力和核心竞争力为关键，辐射包含学习科研能力、实践能力、心理调试能力、创新创业能力等全方位综合能力提升的过程，进而以该生在未来职业发展中具有核心竞争力、实现价值最大化为其在大学阶段成长的目标。因而学业发展辅导能够满足学生学业发展，进而激发学生勤于学习、敏于求知、学会思考、正确选择、勇于探索、富于创新的精神，实现学生理想坚定、思想成长、学业进步、品德高尚及身心健康的有机结合与全面发展。可见，学业发展辅导在服务学生全面发展、成长成才过程中具有非常重要的作用。

其四，开展学业发展辅导，是新时期学生工作的新内容和思想政治教育工作新的着力点。《中共中央国务院关于进一步加强和改进大学生思想政治教育的意见》明确指出，“坚持解决思想问题与解决实际问题相结合”是加强和改进大学生思想政治教育的基本原则。而学业发展的实际可以说是大学生成长发展中的最大实际之一。对于高校来讲，“高校学生的学业问题与大学生思想政治教育工作存在紧密联系，学生的学业出现问题，容易衍生出心理、就业、生活等一系列问题，并间接成为高校人才培养和思想政治教育工作的‘潜在压力源’”。❷ 因此，开展学业发展辅导，不仅帮助学生解决在学业发展方面的问题，而且还有助于引

❶ 鲁先锋、李文莉：《大学生学业评价研究的综述与反思》，载《高等教育研究学报》，2011 年第 12 期。

❷ 张新娟等：《立足根本抓住关键深入推进大学生学业辅导工作》，载《北京教育（德育）》，2014 年第 12 期。

导学生在理想信念、人生观、价值观方面的正确认知，并帮助学生防止或消除心理、思想、人际等方面的问题。因此，在当前新形势下，高校可以将学业发展这一学生的实际问题与思想政治教育相结合，作为学生工作的新内容和思想政治教育工作新的着力点。

三、学校学业发展辅导中存在的问题

学生学业发展辅导，一直都是高校非常重视的，近几年越来越多的高校更加重视，但总体来讲高校在学业发展辅导中还存在一些困扰与不足。

第一，观念上需要从传统的学业辅导向现代教育环境下的学业发展辅导观念转变。传统的学业辅导更侧重于被动式的，主要就是对学困生的学业辅导，带有矫正行为和被动性、单一性，仅限于学业方面的辅导。在高校追求内涵式发展的教育新形势下，高校应转变观念，立足大学生在不同年级和阶段的不同发展需求，在学业发展辅导的前瞻性、主动性和全面性方面加强一些。

第二，课堂教学注重知识教授，轻学生自主学习能力的培养。高校第一课堂教学以知识传授、能力培养、情感传递和价值引导为追求目标，是提升学生学业水平的主要途径。从目前国内高校实际的教学情况看，高校扩招后学生数量大增，老师授课人数较多，且都是按照计划教学，课堂教学注重知识的传授，而对帮助学生在独立思考能力、批判性思维的养成、价值引导以及自主学习能力的培养方面作用发挥还略显不足。因此在学生获取知识主渠道的第一课堂，我们需要切实实现从“授人以鱼”到“授人以渔”的教学方式的转变。

第三，学业发展辅导中，全员育人作用的发挥还有待加强。在当今高校，全员育人是一种全新的教育理念，也有助于调动学校各方面的育人力量，辅导学生成长成才。但是在实际作用发挥方面还有待加强。在当今高校，辅导员与学生接触最多，关系也最亲密。辅导员的确也承担着学生思想政治教育、日常学生事务管理工作，尽力解决学生成长中遇到的学业、生活、工作、情感、心理及人际等各种困扰。但是辅导员的能力、时间、精力有限，工作的精细化方面还需努力，与每位学生个体沟通交流的时间较少。而任课教师教学科研任务繁重，仅有的空余时间也难以满足学生学业发展的诉求。因此学生与任课教师以及辅导员的交流状况都不尽理想，不能满足学生学业发展及成长的需要。这更需要学校真正实现全员育人。在学业发展辅导中，除了班主任、辅导员之外，还需要发挥党政干部、专业课教师、退休老教师的作用，他们富有经验性、专业性，在学生的学业发展及成长中发挥着不可替代的重要作用。

四、如何推进学业发展辅导的有效开展

有效开展学业发展辅导，是一个系统工程，需要更新观念、队伍得力、方法科学、评估有效、制度保障，进而达到学业发展辅导之良好效果。

1．树立全新学业发展辅导观念，确保学业发展辅导的科学开展

观念是行动的先导，要实现有成效的学业发展辅导，首先必须树立全新的、科学的学业发展辅导观念。我们要充分认识到学业发展辅导在大学生健康成长成才、提升综合素质与能力中的重要作用，坚持正确的学业发展辅导原则与科学化的内容。

在学业辅导的原则上，一是应树立全面性与差异性相结合原则，就是立足每一个学生学业发展和成长成才的需要。每一个学生都有学业发展的需求，因此，不论是优秀生、中等生还是各种类型的学困生，都要依据其学业发展中的不同诉求与问题，做到因人设定方案。通过辅导，让优秀学生更优，中等生向优秀发展，学困生脱困并步入新的发展轨道。一句话，就是不断在解决问题中超越自己。二是坚持阶段性与连续性相结合。大学四年，每个年级的同学在学业发展的诉求不同，大一需要进行学业适应辅导，尽快适应大学的学习环境；大二需要进行学业规划指导，明确学业目标方向与职业规划；大三需要进行学业创新和技能辅导，提升学习创新能力；大四需要学业发展及未来发展转型的辅导，将学业发展转化为求得理想职业目标。这是在不同年级带有阶段性重点的基础上，形成纵向的、从入学到毕业的连续性的学业发展辅导体系。

在学业发展辅导的内容上，改变以往纯粹学习的狭义观念，认知到学业发展辅导不仅包含学业问题矫正，更重要的是引导学生确定正确的学业目标与学习动机，制定科学的学业规划，开发学习潜能，提升自主学习创新与逻辑思维能力，在学业发展辅导过程中培养学生健全人格、情绪调控能力，达到思想政治教育、学习创新能力培养和综合素质拓展提高之效果。

2．重视队伍建设，为学业发展辅导提供队伍保障

队伍选拔与培养对学业发展辅导的有效开展至关重要。学校应坚持全员育人理念，调动各方资源和积极性，组建一支由专业教师（包含退休教师）、班主任、行政干部、辅导员、朋辈优秀学生、校友等组成的专业化学业辅导队伍。

首先，应严格准入制度，确保队伍的质量。在专业教师队伍选拔中，坚持选拔责任心强、热爱学生、关注学生成长成才的优秀教师担任学生学业发展辅导导师。由于辅导员承担的特殊育人职责（必然承担学生思想教育及学业发展辅导之职），因此需要学校在进人时就严格把关。对优秀学生志愿者队伍，从获奖学金等各奖项的高年级本科学生、低年级研究生中选拔热心助人、有责任心的优秀学生、优秀学生党员（结合党员先锋工程），组建朋辈辅导的学生志愿者队伍。还有优秀校友中志愿担任学生导师的毕业生志愿队伍。

其次，通过加强辅导培训，力求学业发展辅导队伍的专业化。在培训中，坚持校外校内培训相结合，主要是要加强对学业辅导者态度的培训，明确辅导教师需要有专业的学识、足够的耐心、充裕的时间和奉献精神；还要侧重于学业辅导重要性、学业辅导的理论与方法技巧、学业辅导内容等方面的培训，从而提高学业辅导队伍的学业辅导能力。

最后，注重分工与合作，在保障学业发展辅导质量的基础上，促进各支队伍的专业化。学校可“根据辅导教师的不同特点和工作优势赋予他们不同的工作职能”。❶ 班主任主要由专业课教师担任，在学业辅导中主要应侧重从专业发展认同、专业学习方法、课程内容及学习计划等方面对学生进行学业指导。高校辅导员与学生接触最密切，在学业辅导中的角色，更侧重于用心理学咨询方法，挖掘深层原因，从情绪调整、激发学习主动性等方面着手努力。各支队伍各自分工，通力合作，并定期交流沟通，切实保障学生学业发展辅导的效果。而学生朋辈辅导，可利用同龄人更容易抓住其同龄人思想心理状态和具体需求，将自身成功的成长经历、经验向低年级大学生传递分享，对低年级大学生的学业发展发挥重要借鉴作用。这样，在分工与合作中，既开展学业发展辅导，又培养学业发展辅导队伍。

3. 坚持学业发展辅导定期评估反馈机制，确保学业发展辅导的效果

需要建立一套全面的、科学的、动态的学业辅导工作评价体系，才能明确学业发展辅导效果如何，能否产生育人实效。这里需要这样几个维度：一是宏观整体评估。这可能需要一段时间，少则 1 年，多则 3～5 年才能有个明显的效果。从学校人才培养质量的整体评估，可以通过学困生比率，毕业率，就业质量，竞赛类、创新类的数量和质量等情况进行评估。并需要定期统计几个数据，如参加学业发展辅导与没有参加学业发展辅导学生数，参加学业发展辅导的学生中参加之前与参加一段时间之后的整体状况统计。二是微观的个体评价。具体包含：一

❶ 王秀彦：《发展性学业辅导：高校学生工作新视点》，载《中国高等教育》，2011 年第 3 期。

方面“对参与学业辅导和未参与学业辅导的群体，对参与学业辅导前后的情况进行分类评估”。❶ 主要参照参与学生群体和未参与学生群体之间综合能力的差异；参与学业辅导的学生参与前与参与一段时间后的对比，比如成绩是否提高、学业规划能力、学习能力、抗压抗挫能力、情绪调控能力、人格品质等方面。另一方面开展微观个体反馈。参加学业发展辅导的大学生或学业辅导人员可以将学业辅导过程中发现的问题即时反馈，也可以在辅导过程结束后双方再进行信息反馈。通过双方反馈测评，考量学业发展辅导的工作思路、方法、内容、辅导技巧等方面是否科学有效。另外，各方面典型的成功案例是很有说服力的，对其进行收集总结，对学业发展辅导的评价也能起到很好的实证作用。

4. 坚持科学的途径、方式与方法，确保学业发展辅导的实效性

在学业发展辅导过程中，需要不断探索学业发展辅导科学途径、方式与方法，以保障学业发展辅导工作的实效性。

关于学业发展辅导的有效途径，笔者认为需要从以下几方面着手：第一，继续深化改革第一课堂教学方式。在第一课堂教学中，注重突出启发式教学，增加教学中的互动环节，在传授知识的同时，注重学生批判性思维的培养，激发学生对专业的热爱和学习的兴趣。并多研发开设一些类似我校的案例研讨、诊所课程等特色课程，这有助于学生学习思维能力的培养。同时，依据学生需求，有针对性地、定期或不定期地开设专家讲座和专题辅导等，作为正式课程的有益补充。第二，开展学业发展辅导类课程。目前学校大多坚持开设职业规划、求职、心理健康等方面课程，这些对学生学业发展都非常有帮助。建议增设学业辅导课程的选修课，可以选拔辅导员接力承担，主要包含“大学学习的适应”“大学学习方法与技巧”“学业规划与职业发展”“情绪调控力培养”等专题，努力全面提升学生的学业适应能力与学习能力。第三，发挥网络平台在学业发展辅导中的作用。“高校应当利用现代网络技术信息量大、灵活性强、匿名性和可以扩充内容等特点对大学生进行学业辅导”❷。网络的匿名特性，有助于提高大学生的学业发展辅导工作的参与度；网络信息量大，有助于获取大量科学有益的学习信息，帮助

---

❶ 商云龙、朱冬香、刘刚：《大学生发展性学业辅导探究》，载《教育与教学》，2013 年第 6 期。

❷ 王训兵、朱利平：《构建大学生学业辅导体系的思考》，载《教育理论与实践》，2013 年第 27 期。

大学生全面、系统地掌握科学的学习方法和学习策略，提高大学生的学业质量。[1]

关于学业发展辅导的有效方式和模式。首先，建立学生学业发展动态信息库，定期更新补充，全方位监测了解学生学业发展状况。主要包含学生基本信息，学习成绩，学业目标与规划，职业目标与规划，参与各类比赛、竞赛、项目，获奖等方面的信息，保证能够及时掌握全体学生的学业发展状况。这既有助于分类进行团体辅导，又能将需要关注的学生排查出来，提供个性化辅导。其次，采取团体辅导与个性化辅导相结合的方式。从团体辅导来讲，可以采取咨询、座谈、讲座等方式，按其相同的需求或同类的问题将同质类的学生分成同一团体，进行统一的辅导。比如考研、出国留学、司法考试、模拟法庭比赛、创新项目等的团体辅导，解决同质同学的需求。最后，发挥朋辈辅导的作用，发掘各种朋辈辅导新形式。通过建设朋辈学习学生组织，加强方法交流，分享成长经历，形成良好学习氛围。比如法大"学习圈""模拟法庭"团队、司考、考研学习组等，都是在发挥着朋辈辅导强化学习氛围的作用；而关于考研、出国留学、司法考试、模拟法庭比赛、创新项目等的经验分享会同样对低年级同学发挥着重要作用。还可以通过"党员学习互助组""优秀学生学习坊"及"宿舍一帮一"等形式开展朋辈辅导。

关于运用学业发展辅导的科学方法。在个性化学业辅导与团体学业辅导中，都有实际有效的方法。比如学困生的个体辅导，应进行系统化分析，运用心理学咨询的共情、倾听等方式查找其学业困难这一现象的深层次原因（人际、情感、家庭，内在外在原因等）；采用互动式沟通引导学生自己认识到问题及如何行动，进而激发其自身的动力；运用赏识、激励法引导学生一步步在实现可行的目标中重拾自信。打个不恰当的比喻，应从西医那样"头痛医头，脚痛医脚"转变为学习中医辨证施治，从根本上解决学生的学业问题。再比如同类性学困生的团体辅导，以前更多的是老师的分析引导，这不利于学生积极性的调动和自我分析问题。应该引导学生自己思考自己的问题，想出对策；应该发掘这个群体中各自的优点，激发积极自我认知，从而达到互相鼓励、共同进步之效果等。

5. 加强制度建设，力求实现学业发展辅导的制度化保障

在前不久的学业辅导培训中，我们在学习了学业辅导开展比较成功的清华大

---

[1] 参见王训兵、朱利平：《构建大学生学业辅导体系的思考》，载《教育理论与实践》，2013 年第 27 期。

学、北京工业大学及北京化工大学学生部（处）的领导们的精彩报告后认识到，一个学校要开展好学业辅导，学校层面需要有战略规划和设计，需要制定相关规章制度，这对推进学业发展辅导提供制度化保障。其一，成立专门的学业发展辅导机构。可由学生处、教务处、研究生院等部门联合组建，挂靠在学生处最为合适，专门负责全校学业发展辅导的各项工作，与就业创业中心、心理咨询中心并列成为学工部的学生发展三大中心，分工合作，形成工作合力。其二，建立完善的相关规章制度，从学校层面对学业发展辅导给予政策与制度保障。具体可以制定一个关于开展学业发展辅导的暂行办法，包含学业发展辅导的重要性、目标、内容、队伍建设、运转机制、校院分工与合作、效果评估、考核激励等方面，以便为学业发展辅导提供制度保障，也使学校的学业发展辅导工作科学化、制度化。

总之，学业发展辅导对于高校教育发展、学生个人成长都是非常重要的，高校已经逐步在重视，并且应该会越来越重视学业发展辅导工作的开展与推进。但要想科学化推进，还是一个不断探索的过程，高校要将学业发展辅导作为学生事务管理的重要工作来抓，不断推进，以便为大学生的学业发展、综合能力提升提供更全面、专业、个性化的服务，为国家培养更多优秀人才。

台湾高校大学生国际化视野培养模式带给我们的启示——以台湾大学为例

国际法学院　刘凯

摘　要　培养学生的国际化视野是提高学生国际就业竞争力的重要内容，同时也是我国建设国际一流高校和贯彻落实国家“走出去”战略的重要举措。我国台湾地区的高校尤其是台湾大学，近年来在学生国际化视野培养方面取得了明显成效，其一些做法非常值得我们学习和借鉴。

关键词　国际化视野　培养模式　借鉴和启示

随着全球化进程的快速发展，全世界的人才共同竞争有限的就业机会，尤其是在高端职业领域。这使得培养具有国际竞争力的高水平人才对于我国经济社会的发展至关重要。一方面，培养具有国际竞争力的高水平人才将会使我国人才在全球化背景下的就业竞争中占得先机，促进国家“走出去”战略进一步、高水平地实施。另一方面，培养具有国际竞争力的高水平人才将会对我国国内的经济发展提供强大的智力支持，缓解我国劳动力市场数量庞大与质量不足并存的现象。

一、国际化视野在国际就业竞争力中的重要地位

国际化视野，或者说全球化思维，最常见的定义是“全球思考、本地行动”。其最初只是一个经济学意义上的用语，但随着全球化的进一步发展，人口、资本、商品的进一步跨区域流动，全球化已经或多或少深入每个人的工作与生活，国际化视野也就不再仅限于经济学或者企业管理的层面，而扩展到个人生活与社会发展的意义上。一个国家的视野，能够决定他在国际格局中的地位；一所大学的视野，能够决定他施教的广度和深度；一个人的视野，能够决定他的事业和成就，更能决定他人生的高度。[1]

---

[1] 谢和平：《国际化视野，国际化人才》，载《光明日报》，2013年9月30日。

对于国际视野的重要性，可以用孟子的一句话精妙地概括，“孔子登东山而小鲁，登泰山而小天下。故观于海者难为水，游于圣人之门者难为言”，的确，如果一个人能够具有国际视野，那么与他人相比，他看待问题的角度、方式，为人处世的态度甚至人生的价值观念都会有很大的不同。

国际视野包括具有专业知识、掌握世界脉动、具有国际关怀和展现人文素养四个特质。我国大陆在对外开放初期就注意到要培养有国际竞争力的人才，但把培养的重心放在专业技术领域，忽视了其他几个要素的培育，很多具有专业知识的高级知识分子因为缺乏国际视野的培养在国际竞争中处于劣势，在某种程度上并没有完全达到我国人才发展的目标。❶

相较于大陆，我国台湾地区这些年来对于大学生国际化视野的培养起步早，制度和机制也相对成熟，尤其是台湾大学。作为我国台湾地区国际化程度最高的大学，台湾大学可以作为我们研究的样板，以对我国大陆高校推进学生国际化视野的培养提供一些有价值的借鉴。

二、台湾大学的全方位国际化视野培养模式❷

台湾大学这些年来在学生国际化视野培养方面通过采取一系列举措取得了明显成效，在2013年世界大学声望排行中，台湾大学排名创新高，国际化指标大幅提升。❸ 台湾大学不仅仅将学生国际化视野的培养提升到一个新的高度，而且将其作为学校国际化建设的重要部分，对其具体措施简要分述如下。

（一）国际化师资，国际化课程

为了培养具有国际化视野的人才，台湾大学的教育内容和体系不断地向国际通行标准靠拢，课程的设置不断改进，培养国际化人才逐步走向成熟，在专业性研究课程和国际化一般性研究课程上已经达到了国际化的标准。创设国际化课程有四个好处：一是给那些没有去国外留学的学生提供接受国际化教育的机会。二是能够提高课程对外国留学生的吸引力，他们的参与对本国学生和教学过程都有

❶ 相关报道众多，例如《留美女博士后被遣返：除了学习我什么都不会》，http：//news. sohu. com/20150427/n411938639. shtml，2015年7月15日。

❷ 本部分资料来源于台湾大学国际事务处，详见http：//www. oia. ntu. edu. tw/oia/ch，2015年7月15日。

❸ 《世界大学声望排名前60台湾大学：国际化提升》，载中国新闻网http：//www. chinanews. com/tw/2013/03－05/4616063. shtml。

益处。[1] 三是能够接触相关专业的国际最新理论前沿，提高课程的专业水准。四是相应地提高学生的语言能力。目前台湾大学开设的国际化课程主要有以下几种：

1. 英语授课课程

台湾大学的文学院、理学院、社会科学院、医学院、工学院、生农学院、管理学院、公卫学院、电机资讯学院、法律学院、生命科学院均开设英文授课的项目与课程供全校学生选择。[2] 每一年度，台大都会评选最受国际学生欢迎的英文授课课程供本校学生参考。目前比较受欢迎的英文授课的课程有探索台湾：人文与社会，探索台湾：自然环境与资源，东亚政治经济专题，比较脉络下的中国哲学，东亚与中国的法律，社会与经济发展等。本地学生与国际学生一同使用英语，相互交流、切磋，这对于学生的国际化发展有着非常重要的意义。

2. 访问学者课程

台湾大学每学期都会邀请一定数量的国际学者来校交流、访学，把宝贵的研究教学经验、个人学术专长传授给学生。来自不同国家、地区的访问学者开设不同领域、形式各异的课程，这对于开拓学生的国际化视野有着相当突出的作用。

3. 国际短期课程

短期国际课程分为春季和秋季两个部分。目的在于使台湾大学和来自全世界的学生共享前沿的知识，亲身体验学术乐趣，探索多元文化的魅力。这些课程都基于国际视野，用英文授课。课程内容包括历史、生物科技、领导力和经济。暑期课程的目的在于通过旅行、交流和亲身体验，使得学生能够自己获得适应多元环境，扩充文化背景的能力。

（二）鼓励学生走出去的“海外教育计划”

到海外学习，无疑是一个认识世界、了解多元文化、增强国际化视野与包容性的极好方式。为了鼓励学生到海外学习，台湾大学发起了“海外教育计划”，其口号是“Study Abroad，Study the World”。通过与国际高等教育机构的合作交流，签订各项海外教育计划协议，为学生提供多元的出国学习通道。

目前台湾大学提供学生短期和长期海外学习的机会。短期一般是指 3～6 周

---

[1] 吴瑕：《南京市人才国际化战略研究》，载《中共南京市委党校、南京市行政学院学报》，2007 年第 6 期。

[2] 课程详细信息可见 http：//www. oia. ntu. edu. tw/oia/ch/default/article/detail/webSN/605/article _ sn/97，2015 年 7 月 15 日。

的暑期时间，长期主要是指一学期或者一年。暑期项目既有课程项目也有专题的研究项目。长期项目包括交换学生、访问学生、双学位（互换学分）等，既可以通过学校渠道申请，也可以自行申请。目前台湾大学几乎已和全世界大多数知名大学签订了学生的交换、访问协议，对于学生扩展国际化视野极为重要。

（三）语言能力的培养

语言能力是有效开展国际交流，扩展国际化视野的前提和保证。我国台湾地区有专门的“语言训练测验中心”，原具有官方背景，目的在于适应我国台湾地区经济社会发展的特殊需要，研发办理各项语言教学、训练及测验。现在已脱离行政机关成为独立的财团法人［The Language Training & Testing Center (LTTC)］。该中心就设在台湾大学之内，由台湾大学校长担任董事长。由该中心开发的“全民英检”（GEPT）是覆盖台湾地区全民的英文考试。其考试内容也不断改进，日趋科学化。目前，台湾大学已经将“全民英检”作为毕业考试的门槛，学生必须努力通过全民英检的测试才能毕业。因为其考试内容的日趋科学、合理，再加上台湾大学的努力，有越来越多的台湾大学合作学校开始把认证全民英检作为英语能力的证明。

（四）参与度高、互动性强的国际化服务活动

台湾大学为了培养学生的国际化视野，鼓励学生于在校期间通过服务国际学生、接待国际来宾的机会，与境外高等教育人士交流，培养国际化视野与国际交流的经验。将外事活动与学生活动结合在一起，对学校而言，一方面能够向国际来宾展现学生的风貌，通过交流更加深入、直观地了解台湾大学；另一方面也极大地节省了国际交流的人力和经费开支，保证了学校能够有更加充裕的资源开展国际合作。对学生而言，通过参加相关活动与境外人士接触交流，除了增加与境外人士交流沟通的能力与工作经验，更在愉快的过程中潜移默化地培养了国际化视野，促进自身发展。

1. 国际学生接待志愿服务项目

国际学生接待志愿服务项目在全台湾各高校都有开展，台湾大学规模最大，也最为成熟。此项目通过本地学生和国际学生结成一对一的“学伴”，由本地学生协助国际学生签证、注册、选课、校园生活等方方面面的事务。借由这个过程，本地学生可以通过另一个视角直观地了解外面的世界，国际学生也可以找到新伙伴，尽快地熟悉新的学习、生活环境。国际学生接待志愿服务项目的开放度高，只要在在线报名系统报名并经过国际事务处举办的训练活动就可以成为接待志愿服务者的一员。因为并不需要消耗太多的时间，过程也相对简单，这项活动很受学生欢迎。

2. 礼宾接待学生项目

礼宾学生是国际学生大使，分为校级和院级。相对于国际学生接待志愿服务者，礼宾学生的数量较少，专业性更强，需要更加深入的遴选与培训。礼宾学生完成培训课程后就可以参加接待外宾的工作，包括外国大学的校长、副校长、教务长及行政长官、著名教授等。礼宾团的工作主要有以下四项：第一，接待各国来访外宾，包括协助会议现场工作、图文记录、校园导览；第二，接待国际访问学者，接机、协助其在台生活；第三，支援办理国际会议；第四，支援其他国际交流活动。

3. 国际接待培训课程

由台湾大学国际事务处开展的国际接待培训课程可以分为四个层次。第一个层次是密集授课阶段，在公共假期或空余时间开展集中授课，授课内容包括学生规章、国际礼仪及沟通技巧、校园导览及博物馆群导览。第二个层次是隔周技能训练，两周开展一次，每次为两小时，包括经验分享、工作技能、语言能力提高、专题策划与执行讨论。第三个层次是专题讨论。针对学校的宣传及活动专题开展讨论。第四个层次是经验传承，现任礼宾学生需要内化经验，将经验传承给下一届。

4. 国际短期课程辅导员

台湾大学每年都会举办短期的国际课程并招收有兴趣的优秀国际学生前来短期学习交流，每年的规模超过 300 人。学习交流期间，将由本地学生担任课程的辅导员，协助进行课程学习、生活辅导，并为国际学生安排各种文化体验活动。与来自全世界的学生交流、沟通，将提升课程辅导员的国际化视野。

5. 国际学生迎新专门活动

有别于一对一接待志愿服务个性化工作，国际学生迎新专门活动主要工作内容是组织、参与国际学生迎新系列活动，包括团体接机、宿舍入住、校园导览以及迎新说明会等。学生将全权负责规划与具体实施机场接机、路线规划、活动设计等。

（五）独具特色的“海外教育展”

一年一度的台湾大学“海外教育展”是台湾大学国际交流的盛事，于校庆日举办，邀请台湾大学学生及家长，并提供台湾大学海外教育计划及各国学校特色的信息。在当天，国际事务处的老师会对申请办法、资料准备、系统操作等做详尽说明。邀请以往出国交换的学生进行经验分享。邀请海外大学亲临展场，设置各交换学校摊位，以提供第一手的校园信息、学习信息与生活经验分享。

三、给我国大陆高校的借鉴和启示

培养具有国际化视野的高素质人才，是提升国际就业竞争力的关键，也是全球范围内高等教育的发展趋势。我国大陆高校要建设世界一流大学，就需要跟随世界高校国际化发展的潮流，重视人才国际化视野的培养，在此方面台湾大学为我们提供了一个很好的借鉴，其带给我们的启示主要有以下几点。

1. 将国际化视野作为学生培养的重要目标与方向

"高等教育国际化的前提首先在于要有国际化的教育观念，要从全球的视角出发来认识教育的改革和发展问题。"❶ 因此，我们必须要从全球化的视角出发来重新审视和确立人才培养目标和定位，要通过国际交流努力提升学生的全球意识、国际化观念，培养具有国际化视野的"世界公民"。我国大陆高校需及时转变现有的教育观念，大力推行国际化培养和个性化教育并存的教育理念与方式，把国际上不同文化观念和教育资源相结合，同时要尊重学生个性化发展，培养学生独立思考的能力，最终保证我国大陆地区人才培养模式由保守的同一性和规范性向创新性和激励性转变。要把提升学生的国际化视野上升到学校发展的高度，汇聚每个人的力量，从不同角度和方面促进大学生国际化视野的培养与提高。

2. 引进具有国际化视野的师资

"建设具有创新思维和创新能力的国际化师资队伍，是培养国际化创新型人才的重要保证。"❷ 脱离了国际化的师资教育，国际化视野的培养就失去了实施的主体，造就具有国际视野的人才也就无从谈起。我国台湾地区高校已经形成了外籍师资与具有国际教育背景本土师资相结合的、具有高水平和国际影响力的师资队伍，在这方面大陆高校还是相对不足。大陆高校要加速组建具有国际化背景的师资队伍，要把培养国际化的师资置于工作的重点。

中国政法大学通过"2011 计划"司法文明协同创新中心的平台引进了包括

❶ 参见陈学飞：《关于高等教育国际化的若干基本问题》，载《大学国际化理论与实践》，北京大学出版社，2007 年 11 月版。

❷ 严大龙：《高等教育国际化视域下的创新人才培养》，载《当代青年研究》，2011 年第 11 期。

美国纽海文大学李昌钰教授、美国西北大学艾伦教授、瑞士洛桑大学 Christophe Champod 教授等国际知名学者加入创新团队并来校任教讲学。[1] 通过中国政法大学网站，可以看到国内外大学间频繁的学术交流。要通过“走出去”的手段，不断培养具有本土色彩的国际化教师，应该做到与国际上知名院校间的教学、科研相互合作，有计划地选派一定数量的教师到国外知名院校进修访问，使他们在回国之后作为培养学生国际化视野的中坚力量。

3. 设置国际化的课程体系

国际化视角下的课程结构、课程对学生的期望、考核方式等内容必须明晰，在国际化时代，“一个具有国际维度的课程已不再是一个附加的价值，而被视为课程质量的一个保证。它是课程得到国家认证及国际认证的一个条件。”[2] 如今只有解决两个至关重要的问题，才可以实现我国高校课程的国际化。一是课程体系要优化重组，要根据创新人才应具备的知识、素质和能力要求，尽可能多地引入国际前沿，重新设置课程内容；二是要加大双语课程在课程设置中的比重。探索既符合中国高校具体实际，逐步接轨国际课程的教学理念与教学方法，更好地促进课程设置国际化。

4. 有效开展国际交流与合作

扩大国际交流，创造条件帮助学生体验国际性学习。国外学习、国际合作等都有助于学生获得丰富的国外信息、对世界多元文化的认知、建立广泛的学习和研究兴趣，这对于培养具有国际化视野的创新人才具有重要的推动作用。[3]

5. 提高学生语言能力

应借鉴台湾地区高校经验，建立语言教学中心，为学生提供高水平、多元化、有层次的语言教学，避免既往英语教学程式化、缺乏实际运用价值、缺乏选择等弊端。要改革英语考试体系，将大学英语四六级与公共英语考试逐步融合，不断健全公共英语考试的形式与内容，使其更具实践意义，也更加科学。

---

[1] 详见中国政法大学“2011 计划”司法文明协同创新中心网站，http://www.cicjc.com.cn/zh/node/317，2015 年 5 月 21 日。

[2] 王芳：《对推进研究生课程国际化的思考》，第六届全国工科研究生教育工作研讨会，2011 年 11 月 1 日。

[3] 付达院：《中外教育交流合作背景下的创新人才培养机制及其实现途径》，载《经济研究导刊》，2012 年第 35 期。

四、结论

国际视野的培养与形成不仅关系到学生的国际就业竞争力，更关乎我国人才战略的实施和未来经济社会发展的全局。培养具有国际化视野的高素质人才是高校的社会责任与历史使命。台湾大学上述这些措施的实施受到了学生的广泛欢迎，并切实提高了学生的国际化视野，也增进了台湾大学的国际声誉与影响力。借鉴台湾大学的经验，我国大陆地区高校也应积极创新人才培养的理念、方式与机制，将培养学生的国际化视野作为重要目标与方向，如果各高校培养的学生都具有一定程度的国际化视野，这对于学生自身发展，对于推动高校朝着国际一流化方向迈进无疑都具有重要意义。

浅谈卓越法律人才的培养

国际法学院　张西峰

摘　要　“全面依法治国”战略的实施以及全方位对外开放格局的形成，急需大量的卓越法律人才。目前我国在卓越法律人才培养方面存在一些制约因素。本文认为卓越法律人才应具备良好的身心素质和职业道德、较强的研究问题和解决问题的能力、开放性的思维、国际化的视野。“高校—实务部门联合培养”机制、“国内—海外合作培养”机制，是培养卓越法律人才的有效途径。

关键词　卓越法律人才　法学教育　培养机制

一、培养卓越法律人才的重要意义

法学的发展与社会的发展是密切相关的，法律人才的培养促进法学的发展，法学的发展促进了整个社会的进步。法学是离实践最近的一门学问，当今我国的社会实践急需卓越的法律人才。

1. 落实全面依法治国战略急需卓越的法律人才

习近平总书记提出的“四个全面”战略，即“全面建成小康社会、全面深化改革、全面依法治国、全面从严治党”。“全面依法治国”，已经成为国家治理的根本战略之一，而“全面依法治国”战略的实施主体必将是卓越的法律人才。面对社会现实的复杂性，需要卓越的法律人才参与其中，解决社会生活中的各种问题，并通过对社会的深刻理解与体悟，不断提出新的法学理论去指导社会现实的改进，真正推动中国法治化的进程。

党的十八届四中全会审议通过《中共中央关于全面推进依法治国若干重大问题的决定》，这是我国推进依法治国、加快建设社会主义法治国家的纲领性文件，文件指出全面推进依法治国的重大任务，就是要“坚持走中国特色社会主义法治道路，建设中国特色社会主义法治体系；完善以宪法为核心的中国特色社会主义法律体系，加强宪法实施；深入推进依法行政，加快建设法治政府；保证公正司法，提高司法公信力；增强全民法治观念，推进法治社会建设；加强法治工作队伍建设；加强和改进党对全面推进依法治国的领导。”

卓越法律人才的培养是“依法治国，建设社会主义法治国家”的需要，是法学教育对社会现实的敏捷性的反应。培养卓越法律人才不仅仅是对“依法治国”理念的响应，更重要的是在于“依法治国”理念与法律人对法治化的渴望是同向的，因而能够汇聚巨大的力量去培养卓越法律人才。卓越法律人才的培养需要中国的法律学者在研究经济、文化等社会关系时，注重总结中国所特有的问题，通过对现实的总结，上升到理论高度，以本土概念解说本土问题。[1]

2. 全方位对外开放格局急需卓越的法律人才

2013 年 9 月 7 日，习近平主席在哈萨克斯坦发表重要演讲，首次提出了加强政策沟通、道路联通、贸易畅通、货币流通、民心相通，共同建设“丝绸之路经济带”的战略倡议；2013 年 10 月 3 日，习近平主席在印度尼西亚国会发表重要演讲时明确提出，中国致力于加强同东盟国家的互联互通建设，愿同东盟国家发展好海洋合作伙伴关系，共同建设“21 世纪海上丝绸之路”。[2] “丝绸之路经济带”和“21 世纪海上丝绸之路”（简称“一带一路”），是我国全方位对外开放格局的深化。“一带一路”战略的推进，急需涉外卓越法律人才提供法治保障。如果没有涉外卓越法律人才，“一带一路”的建设将会举步维艰。

二、卓越法律人才的素质构成

卓越法律人才是社会需要的精英人才，需要进行精英化的培养，也需要每一个法律人才自身的奋斗与努力。法律人的法律素养可以保证能够将自己所具有的法学知识与法律技能用于实现社会的公平与正义，服务于社会主义现代化建设，而非用于产生对社会不利的负能量。笔者认为卓越法律人才应具备良好的身心素质和职业道德、较强的研究问题和解决问题的能力、开放性的思维、国际化的视野。

1. 卓越法律人才应具备良好的身心素质和职业道德素质

健康的身心素质，是出色地完成任何工作必备的前提条件，卓越法律人才应具备良好的身心素质，以适应快速多变的现实世界。卓越法律人才服务于整个社会，需要有社会责任感，这是一种必然的要求。[3] 忠实于法律并服务于社会的卓越法律人才，需要良好的职业操守。徇私枉法、违背良心和道德的法律人，只会

[1] 苏力：《批评与自恋》，法律出版社，2004 年版，第 34 页。

[2] http：//baike. haosou. com/doc/7487210－7757266. html，2015 年 7 月 18 日。

[3] 苏力：《批评与自恋》，法律出版社，2004 年版，第 126 页。

破坏法治，而绝不可能促进法治。[1] 古人云："才者，德之资也；德者，才之帅也。"我们通常讲："有德无才误事、有才无德坏事"，因此形成良好的职业道德体系，是卓越法律人才必备的前提条件。

2. 卓越法律人才应具备研究问题和解决问题的能力

卓越法律人才需要解决社会面临的重大问题，或应时代的需要解决某些行业的问题，这就需要有一定的学术理论功底作为支撑，或具备较强的研究探索能力，随时准备探索新的领域，才会在面对复杂的社会与经济问题时，运用自己所掌握的法学理论指导社会实践，反过来将处理社会矛盾的经验上升为法学理论，不断地循环往复从而促进整个社会走向公平正义。理论的最大活力源自丰富的社会生活，社会的复杂性为理论的发展提供土壤，所以卓越法律人才研究的重心应当是整个社会。

法律人学术理论水平的提高需要时间的积累以及社会经验的增长，故而卓越法律人才的培养是长期的、艰难的过程。为了适应现实的需求，在法律人才并不具有深厚的理论功底时，较强的研究能力可以起到替代作用，深厚学术理论的修养需要具有较强的研究能力，所以较强的研究能力是成为卓越法律人才的前提。

法律的目的并不在于从理论到理论，相反，法律最贴近社会生活。卓越法律人才通过批判性地继承前人总结的经验、理论，结合国内外相关法学研究成果，探索创造性地解决问题的思路，真正地解决现实社会中纷繁复杂的各种法律问题。法律从来不是自古就存在的，而是应社会发展的需要而产生的，社会现实的复杂性与多变性为法学理论的发展提供沃土，法学理论从现实中而来，又去解决现实问题，这是法学发展的终极目标，而卓越的法律人才需要为这个目标去努力。卓越法律人才不仅要具备研究问题的能力，还必须有能力对现实问题提出自己的观点与建议，妥善解决实际问题。掌握实际应用法律知识的本领，比背会法条，对于卓越法律人才来讲重要得多。卓越法律人才必须能够较好地运用法律思维、法律知识与实务操作经验处理社会中出现的各种各样的纷争，化解矛盾。

3. 卓越法律人才应具备开放性的思维

卓越法律人才应当能够在面对不同的问题时以开放性的思维面对，提出合适的解决方案，因而具备开放性的思维是极为重要的。如若在长期的学术理论研究或者法律的实务过程中固守一种思维而不知变通，企图用一种思维去解决复杂的

---

[1] 王利明：《卓越法律人才培养的思考》，载《中国高等教育》，2013 年第 12 期，第 28 页。

社会问题，将片面的部门或行业经验作为普适的真理来应用，不仅不能解决问题，反而会将研究者本人引入歧途而难以回返。具备开放性的思维便能够客观化地对社会问题以及相应的观点进行客观化的评价，从而能够提出切实可行的解决问题的方法，于研究者本人能力的提升、知识的拓展也是有益的。“作为法律人，在面对日益完善和纷繁的法律关系、法律规定和法律制度时，不仅要理解和掌握法律规则和法律背后的法律意识、法律精神和法律价值，以及与之相联系的政治、经济、科技、历史、文化、社会、道德、伦理和传统等背景；不仅要知道法律是什么，还要知道法律为什么如此，在此基础上，还要求具备进一步创新思维，提出法律是什么。”❶

4. 卓越法律人才应具备国际化的视野

从法律的严谨性来讲，国际化视野的概念显得过于宽泛而无从界定，具体而言便是具备了解国外相关问题的研究成果的能力，只有通过比较性地分析，才能比较客观地得出结论，结合国外的法律或者经济、社会问题的研究理论、成果，从而找到能够解决我国本土问题的方法。要了解国外对相关法律、经济社会等问题的研究成果，就必须能够以外国人的思维方式对其理论成果进行理解，而不能简单地将中国人的思维或者研究者个人的思维方式强加于国外的学术理论，此种做法是不能够产生任何的积极作用的。所以，具备国际化的视野的基础技能便是具备一定的外语阅读、理解与交流能力。

具备国际化的视野是对法律人开放性思维的一种锻炼，法律人能力的提高来自于在艰苦的环境中不断磨炼，而在能力提高之后反而更容易陷入一种安逸的思维环境中难以自拔，逐渐地故步自封，不知进步，将以前的成就作为资本来炫耀，却忘记了时代的长河始终在奔流，停滞不前导致一个卓越法律人法律生命的终结。涉外卓越法律人才应当具备较高的外语水平和在国际事务中运用法律知识解决问题的能力，成为在国际交往中传达中国声音、表达中国立场、维护中国利益，并能够在国际场合自如交往的优秀人才。❷ 卓越涉外法律人才对于我国的涉外法律、国际经济法、国际私法、国际公法以及世界上主要法系或国家的法律应达到熟练掌握乃至精通的程度，并能准确地运用这些法律分析和解决中国在对外

❶ 霍宪丹：《法律职业与法律人才培养》，载《法学研究》，2003 年第 4 期。

❷ 王利明：《卓越法律人才培养的思考》，载《中国高等教育》，2013 年第 12 期。

交往与合作中各种纷繁复杂的具体问题。[1]

三、卓越法律人才的培养途径

卓越法律人才的培养需植根于法学教育，因此在培养卓越法律人才的过程中，应直面现实困境，然后寻找适当的途径。卓越法律人才的培养需要基本素质与法律素质的培养，基本素质包括思想素质、文化素质与身体心理素质，而法律素质则包括法律思维能力，法律表达能力与探知法律事实的能力。[2]

（一）卓越法律人才培养的现实困境

卓越法律人才的培养与法学教育具有不可分割性，当前法学教育中出现的各种问题，也必然成为卓越法律人才培养过程中所面临的难题。当今法学教育存在学生知识结构单一、封闭，且外语的学习与运用能力差，较难适应跨文化交往等问题。

1. 学生知识结构单一、封闭

法律专业的学生学习的重点是国内法，并且学习的国内法也存在着滞后性。[3] 由于法律院校课程设置等原因，法学专业的学生对于国内的法律知识并不能在最短的时间内有效掌握，且对涉及互联网金融、房地产、知识产权等新型行业的法律业务不能及时了解、掌握。法学专业的学生经济、金融、管理、政治等方面的知识普遍欠缺，其知识结构与思维的局限性非常明显。广泛地阅读与获取其他专业领域的知识，并未在法科学生中成为普遍现象。毫无疑问，知识结构单一、封闭不利于卓越法律人才的成长。

2. 法学教育与实践完全脱节

法学教育与实践完全脱节导致法学本科学生毕业之后无法将所学知识应用于解决社会问题，现实社会的需求与我国高校法律人才培养方向出现了错位现象。[4] 法学专业的学生在进入社会之后，往往很难被社会所接受，用人单位又需要对法学专业的毕业生进行新的培训，势必增加各种成本，这种情况对毕业生的自我发展及其在社会的立足造成极大的阻碍，也不利于整个社会的和谐有序发展。

---

[1] 曾令良：《卓越涉外法律人才培养的卓越要素刍议》，载《中国大学教学》，2013 年第 1 期。

[2] 张文显：《法学教育》，法律出版社，2011 年版，第 12—18 页。

[3] 张文显：《法学教育》，法律出版社，2011 年版，第 50—51 页。

[4] 何勤华：《关于实施卓越法律人才计划的思考》，载《法学教育研究》，2012 年第6 期。

以上两个问题应当是最普遍的问题，知识结构的单一导致法学专业学生的思维受到限制，很难提高其法学知识的储备量；法学教育与实践脱节致使法学专业的学生所掌握的法律知识限于理论层面，不能将知识运用于社会的改造，以满足社会的需求，结果是不仅不能实现社会的发展，更为可惜的是，法学毕业生也难以融入现实的社会，少数毕业生在社会中的生存能力都面临着挑战。

（二）卓越法律人才培养途径的探索

笔者并不认为卓越的法律人才可以像商品一样进行集约化的制造与生产，但对卓越法律人才的培养总会有些措施可以采取，那就是针对普遍的问题进行具体解决，虽然法律人才的培养会面临各种各样的问题，法学教育亦有各式各样的难题，终归问题的解决是好的，普遍性问题的解决会引来新问题，但面临问题的不断解决也将使卓越法律人才的培养途径更为清晰化，距离培养卓越法律人才的目标也将会更近一步。

总体而言，可以从法律素养、法律知识与法律技能三个方面对卓越法律人才的培养进行探讨。从这三个普遍性的方面对法律人才进行培养，探索卓越法律人才的培养途径，是适合时代的发展以及现实的需求的，无论从整体或是部分而言，均是有利的。

1. 卓越法律人才的法律素养与知识理论水平的培养

法律素养的培养最主要的原因在于使得法律人能够形成正确的价值观，在正确的价值观之下，为整个社会的发展贡献才智。因而对法律素养的培养应当建立在丰富的社会学科知识积累之上，社会学科知识的储备将为法律人提供正确的导向。法律素养的培养，更大程度上取决于法学院校师资力量、课程体系、法科学生的学习责任，因此必须改变任何大学都能设置法学院的局面，必须给高校设置办法学专业的门槛，比如师资力量，图书资料，与公检法司、律所等事务部门的合作关系等。对于不具备办学条件的法律院系，教育主管部门应取消其招生资格。

学生的知识来源于老师的教和学生的学。卓越法律人才的培养需要卓越的师资队伍进行教学，卓越的师资队伍的组成必须是专职、兼职和特邀“三结合”，法学院校的专职教师应占较大的比例，另外可以聘请有丰富经验的法官、检察官、律师、证券业监管人员、银行业监管人员、保险业监管人员、外交人员等作为兼职教师，以丰富课堂教学，引领卓越法律人才的培养。特邀教师应是国内外相关学科的知名教授、已退休的资深政治家、国际组织的高级官员等。毫无疑问，真正的知识获取很大程度上取决于大学生自己的主动性与积极性，在“全面依法治国”的时代背景下，法学专业的大学生，应自觉提高学习责任感，提高学习知识的主动性，丰富知识储备，力争成为卓越法律人才。

2. 卓越法律人才的法律技能的培养

法律技能培养的核心在于实践，只有通过不断的实践与运用，法律技能才会得到提高。因而，在对法律人法律技能的培养过程中，可对传统法学教育进行改进，除课堂上以教授为主体的单方教学之外，可增设研讨会，并给学生布置课外作业。教科书的体裁应多元化，不仅有为初学者入门的教材，也应有用于综合复习的参考用书，有理论体系的著作等。专题研究和判决评释应更受重视，以期能帮助学生理论联系实务。同时积极推进“实例研习”的教学方法，考试以实例为原则，加强学生处理问题的能力。❶

对于解决本土纠纷的卓越法律人才，“高校—实务部门联合培养”机制，将是提升其法律技能的有效途径。解决本土纠纷的卓越法律人才，必须在实务部门历练，只有如此，法学院校的学生才知道社会的真实状况，才会倒逼法科学生运用法律思维和法学知识去解决具体问题。

对涉外卓越法律人才而言，“国内－海外合作培养”机制，是有效的培养途径。我国主要的法律院校，应广泛开展跨境合作、联合培养、课程互认、学分互认、学位联合授予。我国的经济总量已居世界第二，进出口贸易总量已达世界第一，在此背景下，包括联合国、国际货币基金组织、世界贸易组织、世界银行、联合国国际法院、联合国海洋法庭以及我国正在筹备的亚投行等国际性和区域性国际组织，急需大量的卓越法律人才参与其中，以表达我国的立场，维护我国的国家利益。在培养涉外卓越法律人才时，国家可以有目的地向这些国际组织推荐我国的法律人才。

“全面依法治国”和“全方位的对外开放格局”急需大批的卓越法律人才，而卓越法律人才的培养又是一项长期的、充满挑战的计划，需要进行不断的探索才能有所进步，卓越法律人才的培养是整个社会的需求，需要整个社会为之出谋划策、贡献才智。

❶ 王泽鉴：《民法思维：请求权理论体系》，北京大学出版社，2009 年版，第 3 页。

关于中国政法大学推免制度的调研问卷数据统计

商学院　李琼华　郭虹

调查背景： 在中国政法大学2011级本科生开展推免工作过程中，各专业学生对于我校现行的推免制度的具体内容提出了一系列质疑。本问卷针对学生反映集中的问题如：计算科目、第三学年的课程设置、“学术十星”、核心期刊论文、加分项及各类加分的比重和分值阶梯化等方面进行设计。本问卷仅限于在推免过程中学生针对推免制度的具体规定提出的问题。

调查方法： 使用问卷星软件，将问卷上传后在全校三四年级范围内请学生自愿作答。

开始时间： 2015—5—4　　**结束时间：** 2015—5—20

样本总数： 160

原始数据来源： http：//www. sojump. com/report/4868105. aspx? qc=

数据与分析：

第1题　您的专业是　［单选题］

我校共160名同学参与了问卷调查，专业包含哲学、经济学、法学、政治学与行政学、国际政治、思想政治教育、汉语言文学、新闻学、工商管理、国际商务共十个专业（见图1）。

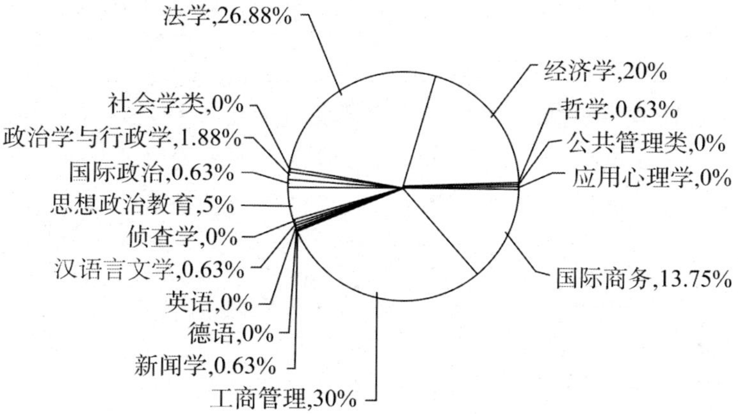

图1

第 2 题　评分

在对当前的保研制度进行评分的问题中，共回收有效问卷 145 份，其中发现有 74 名同学认为我校推免制度不足 60 分（含 60 分），占有效参与作答总人数的 51.03%，共有 117 人对该制度评分低于 80 分（含 80 分），占 80.69%，评分在 80 分以上的，共 28 人，占参与作答总数的 19.31%。说明推荐优秀毕业生免试攻读硕士学位的制度在学生中的认可度和满意度需要提高，针对该制度进行更进一步的调查研究具有实际意义。具体情况见图 2。

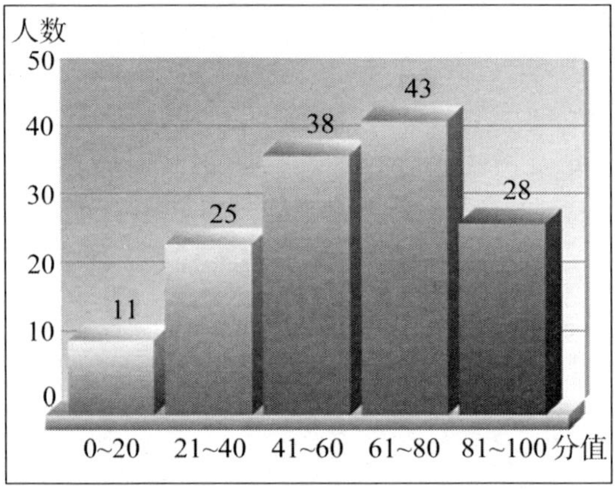

图 2

第 3 题　您对我校的推免制度中基础成绩不计入体育和英语成绩的规定的看法是：结果见表 1。［填空题］

表 1

选项	小计	比例
合理，理由是	79	49.38%
不合理，理由是	81	50.62%
本题有效填写人次	160	

共有 81 人认为体育和英语不计入总成绩的规定不合理，其中给出具体理由的有 63 人。除 3 名同学的理由是总成绩与体育、英语成绩是否计入关联较小外，60 人认为应当计入体育、英语，其中 41 名同学同时强调了英语和体育的重要性，理由包括："应该全面考核""体育和英语都是必备素质""英语和体育是全面评价一个学生的必要标准""必修课应当同等对待""英语、体育都是素质教育的一部分"。还有 3 名同学单独强调体育成绩的重要性，认为它是一项基本的要求。16 名同学单独强调了英语成绩的重要性，理由包括"研究生入学考试都考

英语，为什么保研不计入”“研究生学习期间导师对学生英语能力要求很高，应计入”“不管从就业还是发展情况来看，英语都是一门很重要的学科，包括考研”，强调英语应当计入总体成绩。具体数据见图 3。

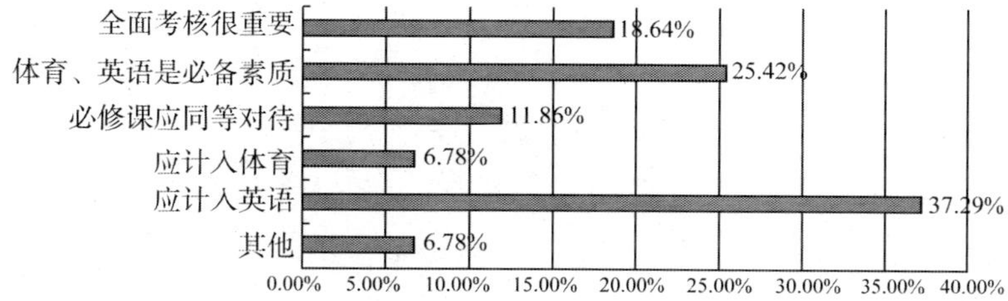

图 3

认为不应计入体育英语成绩的 79 人中，给出理由的同学有 43 人。他们主要认为这两门课程老师评分的任意性大，推免应当以专业成绩或专业水平为准，这两门课的成绩很难代表学生的学习能力。反对体育计入的同学认为：“个人身体素质是先天决定的，如果计入对体质弱的学生不公平”“体育评分标准不一致、项目多、偶然性大”；反对英语计入的同学认为“英语受生源地影响”“各地英语教学水平不一”“老师打分弹性太大”。具体数据见图 4。

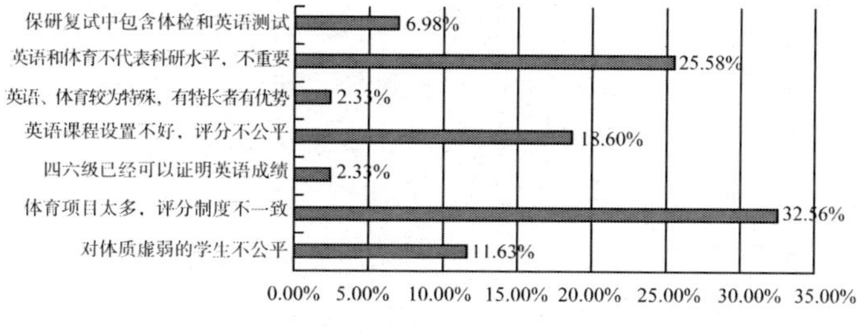

图 4

我校根据《中国政法大学推荐优秀应届本科毕业生免试攻读硕士学位研究生办法》（法大发［2013］75 号文件）第二章规定：“推免生综合测评包括学习成绩、科研和实践成果两部分。综合测评满分为 100 分，其中学习成绩占 85％，科研和实践成果占 15％。学习成绩得分为前三年所有应修必修课（公共外语、体育除外）的平均分乘 85％。”对比其他高校的推免生学分计算方法可知，这一规定将学生前三年的必修课（除公共英语、体育）的平均成绩乘 85％的规定较为简单粗疏，没有将不同性质、所占学分不同、在学科中的重要性不同的必修课进行区分，忽视选拔优秀毕业生攻读“研究生”这一目标的专业要求。不少高校的推免制度已经将必修课进一步细化，充分考虑所占学分、在整个学科中的重要性的不同给予不同的权重。如对外经贸大学的课程分数成绩为第一至六学期所有课程的加权学分成绩。分两部分计算，第一部分：普通课程加权学分成绩×40%（普通课程是指除学科基础必修课和专业方向必修课以外的其他课程，不包括辅修课程、双学位课程、听力、重修）；第二部分：学科基础必修课和专业方向必修课的加权学分成绩×60%（每门课程的学分成绩=课程考试成绩×该门课程的学分；学生的加权学分成绩=课程学分成绩之和/课程学分之和）。南开大学的计算方法是：综合排名成绩应由平均学分成绩、素质考核成绩两部分加权组成，即：综合成绩=平均学分成绩×权重+素质考核成绩×权重。平均学分的成绩是将英语与体育成绩考虑在内的。武汉大学课程成绩占85%，文艺、体育及社会工作特长等占5%，科研活动能力占10%，以此制定综合评价体制，全面评定学生。关于推免资格和英语成绩之间的关系，各校有一定要求，吉林大学在评选推免资格时，硬性的要求是校内外语1～4级考试平均成绩达到75分以上，而我校对于英语没有限制，可以说只要及格就行。厦门大学对于保研的四级分数要求达到500分以上，中山大学的四级成绩要达到604分，相比之下我校的四级要求是通过，并没有很严格。厦门大学、中山大学、中央财经大学、华东师范大学、上海财经大学等211、985院校都将体育、英语成绩计算到保研的成绩中。

这些规定首先区分了基础必修和专业必修，分别设定了在推免过程中的权重，而且和学分制相结合，每一门必修课所占学分多少也说明了它在学科中的重要性，外经贸推免的规定，从制度设计上更符合推免选拔优秀本科生进行更深专业学习的需要，而且使各项制度之间相互衔接，值得我校学习。

第4题　您对我校三年级的课程设计的看法是：[多选题]

具体情况见表2。

表2

选项	小计	比例
合理，理由是	37	23.13%
不合理，应该减少第6学期的专业课数量	48	30%
不合理，应当将第6学期课程提前考试，以便学生6月份能够根据自己的专业排名，参加名校推免夏令营	91	56.88%
不合理，应当增加第二学年和第5学期专业课的课程	24	15%
不合理，理由是	10	6.25%
本题有效填写人次	160	

针对本科生第三学年的课程设置问题：参与调研同学中23.13%的同学认为我校第三学年的课程设置较为合理，从专业上看，多数为法学专业学生；76.69%的同学认为我校相关专业第三学年的课程设置不合理；30%的同学认为应当减少第6学期的专业课数量，尽量将课程前移到第4、5学期，以便第三个暑假的学习、考司考、注会等重要考试的复习安排；56.88%的学生建议学校第六学期的课程考试提前，以便学生参加国内外名校的推免夏令营。学生提出参加夏令营是获得名校推免资格的重要途径，尤其是经管类专业，甚至不少学校只通过夏令营招收推免生。针对学生的问卷反馈，提出建议：一是学校应落实“以师生为本”的理念，教务部门对于不同年级的考试时间不能罔顾学生实际需要，仅以自己工作方便一概而论，统一在7月考试。学校教务部门对于每年都有相当数量的优秀同学参加其他国内外名校夏令营的问题，应当充分重视，了解学生合理需要，关注名校夏令营时间，尽量安排第六学期同学在六月中旬前后考试。同时，要求任课老师及时提交成绩，排列名次，确定可能具有保研资格的同学名单，以便他们做好充分的准备去参加夏令营，从而增加我校学生被名校录取的几率，改变目前学生一边参加夏令营激烈角逐，一边惦记期末考试的现状。以2014年我校本科生期末考试和名校夏令营的时间为例，2014年北大、清华主要名校夏令营时间为2014年7月1日—7月10日，与我校6月30日—7月10日期末考试重合，以致我校同学难以参加夏令营。比较国内其他学校的考试时间可知，大多数学校在6月底之前已完成了期末考试；如北大、清华、人大、西南财经、中山大学等，以中山大学为例，2014年春季学期考试时间是2014年6月22日—6月28日。二是对因为参加夏令营不能按时参加期末考试者，给予缓考安排，解除同学的后顾之忧。

从实际上看，参加夏令营、推免的同学需要根据不同学校要求准备很多资料，各校流程不一，比较复杂，学生需要花费不少的精力，有时还会因为定位不准、目标不清、经营不足、信息不通而错过很好的机会。因此，学生需要相当多的时间筛选信息，跟往届成功推免的学生交流，提前进行期末考试可以避免复习时间和准备时间的冲突。从有利于学生发展的角度看，我校学生如能顺利参加国内外名校夏令营并被录取也是对我校学生培养成果的积极肯定。现行不同年级学生期末考试“一刀切”的做法，难免会导致学生对学校产生“只为自己工作方便，对学生需求漠不关心”的误解。

第 5 题　您对现在“学术十星”加 3.5～5 分的加分规定的看法是：［多选题］具体情况见表 3。

表 3

选项	小计	比例
合理，理由是	22	13.75%
不合理，“学术十星”加分权重过多，直接决定能否推免	91	56.88%
不合理，“学术十星”的获奖论文不一定能在核心期刊发表，但比核心期刊发表的论文加分多	56	35%
不合理，“学术十星”的评选中非法学评委老师较少	47	29.38%
不合理，核心期刊发表论文加分评委裁量范围较大	25	15.63%
不合理，理由是	3	1.88%
本题有效填写人次	160	

“学术十星”是中国政法大学传统品牌学术活动，是激励我校本科生进行学术活动的论文比赛。我校推免制度规定，获得“学术十星”的论文作者加 5 分，我校创新论坛评比中的胜出者论文作者加 3.5 分。这是在总成绩乘 85%后，按照“科研和实践成果占 15%”的规定直接加分。同时规定“在核心期刊发表学术论文，独立作者最高计 5 分，最多限加 2 篇；合著第一作者最高计 2.5 分/篇，合著非第一作者不予加分，合著论文限加 1 篇”。比较可知，校“学术十星”的论文加分和核心期刊发表论文的独著加分相同，但实际上，“学术十星”的获奖文章不一定能在核心期刊上发表，表明学校对学术论文判断与外界不尽一致，需要增强一致性，或适当降低“学术十星”加分。在问卷中，有同学提出“学术十星”论文大赛对法学专业学生有利，认为各部门法学专家在评委中都有，法学论文中涉及的各种论证、研究方法都不会因个别专家的偏好而影响结果。但非法学专业专家在评委中比例少，非法学专业中一些新的研究方法、模型如果不能被参加评议的极少数非法学专家认可则无评选希望。也有学生提出“学术十星”论文，学生提交前，指导老师一般会做不少修改，作为一项校内比赛，影响力和公信力有限，当作荣誉即可，不宜计入推免加分。

第 6 题　您对我校竞赛类加分规定的看法是：[多选题]

具体情况见表 4。

表 4

选项	小计	比例
合理，理由是	26	16.25%
不合理，我校竞赛类以法学为主，其他专业竞赛类进入目录的较少，对非法学专业推免不利	72	45%
不合理，我校竞赛类目录应该根据在校生参与国内外竞赛的实际情况调整，明确学生提出增加竞赛申请的流程和时间截点	65	40.63%
不合理，竞赛类集体项目中队员的作用不进行辨识，同等加分	56	35%
不合理，理由是	8	5%
本题有效填写人次	160	

汇总参加调研的学生意见可知，仅 16.25%的学生认为我校推免加分竞赛文件即《中国政法大学本科生实践成果认定目录》规定合理，我校在认定参赛积分中以法学类模拟法庭、仲裁庭、辩论赛、模拟联合国等传统项目为主要加分赛事，非法学类参赛加分项目较少。参与调研的 45%的学生认为该认定目录不利于非法学专业学生推免；40.63%的学生认为该实践成果认定的竞赛项目应根据我校本科生实际参加比赛的情况进行调整，学校应明确学生提出竞赛申请的流程、受理部门和具体时间截点。35%的学生认为在集体类竞赛中不区分队员作用同等加分的做法不合理。

对比西南财经大学关于推免的规定可知，该校规定项目加分上限为 10 分，主要分为综合和科研创新两大类，每一类加分不超过 5 分。综合类包括荣誉、文体竞赛、精神文明等项目（上限 5 分，不含各种奖学金，各项加分均以证书或文件为准），国家级项目加 4 分，省级 2 分，市级 0.5 分。厦门大学、中山大学、西南财经大学、上海财经大学和华东师范大学等都专门为在竞赛方面有特长的同学另设评选路径。这样规定一方面不会挤占学术类同学正常的机会，另一方面也不会让有特殊专长的同学因为专业成绩不突出或者学校认定的方法过于单一机械而错失进一步深造的机会。

第 7 题　您对我校推免综合测评中成绩占 85%，科研和实践成果占 15%的规定的看法是：[多选题]

具体情况见表 5。

表 5

选项	小计	比例
合理，理由是	54	33.75%
不合理，学习成绩比例太低	47	29.38%
不合理，学习成绩比例太高	28	17.5%
不合理，科研、实践应分别规定各自上限比例分数	54	33.75%
不合理，理由是	5	3.13%
本题有效填写人次	160	

在推免综合测评中，必修课成绩占 85%，科研和实践成果占 15%的规定是否合理的问题中，参加调研的同学中 33.75%的人认为合理，而 66.25%的同学对这一比例提出了质疑，29.38%的同学认为学习成绩所占比例太低。

对比其他高校关于推免生成绩的计算及专业成绩、科研竞赛所占比例，对外经贸大学、西南财经大学金融学院综合加分最多 10 分。武汉大学规定，课程成绩占 85%，文艺、体育及社会工作特长等占 5%，科研活动能力占 10%。厦门大学规定，排名成绩＝学业成绩×80%＋考核成绩×20%，考核成绩的组成及比例由学院制定操作细则时确定。中央财经大学的常规推免中，单纯的学术保研有三种计算方法：①平均学分绩点（按课程初次考试成绩计算，下同）和素质评价列全班前 40%者；②平均学分绩点列全班前 20%者；③素质评价列全班前 20%者。科研竞赛类有单独的评选方法和名额。因此，就单纯学术类的保研而言，在该校是 100%靠学业成绩。华东师范大学推免规定类似，要求学生的绩点大于 2.8（满分为 5），其他类目的加分另设有评比方法。南开大学采用的方法是综合成绩＝平均学分绩×权重＋素质考核成绩×权重，平均学分绩的权重不得低于 70%，具体数值由各学院根据本单位情况自主设定。

在反馈的问卷中部分同学提出在科研成果的加分中出现小组成员在申报时和结项时成员不一致的情况，有个别同学原来不在应加分创新项目和科研创业项目的立项书中，但他的名字出现在他人已经结项的项目中。因为在推免过程中三四十门必修课的平均成绩乘 85%的比例后本身相差无几，但如是国家级或北京市特定结项项目的参与人加 1 分，可以根本性地决定该同学能否具有推免资格。

我校将竞赛类加分归入实践成果，并规定“科研和实践成果占 15%”，也就是说科研和实践成果共占 15 分。究其本意，应该是鼓励学生进行科学研究和培养创新实践能力。我校推免规定将科研类分为：“学术十星”、核心期刊论文、科研项目，但是没有规定科研和实践成果的上限，也就是说，学生仅凭科研可加满 15 分，或者凭参加的比赛加满 15 分。对于现行规定，参与问卷调研的 33.75% 的学生认为应当给科研、实践成果分别设定各自上限。

第 8 题　您对我校学术论文加分规定的看法是：[多选题]

具体情况见表 6。

表 6

选项	小计	比例
合理，理由是	31	19.38%
不合理，建议增加北大核心	19	11.88%
不合理，如果与本校老师合署发表并为第二作者可以按照联合发表一作加分	39	24.38%
不合理，建议法学与非法学分别制定认可核心期刊标准	77	48.13%
不合理，其他理由是	21	13.13%
本题有效填写人次	160	

我校学术论文按照《中国政法大学期刊分类办法（法大发［2008］70 号）》文件第三条，经 2012 年修改后将“核心期刊”认定为“①中国社会科学引文索引（CSSCI）来源期刊（不含扩展版和来源集刊）（南京大学中国社会科学研究评价中心发布）；②中国科技核心期刊库来源期刊（中国科学技术信息研究所发布）”。确定“视为核心期刊论文”包括“①中国政法大学学报、证据科学、中国社会科学英文版、中国法学英文版发表的论文；②中国人民大学报刊复印资料转载论文；③境外公开出版的学术刊物或学术研讨会论文集上发表的学术论文。”可见，我校仅采用的是南大核心认定标准，范围较为狭窄。从实际上看，博士生、教授学者在核心期刊上发表论文尚属不易，罔论本科生，不顾实际困难，强行拔高要求必然使制度设立的目的难以落实。应当根据实际考虑加入其他核心期刊的认定，设定阶梯型加分标准。以西南财经大学为例，在推免中将学生发表的学术论文分 B1 和 B2 两级，B1 级以上为南大核心以上期刊，每篇最高加 5 分；

B2 级学术期刊为 A1＼A2＼B1 类所列期刊以外，进入南京大学 CSSCI 来源期刊目录或北京大学中文核心期刊目录的期刊，B2 级期刊上发表论文的，每篇计 2 分。即独著南大核心每篇最高加 5 分，北大核心及科技核心最高加 2 分；合著第一作者分别为南大核心最高 2.5 分，北大核心及科技核心最高 1 分。这种根据本科生发表论文的实际困难，扩大核心期刊的认定范围，区分期刊的权威程度不同设定的加分标准无疑是更加务实和贴切的、鼓励学生进行学术研究的做法。

关于合著作品，“在核心期刊发表学术论文，独立作者最高计 5 分/篇，最多限加 2 篇；合著第一作者最高计 2.5 分/篇，合著非第一作者不予加分，合著论文限加 1 篇。”这一规定和我校现行研究生奖学金评定中“学生和导师合作发表文章，第二作者视同第一作者加分”的规定不一，显然对本科生科研提出了比研究生更为苛刻的标准。应当使这两个规定统一起来，从普遍情况来看，合著作品中的本科生能作为第二作者出现实际上是由于他承担了主要的写作内容。其他高校在推免中认可合著第二作者应加分，如上述的西南财经大学规定，“所有文章必须是与主修专业相关的学术论文，且原则上只加第一作者，如跟本校教师合作发表文章，第二作者视同第一作者加分。”

在调研中，除表 6 中所列问题外，学生还在认为学术论文加分不合理项下提出“学术论文加分存在权重过高”“评审制度不透明”“论文水分较多”等方面的问题。

中央财经、外经贸、吉林大学、华东师范及上海财经大学等学校专门为在论文撰写方面有特长的学生开设另外一种参评方法，并不会影响其他没有论文加分的同学的名额。这种方法鼓励有科研能力的同学尽量发挥自身优势，而不是采取统一的模具规制学生，使得制度真正做到“以人为本”，因材施教，制度的合理性值得学习和借鉴。

第 9 题　您认为我校推免过程需要改进的方面是：［多选题］

具体情况见表 7。

表 7

选项	小计	比例
进一步公示加分项目，论文、比赛、项目名称，及各项加分不仅是总加分	126	78.75%
进一步规范校院两级的公示程序和内容、形式	77	48.13%

续表

选项	小计	比例
学校专项推免的程序和内容应进一步公示，不仅是公示最后的名单	106	66.25%
不需要改进，目前的推免制度公平、公正、公开	8	5%
其他，如	7	4.38%
本题有效填写人次	160	

在关于我校推免制度改进的建议方面，仅有5%的学生认为现行推免制度公平、公开、公正，不需要改进。改进主要集中在公示方面，78.75%参加作答的学生认为应当在现有基础上进一步公示加分项目、论文、比赛、项目名称，每一个人的各项加分，不仅是公示总加分；66.25%的参与学生认为对于专项推免，如支教保研、留校保研的程序、内容应当进一步公示；48.13%的学生认为应当进一步规范校院两级的公示程序、内容、形式。

在其他改进措施和建议中，参与学生提出了"实践加分鉴定目录应及时更新""应当较早确定可能推免的人选""应将成绩排名和公示提前到6月底"等建议。

本问卷所做调研仅为笔者在工作过程中根据学生在推免过程中提出的较为集中的意见和建议进行的制作。立足本职工作、解决实际问题是写作这篇报告的本意。所有参与同学为自愿、网上作答，相关数据都保留在问卷星软件中。综合来看，我校推免制度中基础成绩的计算方法，应否计入英语、体育，基础成绩和科研、竞赛成绩的权重，科研、竞赛加分项目规定是否合理等都是较为集中的问题。从实际工作中看，专业基础成绩排名在前的同学和竞赛、科研突出的同学之间的竞争关系激烈。考察兄弟院校推免规定，显然较为主流的方法是将推免分为不同类型，根据课程基础成绩、科研类、竞赛类等分别设立推免条件、确定名额。这种做法一方面鼓励学习态度端正，踏实认真的学生根据自己取得的成绩参与推免，学业成绩的参评比例占压倒性优势；另一方面，为了培养学术研究型、创新型人才，为在大学期间竞赛经验丰富或者学术功底扎实、发表学术论文的学生另设专门的推免条件和名额。因实际能力所限，在问卷设计、参与调研人员的数量上均未达到非常满意的程度，但是我们不揣蒙昧，以此报告总结工作，求教于大方，为推动我校推免制度完善尽绵薄之力。

试论我校本科毕业论文普遍原创性检查产生的问题及对策

商学院　张弛[1]

摘　要　本文在充分肯定我校执行本科毕业论文普遍原创性检查取得的成绩基础上，就两年来本科毕业论文工作中产生的新问题，从师生、院系和校方层面多角度加以总结和分析，指出提升本科毕业论文质量，端正学术研究态度必须在“激励与约束相结合”“主观与客观评价相结合”“鼓励与退出相结合”的基础上，采取适合我校特点的一系列与普遍原创性检查相配合的具体措施，这样才能长期将优良的学术传统承袭下去。

关键词　普遍原创性检查　本科论文　问题及对策

本科毕业论文是现代高等教育不可割裂的重要环节，既是对所学课业的总结和应用，也是毕业生面向社会、从业、深造等各个方面深入思考的有益尝试，能够帮助学生完成从理论到实践的一个转化和升华。然而，作为学术研究的前沿阵地之一，高校近年来时有学术腐败发生[2]，不但科研层面屡有出现，学生中特别是本科生中亦有愈演愈烈的趋势（张英丽，2011）。因而，自 2014 年开始，我校教务处为进一步加强本科毕业论文的原创性检查，开始对本科毕业论文执行从重点抽查到全员打假的从严管理。经过两年的试行，取得了一定成绩的同时也产生了一些新的问题，本文试图从本科毕业论文原创性检查在校（院）方、指导教师

[1] 张弛，副教授，商学院经济学研究所副所长，长期从事现代经济学基础理论的教学工作，主要研究方向为宏观经济学、法律经济学、制度经济学等。感谢商学院教务科夏力老师及商学院学生工作办公室吴颖、郭虹等老师的协助与支持，然文责自负。

[2] 其实“学生抄袭剽窃论文现象在其他国家的高校中也存在，尽管程度不尽相同。因而如何防范学生抄袭剽窃论文是各国高校都要面对的一个共同课题”，参见张幸临：《防范高校学生论文抄袭剽窃：英国高校的经验及启示》，载《学位与研究生教育》，2012 年第 9 期，第 73 页。

和学生三者之间产生的互动性影响入手，讨论进一步完善该项工作的具体措施，以期对今后的本科毕业论文管理工作提供思路与借鉴。

一、普遍原创性检查在学生层面引发的新问题

1. 写作目的进一步扭曲

作为教学实践环节，本科毕业论文的重要意义不言自喻。早在执行全员打假之前，部分学生对待毕业论文的态度就不端正，认为“只要写出八千字来，任务就算完成，反正从来没听说过谁因为论文不通过而毕不了业的”。普遍原创性检查之后，更有一少部分学生将毕业论文的写作从“凑字数”的过程演变为“反打假”过程，对指导教师指出的论文结构问题、论文质量问题不予理睬，仅仅以通过打假软件测试为目标。以至于近年来打假软件市场相关产品的价格上升迅速，其产品种类也不断推陈出新，一部分人不惜花费数百元投入，多次购买各类打假软件用以检测。

2. 滋生规避打假的新手段

在近两年的本科毕业论文指导过程中，一些老师反映学生为了规避打假，在行文中故意使用增加空格、打乱语序等低级手法，或者通过转引的方式过渡引用，实则抱着侥幸心态，认为机械比较时只要排列顺序不同则可避免被发现；而人工复查时由于不是专业教师，最多只会认为是排版失误，不会深究。更有甚者，利用打假软件的漏洞，企图通过大量图片与表格的方式瞒天过海。

二、普遍原创性检查在教师层面引发的新问题

1. 教师指导论文压力进一步加大

排除责任心不强和学术能力有限等特殊情况，我校绝大部分指导教师对待毕业生论文工作是认真负责的。论文指导虽然是一个教学环节，但与课堂教学有很大不同。当普遍打假开始执行之后，指导教师为避免声誉受损，在论文指导上投入的时间和精力较之以往更多，然而检查报告显示的“查重未通过的人员”数据却并没有明显降低。特别是日常工作中学术态度严谨的老师，亦出现在“黑名单”上。究其原因，主要是造假者有意规避指导老师的询问和质疑，而教师手中又没有确定性的证据来证明其抄袭剽窃，指导陷入僵局，师生关系紧张，甚至有学生“以自我在线检测通过”为由，绕过指导教师直接提交论文，使教师陷于被动。

2. 教师指导方法产生偏差

为了应对由原创性检查转嫁的论文指导压力，教师在指导方法上更多地偏重

于技术指导，对撰写论文的技术细节如目录、摘要、脚注、参考文献的格式等方面不遗余力，对论文的内涵、意义、理论价值的提高却找不到有效的方法。由于目前我院在毕业论文分组上，采取数量平衡、随机分配的原则，对于学术能力确实有限的学生，为保证其通过原创性检查，部分篇章捉刀代笔成了指导教师的无奈选择。更有甚者，指导教师还不得不自费替学生先期检验，以避免最终被“打中”。

三、普遍原创性检查在学校（院）层面产生的新问题

1. 教务管理成本普遍上升

为保证普遍原创性检查顺利进行，最近两年本科生毕业论文的进度安排较之往年又有所提前。目前，为保证打假结果的公正有效，校方采取的是软件测评与人工复检相结合的方法，各项费用均在攀升。二级管理单位教务管理人手有限，在学生提交论文的高峰期，无法逐一确认论文是否已经指导教师同意提交系统检查，从而为前述的一些问题留下隐患。

2. 论文质量没有明显提升

普遍原创性检查尽管采取双结合的方式，但毕竟只能停留在文字和技术层面上。对于论文质量的提升和写作水平的改进，无法通过软件检测的方式加以评价。全员打假以后，论文考核评价的方式，由当初的主观评价（指导教师＋答辩委员会）的单一模式变成了“客观评价＋主观评价”的综合方式，表面上似乎评价体系更完整了，然而也更容易模糊评价的标准和比重。

3. 本科论文管理与研究生入学选拔的不统一

虽然只是本学年出现的个别现象，但值得重视和预防。个别学生以准备研究生入学考试为由，疏于论文写作或对指导教师的意见充耳不闻。本科毕业论文原创性检查与研究生选拔时间重合，导致出现论文未通过原创性检查但已获得研究生录取的极端现象，造成校方和院方尴尬被动的局面。

四、导致论文普遍原创性检查新问题的原因

1. 普遍原创性检查是手段不是目的

学术打假是确保本科毕业论文工作顺利开展的重要辅助手段，其出发点应定位于“最终救济”和“事先防范”两个角度。这一制度设立本身，应在稳定毕业生论文写作预期层面发挥作用，令其自发约束学术不道德的行为，否则只会造成“道高一尺魔高一丈”的恶性循环结果。打假本身是负激励，不能提高论文质量，因而单纯依赖这种手段只会从整体上降低本科生毕业论文质量。

2. 评价机制不完善

从目前本科毕业论文的评价机制来看，定量考核比重较高，无论是原创性检查的抄袭比重判定标准，还是指导教师评分表以及答辩评分表，凡与论文评价相挂钩的几个环节都是以百分制折合等级制评分的方式体现。主观评价部分，如果论文不进入最终的答辩环节，则主要由指导教师一人完成。事实上，由于指导人数有限，分组情况随机，指导教师无法掌握该论文质量在本届毕业生中的相对情况，过低（高）评价的都有可能，从而不能排除部分论文最终成绩名实不符的情况。

3. 处罚力度不足

目前打假结果与有力的处罚脱钩，也是造成一小部分学生有恃无恐的原因。在论文撰写方面没有形成退出机制，或末位淘汰的制度。当然，这种处罚也不能仅仅面向学生，指导教师也要负有一定的责任，才能真正落实普遍原创性检查的成果，只是具体处罚的方式要与学生有所区别。

4. 教务管理和教学管理在毕业论文环节衔接不紧密

本科毕业论文在教学计划中列于第 7～8 学期，从选题到答辩的周期跨度客观上恰好与考研、出国、就业重叠，时间仓促通常是造成许多学生应付差事的一个直接原因。加之每个学年校历安排并非一成不变，要根据当年的管理需要进行微调，往往给教务管理和教学管理在毕业论文衔接环节带来一定的压力。加上我校属于两地办学，本科教学与研究生教学隶属两条线，有些极特殊的情况可能就发生在交叉地带的真空期中。

五、解决论文普遍原创性检查新问题的思路与对策

1. 健全激励与约束并重的论文考核与评价体系

当务之急首先是健全与普遍原创性检查相配合的奖优制度。目前我校对优秀论文采取答辩制度，但学生不认为答辩是对优秀论文的奖励，反而视其为负担，以至于主动要求成绩评定降档者比比皆是，在客观上打乱了全体毕业生论文的评价规则。从我校学科特点出发，教学管理者如认为答辩是必要的教学环节，则在普遍原创性检查的基础上应执行全员答辩，由答辩委员会统一认定论文质量，也可避免仅仅以指导教师个人评价为主的片面性。

况且毕业论文答辩从本质上讲，仍然是一种考核而非奖励。现代经济学崇尚对个体的有效激励与约束，我校现在执行的普遍原创性检查和评优答辩制度，仍然没有脱离约束的框架，对学生的激励不足。其实，为鼓励本科生学术创新与创业实践，我校面向本科生提供了很多学术活动的机会，考虑在毕业评价中适当地

降低论文本身所占权重，纳入日常学术实践的考评。这还可从一定程度上鼓励学生从低年级开始就主动参与学术研究，提高学术修养，端正学术态度。

2. 增加造假成本的基础上完善退出机制

根据现代经济学的观点，不诚信的写作行为屡禁不止主要是由于造假者成本收益的不匹配。增加造假成本的直接方法就是加重对造假者的处罚，严格退出机制。可以考虑每年度给予二级管理单位5%～10%的不及格率浮动，不与学院就业情况挂钩评价。

当然，在处罚原则上除做到谨慎从严以外，还要视具体情况区别对待。在学生层面上，可以现在原创检查的重复比例为依据，对被检测出抄袭的论文作者一律执行延期一年答辩，对超过50%以上重复率（包括过渡引用的）的直接取消学位证书。在指导教师层面，连续三年发生所指导学生原创性检查不合格的，需要向学院学术委员会提交书面说明。同时，为避免处罚不当，也要给予论文作者及指导教师向学术委员会提起复议的权利和程序保障。

3. 重视论文质量提升的长期建设、教辅管理和技术支持

实事求是地说，本科论文质量提升是个综合的长期工程，在大学即将毕业的最后四个月里让缺乏日常学术训练和积累的学生撰写一篇完美的毕业论文，确实有点强人所难。随着本科教学由18周缩减到16周，以及教学计划的不断修改和完善，除了在日常教学中对写作类教学考核从严管理，将普遍原创性检查渗透到日常监督管理环节，形成常态之外，对论文进度安排也要根据每年研究生考试的时间灵活调整。由于我校为必修课程和通识课程普遍配备了教学助理和教学助手，可令其协助，在平时作业提交过程中就有专人介入普遍原创性检查工作，一来可以持续性地强化学术风气，再者对日常作业（包括实习、实践报告）中有抄袭现象的要记录在案，累计三次者取消毕业论文撰写资格，不予毕业。

此外，发挥辅导员与学生直接沟通的重要媒介作用，在毕业论文环节中适当地纳入辅导员参与，从学生分组到论文答辩各个环节，采纳辅导员的教辅管理信息，既可避免一个老师名下指导难度较大的学生比较集中的不利情况，客观上适度减轻指导教师压力，又可对抱有侥幸态度的学生进行提前预警，以便各方协同，事先防范。

再者，普遍原创性检查的规则、技术参数与查重方法等可以向全校教师进行公开和普及，以便于他们在论文指导过程中做到心中有数。这种明示与交管部门在进行测速及违章的电子监控路段上，设有明显的提示性标识的功能类似，目的在于防微杜渐，激发被管理者主动约束自身行为的预期。

可以肯定的是，我校现阶段执行的普遍原创性检查意义重大，一方面显示了校方严肃学术风气的决心，正在努力构建防范学术论文写作偏差和风险预警的管理机制；同时其结果又可作为量化评价的直接依据，弥补单纯的主观评价的缺陷，是论文质量管理的一次有益尝试。该方法运行两年以来，积极效果明显，虽然出现了一些新的问题，但只要坚持以提升我校本科论文质量管理为出发点，将激励与约束、主观与客观、鼓励与退出等各方面具体措施进一步完善落实，必然会使我校毕业论文管理工作更上一层楼。

参考文献

[1] 郭长立，杨曼，潘昊. 本科生毕业论文抄袭问题的治理及效果比较[J]. 实验技术与管理，2013 年第 30 卷第 3 期.

[2] 张丽英. 大学生学术道德失范现状的实证研究 [J]. 教育科学，2012 年第 28 卷第 1 期.

[3] 张幸临. 防范高校学生论文抄袭剽窃：英国高校的经验及启示 [J]. 学位与研究生教育，2012 年第 9 期.

[4] 徐颖. 基于知网甄别学术论文不端行为的认证技术研究——以中央财经大学为例 [J]. 中国出版，2013 年 8 月（上）.

[5] 中国政法大学教务处. 2015 年商学院 2011 级本科生毕业论文原创性检查报告，2015 年 4 月 28 日.

[6] 中国政法大学教务处. 商学院论文打假报告，2014 年 4 月 14 日.

学科建设推动专业建设问题研究
——以中国政法大学学科建设实践经验为例

发展规划与学科建设处　王志永

摘　要　学科和专业是高等教育实践中的两个关键名词，与之相对应的是学科建设和专业建设。学科和专业既有联系又有区别，这种特有的关系决定了学科建设和专业建设既不能等同而论也不能截然区分，二者既相互区别，又相互联系，既相互依存，又相互分离。在最后，本文以中国政法大学的学科建设经验为例，阐述了以学科建设推动专业建设，以专业建设带动本科生培养质量提升的具体做法。

关键词　学科　专业　学科建设　专业建设

大学不因高楼大厦而称道，大学尤以高水平的学科和专业而闻名于世。发展高等教育，建设高水平的知名大学，离不开对学科建设和专业建设的重视和关怀。学科、专业建设作为高等学校发展的核心工作，它与高校的科学研究水平和人才培养质量密切相关，学科建设与专业建设相互依托、相互促进，共同推动学校的发展和办学质量的提升，并最终影响学校办学目标的实现。

一、学科与专业辨析

在大学，学科与专业是两个有着千丝万缕联系却又相互区别的概念。国务院学位委员会在2011年以前发布的学科目录一般统称为“学科专业目录”，这一称谓在2011年发布的《学位授予和人才培养学科目录（2011年）》中有了改变，将学科和专业进行了区分，分别称为学科目录和专业目录。在大学的建设和发展中，由于学科和专业分别对应不同层次学生的培养和教育，又归属于不同的部门管辖，因此在高等教育实践中就有了相应的分野。这种分野不是人为造成的，而是学科和专业因其本身的内涵和意义不同在实践中的自动呈现，这种分野更利于大学中的学科建设和专业建设工作的开展，有利于高校根据自己的办学目标更好地发展学科、专业，充分发挥自己的学科专业特长和办学效益。

（一）学科

学科的称谓由来已久，但是对其内涵的界定却有不同的理解。《辞海》一书中对学科的含义有如下表述："①学术的分类，指一定科学领域或一门科学的专业分支，如自然科学中的物理学、生物学，社会科学中的史学、教育学等。②'教学科目'的简称，亦即'科目'"。❶ 1980年由商务印书馆出版的《新华词典》对学科的定义与《辞海》基本相同，认为学科：一是指按照学术的性质而分成的门类；二是指教学的科目。❷ 国外有的学者认为，一个研究范围为一门"学科"，即是说它并非只是依赖教条而立，其权威性并非源自一人或一派，而是基于普遍接受的方法或真理。❸

在高等教育实践中，学科建设中的"学科"是与知识分类和人才培养密切相关的，根据国务院学位委员会、教育部2009年联合印发的《学位授予和人才培养学科目录设置与管理办法》的规定，研究生教育中的学科分为学科门类和一级学科两个层级，学科门类和一级学科是国家进行学位授权审核与学科管理、学位授予单位开展学位授予与人才培养工作的基本依据，二级学科是学位授予单位实施人才培养的参考依据。❹ 2011年，国务院学位委员会、教育部颁布了新修订后的《学位授予和人才培养学科目录（2011年）》，该目录设置了哲学、经济学、法学、教育学、文学、历史学、理学、工学、农学、医学、军事学、管理学、艺术学13个学科门类，109个一级学科。❺

从以上理论研究和教育实践中对学科的定义和使用可以看出，学科的含义有广义和狭义之分：广义的学科是与知识和学问有关的一个学术概念，是指按门类划分的知识体系或知识门类；狭义的学科是指为教育和培养人才而划分和设置的教学科目。我们在教育实践上提到的学科，既包括上述所说学科广义的特征，即知识的门类属性，又包括其狭义的特征，即学科是在教学研究过程中为培养人才而设置的教学科目。

---

❶ 辞海编辑委员会：《辞海》（上册），上海辞书出版社，1999年版，第3194页。

❷ 谢桂华：《学位与研究生教育工作实践及思考》，高等教育出版社，2002年版，第186页。

❸ ［美］伯顿·克拉克：《高等教育新论——多学科的研究》，王承绪、徐辉等译，浙江教育出版社，2001年版，第97页。

❹ 参见《学位授予和人才培养学科目录设置与管理办法》第3条。

❺ 参见《学位授予和人才培养学科目录（2011年）》。

（二）专业

《辞海》中对“专业”的表述为：“高等学校或中等专业学校根据社会分工需要而划分的学业门类”。[1]《实用教育大词典》中对“专业”定义为：“高等学校或中等专业学校根据社会分工、经济和社会发展需要以及学科发展和分类状况，而划分的学业门类。”[2] 潘懋元等专家认为：“专业是课程的一种组织形式，课程的不同组合形成不同的专业。”[3]

在高等教育实践中，2012 年，教育部印发了《普通高等学校本科专业目录》，该目录规定了专业划分、名称及所属门类，它是设置和调整专业、实施人才培养、安排招生、授予学位、指导就业，进行教育统计和人才需求预测等工作的重要依据。该目录所列的学科门类与国务院学位委员会、教育部 2011 年印发的《学位授予和人才培养学科目录（2011 年）》的学科门类基本一致，分设哲学、经济学、法学、教育学、文学、历史学、理学、工学、农学、医学、管理学、艺术学 12 个学科门类，未设军事学学科门类。该目录将高校本科专业分为基本专业（352 种）和特设专业（154 种），并确定了 62 种专业为国家控制布点专业。[4]

从上述学界对“专业”的定义和教育实践可知，专业主要是从学校教育和人才培养的方面进行界定，是根据社会分工对人才需求而确定的课程范围和学业门类。尤其是高校作为人才培养的重镇，由专业分类所形成的课程体系和学业门类直接影响了培养人才的职业取向和就业范围。因此，专业是高校根据政治经济发展和社会分工的不同，根据知识门类和学科分类而设置的培养人才的培养方案、课程体系和学习教材的总称。

二、学科建设与专业建设的关系

学科和专业虽然有着不同的含义和界分，但二者都与学校教育和人才培养密切相关，在教育实践中学科与专业并存，二者相互促进相互发展。学科与专业之间的关系决定了学科建设与专业建设既不能等同而论也不能截然区分，二者既相互区别，又相互联系，既相互依存，又相互分离。

1. 学科与专业的区别决定了学科建设与专业建设有不同的侧重和着力点

作为大学的一个基本元素和重要的组织单元，学科已经成为大学所有工作紧

---

[1] 辞海编辑委员会：《辞海》（上册），上海辞书出版社，1999 年版，第 2132 页。

[2] 王焕勋：《实用教育大词典》，北京师范大学出版社，1995 年版，第 853 页。

[3] 周川：《专业散论》，载《高等教育研究》，1992 年第 1 期。

[4] 参见《普通高等学校本科专业目录（2012 年）》。

密围绕的核心。大学的教学、科研机构是按照学科来设置的，教学、科研人员又分属于不同的教学、科研机构，并依托各自不同的学科领域开展教学活动、科学研究和社会服务。学科的竞争实力、发展水平以及学科方向的凝练集中体现了学校发展的方向和水平，一所大学能否建成为高水平的大学，其根本在于学科建设。

学科建设是一项综合性、战略性的系统工程，学科建设的着力点在于打造并形成合理的学科梯队，确立并凝练学科研究方向，创建并发展原创性的科研成果，培养并输出对社会发展产生推动作用的人才，形成并提供为社会发展所需要的智力成果和建设性意见。一所高校能否在国家和社会发展中发挥其应有的作用，最关键在于其学科建设的成败。一所高校能否成为一流的高水平大学，最关键在于其学科建设的质量。学科建设的成败，决定着高校师资队伍和学术团队建设的层次，决定着科学研究和社会服务的水平，决定着教育教学和人才培养的质量，并最终影响国家和社会发展的进程与速度。

搞好学科建设工作需要以上各项工作齐头并进，充分发挥合力，任何一项工作如果拖了后腿，都会影响学科建设的整体发展。学科建设的复杂性、艰巨性决定了搞好学科建设是一项持之以恒的工作，是需要长期为之努力的工作，并不是一朝一夕就能取得成效的工作。高校的学科建设需要深厚的积累和时间的沉淀，学科团队的打造、学科方向的凝练、学科平台的建设都需要一定的人才积累和研究铺垫，并需要稳定和连续的知识、学术传承，这是人类认识的客观规律和知识形成的必然过程对学科建设的限制和要求。

与学科建设不同，专业建设主要围绕人才培养来进行。专业建设的任务在于根据国家和社会发展对人才的需求，结合学校的办学目标定位制定人才培养计划和方案，在计划和方案的指导下确定人才培养所需的课程体系和内容，通过对教学计划的完成达到人才培养的目的。

专业建设的内容主要是根据高校的办学目标和社会对人才的需求，有目的地进行课程研发、教材编制，开展实习基地和实验室建设等教学基本条件和设施建设，在不断完善课程体系和教学内容的基础上打造一流的教师队伍，通过创新培养模式，优化培养方案，深化教育教学改革，提高人才培养质量，输送社会发展需要和满意的高质量的优秀人才。

2. 学科与专业的联系决定了学科建设与专业建设要相互促进

在高等教育实践中，学科与专业在一定程度上不可分离，离开了学科的专业犹如无源之水、无本之木，缺乏发展的基础；而离开了专业的学科在人才培养上又缺乏生源和积淀，难以培养出基础扎实、一以贯之的优秀人才。因此，学科建设是专业建设的基础和保障，专业建设为学科建设提供生源和输送人才。

专业建设依托学科建设，学科建设是专业发展和孕育的平台，它能为专业建设提供雄厚的师资来源、深厚的学术积淀、坚实的科研平台和创新的科研成果等。知识养成是一个认识和思考不断积累、深化的过程，通过科研形成智力成果，并把它转化成教学理念和课程内容应用到人才培养中去，才能达到学以致用，提高人才培养质量的目的。从这一点上来说，学科是“源”，专业是“流”。学科建设通过凝练学科方向、汇聚师资团队，形成科研成果等为专业建设打下坚实的基础，为人才培养提供源源不断的知识养分，为教材建设和课程研发提供最前沿的智力成果。

专业建设为学科建设提供生源，是学科建设中人才培养对象的输出基地。人才培养是高校承担的职能之一，高校创立之初的最重要目的就是知识创新积累以及为社会发展输送人才。高校中的学科和专业也都与人才培养密切相关，是为了培养人才而设立的。专业建设的重要职能就是为社会发展和国家建设培养人才、输送人才，这是专业建设的出发点和落脚点。因此通过学科建设所形成的一流的学术团队、稳定的学科平台、高端的科研基地以及通过科学研究凝结的符合时代发展的理论成果也就成为专业建设必不可缺的重要部分，成为影响专业建设和发展的关键因素。没有专业建设为依托的学科建设，其发展前景很不乐观，甚至谈不上学科建设。❶

三、学科建设推动专业建设的措施

学科建设的成果推动专业的建设和发展，作为专业建设的依托和支撑，充分发挥学科建设的提携和促进作用对于搞好专业建设具有深远意义。这些年来，中国政法大学依靠学科建设，推出了一系列有利于专业建设的举措，为提高人才培养质量做出了有益的尝试。

1. 依托优势学科，打造品牌专业

经过多年的投入和建设，我校逐步形成了国家级、北京市、校级三级重点学科建设体系和布局，拥有法学一级学科——国家重点学科，1个一级学科——北京市重点学科，3个二级学科——北京市重点学科，2个交叉学科——北京市重点学科和14个校级重点学科。依托这些特色和优势学科，我校不断完善专业结

❶ 参见谭荣波：《“源”与“流”：学科、专业及其关系的辨析》，载《教育发展研究》，2002年第11期。

构和布局，在增设新专业的同时，做大做强已有专业，截至目前，我校共开设法学、侦查学、政治学与行政学、行政管理、国际政治、公共事业管理、工商管理、经济学、国际商务、哲学、汉语言文学、思想政治教育、社会学、社会工作、应用心理学、英语、德语、新闻学、数学与应用数学共19个本科专业，涵盖法学、经济学、管理学、文学、哲学和理学6个学科门类，其中法学、政治学与行政学、社会学为国家级特色专业。

2. 加强师资队伍建设，提升专业建设水平

清华大学前校长梅贻琦说过："大学者，非大楼也，乃大师也。"教师对于大学的意义，犹如鸟之两翼、车之双轮，离开了教师，大学也就失去了其作为大学的作用。在高校，每个教师根据自己的学科领域归属于不同的教学、科研机构，教学和科研的双重任务，决定了教师与学科和专业建设密不可分，其既是学科团队中的一员，又承担着专业建设的任务，是学科建设和专业建设的双重主体。因此，加强师资队伍建设，对提高学科建设和专业建设水平具有重要意义。近年来，我校以《国家中长期人才发展规划纲要（2010—2020年）》的实施为契机，牢固树立"人才资源是第一资源"的思想观念，围绕办学目标，加大投入，外部引进和内部培养并重，以培养中青年学术领军人才和创新团队为主，统筹推进师资队伍建设的各项工作，全面提升师资队伍的整体水平，为专业建设质量的提升和人才培养质量的提高提供了坚实的师资保障。

3. 抓住"211工程"重点学科建设的契机，加快专业建设进度

"211工程"是跨世纪的战略工程，是我国高等教育迎接新世纪科技革命和知识经济挑战的一项重大举措，是增强高等教育实力和提高我国高等教育在世界上地位的一项战略部署。我校能进入"211工程"建设院校，是非常难得的发展机遇。"211工程"投资力度大，目标明确，重点是搞好学科建设。我们要从学科方向、人才培养、学科队伍、科学研究、支撑条件、社会服务6个方面规划好学科建设，抓住"211工程"发展机遇，建设一流学科。利用"211工程"建设重点学科的契机，进一步加快专业建设的进度。

4. 通过开展交叉学科培育项目建设，培植专业增长点

为进一步促进我校学科建设与发展，鼓励跨学科的交叉研究，促进学科交叉与融合，培育交叉学科，根据《中国政法大学交叉学科培育建设管理办法》的要求，我校分两批次遴选产生了12个校级交叉学科建设项目。经过连续不断的建设，已有部分交叉学科建设项目获准成为我校目录外二级学科和交叉学科。在学位授权审核下放，高校拥有在一级学科授权下自主设置二级学科的自主权之后，我校通过开展交叉学科建设项目平台培育工作，积极适应社会经济和科技发展的需要，根据学校的发展目标和办学定位，在现有的学科领域内挖掘新的专业增长点，不断拓宽专业覆盖面，提升学校的综合实力。

5. 深化教学改革，创新人才培养体制，推动具有法大特色的专业体系的形成

学校要结合经济社会发展需求与学校办学实际，依托重点学科布局和学科发展规划，通过跨专业、跨学科的人才培养改革实现人才培养模式的复合化、多样化。应深化通识教育改革，大力推进通识教育课程建设，继续完善核心课程，全面建设主干课程，稳步提升一般课程的数量与质量，打造具有法大特色的通识课程体系；优化专业课程体系，重点建设一批案例课程、研讨课程与实务技能课程；围绕教学方法深化课堂教学改革，在各类课程中全面推广研讨式、启发式、讨论式、参与式教学方法；建立专职实践教学师资队伍，加快校外人才培养基地建设；进一步落实人本主义的教学观、内涵式发展观与多元化质量观，把工作思想统一到提高质量的核心任务上，把优质资源集中到教学环节中，用先进的教育教学理念指导学校教育教学改革和人才培养工作在实践中不断发展。逐步形成以法学专业为主干，以政治学与行政学专业、社会学专业、经济学专业等专业为主要发展方向的结构优化、有机互动、特色鲜明的专业体系。

高校研究生心理健康教育课程的建构
——基于“自上而下”与“自下而上”相结合的思路

学生处　卢少华

摘　要　做好研究生心理健康教育工作，更好地服务于学生健康成长成才，已经成为研究生培养中的重要问题。心理健康教育课程则是研究生心理健康宣传和干预的重要前沿阵地。本文从对最熟悉研究生心理健康状况的三个群体——研究生本身、辅导员与高校心理工作者入手，在传统的“自上而下”的思路基础上，结合“自下而上”的思路，以研究生的心理发展需要为出发点，以增强学生的心理素质为目标，针对研究生经常出现的心理问题，组织设计心理健康教育课程体系。这样的做法有利于打破单纯以学科理论构建课程体系的传统做法，既重视课程的实际应用性，又重视心理学理论的科学性，开发多途径的、实际性的、符合学生要求的、新的心理健康课程体系。

关键词　研究生　心理健康课程　自上而下　自下而上　双途径

一、开设研究生心理健康教育课程的必要性分析

随着研究生的扩招，此群体的培养已经成为高校教育中重要的一部分。作为我国高端人才的后备力量、科技研发的主力军，研究生的教育是不可忽视的。心理健康是研究生教育的重要组成部分，关系到研究生是否能够全身心地投入到科研中，发挥自己的自主创新能力。但是在最近几年，国内研究生自杀和自杀未遂的现象时有发生，并且有超过本科生的趋势。近年来研究生群体的心理健康问题日益凸显，学业、就业、人际关系和感情等压力给研究生的心理健康带来诸多影响，自杀等突发事件屡有发生。例如，2013 年北京在校大学生中，有 39 人非正常死亡，其中硕士生 8 人，博士生 1 人。2015 年上半年，中国人民大学等著名高校有多名研究生采用自杀方式结束自己的生命。这些情况引起了党和政府的高度重视，《教育部、国家发展改革委、财政部关于深化研究生教育改革的意见》《教育部关于全面提高高等教育质量的若干意见》等文件中都明确指出，要加强研究

生心理健康教育和咨询工作。

虽然现在越来越多的学生工作者意识到研究生心理健康教育的紧迫性和重要性，但是对于研究生的心理健康教育工作还仅仅停留在应对危机干预的层面上，即只是关注少数对象，缺乏对研究生群体的宣传和教育。心理健康课程作为心理健康教育主要的宣传阵地，其作用已经在本科生培养工作中得到了较好的证明。但是截至目前，研究生心理健康教育课程的开展情况还非常不尽如人意。一方面，从危机干预与学生渴求上来看，开设研究生心理健康课程是非常必要的；但另一方面，研究生心理健康课程存在匮乏和混乱的状况，除个别高校以外，目前北京各高校基本上没有开设针对研究生群体的系统的心理健康课程。探索建设贴近实际，同时有理论指导意义的研究生心理健康教育课程，不仅对于研究生的培养具有实际意义，对于研究生的课程改革、思想政治教育工作，都是一次具有积极意义的探索和实践。

另外，在之前本科课程的建设过程之中，多由教师决定上课内容和形式等，这是因为本科生同质性较高。但是对于研究生来说，其本身已经具有较强的思维能力，不同于本科生群体。研究生心理健康课程一方面要顾及学生的实际需求，另一方面要根据教师的理论和经验来进行，只有做到双管齐下，才能建立完善、合理、高效的研究生心理健康教育课程体系。

二、开设研究生心理健康教育课程所面临的挑战与机会优势

在实践中，许多人认为经历过本科学习与层层选拔的研究生是高素质人才，必然拥有良好的心理素质和自我调节能力，因而对研究生的心理危机与心理健康重视程度不够。同时，一些校园心理健康教育活动、宣传工作、培训工作也主要面向本科生，针对博士生、硕士生的心理危机干预与心理健康教育活动往往较少。高校中辅导员老师与导师都默认研究生已经长大，具备自我管理和学习的能力，能够解决生活中的困难乃至心理上的问题，这种认识造成了对研究生日常生活帮助和心理指导的极度匮乏，导致研究生的心理健康教育体系不够健全，实践中对他们的心理帮助工作仍是一块模糊的边缘区域。[1] 而实际情况是，由于研究生心智日渐成熟，更加渴望了解自己在社会中的定位，而社会价值又比较多元；同时，在校学生居住较为密集，人与人之间相互影响较大，所有这些都导致研究生对自我的认知更加疑惑，易产生心理危机情况。这种心理危机对研究生人才培

[1] 许琳玲、陈少平：《对研究生心理危机的典型案例透视及对策研究》，载《成都师范学院学报》，2013年第8期。

养所产生的危害性要远远大于社会危机事件。因此，了解新形势下研究生的心理健康状况及其对心理健康教育工作的需求，并根据现有情况设计合理的、有效的、实际的心理健康课程是非常必要的，是研究生心理健康工作的重要和前沿阵地。

1. 开设研究生心理健康教育课程面临的挑战

研究生心理教育和课程建设工作不容乐观，面临诸多挑战：

第一，心理健康课程开设的难度较大。随着教育部门对大学生心理健康的重视，越来越多的高校在本科生阶段开设心理健康课程，甚至在北京、上海等地的教育部门要求高校开设大学生心理健康必修课程。但是，高校在研究生阶段开设心理健康课程的寥寥无几。在现有的对研究生课程建设的论述（宋振韶，2010❶；朱逢九，2012❷）中都提到，研究生的不同群体有着不同的特点，且整个研究生群体都比较分散，课程安排、专业实习、课题研究的时间节点都不一样，很难将他们集中到同一时间段进行学习。现有的研究中对研究生心理健康与心理问题的探讨较少，虽然有部分研究者已经开始对该群体予以关注，但是了解都不够透彻和系统，多为对其心理健康状况的笼统概括。因此，心理健康课程的目标和内容势必就会模糊。根据以上情况，现在开设面向研究生的心理健康课程是较为困难的，高校的心理健康教师也正处于摸索阶段。

第二，心理健康活动和心理课程参与度低。由于研究生在选择课程时多参考本专业的培养方案，且各专业在课程开设上时间进度各不相同，使得学生较难注意到心理健康这门选修课程。而且，由于毕业压力的增大，较多研究生早早地走入社会进行实习，占用了部分在校学习的时间，所以针对研究生开展的心理健康课程甚至心理健康教育活动，例如讲座、展板、现场互动等，学生参与比例较低，活动效果因此受到限制。

第三，心理健康知识和危机干预知识宣传不到位。研究生群体具有“大”“散”“杂”等特点。其中“大”是指研究生年龄大且年龄跨度大；“散”是指研究生缺乏一种作为团体的凝聚力，学习和生活更具独立性，集体组织观念相对淡泊；“杂”是指研究生的来源比较杂，整体素质参差不齐，心理学知识水平不同。

❶ 宋振韶、蔡瑶：《研究生心理健康教育课程建设初探》，载《北京教育》，2010年第7期。

❷ 朱逢九：《研究生心理健康教育课程建设探析》，载《江苏教育学院学报（社会科学）》，2012年第6期。

研究生的自身特点势必造成心理健康知识和危机干预知识的宣传力度和广度不够。

可以从以上三个方面看出，研究生的群体特点致使现在研究生的心理健康教育工作止步不前。

2. 开设研究生课程的机会优势

第一，部分研究生接受过心理健康教育学习。随着近些年心理健康教育知识的普及，越来越多的学生在大学阶段甚至在高中阶段，就曾经接受过心理健康方面的教育。这部分学生的心理健康知识基础使得他们更加容易接受较深入的心理学知识培训，容易激发他们探索自我的兴趣，同时带动周围同学。

第二，研究生自我完善度高。研究生经过本科阶段的学习，大部分已经适应了大学的生活，大学阶段的学习和教育使得他们对自我能从多角度思考，自我调节能力更强。在朱逢九（2012）[1] 的调查中发现，有 92.96%的学生认为在研究生中开设心理健康教育课程是非常必要的，所以可知研究生已经开始意识到心理健康对他们人生发展的重要作用。

第三，研究生思辨能力强。研究生的认知水平高，对事物的逻辑能够进行理性的分析，正因为如此，我们可以教授给研究生一些较深层次的心理学知识，以便他们在探索自我的路上能够走得更远。

根据上述分析可以看出，如果能够有针对性地开设研究生心理健康教育课程，贴近该群体的实际状况，不仅有助于达到心理健康知识普及的目标，同时还有助于促进学生向深层次心理结构探索。所以，高校迫切需要了解研究生的心理健康状况，从课程目标、课程实施和课程内容三个方面设计问题，形成自下而上（从学生到课程）和自上而下（从教师到课程）的双途径构建的完善体系。

三、研究生心理健康教育课程体系的建设

由于研究生心理的复杂性，对于其心理健康课程体系的建设要从研究生、辅导员、高校心理健康专职人员三个群体入手，在充分了解研究生对心理健康教育课程的目标、课程设计与实施、课程内容等方面的看法与需求，整合“自上而下”和“自下而上”的思路，从学生和教师两个途径[2]出发构建系统的、全面

[1] 朱逢九：《研究生心理健康教育课程建设探析》，载《江苏教育学院学报（社会科学）》，2012 年第 6 期。

[2] 尚云、冷天玖、殷琳：《研究生心理教育的行动研究的途径分析》，载《中国研究生》，2013 年第 10 期。

的、针对性的心理健康教育课程体系。

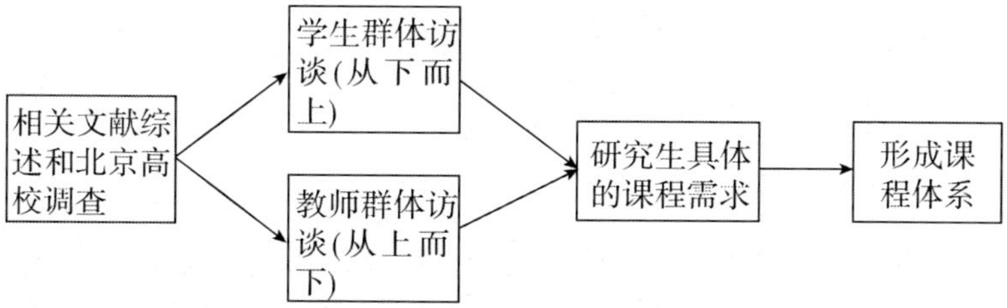

1. 研究生心理健康教育课程的目标

研究生的知识储备、社会经验和心理成熟度都要高于本科生，但同时因为受到就业、经济状况、学业、人际以及个人成长方面等多种因素的影响，其心理健康状况又是非常复杂的。[1] 面对如此状况，研究生心理健康教育是依附于本科生的，无论是活动还是课程都没有明确的目标和完整的课程体系。所以，在建立研究生心理健康教育课程体系中，首先就是明确课程的目标，此目标务必需要贴合研究生的实际生活和学习状况，务求极大促进研究生的心理健康发展，为之后的自我发展打下良好的基础。除了广义的目标，心理健康课程的建设同时需要符合学校实际，通过自上而下和自下而上两条途径，设立符合本校学生状况的目标，比如师范类学校可强调奉献，法学类院校可强调公平，体育类院系可强调身心结合等。

2. 研究生心理健康教育课程的实施

由于研究生有一定的知识储备，同时具有良好的逻辑分析能力，单纯的知识讲授已经不能满足他们的要求，所以在研究生心理健康教育课程中，一定要采用理论与实践相结合的方式，做到既考虑学科的体系性，同时又兼顾课程的实用性，课程形式活泼，贴合学生的生活和学习，并能够为研究生的就业做出指引。研究生心理健康课程应当结合本校的实际情况，运用多种形式将知识生动化、生活化，使得学生能够对心理知识有所思考，又有所操练。

3. 研究生心理健康教育课程的内容

对于研究生心理健康课程的内容，更应强调其特色性，要充分考虑到不同类型高校、不同专业学生的群体特点，立足为本校学生服务，体现本校特色。[2] 为

---

[1] 宋振韶、蔡瑶：《研究生心理健康教育课程建设初探》，载《北京教育》，2010 年第 7 期。

[2] 朱逢九：《研究生心理健康教育课程建设探析》，载《江苏教育学院学报（社会科学）》，2012 年第 6 期。

了能够了解学生的群体特点，就需要整合“自上而下”和“自下而上”的思路，从学生和教师两个途径出发构建系统的、全面的、有针对性的心理健康教育课程体系，这样才能够既了解学生的真实需求，同时又能提纲挈领，突出心理学的特点和困惑、烦恼。例如，师范类院校学生在就业之后多成为教师，故可以在心理健康课程中加入演讲心理的内容，帮助同学克服公众演讲的焦虑。另外，在了解到学生需求之后，建议开设心理健康教育课程群，使得学生可以根据自身的特点，选择适合的课程，如人际沟通训练课程、情绪管理课程、恋爱婚姻课程、学习和创新课程、时间管理的课程等，以便针对性地提高学生的心理健康素质。

4. 研究生心理健康课程的授课人员

由于研究生群体存在群体松散、专业培养目标不一致等问题，设计心理健康课程时需要有一些针对性的内容。所以在选择授课人员时，要考虑学生的实际需求，将高校中的辅导员、就业指导人员，甚至校友等纳入到心理健康课程授课队伍中来，而不能采取严重脱离学生实际情况的“心理健康知识满堂灌”的方式。同时，组成一个成分多元的授课队伍，有助于全方位地了解研究生群体，可将心理知识普及到细微之处，授课成员之间也能相互取长补短，形成心理健康课程大的体系，拓展学生的视野，为学生顺利走向社会打下良好的心理基础。

总之，研究生心理健康教育课程体系的建立是一个复杂和烦琐的工程，需要从多途径、多角度出发。现如今，各个高校对研究生心理健康已经开始有了更高的重视，但都处于“摸着石头过河”的阶段，所以我们要不断地总结经验教训，把握住课程教育这一前沿阵地，全面促进研究生健康成长成才。

谈大学体育教育对大学生未来发展的影响

体育教学部　徐京生

摘　要　大学体育教育以课堂教学为主，课外体育活动以及体育文化社团为辅，共同帮助大学生提高身心健康水平，并在学生未来融入社会的过程中留下不可磨灭的印迹，为学生未来走向社会、适应社会打下良好的基础。本文旨在通过分析大学体育教育情况以及大学生的健康状况，来探寻大学体育教育对大学生未来发展的积极影响。

关键词　体育教育　大学生　身心健康　未来发展

一、前言

自创办现代大学以来，大学教育已然成为一个多世纪以来的热点话题。随着国家和社会的发展，大学生人数激增，高等教育的关注度也节节攀升，大学教育问题自然成为重中之重。而作为大学教育中至关重要的一环——大学体育教育，自然不容小觑。大学是青少年锻炼自身意志品质和性格形成的重要阶段，只有青少年身心健康、意志坚强、活力四射，才标志着国家、民族未来蓬勃发展的希望。因此大学体育教育及其对大学生未来发展的影响值得探究。

健康的身体、良好的心理素质和坚毅的意志品质等与未来发展密切相关。最近的研究表明，心脑血管疾病的主要诱因之一即是缺乏体育活动，适当的、规律的体育活动可以达到控制血压、血糖以及体重的目的，自然可以改善心肺功能，减少心脑血管疾病发病的可能。[1] 当然，除身体健康之外，大学生的心理健康也十分严重，大约超过20%的大学生存在心理问题，体育活动能够锻炼培养各种优良的意志品质，体育教育培养团结协作的团队精神品格，这均是大学生未来发展的奠基石。而在大学阶段，体育教育并不仅仅局限于课堂教学，还囊括了课外

[1] 张惠红、赖勤、叶培军：《大学体育教育对学生身心健康的作用：对大学生身体锻炼、身体素质及身体形象的跟踪研究》，载《首都体育学院学报》，2014年9月刊。

活动、体育竞赛以及各种体育社团等多方位多层次的活动。大学体育教育在诸多方面均有促进学生个性发展、创造未来发展的积极作用。

1. 研究背景

在我国的高等教育工作中，学生的个性发展良莠不齐，素质教育应当成为大学教育的主旋律已成为共识。目前，我国大学生群体中大部分为独生子女，而独生子女所特有的个性与品质上的薄弱环节同样给大学教育带来了挑战，包括独立性、自理能力、自制力等多方面问题的引导和调整。[1]

大学体育教育在传授运动技能的同时，对大学生形成健康的心理和良好的素养具有较强的教育功能。就当前大学体育教育而言，除体育学科的建设，即开设各式各样丰富多彩的体育课程、改进提高体育教学方法和手段、加强师资队伍的建设之外，还应包括举办各级各类的体育竞赛，以及各种体育文化社团开展与建设。大学体育教育是大学生在大学教育中不可缺失的重要组成部分。本文在此基础上，分析大学体育教育帮助大学生建立正确的人生观和价值观及其大学体育教育对大学生未来发展所带来的影响。

2. 研究对象与研究方法

本文采用文献综述法、走访调查法、对比分析法等方法，根据本人多年的大学体育教学实践，结合从业以来的实际教学经验，以及对历届学生的个人情况的了解，在课堂以及课后针对不同学生进行不同的教学方法，并帮助学生建立体育类的兴趣社团，鼓励学生更多参与体育活动。关注点主要在于参与学生的体育技能的掌握、性格与意志品质的变化，并将其与未参与或少参与体育活动的学生进行对比研究，以此判断出大学体育教育对学生未来发展的影响。

二、大学体育教育建设

2011 年第六次全国学生体质与健康调研结果指出：大学生的体质呈现出明显的下滑趋势，包括爆发力、力量、耐力等各项指标。[2] 其原因值得进一步探讨与深思，首先应当从大学体育教育建设入手。

当代体育教学中，主要是多方位的课堂教学，辅以相应的课下活动，注重培养学生终身运动的思想，帮助学生健康成长。在考虑到学生个体差异的同时，也

[1] 徐万彬、李希水：《大学体育对发展学生个性作用之探析》，载《德州学院学报》，2001 年第 4 期。

[2] 汪波、周学荣、李慧萌：《“阳光体育运动”视角下大学体育课程设置的困惑与反思》，载《北京体育大学学报》，2014 年第 5 期。

应留意学生的不同需求，期望为学生未来的发展尽一份力，不仅能开发其身体潜能，更要能促进其内心成熟。因此，结合大学生体质健康状况，大学体育教育要从多角度进行定位，以保障学生参与体育运动的兴趣与热情。

（一）体育课堂教学

体育课堂教学是指以学生身体练习为主要学习形式，通过教师在体育课上以身体健康知识获得、运动技术技能传授、心理健康水平增进为主要学习内容，为增强学生身体健康和运动能力而进行的师生多边互动的教学活动。

作为教育中的高等教育，大学教育仍然以课堂教学为主。即使体育教育相对其他学科来说，更多的是要求身体活动等外在方面，课堂教学依旧是体育教学的主要形式。而大学体育的课堂教学，由两大部分组成：运动技能和心理指导。因此，如何开设体育课程，以及选择何种教学内容，又该采取何种教学形式，将是我们需要面临的一个重要课题。体育教育不仅教授体育知识和技能，激发学生努力锻炼身体，以便为将来更好地工作打下良好的身体基础。同时还能激发学生的爱国主义热情，要求学生遵纪守法。体育教育中首先要抓住常规教学，把思想教育和心理教育引入体育课堂教学，有效利用课堂教学，培养学生的组织纪律性和良好的习惯。

体育活动大多数时间是在室外进行，环境因素复杂、恶劣，又因为各类比赛的特定规则和各种游戏的法则，学生可能因身体素质和体育基础不同而出现学习效果不同，因学习动机、兴趣不同而有不同表现等，这些都是绝好的思想品德教育的时机。体育课堂教学使学生充分认识到体育锻炼的价值，培养学生对体育锻炼的浓厚兴趣，使其自觉地养成体育锻炼的习惯，这样才能使体育锻炼产生质的飞跃，达到体育课堂教学的目标。

1. 体育运动技能

课堂教学的首要内容，必然是运动技能与技巧的传授。无论选择的是哪个体育项目，都少不了运动技能。学生在一次次练习的摸索中，可以缓慢提升自身的能力与技巧，如果没有教师的正确引导，这个过程将十分漫长。

目前，大学体育课堂项目设置种类繁多，学生可以根据自身条件自行选择适合自己的项目进行学习。尤其是大部分高校开设了多种体育项目选修课，充分考虑到学生的多种兴趣，并设置不同的教学内容，给学生选择的空间。但是，此种方式并不能完全规避一些运动基础较差的学生缺乏参与度的风险。因此，教师在课堂上针对不同学生的不同基础与情况进行运动技能的分别传授十分必要，这样对教师的要求会更高，不仅要传授运动技能，更要在课堂以及平时的接触中，对学生有进一步的了解，并针对每位学生制定不同的传授进程与标准，而非过去单一式的统一标准。

2. 心理指导

除去个体身体素质上的差异外，学生在心理上也会存在巨大差异。事实上，学生在生理机能上并无太多本质的区别，却在诸多方面表现出极大的反差，例如成绩、为人处世等，主要是因为个体间心理素质的差异。有学者甚至指出，学生成绩和智力并不当然成正比，在学生智力条件相差无几的情况下，心理素质才是影响学习成绩的重要因素。[1]

大学体育教学中，要重视对学生心理的正确引导，提升学生的心理健康水平。有的学生不能正视自身过于矮小、过于肥胖等生理方面的缺陷，因而导致心理认知出现问题，严重地甚至给自己造成各种不必要的心理负担。教师在面对此种情况时，更要注意在教学中融入心理健康教育，针对不同学生的不同情况帮助学生克服各类心理障碍，包括主动接触学生、了解学生、因材施教。在传授运动技艺的同时，也要减轻学生的心理压力，帮助学生在运动过程中放松身心，全面正确地认识自己。

（二）课外体育活动

课外体育活动是指学生利用课余时间参与的，以锻炼身体、愉悦身心为目的的体育活动。当前，高校中各种体育运动的比赛层出不穷，已成为校园中一道亮丽的风景线。最为典型的就是一年一度的田径运动会。除此之外，大学生体育联合会举办的各种体育项目的联赛以及校内的班级对抗赛、友谊赛等各类比赛，以及学生有组织或自发的各种体育活动，构成了丰富多彩的课外体育活动。这些活动不仅加强了校园精神文明建设，又提升了校园体育文化的内涵。

通过有组织、有目的、有计划地组织学生参加校内外体育竞赛活动，抓住体育竞赛这个时机，使爱国、爱集体、行为规范等具有具体的实践机会，达到思想教育的目的。如篮球、足球等集体项目的竞赛活动能使广大学生由于共同的价值取向和集体意识而凝聚在一起，使学生为了集体荣誉，克服自身的缺点而紧密团结在一起，这更有助于提高学生对自己行为的约束和责任感，更有利于学生不良习惯的矫正，更有利于形成团结互助、遵守纪律、热爱集体的思想品德。体育的竞争性使体育竞赛活动能激发学生的上进心，培养他们奋力拼搏，吃苦耐劳，持

[1] 王安平、钟全宏：《大学体育教学应重视对学生的心理健康教育》，载《甘肃广播电视大学学报》，2008 年第 1 期。

之以恒，勇往直前的优秀品质。

课外体育活动可以培养学生对运动的兴趣和爱好，提高体育运动技能，为终身体育奠定坚实的基础。

（三）体育社团

社团是大学校园文化的重要部分，而体育社团则是大学体育教育的重要组成部分。社团的目的是满足学生的多种兴趣，帮助学生寻找自己未来的定位，并在非社会的环境中锻炼相应的品质、增长相关的技能。体育社团作为社团的一种，自然具备社团的一般属性，但其也具有自己的单独特性。即出发点为学生体育方面的需求。

在团委、学生会的领导下，体育社团中的学生骨干根据学生的兴趣爱好自行组织训练和比赛。学生思想积极，充满活力，对各类有趣的活动有强烈的参与意识。利用体育社团，让学生管理自己，发挥学生的主观能动性，为学生积极参加体育锻炼创造良好的体育环境。并把体育社团和体育锻炼、比赛联系起来，使学生有效地利用课余时间，让他们有计划、有目的地集体参加体育锻炼，使其既强健体魄，又陶冶情操，同时加强学生间的紧密联系，对学生的身心发展都非常有利。现有的轮滑社、藤球协会等体育社团就收到了很好的效果。[1]

三、大学体育教育对学生的影响

有神经心理实验研究表明，运动状态中，大脑中主管情感方面的右半球会兴奋起来，使得人体进入愉悦状态。由此可见，体育运动并非是单纯身体活动，同时也是智力与心理的比拼。大学体育教育对大学生身体强健、心理健康，良好的性格、意志品质的形成以及未来发展有着深远影响。

1. 对身体的影响

现今的大学生队伍中，亚健康状态影响了不少大学生的日常生活，甚至可能影响其未来的发展。因为大学生活的不规律以及学生自身自制力有限，很多大学生不吃早餐、昼夜颠倒、刻意减肥、胡乱挑食等，不注意营养的搭配，致使自身营养不足，患上胃肠类疾病甚至更严重的疾病。除此之外，大学生严重缺乏相应的健康知识，也不够重视健康问题。既不重视饮食与运动，也不重视自身身体状况。受现行的流行审美影响，男生更追求强健的体魄，而女生更倾向于苗条的身材。因此，导致体育活动吸引了更多男生参加，而却将女生越推越远。大学体育

[1] 王福杰：《论大学体育社团在高校体育中的地位和作用》，载《和田师范专科学校学报（汉文综合版）》，2008年第4期。

教育对此更应加大力度，正面激励更多女生参与体育锻炼，正确认识自己。

生命在于运动。体育锻炼有助于人体的新陈代谢，减少多余脂肪的堆积，在一定程度上起到塑形的作用。同时，体育锻炼对骨骼、关节等处也有防病的作用，一方面可以预防骨质疏松等骨质疾病，另一方面也可以使关节更加灵活，增强身体的柔韧性。此外，运动要求参与者有一定的协调能力。而这种能力在运动过程中会得到更好的锻炼，协调能力越强，在运动中会表现得越好，进而给参与者带来更大的自信心，从内而外地促进参与者的身体健康。再者，大多数体育活动都可以有效地锻炼参与者的心肺功能，降低动静脉病变的可能性，从而预防心脑血管疾病。[1]

通过正确的引导，学生可以对自身形象拥有更清晰、正确的认识，尤其是正确面对胖瘦问题，避免不健康减肥及其带来的相关胃肠类等相关问题，不再盲目减肥、盲目节食。另外也促使学生对运动产生正确的认识，吸引更多大学生自主积极地运动，培养其运动兴趣，进而提高大学生对食物和水的需求。这也从一定程度上保证了饮食营养的平衡，保障学生的健康水平。

2．对性格的影响

体育运动是一项调动身体多方机能的长期活动。想要达到运动应有的效果，就必然要进行反复练习，不断追求新高度、学习新技能，在不断的竞争中增强自身竞争意识。这个过程也是不断克服困难的过程，因此经常参加体育活动能够帮助学生增强自信，以及克服各种困难的决心，不轻言放弃的韧性。因为运动的团体性和协作性，学生在运动过程中必然要锻炼出与人交际、交往的能力，并形成组织意识、团体意识、纪律意识等在未来的社会生活中十分重要的品质。由于体育运动具有观赏性，学生在参与其中的同时，也逐渐学会以平和的心态去欣赏别人，正确对待他人取得的成就，正确对待自己和他人之间的差距，摆正心态，用实际行动追求更大的进步。再考虑到体育运动的广泛参与性，可以预见，学生之间的距离在运动过程中会更容易缩短，能帮助内向甚至孤僻的学生改变自身的性格，使其变得更加外向，更积极地面对人生。

虽然体育运动确实会影响学生的性格，但并不意味着可以从根本上改变学生本来的思维习惯，也就是并不能改变学生原本的人格特点。有些学生偏文静，再多的运动也不能将其变得特别开朗健谈。因此在教学中，要根据不同学生的不同

---

[1] 王瑞珏：《大学体育教育与大学生健康的关系分析》，载《中国校外教育》，2013年10月。

特质，分别进行有针对性的教学。对于本身性格偏积极热情的学生，他们的学习能力一般都较强，但情绪容易不稳定，因此在教学中要注重培养其耐心和自制力。对于精神较难长时间集中的学生，教师应更多地培养其对单一动作的兴趣，最好能够长时间练习同一个技术动作，尽量减少分心的频率。而对那些自信心不足的学生，可以通过鼓励其独立练习，激发其运动兴趣，注意培养其反应速度和身体的灵活性。[1] 不论是哪种类型的学生，在教学过程中都要根据不同学生的情况，多方位地培养学生对各类团体的适应性。

体育运动除去锻炼身体机能外，也在一定程度上锻炼学生的思维能力以及解决问题的能力。运动，尤其是需要团体协作的运动，在过程中要求参与者对于运动场上的情况具有全面性的大局观，要根据场上情况的变化做出快速反应。因此，经常参与体育活动的人会长期锻炼自身接受信息以及做出决策的能力，即在一定程度上锻炼学生的即时思维能力。

3. 对心理的影响

大学生的心理健康教育也是大学体育教育的重要一环。由于大学生正处于身心快速发展、世界观逐渐成形的非常时期，大学生的心理健康水平在体育教育方面也存在诸多影响因素。有些学生还处于逆反阶段，在教学中，过于严厉的教学方法在这些学生身上就有可能适得其反，甚至事倍功半。有些学生由于对自身身体素质或生理条件不够满意或过于自信，容易产生自卑、自负等不良情绪，甚至给自己的心理压力过大，并由此导致心理严重失衡。此外，如果教学资源不够充足，学生活动受到限制，也会影响学生的心理健康水平。

因此，体育教学中融入心理健康教育势在必行。要将科学的教学方法和正确的观念引导相结合，鼓励学生出于共同兴趣和爱好自愿与他人团结协作，相互支持，克服困难。既鼓励大学生的人格独立，也鼓励学生在与人交往的过程中走向自立、自强，转移自卑、自负等不良情绪，从心理角度出发激发学生自身潜能。心理学研究表明：社会个体都有对来自团体的认同与归属的需要。对于大学生来说，认同感和归属感尤其重要，因为这一群体正处于整体价值观最终形成的关键时期。花样繁多的大学体育教学对于大学生的心理压力有良好的缓解作用，从某种程度上来说，就是对学生未来人生的负责。

4. 对未来职业的影响

在社会工作中能够公平竞争。大学体育教育赋予他们能够有良好的竞争精

[1] 徐万彬、李希水：《大学体育对发展学生个性作用之探析》，载《德州学院学报》，2001年第4期。

神，在竞争中显示他们的卓越才能，特别值得一提的是大学期间有过运动训练的毕业生在工作中更具有竞争力，在社会工作中更容易获得成功。

具有自信心，不畏首畏尾。大学体育教育培养了大学生的自信心，在未来的社会工作中，在处理工作事务时当机立断，勇于担当，保持果断的工作作风，能够通过合理、正确的方式表达自己的想法，坚持自己的主见，不易被环境和其他人所左右，又能够与其他合作者默契合作，富于领导才能，在困难面前不低头，遇挫折时，又很快能够重整旗鼓，面对挑战，充分体现自己的优点，在工作中更具有竞争力。大学体育教育培养了大学生坚定执着的信念，在比赛中能够顶住压力、冲破逆境取得成功，这是对他们的毅力、信念的锤炼，在今后的社会竞争中他们能够以强大的信念获得巨大成功。

大学体育教育培养了大学生在工作中的团队合作精神，将团队合作习惯融入工作团队中去。在校期间的各种团体项目训练、比赛，增进了彼此间的信任，发挥了团结协作精神。在未来的社会工作中，更容易融入工作团队中去，发扬团结协作精神，更具凝聚力。

四、结语

大学体育教育由课堂教学、体育课外活动以及体育社团及其相关活动组成，无论是哪一类别，对学生的身心发展都有着极大的积极影响。广大学生在大学期间如果进行适当运动，养成终生运动的好习惯，其身心健康水平必然会得到大的提高，最重要的是能够养成健康的运动观念，重视自身健康状况。健康是一切的基础，有健康做前提，才会有日后在学习、工作、生活中的精彩辉煌。

体育教育集教育、娱乐、健身、健心功能于一体，有效地促进学生的身心健康以及和谐的人际关系，在改善大学生人际关系上具有其他课程不可替代的作用。因此，我们要在校园中开展丰富多彩的体育教育，充分利用体育教育去全面提升新时期大学生综合素质，营造和谐的校园人际氛围，为学生未来走向社会、适应社会打下良好的基础。

学生事务管理和服务

研究生学业奖学金实施状况调查与研究
——以Z大学为例

法学院　王家启　白丽红

摘　要　学业奖学金是高校研究生奖励机制的一种重要方式，在目前的学业奖学金制度当中，存在评选指标不科学等问题。从学业奖学金制度实施的实践出发，应当提高评选指标的科学性、评选过程的民主性和公开性，引导研究生进行科研创新和多元化发展。

关键词　学业奖学金　奖励机制　科研能力　综合素质　民主评议

2013年7月，国家发改委联合教育部和财政部共同发文，从2014年秋季学期开始，高校向所有新入学的研究生收取学费，即研究生实行全面收费。2013年8月12日，教育部、财政部印发《研究生学业奖学金管理暂行办法》，规定在全面收费制下建立研究生学业奖学金。与之前的奖学金制度相比，学业奖学金在功能定位、评选标准和评选过程等方面都有许多新特点。[1] 然而，由于部分高校尚未制定完善的实施细则，学业奖学金制度推行过程中也存在诸多问题，如评选细则不合理、评选过程缺乏透明性、奖励机制没有得到充分发挥等。笔者以Z大学F学院为调研对象，通过问卷调查和个别访谈，试图揭示目前高校研究生学业奖学金制度的实施效果和存在的问题，为完善这一制度提出一些建议。

一、现有学业奖学金奖励机制的制度安排

依据教育部、财政部2013年《研究生学业奖学金管理暂行办法》，Z大学制定了《Z大学研究生学业奖学金管理暂行办法》（以下简称《Z大办法》），从总

[1] 孙培清：《国家研究生教育投入机制改革对学校研究生奖助体系的影响分析》，载《经济研究导刊》，2015年第7期。

体上规定了学业奖学金的评选政策。《Z大办法》明确规定了各个奖项设置，对各等级奖学金提出了门槛标准，如论文发表和必修课程要求等。但该《Z大办法》并没有对学习成绩、科研成果、综合素质等方面的评价做出细则规定或说明，而是由各二级培养单位即学院结合学科特点自行制定考评方案。

根据学校的相关政策，Z大学F学院结合本院研究生的特点制定了《研究生学业奖学金实施细则》（以下简称《细则》），并由学院教授会议审议通过。根据《Z大办法》的相关规定，F学院《细则》详细罗列了院级学业奖学金评选的组织保障、申请条件、考评细则等内容，是本学院学业奖学金评选的主要依据。

根据《细则》，F学院组建了学业奖学金评委会，成员主要由院领导、研究所负责人、研工办人员和研究生代表组成。就申请条件而言，《细则》明确规定了对申请者学习成绩的要求、科研成果加分、综合素质考评加分等具体内容。《细则》还确立了奖学金评定中科研成果实质性审查机制，即先由评审委员会对研究生提交的科研成果进行审查，然后给予加分的原则。

从《细则》相关规定可以看出，该学院学业奖学金评定标准比较规范完善，较具可行性和操作性，包含了学业成绩、科研成果、集体活动、社会公益等内容，能够对研究生多元化发展发挥良性引导作用。而且，科研成果的实质性审查和评审委员会的民主评审，体现了学业奖学金评选过程公平、公开和民主性。调查显示，绝大多数同学对现有学业奖学金评选制度比较满意，认为能够对学生的创新性研究和参加社会实践活动发挥激励和引导作用。

二、现有学业奖学金制度设计存在的问题

《Z大办法》及F学院《细则》实施已近一年，在鼓励研究生进行科研创新和参与社会实践活动等方面发挥了重要的作用，但在实践中也暴露出一些问题，比如在激发研究生学习兴趣方面动力不足、奖学金评议的公开性和透明度有待提高等，这些都是目前学业奖学金工作亟待解决的问题。

（一）学习成绩占60%的设定过低

F学院奖学金构成中，必修课成绩仅占60%，说明课程成绩在学业奖学金评价指标中的影响力略低，凸显不出学业成绩的重要性。从F学院研究生课程的设置来看，前两个学期的课程比较多，研究生的主要任务是课程学习。如果学习成绩在学业奖学金评定中的比例偏低，就会使奖学金在激发研究生学习兴趣上动力不足，这会在很大程度上影响学生课程学习的积极性。

（二）科研成果加分不科学

科研成果加分在学业奖学金评选中占有较大比例，而且加分不设上限。学习

成绩差距不大的研究生之间，很容易在科研成果部分产生较大的差距。[1] 目前科研成果加分制度存在的问题主要有以下两个方面。

1. 科研项目加分不对称

科研项目数量有限，加分不对称。调查显示，获得科研项目加分的学生中，大约56%是参与相关课题研究，其中主要是参与导师科研项目。因而，导师承担科研项目与否，或者承担多少科研课题，会不同程度地影响到学生的科研加分。如果导师承担科研项目较多，其学生可能会获得较高的科研加分。相反，如果导师科研项目较少甚至没有科研项目，其学生项目加分的机会就会减少甚至失去机会，除了学校研究生创新项目之外，他们很难参加到其他科研项目中去，从而导致这部分学生在学业奖学金评比中处于劣势。另外，出于奖学金评定的考虑，导师科研项目立项书中一般也会列入自己学生，即使学生可能并没有真正参与导师科研工作，那么，学业奖学金就从奖励研究生转而变成了“奖励导师”，即只要导师有项目，学生就能够获得加分。调查显示，有些没有获得学业奖学金的同学并不认为自己科研能力比获得奖学金的同学差，差距只是缺少项目加分来源，因此觉得项目加分制度设计不合理，机会不公平，心理压力较大，同学之间的关系比较紧张。[2]

2. 科研成果实质审查疏于形式

根据F学院《细则》相关规定，学业奖学金评审委员会在审查学生科研成果的基础上决定科研项目加分。但是，委员会审查的只是学生提交的书面申报材料，只对科研项目的等级和数量进行甄别，对学生发表论文的质量和篇数进行核对，然后给出分值。现有的审查程序并不要求对科研成果进行答辩，而书面审查形式很难对学生科研成果质量做出正确判断。调查显示，学生只要向评审委员会提交带有自己名字的立项书就能够获得项目加分的机会，而不管是否真正参与科研项目的研究；即使有些学生参与了项目研究，其主要工作也可能只是收集资料，而不参与或者无须参与实质性研究工作，例如，有些参与项目的学生，主要负责收集报销凭证等工作；有的学生申报材料中罗列七八个科研项目，但很明显，其精力和能力根本就不允许其参与如此多的项目，显然在申报中存在挂名作假的问题。

---

[1] 涂敏：《硕士研究生学业奖学金制度改革激励效果分析》，载《现代商贸工业》，2011年第16期。

[2] 廖志丹：《对研究生奖学金制度改革的思考》，载《教育探索》，2009年第7期。

（三）综合素质考评透明度有待提高

综合素质考评是学业奖学金评选的一个重要方面，主要涵盖表彰奖励、专业实践、公益活动、人文素质等方面，满分为 10 分。综合素质考评在提升研究生综合素质，引导研究生多元化发展等方面发挥了重要作用，因此该部分加分更应当合理分配，综合把握。调查显示，综合素质考评加分也存在以下问题。

1. 学生对综合素质考评规定不了解

调查显示，部分学生尤其是一年级学生对综合素质加分相关规定普遍不了解，甚至不知道有综合素质加分，有些学生虽然知道有集体活动、志愿者活动和奖励表彰等加分项目，但是对具体分值也并不清楚。从 F 学院加分统计来看，学生综合素质考评只显示总体分值，不显示每项具体分数；而学生关注较多的是科研项目加分和发表论文加分，忽视了集体活动、志愿者活动和专业实践等综合素质加分。

2. 评审委员会有较大的自由裁量权

在综合素质加分上，院级评审委员会的自由裁量权较大。从 F 学院奖学金评选细则中可以看出，对于积极参加集体活动、公益活动和专业实践的同学，可以酌情加 0.5～2 分；对于人文素质优秀的同学，可以酌情加 1～3 分，加分的自由裁量权在评审委员会手中，可以视情况进行加分。调查显示，学生很容易对综合素质评议产生疑问，甚至有些获得奖学金的同学也不知道自己哪些活动获得了加分，没有获奖的同学更是一头雾水，不清楚到底应该提高哪方面的能力。

三、完善学业奖学金评选规则的几点建议

学业奖学金借助于资助和奖励机制，通过合理的评选规则，引导并鼓励研究生潜心进行学术研究。[1] 笔者建议根据《Z 大办法》从以下几个方面对 F 学院《细则》进行修正，使之更加合理、科学。

（一）适当调整学习成绩加分比例

学业奖学金的目的固然在于提高研究生的科研和创新能力，但是课程学习也是主要方面，只有坚实的课程学习，才能够为以后科研创新做好充分准备。因而，学习成绩分值在奖学金评定中（尤其是低年级学生奖学金评定）应当占有较

[1] 王艳艳：《高校研究生激励机制的有效构建》，载《宝鸡文理学院学报》，2015 年第 1 期。

大比重。[1] 笔者建议，在学业奖学金评选中，针对不同年级研究生设置不同学习成绩分值标准。对于研一的学生而言，由于没有科研项目和论文发表压力，应该利用充足的时间进行广泛阅读，增加知识积累。因此，应当加大学习成绩分值在研一学业奖学金评选中所占比重，从60%提升到80%，引导学生努力完成学习任务，打好专业基础。

（二）严把科研质量关

1. 增强科研项目公开性

针对科研项目加分问题，建议增强项目信息公开性，引入竞争机制和门槛制度。对于导师承担的科研项目，学院应该统一配置学生参与项目，在立项之前将项目需要研究生的专业、年级、人数和项目研究内容等信息在学院网络平台公布，由研究生视自己的兴趣爱好、科研能力和时间安排等情况报名参加。如果一个项目有多名同学申报，且超出所需人数，由评委会组织对申报者综合能力进行考核，选出有时间、有兴趣并且有科研能力的学生进入课题组。通过项目来源信息公开、竞争机制、门槛准入，打破导师和学生之间的科研项目裙带关系，避免“挂名”现象的发生，避免过多参与、多方加分的可能。[2]

2. 完善科研成果实质审查

研究生提交科研项目和论文著作等材料，应当注明自己实际完成的部分，并附有项目主持人的评语。院级评审委员会进行评审的时候，不应只停留在书面形式，不能只看科研项目立项书上的名字，而应当着重于学生实际参与并完成部分的内容水平，进行严格的实质审查。没有实际参与项目研究的学生可不予加分；对于在项目中完成内容较多、贡献较大的研究生，也可以酌情多加分，这样也可在参与者之间形成竞争机制，付出多者可以获得较多加分，付出少者较少加分，保证了科研项目加分的科学性、公平性和合理性。[3]

（三）完善综合素质考评环节

1. 提高综合素质考评公开性

学院应当通过入学教育活动、班务活动、网络平台和学生手册等形式，充分

---

[1] 周佳玲、石龙：《中南财经政法大学研究生培养机制改革绩效评价——以学业奖学金制度为例》，载《高等教育评论》，2013年第1期。

[2] 王新燕：《我国高校研究生奖学金制度：演进与完善》，载《现代教育管理》，2014年第3期。

[3] 韦美灵：《研究生奖学金制度的现实困境与制度再造——以X大学为例》，载《教育教学论坛》，2014年第51期。

宣传学业奖学金评选规则，确保学生知晓评选细则，特别是综合素质考评细则，形成对学生多元化发展的合理引导。同时，细化综合素质考评规则，除了总分数之外，应当对每项具体加分情况加以说明，并进行公示，接受老师和同学们监督。

2. 增加学生民主评议环节

综合素质考评涉及对学生的表彰奖励、专业实践、公益活动、人文素质等方面的考察。与学院奖学金评委会的评判相比，学生对参评人员的情况更为了解，同学之间相互了解所参加的公益活动，为班级和学院所做出的贡献。因此，笔者建议增加学生民主评议环节，即在学院评委会进行评议之前，由各个专业召开民主会议，对参评人员提交的材料进行审核，集体决定加分情况，提交学院评委会参考，评委会则根据学生民主评议情况进行复核，确定最终综合素质加分。[1]

四、结语

研究生学业奖学金的奖励范围广，涉及众多研究生的利益，也关系到国家教育资源的合理分配，因此在评选过程中应当慎之又慎。在评判原则上，应当坚持奖励科研、鼓励优秀的价值定位，克服平均主义的理念；在评定程序上，应当增加民主互动，增强民主监督，确保评选的公平性、合理性；在操作细则上，应当根据学科和年级特点，实行差别评选法。社会科学研究应当注重对学生社会实践能力的培养，因此学业奖学金除关注学习成绩和科研能力之外，也应当重视社会实践，适当加大分值，鼓励学生参与社会生活。

---

❶ 耿精：《奖学金制度下硕士研究生学习投入度的实证研究》，载《中国高等教育评估》，2014 年第 14 期。

高校辅导员应对特殊群体学生存在的困境及有效措施探讨

民商经济法学院　蒋龙琴

摘　要　随着高校的扩招，高校中特殊群体所产生的问题不容忽视。辅导员作为特殊群体的直接管理和教育者，在对特殊群体管理和教育过程中会遇到很多困难，高校应予以高度重视，积极调动可利用资源与辅导员一起关心和帮助特殊群体。

关键词　高校辅导员　特殊群体

一、特殊群体的界定

近些年来，高校出现了一些因家庭、社会环境、学生个人等因素造成的具有各种特殊行为和心理特征的大学生群体，为方便研究，将这些学生统称为高校特殊群体学生。目前国内有部分学者对这一概念做了界定，但还没有形成一个公认的准确定义。本文倾向于任璐颖在《高校特殊群体学生危机及其成因与对策思考》中对特殊群体的界定，即我国高校学生中，在学习、生活、适应社会（包括实习和就业）等方面存在一定困难和生理、心理、行为方面有一定问题的群体。[1] 依此界定，可将高校特殊群体分为学业困难群体、网络成瘾群体、情感受挫群体、心理问题群体、精神疾病群体五类。学生在校学习、生活期间难免会遇上以上几类问题中的一种或几种，但大部分学生会通过自身的努力解决这些问题，本文提到的这五类群体都是问题比较严重，通过自身努力无法解决的群体。

二、特殊群体分类及其主要特征

1．学业困难群体

造成学业困难的主要原因有以下三个方面：一是学生学业基础差，我国中西

---

[1] 任璐颖：《高校特殊群体学生危机及其成因与对策思考》，载《教育与教学研究》，2014年第9期。

部地区教育水平普遍落后于其他地方，导致这些地方考出来的学生基础明显要差于其他地方，基础差的学生有些尽管很努力还是赶不上其他学生或总是考不及格；二是学习方法不当，这种情况学生再努力也无法取得好的成绩，学生自信心倍受打击；三是学生对专业不感兴趣，这种情况主要是学生被逼或无奈才选择了目前的专业，学生在学习过程中会产生厌学心理，从而使成绩急剧下降。以上三种情况都有可能会使学生自暴自弃，处于学习的恶性循环中，导致学生最终不能正常毕业。

2. 网络成瘾群体

随着网络的普及，大学生花在网络上的时间越来越多，网络成瘾的现象也日趋严重。大学生由于缺少家庭和学校的有力有效监管，加上自身因素等原因，从入学偶尔玩，到不上自习玩，再到不上课玩，发展到不睡觉玩，最终到了无法自拔的地步，严重影响了学生的学业甚至身心健康。

3. 情感受挫群体

本文中情感受挫群体主要是指恋爱受挫群体。大学生已是成年人，其生理和心理已日趋成熟，大学生恋爱已成校园普遍现象，失恋也是校园中常见之景。失恋后大部分学生都能够自我调节从伤痛中走出来，但仍有极少数人会出现以下情况：一是与恋爱对象纠缠不休，明知无果仍不放弃，将精力都放在了对方身上，放弃了学业，不仅身心疲惫，最终还无法毕业；二是失恋后痛不欲生、一蹶不振，有了轻生的念头；三是由爱生恨，产生报复念头，采取过激行为。

4. 心理问题群体

社会、家庭、个人等因素都会导致大学生产生心理问题和心理障碍，随着社会发展速度的加快，学生的学业压力和就业压力的加剧，大学生的心理健康问题不容乐观。上海市精神卫生中心、美国夏威夷大学、世界卫生组织联合调查统计显示：大学生中21%的人存在心理障碍，属于亚健康心理状态者占55%。[1] 中国大学生网2011年4月20日发布的《2010—2011年度大学生心理健康调查报告》中显示，九成多的大学生有过心理方面的困扰。27%的大学生认为自己经常有心理方面的困扰，66%的大学生认为自己偶尔有心理方面的困扰，仅有2%的大学生表示自己没有心理困扰，另有3%的大学生选择没有想过这个问题。大学生心理健康问题呈上升态势。不过，大部分人的亚健康状态或心理方面困扰是可以通

---

[1] 殷莉、殷梅：《当代大学生心理问题探究》，载《西南农业大学学报（社会科学版）》，2007年第8期。

过一般调节自愈的，本文心理问题群体主要是指有严重心理问题或心理障碍的学生群体，主要表现有：焦虑症、抑郁症、强迫症、人际交往障碍等，这类群体本人感到非常痛苦，迫切希望得到帮助，问题已严重影响到了正常的学习和生活，有的学生甚至有自杀倾向。

5．精神疾病群体

精神疾病群体在大学生中占比很少，但还是存在，这类学生部分因其言行举止与正常人表现有明显差异而较容易被识别，但有部分这类学生因为内向、敏感、不合群，很少与人交流，其症状不典型，故不容易很快被发现，其表现有部分与心理问题相同，同时会出现幻觉、妄想，对自身出现的问题不自知，并拒绝求医。这类群体若得不到有效的治疗，有些可严重到自杀或伤人的地步。

三、辅导员应对特殊群体工作存在困境的原因分析

辅导员是开展大学生思想政治教育的骨干力量，是高校学生日常思想政治教育和管理工作的组织者、实施者和指导者，是大学生的人生导师和健康成长的知心朋友，他们工作在思想政治教育的最前线，最直接、最全面、最真实地掌握学生情况和信息，大学生特殊群体问题能否得到及时发现、正确引导、有效疏导和彻底解决，高校辅导员的作用至关重要。但辅导员也不是万能的，不能解决所有存在的问题。高校辅导员在解决大学生特殊群体问题过程中仍存在着很多困难和问题，具体原因分析如下。

1．学生家庭层面

学生出现本文中描述的五种类型情况，均需学生家庭的配合才能有效地解决学生的问题，但现实中能够配合的家庭并不是很多，以笔者所带学生为例，笔者带过四届学生共 1284 人，其中有以上五种类型的学生 10 人，这 10 人中 9 人家庭经济非常困难，且其中 7 人地处偏远落后地区。这些家庭的共性是：知识水平较低、与孩子沟通较少、家庭主要精力都放在维持生计上。对孩子出现的学业问题、网络成瘾问题和情感受挫问题，家长能提供的也只有劝说、威逼等一些简单方法，这些对于解决这类学生的问题均无济于事；对孩子出现心理问题和精神疾病问题方面，家长首先是不懂相关领域的知识，其次是对学校告之的情况不相信，不认同自己孩子在这些方面有问题或不认同这些问题的重要性和危险性，最后需要陪护时因经济和精力方面原因无法给予长期的支持。严重心理问题和精神

疾病均需要药物治疗并辅以心理治疗，[1] 这一过程如无家长的参与，辅导员很难完成，因为辅导员无权强迫学生就医和服药，也无法长期陪伴学生身边监督学生遵医嘱按时定量服药。

2. 学生自身层面

高校中这些特殊群体表现出各种不良症状时，绝大部分都不愿主动求助他人，其中只有小部分群体会求助于自己身边或远方的同学和朋友，而对辅导员和家长都采取回避的态度，出现学业和网瘾问题的学生尤为如此，出现心理问题的学生也不愿到学校心理咨询部门咨询，中国大学生网 2011 年 4 月 20 日发布的《2010—2011 年度大学生心理健康调查报告》中显示，85％的大学生表示自己从来没去过心理咨询室。在问及多长时间去一次心理咨询室时，12％的大学生表示自己一个学期或更久才去一次，而选择自己从来没去过心理咨询室的大学生达 85％。精神疾病群体是不认为自己有问题的，更不会主动求助，甚至会拒绝帮助。这些特殊群体不主动求助及拒绝帮助给辅导员发现问题及解决相关问题带来很大的困扰和障碍。

3. 辅导员自身层面

教育部关于《普通高等学校辅导员队伍建设规定》中规定，辅导员与学生配比要不低于 1∶200，而实际中很多高校都达不到这个标准，一个专职辅导员带三四百学生是常有的事，更有甚者能带千名学生。陈正芬在《我国高校辅导员制度研究》博士论文中提出，有超过 70％的辅导员负责管理 200 人以上的学生。[2] 辅导员不仅要忙于处理各种事务性工作，还要忙于解答、解决学生的各种问题，对于特殊群体学生需要抽出更多的时间和精力来解决相关问题，遇到特殊群体的家庭及学生本人不予配合的情况，辅导员将面临巨大挑战，不仅要保证学校不出危机事故，确保学生人身安全，还要帮助学生解决存在的问题，尤其是严重心理问题和精神疾病学生，需要想办法让他们到专业医院就诊并接受专业的治疗，辅导员不仅身心疲惫，而且压力很大。辅导员因自身专业背景的不同在解决特殊群体问题时经常会面临自身知识水平和经验不足的问题，出现心有余而力不足的情况，辅导员自己也很无助。

---

[1] 汤世明：《心理问题≠心理障碍≠心理疾病边缘状态≠心理疾病》，载《卫生与生活报》，2005 年 3 月 7 日第 009 版。

[2] 陈正芬：《我国高校辅导员制度研究》，西南大学 2013 年博士学位论文，第 76 页。

四、应对特殊群体的有效措施探讨

1. 高校应以人为本，高度重视特殊群体

特殊群体学生也是高校学生的一部分，先天条件和后天环境和教育的差异，使得他们与其他学生在心理特征和行为特征上存在差异，高校在日常管理和思想教育上对他们要一视同仁，有教无类，坚持以人为本，将人放在首位，开展工作时要贴近他们的生活实际，换位思考，真正了解他们的身心需要，才能帮助他们解决各种问题。

本文中提到的这五类特殊群体学生虽在高校学生人数中占比很小，但其是校园不稳定因素的重要组成部分。特殊群体学生引发的危机在高校中存在着分量大、影响深、辐射广等特征，严重情况下可出现学生自伤、自杀或校园暴力犯罪以及危及校园和社会公共安全问题。[1] 因此高校应予以高度重视。

2. 高校需调动资源，共同关心特殊群体

特殊群体的管理及思想教育均由高校辅导员负责，不同类型的特殊群体的表现形式不一样，如果遇到学生家庭和学生本人不配合的情况及辅导员缺乏解决这类问题的知识和经验时，学校可以调动一切可利用的资源进行积极干预，将危机级别降到最低。比如，对于家庭因经济困难而无法长期陪护学生进行治疗的情况，学校可帮助介绍或提供其家长力所能及的就业机会，减轻家长因长期在外陪护学生所产生的经济困难，以解决家庭的后顾之忧；学校拥有很多领域的专家学者，其中不乏研究网瘾的、研究心理的专业老师，高校可以调动这些群体的积极性，将特殊群体学生作为个案研究，并帮助这些学生解决相关问题。

3. 辅导员需加强自身建设，提升帮助特殊群体的能力

特殊群体学生问题处理得好坏取决于辅导员的知识水平和经验，因此辅导员的工作压力很大，这就需要辅导员不断地学习，提升自己相关领域的理论水平和实践经验。辅导员可多参加一些专业知识的培训，比如心理咨询、团体辅导、危机干预等方面的培训，并且多参与一些特殊群体事件的案例研讨，学习好的经验和做法，提升自身的理论和实践水平，以提高帮助特殊群体解决问题的能力。

---

[1] 任璐颖：《高校特殊群体学生危机及其成因与对策思考》，载《教育与教学研究》，2014 年第 9 期。

浅谈基于90后大学生特点的90后高校辅导员工作方法

民商经济法学院　陈莹蓝

摘　要　如今，辅导员在高校学生成长发展道路上有着重要的作用，辅导员队伍的年轻化也成为未来发展的趋势。90后高校辅导员陆续出现，与90后大学生年龄和经历的相近使得辅导员工作思路有了改变。本文从90后大学生的特点出发，探究90后高校辅导员的优势、工作模式和存在的不足，希望对学生思想政治的教育发展起到探究的作用。

关键词　90后高校辅导员　90后大学生

高校辅导员是学生集体的管理者和组织者，从事学生的思想政治教育、学生日常管理、就业指导、心理健康以及学生党团建设等各方面的工作，是高校培养全面发展的综合性人才的重要保障者和实施者，也是学生在高校成长过程中的沟通桥梁和关护者，成为高校思想政治工作中的一个重要群体。随着90后逐渐成长起来，辅导员队伍年轻化已经成为高校学生工作的一种趋势，90后辅导员的出现，也为高校思想政治工作引进了“新形态”。90后辅导员开展90后大学生的思想政治工作，这两个年龄相近群体之间的互动和交流，也带动着学生工作多个方面的发展和改变，引起了对于转变思想政治工作方法的探讨。

一、90后大学生特点

对于90后大学生特点的研究已经经过了数个年头，也已经有了较为统一的认识和标准，这些特点也对高校辅导员的工作提出了新的要求。

（1）自我意识强烈，人际交往能力较弱。90后大学生大部分为独生子女，在整个的成长过程中，家庭条件较为优越，物质需求容易被满足，通常是一个家庭的中心和关注点，受到众多家人的呵护和关爱。这也导致了90后大学生容易以自我为中心，做事较少考虑他人的感受，这也间接导致了人际交往能力的减弱和欠缺。在家庭的保护下，90后大学生自小与他人交往甚少，缺少与同龄人共同成长的机会和经历，缺少对他人的理解和包容，因此一进大学后，同学之间容易产生矛盾和摩擦。并且，90后大学生在人际交往中较为拘谨，害怕单独以及面对面的直接交流，不善于直接地表达自我，对他人缺乏信任。这也对高校辅导员在工作中如何培养90后大学生人际交往能力特别是人与人之间的尊重和包容提出了要求。

（2）依赖社交网络。90后大学生的成长处在中国网络信息化时代高速发展的时期，网络成为信息交流的主要模式，也成为90后大学生的日常依赖。90后大学生习惯通过各类社交网站去获取信息和展现自我，不喜欢当面沟通和交流，更信赖虚拟的网络世界，有时候甚至会出现只愿意在网络上匿名发表自己观点的情况。90后大学生习惯通过网络去搜寻第一手信息，获取信息及时且高效。人人网、微博、微信、QQ等社交网络工具的使用率达到100%。这也对高校辅导员与90后大学生进行交流、走进他们的内心世界的方式提出了要求。

（3）个性张扬，追求自我。90后大学生不再像70后、80后一样可以接受群体的相同性，他们追求每个人的特点，不趋同，也不轻易受老师和家长的影响和要求。90后大学生有自己的大学生活规划、职业选择和人际选择，每个大学生所追求的目标和道路都有所不同，大学期间努力的方向也有所差别，存在类型化，但每个大学生存在个体性。这也对高校辅导员如何了解学生并且进行个体化辅导提出了要求。

（4）追求潮流，拒绝落后。90后大学生因为处在网络发达和信息膨胀的时代，容易接受国内外的最新信息，对新鲜事物的吸收和理解能力较强，对新鲜资讯的容纳能力较大，容易认为父母和老师思想和做法落后，这也会导致与家长和老师沟通的减少。这也对高校辅导员的身份和减少与90后大学生的代沟提出了要求。

二、90后高校辅导员的优势

90后高校辅导员将在未来的时间内成为辅导员队伍中的重要力量，发挥自身的优势，推动高校学生思想政治工作的发展，成为必要的趋势和研究方向。

（1）年龄差距小，心理距离亲近。90后高校辅导员最大的优势和特点就在于年轻，与90后大学生处于同一个年龄段，年龄距离相差至多达到五岁，甚至会出现同龄的情况，成长背景相同，成长经历相似，所受的教育和吸收的信息一致，在思想和行为上或多或少存在着90后大学生的特点——没有代沟，更容易理解学生、与学生沟通，取得学生的信任，更具有亲切感，更易融入学生的生活。通过年龄的优势，实现90后大学生对辅导员最理想的角色期待——朋友，将朋友和老师这两个身份进行有机的结合，与90后大学生形成良好的知心朋友的关系模式，而不是传统的师生敌对关系。

（2）对于大学生活时间距离近，熟悉程度高。目前，90后高校辅导员距离从高校毕业年份通常不多于3年，对大学的学习方式、生活模式、人际交流等方面较为熟悉，不会与现在的大学生活脱节，甚至现在许多辅导员与学生学习的是同一专业，学习都在同一学院。可以通过自身的经历引导学生，了解学生在大学中实际所需和存在的问题，以自身经验解答，更好地去分析和解决学生的问题，容易成为学生学习的身边的榜样，无须经过太长时间的观察和探索，通过自身就可以了解学生的状态，更能够设身处地地进行学生的思想政治工作。

（3）相处的亲切感和个人魅力的独特。90后高校辅导员刚步入社会，从最基本的工作开始，思想简单，性格真实，所以通常表现出对学生脾气好，没有架子，能够听取学生的意见，随时与学生进行沟通和交流；更关心学生学习生活方面，愿意花较多时间了解学生、与学生互动；基于90后个性鲜明的特点，90后高校辅导员同时也具备强烈的个人特点，更具有个人魅力；工作形式创新，敢于突破，有自己的想法和方式。

三、90后高校辅导员的工作模式

（1）年龄的优势性与身份相结合。辅导员不只是学生的思想引导者和管理者，还是学生的好朋友，作为90后辅导员，更应该与90后学生建立起平等信任、关心理解、和谐融洽的“伙伴教育”关系。[1] 90后高校辅导员与90后大学生属于同一年龄层，没有代沟，更能融入学生的生活，做他们的知心朋友。让大学生感到辅导员是他们的知心朋友，而不是敌对的上下级师生关系。90后高校辅导员应该以朋友的角度去和学生交流，以一个老师的立场去引导、端正学生的学习、生活态度，将朋友和老师的身份相结合，在两者之间寻求平衡点，通过年龄的优势，多和学生沟通。但是，在正式的工作指导中，仍然建议学生称呼90后辅导员为“老师”，以示尊重和严肃性；在私下的相处中可以称呼为“哥哥”“姐姐”，以示亲切性。利用相同的背景和经历以及对世界相似的眼光，将心比心，更加认真倾听学生的心声，经常与学生谈心，走入学生的生活，了解他们的所需所求，以自己的行动让学生信任，对学生的学习、生活、家庭、性格特点、兴趣爱好、身体状况做到心中有数，尊重和包容学生，让他们发挥自己的个性，

[1] 针对90后学生高校辅导员学生管理工作的问题与对策探讨：http：//www. niubb. net/article/1482898－1/1/，2015年7月18日。

实现他们的自我价值和全面发展。❶

（2）网络平台的充分利用。90后大学生对网络信息时代的充分了解和高度追求，使他们不喜欢单独和面对面地交流，不喜欢开班会、年级会，更喜欢使用人人、QQ、微博、微信等了解信息和表达自我观点。90后辅导员有着同样对网络熟悉的优势，应该花大量时间通过网络平台了解学生，密切关注他们的QQ、微博、朋友圈等的更新动态，花时间与他们进行良好的互动，这样的互动和引导更加及时和有着更广阔的空间，能了解学生所关注的热点话题和方向。同时，可以建立自己的微博或者经营好自己的朋友圈，发布学校学院的相关活动通知、发表自己对于大学生思想教育管理的想法、发表引导学生思想动态的文章等，让学生了解学校学院的活动，以便积极参加。并且通过话题讨论，鼓励他们表达自己的心声，这样可以更好地掌握学生的思想动态。还可以通过建立班级以及年级的微信群、QQ群等实现零距离沟通，潜移默化地影响学生，及时处理出现的问题，做到具体问题具体分析。❷

（3）自身榜样的树立。作为90后大学生的同龄人，90后高校辅导员应该以自身的实际行动树立一个榜样，提高个人魅力。在辅导员技能和专业知识方面要力争能带动和引导学生，提高辅导员自身的思想觉悟和能力素养；加强管理能力，帮助学生树立正确的世界观、人生观、价值观，促进学生工作的管理和开展，让学生们在同龄人中找寻到榜样，提升自我。

（4）工作模式的学习和创建。90后辅导员作为新人，应该经常与其他有经验的辅导员进行交流和沟通，吸取宝贵经验和工作技巧，结合自身的优势寻求适合自己的工作模式和工作方法。

四、90后高校辅导员的不足

当然，在实际的学生工作中，90后高校辅导员存在着许多不足和需要改进的地方。

（1）工作经历空白，经验不足。90后高校辅导员刚步入社会，从最基本、最基础的工作开始，不足之处在于经验的缺乏，对许多事件的处理和工作的安排没有固定的模式和方法，遇到突发事件容易慌乱和不知所措，需要在每一类事件

---

❶ 90后辅导员的工作思路：http://uzone.univs.cn/content.action?itemId=2990808_l5u7ssapr0knqilmapr1，2015年7月18日。

❷ 做“新形势”下的新一代辅导员：http://news.buaa.edu.cn/xyfc/78008.htm，2015年7月18日。

发生后及时地总结和积累经验。经验的欠缺容易导致自信心不够，不敢大胆处理问题，依赖于向年长、有经验的辅导员寻求经验，这不利于形成自己的工作模式。

（2）角色转换的滞后。90后高校辅导员在高校中由学生身份转换到老师身份，通常有不适应的现象，特别是处在同一个环境下。如果没有及时地完成角色的转换，就会导致工作上的不积极主动，容易依然以学生的角度去考虑问题，不具有大局性；容易过于与学生打成一片，不利于工作的开展，不具备学生工作的严肃性和正规性，不利于引导和端正学生的政治思想和学习工作，不利于辅导员树立形象和威严，同时也不利于自我对工作的熟悉和了解。

（3）家长的信任缺乏。90后高校辅导员的年龄在与学生沟通方面存在着巨大的优势，但在与学生家长的交流中存在着劣势。与学生年龄的相仿就导致与家长年龄的巨大差距，家长难以轻易信任与自己孩子同龄的老师，这就需要90后辅导员花时间证明和沟通。

总的来说，高校辅导员在学生成长过程中起着至关重要的作用。在未来几年内，90后高校辅导员将成为主体，作为距离学生最近的一线工作者，应该发挥90后辅导员所具有的独特优势，深入了解和剖析90后大学生的特点，提高自身的素质，利用各种新媒体形式与学生进行沟通和交流，树立榜样，帮助90后大学生更好地学习和生活，提高人际交往能力，培养成为全面发展的综合性人才。90后高校辅导员的工作模式还是个未来需要值得思考和研究的问题，而90后高校辅导员与90后大学生的结合所带来的学生工作的变化也需要进一步适应与改变。

行政指导理论在学生管理工作中的应用探讨

商学院　李欣宇

摘　要　依法治校对学生管理工作提出更高要求。行政指导本是行政机关在其职权管辖范围内，为实现经济和社会管理特定目的，采取指导、劝告、建议、鼓励等非强制性方法，使相对人按照其指示而行动的管理方法。根据高校学生管理工作特点，可以借鉴行政指导的理论和方法，合理运用说服手段、自律手段和引导手段等，提高学生管理活动的针对性和有效性。

关键词　行政指导　学生管理　依法治校

一、引论

随着我国教育事业的快速发展，党和国家越来越重视教育法治环境的建设，不断完善教育法律法规体系，逐步提高学校内部管理的法制化与科学化水平，以依法治校为动力推动现代学校制度建设，促进高等教育治理体系和能力现代化。

一般而言，依法治校就是政府和学校管理者依据法律法规和学校章程的规定来管理学校的各项事务。依法治校不是把法律仅仅作为治理学校的工具和手段，[1] 而是要将法治精神、法律思维贯彻到学校教育和教学活动中，使学校管理达到法治精神所体现的公平与正义。[2] 依法治校的“治”不是“治”（惩罚）学生或者教师，而是意味着依法约束学校的公共权力，保障师生员工的合法权益，[3] 尤其是要按照法治的原则对学校进行管理。法治，就字面意义而言就是“法律的统治”（rule of law），其本质是权利本位，精髓即在于对人的权利的保

[1] 张煜全、范颖慧：《依法治校是教育兴旺之道》，载《广东工学院学报》，1989年第2期，第15页。

[2] 赵雪彦：《坚持依法治校构建和谐校园》，载《法制与社会》，2009年第7期，第264页。

[3] 徐显明：《大学理念与依法治校》，载《中国大学教学》，2005年第8期，第12页。

障。法治原则体现在依法治校上，就是要求教育管理者认真履行教育教学和管理职责，在观念层上摒弃传统法律文化中义务本位思想，不把学生当作管制的对象，以保障教师、学生的正当权益作为学校管理的核心目标。

依法治校深刻影响高校学生管理方式和方法，尤其是对既有的学生管理工作提出更高要求。学生管理过程中各项活动，包括学校处分学生等惩戒行为，依然要坚持保障学生权利的法治原则，体现公平、公正和育人为本的价值理念。伴随着日益严格、规范和全面的学生处分规定出台，学生不服学校处分处理决定引发的申诉和诉讼案件越来越多，学校对启动正式的学生处分机制越来越慎重甚至趋于消极，高校现有学生管理手段的针对性和有效性受到了拷问。

二、行政指导含义、性质和基本特征

（一）行政指导含义

行政指导起源于“二战”后的日本，主要是行政机关在其职权管辖范围内，为实现经济和社会管理特定目的，采取指导、劝告、建议、鼓励等非强制性方法，使相对人按照其指示而行动。“与正式的行政行为相比，人们更喜欢非正式的这种行为形式”。[❶] 这种似乎属于非正规行政手段的行政指导，在实践中灵活而富有效率，对于日本政府发挥政府行政力量、促进经济发展和建立良好社会秩序起到了积极作用。“行政指导是对传统依法行政如机械法治主义和干预行政的重要修正，使现代依法行政走向机动法治主义和福利行政，体现了现代行政管理权力手段淡化的新特点。”[❷] 2004 年，国务院制定的《全面推行依法行政实施纲要》第 9 条提出：改革行政管理方式“要充分运用间接管理、动态管理和事后监督管理等手段，对经济和社会事务实施管理；充分发挥行政规划、行政指导、行政合同等方式的作用”。行政指导已经成为包括我国在内许多国家普遍采用的行政管理方法。

（二）行政指导软法特质

作为新型行政手段，人们对行政指导的性质曾存在不同认识：[❸] 一种认为其

❶ ［日］盐野宏：《行政法》，杨建顺译，法律出版社，1999 年版，第 142 页。

❷ 袁曙宏、赵永伟：《西方国家依法行政比较研究》，载《中国法学》，2000 年第 5 期，第 121 页。

❸ 杨海坤、黄学贤：《行政指导比较研究新探》，载《中国法学》，1999 年第 3 期，第 70 页。

不属于行政处分行为，仅仅是法律范围之外的事实行为，或者是介于行政行为和事实行为之间的特殊的“促请行为”。因为行政机关的这种指导行为往往没有直接、明确的法律依据，无法满足行政行为构成的基本条件。另一种认为行政指导属于新型的行政处分行为，属于抽象行政行为或者具体行政行为。实践中，行政指导既可以是针对不特定的行业、地区和行政相对方进行的普遍行政指导，也可以是针对特定的行业、地区和行政相对方进行的个别行政指导。普遍行政指导原本就存在于政府行政管理实践中，具有典型的软法色彩。

软法（soft law）是指那些不具有法律约束力，但却具有实际效果的行为规则。例如，《世界人权宣言》就是软法性的宣言。不同于传统的命令—控制模式的硬法（hard law），软法的最主要特征就是不具有法律上的强制力，一般也不具有司法适用性。但这并不意味着软法没有任何实际效果和非法律上的约束力。“在某些情况下，软法对于管制效果的有效性使得其有效约束力有可能比硬法更强。……软法可以通过利益诱导以及羞耻感、谴责、互相模仿和学习等方式发挥作用。”❶

（1）行政指导不具有强制性。行政指导的首要特征就是不具有强制性，行政机关不能行使行政强制手段来实现行政指导行为目的，因而行政指导行为一般也不能在法院进行诉讼，不具有司法适用性。我国最高法院行政诉讼法解释规定，不具有强制力的行政指导制度，通常不可诉。这与其他软法规范具有共同属性。

（2）行政指导效果与软法相同。行政指导行为基于利益诱导或行政指导机关的权威优势地位，会对相对人产生重要影响力，从而具有一定的事实强制效果。在具体效果实现方式上，行政指导对相对人行为的规制调整，不同于传统的“命令—服从”硬性执法模式（hard law enforcement），而属于软性执法模式（soft law enforcement），通过建议、劝告等柔性方式来灵活、及时地针对法律没有规定或者规定不完善、不到位的社会现实问题采取相应的行政指导措施，使法律精神、法律尊严得到更好的尊重和维护。

但随着行政管理手段的创新，具体行政指导行为的广泛适用，具体行政指导行为可能会具有一定强制力，这时法院常常会据此将其纳入诉讼范围。因如果不将行政指导纳入行政行为的范畴，就可能会造成行政机关管理活动不受法律约束的巨大模糊空间，不利于依法行政的局面形成。随着行政法学理论和实践的发

❶ 罗豪才、毕洪海：《通过软法的治理》，载《法学家》，2006年第1期，第5页。

展，具体行政指导行为开始更多地被认为是行政行为。例如，自1971年，日本的行政指导行为可以在法院诉讼。

（三）行政指导法律特征

行政指导行为必须遵循法治行政的合法性、合理性、责任性等基本要求，才能确保其行为符合基本的法律目的。具体来说，行政指导法律特征有如下几条。

（1）合法性。又称为法律保留与法律优先，首先就要求行政指导必须具有法律依据。这既可以是有直接法律依据的行政指导（法律明文规定或法律授权），也可以是法律并无明文规定，行政机关在其职权范围内就相关事项做出行政指导。就教育领域的行政指导而言，通常属于有权机关或组织在职权范围内的相关事项进行行政指导。其次，程序合法。许多行政指导行为可以补充法律规定的不足，灵活地解决实际问题。但这种没有直接法律依据的指导，类似于一种行政自由裁量行为，必须要通过程序的规定加以适当控制和规范化，否则，容易流于恣意行动。所以，对于教育行政指导行为，需要通过严格制定程序性规定，来加以约束和规范化。最后，目的合法。我国台湾地区的《行政程序法》第166条规定："行政机关为行政指导时，应注意有关行政法规之目的，不得滥用。"行政指导是为了达成特定的行政目的而采取的行政行为，但行政目的必须符合法律目的，否则就可能滑向不受约束的滥用，两个目的都必须满足。

（2）相对人自愿。行政指导行为一般不具有法律上的约束力，相对人的自愿接受是行政指导产生预期作用的前提。行政机关必须尊重行政相对人的立场，由相对人自主选择是否按照行政指导的内容行动。在相对人明确拒绝时，行政机关不可采取强制措施迫使其接受，否则行政指导就失去了其本来的意义，成为行政强制行为。

（3）应遵循比例原则。比例原则能有效控制行政权力违法，其被称为行政法中的"帝王条款"。[1] 比例原则主要强调：[2] 行政措施应该遵循"最小侵害原则"，干预公民自由的措施应具有必要性，力求使得国民所受到的侵害最小。此外，采取这种措施对当事人来说是不过分的，对国家的目标来说又是适当的，这又被称为狭义的比例原则。

---

[1] 陈新民：《行政法总论》，台湾三民书局。

[2] 城仲模：《行政法之一般法律原则》，台湾三民书局，1994年版，第121、154页。

（4）公开性。行政指导可以采取口头或书面的方式，除依法保密的信息外，行政指导的内容和形式应当予以公开，切实保障行政相对人的知情权。

三、行政指导方法契合高校学生管理需求

我国的行政指导制度最初在经济领域建立起来。1999 年《高等教育法》的颁布使得教育行政部门作为“指导者”的主体地位在高等教育领域获得承认，行政指导开始逐渐适用于教育领域。行政指导是对直接强制性行政管理手段的一种替代。它的多样性、灵活性和针对性，能够很好地适应教育领域管理的现实需要，保障教育管理目的的实现。

高校与就读学生之间具有宪法、行政法、民法等多重法律关系。学校办学过程中，基于育人目的对学生进行管理约束，学生应服从这种约束和管理，如果发生争议和诉讼，这属于一种行政法律关系。高校具体的学生管理行为具有教育和管理的双重性质。从学生管理行为的管理方面来看，行政指导理念和方法作为一种更加灵活的处理方式，在学校管理学生活动中能够发挥有益的作用。

首先，行政指导方法的“软性”执行手段适合学生管理活动。教育组织具有“双重系统”特征，[1] 在非教学活动等方面具有科层组织的特点，但在另一些方面（如教学活动）是松散结合的系统。“命令—服从”模式的直接管理手段适合于科层制组织管理，而高校教育学生的职责和特质使其并不完全适合采用僵化的行政管理思维和手段强行管理学生。而行政指导发生作用的机制不是命令强制式的，而是通过协商、建议、劝告等方式引导相对人自愿行动以实现行政指导的目标。这非常适合大学生教育管理的社会行为模式。

实践中北京大学提出“会商制度”，将对学业困难、思想偏激、心理脆弱、经济贫困、学籍异动、生活独立、网络成瘾、就业困难、罹患重大疾病、受到违纪处分等十类重点学生进行会商指导。[2] 这种做法就有很强的行政指导色彩，学校不是简单地命令学生杜绝不良行为，而是通过劝告、谈话、指导、协商等手段，帮助学生克服自身存在的阻碍学习问题，改善学生学习状况。虽然该制度因将学生“思想偏激”也列入需要会商的情况，引起社会关注和争议，但会商制度本身确是一种非常有意义的尝试，其行为方式非常符合行政指导理念。

[1] 张晓峰：《教育管理：后现代教育视角》，载《外国教育研究》，2002 年第 11 期。

[2] 张航：《北大将对思想偏激学生进行学业会商引争议》，载《北京晚报》，2011 年 3 月 24 日。

其次，高校教育管理活动的人文内涵决定了行政指导天然适用性。不同于一般性的企业管理和政府管理，教育管理着眼于知识的传递和人的培养，许多行为都具有主观色彩。“可以说，在教育管理领域，没有纯客观的原则和方法，诸如办学目标的确定、特色学校的创办、教育决策、教育发展战略、教育资源的分配与利用、学校与社会的关系等，所有这些都内在地蕴含着价值因素”。[1]教育管理不能忽视价值、伦理、道德、文化利益等人的主观因素，尤其在管理学生活动中。大学生常处于社会思想的前沿地带，思想活跃、观点多元，许多学生管理问题常常并没有确定的解决方案，这是要通过协商、试验来探索问题的最优解决，不能以武断的方式来强行获得结论。行政指导的开放性、灵活性和参与性能够减少协商障碍，采取灵活而富有针对性的措施解决问题。

最后，灵活、妥当实现惩戒行为的目的。高校基于教育机构的内在使命，处分和处理学生常常是不得已行为，致使学生管理过程中的惩戒行为变得十分困难和复杂。因为，高校惩戒行为关系到学生的切身利益，尤其是在我国目前的档案管理和人事管理体制下，对于违法违纪和因不符合学籍管理要求而被迫接受处理的学生来说，惩戒或处理行为都会给他们造成终身影响。例如，一些虽情有可原但依据规定应被开除学籍的学生，在现行体制下学校常会顾虑开除学生学籍带来的一系列严重后果。

现行学生处分规定明确而严格，《普通高等学校学生管理规定》第 53 条规定了警告、严重警告、记过、留校察看、开除学籍等五种纪律处分，接下来的第 54 条规定了 7 种开除学籍的规定情节，但实践中可能会出现制度供给不足的情形，即这些处分种类和适用情节的规定不能满足具体案例的需要。例如，实践中，有些学校在某些案例中会采取令学生退学等变通方式来替代开除学生学籍的处分。勒令学生退学并不是法定处分种类，其达到的效果与开除学生学籍基本相同，其实现也是通过双方协商方式达成而非单方做出处分行为，这也体现了行政指导理念和方法。

四、行政指导理念和方法提供了高校学生管理手段新选择

高校学生管理中引入行政指导理念和行政指导方法，将大大拓展学生管理思路，丰富学生管理观念，健全和完善学生管理手段和方法，更有利于达成育人成才的目的。

---

[1] 张晓峰：《教育管理：后现代教育视角》，载《外国教育研究》，2002 年第 11 期。

行政指导的方法包括示范、建议、劝告、提倡、赞成、鼓励、限制等，根据高校学生管理普遍特点和各校实际情况，可以重点借鉴和合理运用以下行政指导方法：

第一，说服。说服是高校学生管理人员通过陈述情理希望学生接受行政指导的一种方式。行政指导没有强制力，必须说服对方接受。例如，警示教育轻微违纪行为人，使其认清错误并及时纠正。第二，提醒和建议。学校加强对重点学生的日常监督，及时发现、及早处置学生可能出现的问题。对于因学习成绩差可能被退学的学生，以及违纪甚至违法可能性高的学生，学校要加强学业预警或教育监督，及时指导、提醒学生避免情况的恶化和问题发生。建议是高校学生管理人员根据管理目的的需要，向学生提出具有可操作性内容的建议，希望对方响应，从而达成管理的目的。第三，协商。协商是高校学生管理人员为了取得对方支持其实现某一行政管理目标，而与学生就某一事项进行商讨，达成共识。第四，奖励。奖励是学校给予优秀学生一定数量的奖金、奖品或荣誉，鼓励和引导学生自觉遵守学校的各项管理规定，从事有助于学校达成行政管理目标的行为。第五，帮助。帮助是学校通过为学生提供某种便利的条件，引导学生朝学校确定的育人目标方向发展。

借鉴教育行政指导方法，高校学生管理可以建立相应工作机制，更好实现学生管理工作目标。第一，学生学业辅导机制。依据现行教育法律、法规、规章和相关政策，结合学校有关管理规定，学校在职权范围内，充分发挥管理信息优势，针对学业成绩较差的学生和违法违纪可能性大的学生建立辅导工作机制，通过“事前预警、具体事务提醒、处理事项告知”等行政指导方法，采取发布信息、提醒提示、一次性告知单、信息分析、辅导或引导等行政指导方法，积极主动为学生提供帮助。第二，学生自律机制。学校建立疏导工作机制，通过“教育与告知、行为与引导、纠正与预警”等行政指导方法，采取提示、告诫、约见、建议、案例披露、责令改正等学生管理手段和措施，积极主动地疏导和引导学生达到学校管理规定要求，劝导学生自行纠正或杜绝严重违反规定情形的发生，实现日常管理关口前移。第三，学生管理发展引导机制。学校学生管理人员应当在其职责范围内，充分运用教育资源以及管理职能的优势，采取辅导、引导、激励、奖励、帮扶等方法，引导学生努力学习，积极成长成才。第四，行政指导方法对学生管理队伍的素质、能力、形象等均提出了新的更高的要求。高校学生管理者应具备良好的法律素养、社会阅历、心理素质，树立服务的理念，成为专家型、创新型的管理人员，这样才能确保顺利实现学生管理目标。

五、结论

在高等教育大众化和依法治校的形势下，单纯的柔性思想教育和严格刚性的纪律处分手段，在解决学生管理中出现的各式各样新情况和新问题时，常常显得不合实际。行政指导的理论和实践对于高校学生管理具有很大的启发意义。高校可以在教育和处分两极之间，根据实际情况创设多样丰富的管理手段和措施，激发学生自我管理和自主成才的意识，提高学生管理活动的有效性和针对性，保障高等教育现代化和人才培养目标的实现。

高校诉讼风险防范刍议
——从学生管理角度分析

外国语学院　王丹阳

摘　要　自20世纪90年代以来，高校和学生之间的诉讼案件频发，本文以学生管理为切入点，分析高校诉讼风险的产生原因，从提升高校学生事务管理的合法性及合理性角度，尝试性提出高校诉讼风险防范的具体对策，就如何推进高校依法治校做初步探讨。

关键词　高校　大学生　诉讼　风险防范　对策

近年来，由于教育体制改革、高校制度瑕疵、学生权利意识高涨等诸多因素，学生状告母校的案件屡见报端，高校管理学生的工作模式受到挑战，在教育界和法律界引起了广泛关注和议论。面对形势，高校应当正视诉讼风险，分析法律纠纷发生的原因，归纳风险防范的具体对策，走法治化道路。

一、高校与学生间法律纠纷案件现状

1. 诉讼范围逐渐扩大

分析历来发生在高校与学生之间的诉讼案件可以发现，诉讼范围已不单纯地局限在学历、学位的授予争议上，已向学生管理工作的各个方面渗透。目前引发双方法律纠纷的原因基本可归纳为三大类，一是基于学校根据校纪校规对学生违纪行为做出处罚决定的行为，二是由于学生在校学习期间或在学校范围内受到侵害的情况，三是高校乱收费问题。

2. 诉讼内容发生质的变化

如果高校和学生之间发生的法律纠纷内容指向学位授予、两证颁发、招生政策、就业等，则仅仅是针对学生管理工作过程中的具体环节，此时学生要求的是学校对于一个学生合法权益的保护，学生是站在被管理者角度希望学校作为管理者承担自己行为的责任，对自己负责。但逐渐地，学生将学校推上被告席的原因

是学校对自己受教育权、知情权、隐私权等公民基本权利的侵犯，这是学生处于公民角色对学校提出的维权要求。这是一种质的变化。

二、高校诉讼风险呈上升趋势的原因分析

（一）高校对体制改革下学生角色的转变缺乏重视

循序渐进的高等教育体制改革使更多的人获得了接受高等教育的机会，“大学生”的身份就当今社会而言已不鲜见。从“千军万马过独木桥”到“人人都有机会上大学”，被改变的不仅是体制，还有高校与学生之间的关系。

在上大学仍属于稀罕现象，学费分担基本为公费性质或是绝大部分为公费负担的时期，高校培养学生往往是以培养国家干部为目标，高校对学生的约束管理机制在某种程度上可以类比为国家对公务员的管理与约束机制，高校与学生之间的关系基本可以划分为严格的行政法律关系，更多的是领导与服从的关系，即双方法律地位属于“平等下的不平等”，作为行政主体的高校在法律关系上始终处于主导地位，行政法律关系的成立大部分时间都以行政机关单方面的行为为依据，强制性色彩较为浓郁。

在旧观念里，只存在学校管理学生的权力，不存在学生要求学校的权利，学生只充当被管理者，“公民”这一概念与校园似乎不在同一范畴之内。可现如今，学校向学生收取一定的学费，在学生看来，教育愈发成为一种商品，受教育者像购买商品一样对教育者进行着挑剔的筛选，受教育者在缴纳了学费、住宿费等费用之后，认为理应享有相应的权利，作为法律关系的一方理应有权要求法律关系的另一方，也就是学校，提供自己所挑选的服务。这不再是简单的行政法律关系，而是讲究法律双方当事人地位平等的民事法律关系。学生固然依旧是被管理者，但是同时也是有权利表达自己诉求、维护自己合法权益的公民。

此外，从高校诉讼案件现状也不难发现，高校与学生之间进行的诉讼已从涉及学生管理工作的具体内容向学生要求维护宪法赋予的、作为公民的基本权利的方向扩展。这些现象共同说明，高校不能够再以过去以行政为主的教育管理模式进行学生事务管理，否则屡屡陷入诉讼纠纷的窘状还会频频发生。

（二）部分高校规章制度存在缺陷，未能兼顾实质正义和程序正义

1. 高校规章制度在内容层面未能保障实质公平

理论上，高校为了学生事务管理工作的有序性制定一系列规章制度无可厚非，但如果高校未能正视制度是否真正合法、是否顾及了学生的切身利益和合法

权利、是否考虑了学生的未来发展等问题，将成为管理工作中的一大隐患。

规章制度方面的瑕疵体现在一少部分高校的规章制度与法律法规等上位法相冲突，例如扩大或缩小学校规章制度的适用范围，或是在法律规定不明时制定不恰当的管理规则。就授予学历学位而言，《中华人民共和国学位条例》第四条规定，“高等学校本科毕业生，成绩优良，达到下述学术水平者，授予学士学位：（一）较好地掌握本门学科的基础理论、专门知识和基本技能；（二）具有从事科学研究工作或担负专门技术工作的初步能力”。可见，部分高校规章制度中要求学生英语水平必须达到四级水平或受学校处分便无权得到学位等相似规定都是没有法律依据的。

2. 实务工作中缺乏程序规范

程序正义的缺失造成的最出名的案例，便是被称为“学生状告母校第一案”的“田永诉北京科技大学”案。主要是因为学校在因田永考试作弊做出退学处理之后，并未实际执行处理决定，也未完成听取田永陈诉、送达处理决定等相关程序。在此之后又发生了数起因高校管理秩序混乱、执行规章制度程序不规范导致的“学生状告母校”案件，高校败诉毫无疑问。

程序正义往往容易被忽视，无论是高校规章制度中对程序规范规定的缺失还是在执行过程中对程序规范的无视，都势必导致管理的无序，势必要承担由此带来的诉讼风险。只有兼顾实质正义和程序正义，才有可能真正将高校学生事务管理的法治化稳步推进。

三、高校应对诉讼风险的法制化道路

（一）明确高校和学生的法律地位

高校体制的变化尤其是招生制度的改革，调整了教育成本分担机制，使得高校与学生之间的部分权利义务发生转变，二者之间不再是纯粹的行政法律关系，而是逐渐演变成行政、民事法律关系混合的现状，高校不能再把学生单纯地视为管制对象或保护对象，学生是能对自己行为负责的完全行为能力人，在社会中称之为公民。在如此的背景之下，学生事务管理更多地强调程序性而非强制性，应注重学生权利的保护而非期待学生对命令的完全服从。从高校发布招生简章、学生填报志愿，到高校发布录取通知、学生注册报到，双方法律关系的伊始便可比拟为民事法律关系中要约邀请、要约、承诺的过程，可见高校应当从学生入学的那一刻起正视学生的法律地位，学生一方已不再完全隶属于校方。只有明确了高校与学生之间的法律地位，才有可能从正确的出发点解决管理权行使中遇到的问题。

（二）依法制定高校规章制度，确保合法性

任何的有序性都来源于合法性、规范性、科学性，任何有效的管理都离不开禁得起推敲的约束机制，高校法制化进程中更是少不了对规章制度的建立健全，正确的建章立制工作是高校防范诉讼风险最重要的对策。

1．恪守法律保留原则，科学行使自主管理权

所谓法律保留，是在特定范围内对行政自行作用的排除，本质上决定着行政自主性的大小。笼统而言，在法律保留原则的指导下，高校在自主制定规章制度的过程中，对于宪法规定的公民基本权利等专属立法事项是不具有自行规定权力的。学生受教育权这一基本权利受到侵犯是把高校推向被告席最常见的原因，对于这项权利，高校应以法律明确规定为准，不存在对于这项权利在其事由、范围与效力方面，依据校内规范性文件实施处分的权力。

根据“上位法优先”的原则，高校制定的校内规范性文件不得超出上位法的范围，即不得与法律、行政法规、地方性法规和规章相抵触，不得增添上位法不曾规定的义务。比如，高校无权自行增添或者减少上位法中规定不能授予学位证或毕业证的情形，否则行为违法。

2．借鉴程序正当原则，完善高校规章制度建设

在高校学生事务日常工作中，往往十分重视实际执行过程中的正当性，但程序正当也至关重要。稍有疏忽，高校就会陷入“程序瑕疵”的诉讼风险之中。

行政法上的程序正当原则包括三方面，分别为行政公开原则、公众参与原则以及回避原则，其中每一方面都值得高校管理者进行参考借鉴。

第一，信息公开。除涉及国家机密和依法受到保护的商业机密、个人隐私之外，行政机关实施行政管理的依据、过程、结果，应当公开，以实现公民知情权。高校对于关乎学生切身利益的规章制度的制定、修改以及部分处分的决定，应当及时进行公示，允许学生提出异议。

第二，公众参与。行政机关在做出重要的规定或决定时，应当听取公民、法人和其他组织的意见，特别是对相对人不利时，须听取陈述和申辩。联系高校学生管理，在做出与学生切身利益相关的重要决定时，应当让学生参与；在做出处分决定时，应先告知相对人事实和法律依据以及拟做出的处理决定，而后听取相对人的陈述和申辩，有必要时召开听证会，最后向相对人传达最终处理决定，并

不阻碍其行使诉讼权利。

第三，回避原则。行政公务人员履行职责，与相对人存在利害关系时，应当回避。这一方面提醒高校，不要让处分做出者再次扮演听证环节的申辩裁决者。

3. 把握比例原则，注重教育的目的

高效防范诉讼风险较关键的对策就是要把握比例原则。比例原则包括合目的性、适当性和损害最小性。

处分的最终目的不在于惩罚，教育的根本目的在于育人。对学生进行处分的目的在于让其在有约束的环境下明辨是非对错，从而帮助其树立正确的人生观、世界观、价值观，到达身心健康成长的最终目的。所以高校在处分学生时应当周全考虑各方因素，“罚过相当”，在能达到教育目的前提下选择对学生侵害最小的措施。

（三）提升高校学生事务管理法治化进程中的合理性

高校学生事务管理过程中，工作方法合理不合法，便失去了正当性，合法不合理，便会丧失科学性从而导致无序性，可持续的管理模式应当是在确保管理方法合法性的前提下尽可能提升其合理性。如此，规避诉讼风险的重要对策之一便是在推进法治化管理的进程中尊重民意，兼顾民主化，以提升合理性。高校自主管理权行使过程中所依赖的国家法律法规解决的是高校规章制度合法化问题，而提升合理性问题还是应当依靠高校与学生的共同力量。

第一，在建章立制方面，高校应当充分尊重学生的意见和想法。高校在明确校方与学生之间的法律关系及法律地位的前提下，在规范高校学生管理制度的制定程序时，为提高“立法”质量，应更大程度地遵循民法体系下平等、意思自治等基本原则，尊重学生捍卫自己合法权益的权利。通过广泛调研、召开学生代表大会、举行听证会等形式听取学生意见，无论是制度起草环节抑或是修改阶段，还是最后的表决阶段，高校都应当提供渠道让被管理者参与制度的制定，如此能够有效改变由制度执行者单方面制定执行标准的欠合理情况，同时能够消除管理者专断管理权限、无视民主的嫌疑，从而由根源避免风险隐患。

第二，对于处于执行阶段的高校规章制度，在招生环节应当随同招生简章予以公布。如前所述，目前的招生过程可类比高校与学生之间订立合同的过程，那么从维护学生权益角度出发，也为规避高校诉讼风险考虑，作为与学生息息相关的高校规章制度理应被列为合同中的一项条款，学生的报考、报到注册等行为便可以理解为对合同内容的认可，可以视为高校与学生对于高校规章制度协商一致，达成共识。为学生在读期间学校依法依规行使管理权奠定合法合理的基础。

第三，由于高校在行使管理权过程中所遇到的学生事务类型和性质一定会呈现多样化趋势，如果所有的个性事务都严格按照共性的制度加以管理和处理，势必会大大降低制度的合理性，故高校有必要在合理范围内灵活行使自由裁量权，在不失原则的基础上公平、公正地管理学生事务，同时注意保护学生申辩、听证的权利，发挥学生代表、学生委员的作用。当然，还需制定针对自由裁量权的相关规范，以防自由裁量权的行使有失偏颇。

随着依法治国在各行各业的不断推进，高校学生事务管理的法治化势在必行，传统的管理模式已禁不起时代的考验。高校须把握学生管理中的实质正义和程序正义，切实维护学生作为被管理者的正当权利和作为公民的基本权利，采取积极的措施防范与学生间的法律纠纷，共同推进高等教育的改革与发展。

试论留学生管理中柔性管理的重要性

国际教育学院　付昕

摘　要　留学生是一个特殊群体，来自不同的国家、地区，拥有不同的文化及习俗，较之普通学生的管理工作，呈现出的问题更为复杂。这就要求留学生管理工作要有与时俱进的意识，方式和手段要更为多样、细致，要不断探索留学生管理的有效措施，使留学生教育健康发展。柔性管理“以人为本”的管理思想以及在管理上的灵活性，能有效解决留学生管理中的各种棘手问题，最终达到有效扩大教育规模、提高办学层次、保证教学质量、规范日常管理的目的。实践证明，对留学生的柔性管理对保证留学生教育的健康持续发展具有重要意义。

关键词　学生管理　柔性管理　跨文化　情感沟通　自主管理

一、柔性管理的概念

来华留学生的教育管理方法需要切合留学生实际，合乎科学，合乎留学生教育规律，应该充分考虑到留学生的特点，既要有效管理，又要做到维护留学生的合法权益。与刚性管理相比，柔性管理是在研究留学生心理和行为规律的基础上，采用非强制方式，在学生的心目中形成一种潜移默化的力量，从而把制度性的约束变为习惯的这样一种以人为本的管理方式。柔性管理有以下特点：

（1）管理理念体现为“以人为本”。“以人为本”，是柔性管理的首要特征，在其所有管理要素中，“人”排在首位，重视人的思想和情感，发挥人的最大潜能；通过潜在的、“润物细无声”的方式，达到对人的内在管理目的。

（2）管理方式表现为“灵活弹性”。柔性管理充分考虑了人的个性特点、性格爱好、文化差异等，在实际管理中充分考虑留学生的思想、文化、心理等特点，是一种有的放矢的个性化的管理。

（3）柔性管理要以刚性管理为依托，离开了刚性管理，柔性管理就是无源之水、无本之木；缺少了柔性管理，刚性管理就缺少了保证，无法达到预期的目标。所以，二者是相辅相成，缺一不可的。

刚性管理重规章制度，容易因强调规章制度而忽视了人的社会属性，相比之下，柔性管理是一种灵活机动的管理方式，以人性化为中心，能够不断发现问题并及时解决，并能根据实际情况及时调整策略、寻找改善点，在管理上体现出灵活多用型。因此，柔性管理理念在当代人力资源管理库中越来越受到青睐。

二、柔性管理是解决外国留学生跨文化心理适应的有效管理手段

留学生管理工作中，我们经常会遇到一些作息时间混乱、无故旷课，甚至酗酒的学生。这些不良行为往往是他们在异国他乡求学遇到挫折后产生精神压力的外在表现。忧虑、无所适从等这些负面的不良情绪如果不能及时、有效地得到辅导员的关注或自我调节，就会发生所谓的“文化适应失败”，最终可能导致留学生留学生活的失败。文化人类学者 Oberg 把这种现象概括为“文化休克”。这是每个留学生都要面临的跨文化适应问题所引起的不适。针对这种留学生的特点，对他们的刚性管理往往显得十分苍白无力，严格的规章制度也往往无济于事。长期以来，高校外国留学生管理工作一直偏重于强调规章制度式的管理，很少强调针对留学生特点采取的柔性管理。留学生教育属于跨文化教育，关键是要采取合适的方式，组织适当的活动，使留学生从内心深处接受、喜爱中国文化，通过中国传统文化对他们进行耳濡目染的熏陶，让他们找到自我表达的机会，从而调整内在的文化差别。这是帮助留学生实现跨文化适应的关键所在。❶

随着我院留学生人数的逐渐增多，为了有效地帮助留学生度过文化休克期，逐渐适应在中国的留学生活，我们逐渐摸索出一套充分发挥情感因素在留学生管理中的作用，以期创建和谐的管理环境、有效帮助留学生克服跨文化心理不适的“瓶颈期”的管理方法，并取得了意想不到的效果。在这个过程中，外国留学生辅导员经常与他们一起参加各种活动，拉近与他们之间的距离，与他们交朋友、一起参加各种课外活动，保持经常、广泛的联系。例如，我校连续两年定期为留学生举办太极拳培训班，这成为他们了解中国文化的“第二课堂”，不仅帮助他们学习汉语，还让他们体验到中国文化。太极拳作为一种文化体验，符合留学生的身心发展，易于被留学生接受；留学生以习练太极拳为契机，可以加深对中国文化的了解。我校留学生辅导员坚持每次课都与他们共同习练，同时，了解他们的学习状态，为他们在华的学习生活提供帮助。此外，我们也开设茶文化等中国文化课程，鼓励他们参与文化体验，寻找“语言伙伴”，为中外学生提供交流的

❶ 洪莹：《华裔留学生文化认同与跨文化适应研究》，载《来华留学生教育研究》。

平台。❶

为了让留学生顺利完成学业，我们留学生辅导员通过这些方式，更多地使用柔性管理作为制度性管理的补充，取得了很好的管理效果，对帮助解决外国留学生跨文化心理适应做出了有意义的尝试，这种柔性管理是刚性管理制度的有益补充，是行之有效的。

三、留学生管理中柔性管理的运用

在留学生柔性管理的提倡中，要注意以下几点：

1. 健全的制度及严格的管理是柔性管理的基础

“没有规矩，不成方圆”。科学的管理方式必须要建立在全方位、全过程、全员性的严格管理基础上。柔性管理必须与各种制度规范结合起来，方能取得事半功倍的效果。事实上，在来华留学生的管理中，始终存在着“刚性管理”和柔性管理之间的矛盾。一般来说，只有严格按照相应的规章制度行事，才能保证工作的有条不紊、顺利进行；但在留学生的管理中，“刚性管理”却往往遭遇“滑铁卢”，尤其是在校规校纪方面，留学生可以说是“大事不犯，小事不断”，如迟到、早退、无故旷课、在宿舍内违规使用电器、擅自外出旅游、酗酒闹事等。面对这些“罪状”，所谓的“刚性”的规章制度就显得十分苍白无力。柔性管理这种以人为中心的管理方式，在管理中结合了留学生的个人情况和差异；也就是说，在留学生管理中要细化管理、承认留学生个体所具有的特殊性、复杂性的一面，而不能简单地套用规章制度。在政策上对留学生适当倾斜，在管理上个别调整，具体问题具体分析。

2. 以人性为本，注重人文关怀是柔性管理的灵魂

“以人为本”是柔性管理的核心。它把尊重人、爱护人、关心人作为基本出发点，从人文关怀的角度来进行管理工作。留学生来自异国他乡，在陌生的环境中容易产生孤独的心理特征，在管理中，管理者更应当注重对留学生进行情感沟通，以消除其心理上的陌生感与孤独感，帮助他们消除各种不适应症状，彰显教育的真谛。我们在留学生教育中一直重视人文关怀，以达到“春风化雨”“润物细无声”的目的。我们的实践证明，从后勤保障、留学生管理以及教学三方面，全方位立体化地加强对留学生适应初期的关注和指导，能加快其适应的过渡。充分利用入学教育帮助留学生尽快熟悉相关法律及学习制度，以便于日后管理工作的开展。另外，带领留学生参观校园、了解市内交通状况等，都能帮助留学生尽

❶ 《光明日报》，2015 年 5 月 6 日第 07 版。

快熟悉生活、学习环境。上课时，老师则进行及时的学习方法指导，以消除学生的为难情绪。

人文关怀源于细节，这在教学及日常生活的各种教学及琐事当中，更能够体现出来，如为信仰伊斯兰教的学生设立专门的斋戒；提前提醒签证即将到期的学生，以免证件过期；对学生有针对性地进行洗礼辅导等，这些都让留学生感受到温暖，并感受到对他们信仰的尊重。对于他们的习惯、个性，持宽容和理解的态度，多采用交谈、说服的柔性管理方式，更容易达到教人育人的目的。

3. 刚柔相济，以柔化刚是柔性管理的表现形式

古人云：过刚易折，过柔易卷。刚性管理强调外在的规范，是强制性的，它使管理有章可循；而柔性管理能够最大限度调动人的积极性和创造性，但是它容易造成集体目标难以实现，形成“一盘散沙”的局面。因此，我们要将这两种管理方式有机协调好，以“刚性管理”为依托，以柔性文化为引导，灵活地将两者结合起来。它要求我们在留学生的管理中，在建立健全科学的规章制度的同时，充分尊重学生个体，发挥柔性管理的积极作用。这是一条适合留学生管理的有效办法和途径。在实践中，辅导员对外国留学生进行情感教育是非常重要的。这里强调外国留学生情感教育的内容，包括文化情感教育和师生情感教育两方面。

（1）文化情感教育。一方面，对于留学生来说，中国文化教育十分重要，如果对一个国家的文化不感兴趣，很难深入地学习一个国家的语言，甚至很难学好专业。对文化的兴趣可以激发留学生深入学习汉语的兴趣，另一方面，对于“培养中外交流使者”这一目的，中国传统文化的熏陶就显得更为重要。年轻一代的外国留学生更喜欢中国动感十足的武侠文化，太极拳等这类中国传统武术文化的体验课程，更能够吸引留学生。“美国教育专家 Patrick 对语言中的文化教学实践理论曾经做过较全面而深层次的研究，他倡导语言教学应当重视对学生进行体验式的文化学习与教学。”[1] 这给我们对留学生的文化情感教育提供了理论基础。通过这种对中国文化的体验，他们对中国文化的内涵有了更深刻的理解。

近几年来，我校外国留学生规模发展迅速，对他们进行素质教育也是迫在眉睫的任务。针对留学生的跨文化不适问题，我们也注意结合留学生的实际情况，采取一些有针对性的举措；但是一些个别部门在对留学生的认识上仍然缺乏全面性，没有将其纳入正常学生范围，各职能部门也没有将他们纳入自己的教育对

[1] 齐迹：《（2012）医学类留学生对外汉语教学的“文化体验”之旅》，载《中国高教学会外国留学生教育分会2012年学术年会征文汇编》，第313—314页。

象，认为对他们的教育只是归口国际教育学院的事情；就更谈不上对他们进行因材施教的素质教育了。这致使长期以来，他们游离于中国学生之外。鉴于这种情况，我们需要摸索出一条适合留学生素质教育的可行性办法，同时帮助他们克服跨文化不适，保证留学生教育的可持续发展。文化情感教育，就是一条行之有效的途径。

（2）师生情感教育。情感关系是师生心理关系的重要内容，追求教育效果必须处理好师生的情感关系，使他们“亲其师，信其道”，更加热爱中国。因此，辅导员应该尽量与留学生“交朋友”，增进感情。我们要认识到，教师不仅代表自己，也代表中国。留学生辅导员的一言一行不仅体现着个人修养，也体现着中国的文化精神。辅导员坚持经常与留学生一起习练太极拳，可以与他们更好地良性互动，及时发现他们的问题，有的放矢地帮助他们更好地完成学业。这需要留学生辅导员投入很多的时间和精力，用心去做，方能取得良好的柔性管理效果。

对外国留学生的情感教育是多渠道的，比如应用心理学中的“情感效应”进行情感教育，或者通过辅导员与学生一起品茶、交流兴趣爱好，进行一对一或者一对多的交流，能够很好地加深留学生与辅导员之间的友谊。在外国留学生情感教育中，一定要以平等为前提，注意不要把中国文化强加给外国留学生，这会引起他们的不满。

四、给予留学生更多的自主权，引导留学生有效的“自我管理”

留学生的教育管理工作是一项比较复杂的工作，它要求管理机构和工作者要正确把握管理的原则和制度，既要讲原则性，又要讲灵活性。我们对留学生教育的最终目的是把他们培养成能够自觉地遵守中国的法律法规，能够自制并进行自我管理的有用人才。在留学生团体中选出领头人担任部门负责人，负责管理和服务外国留学生的日常生活，成立留学生学生会，可以赋予留学生更多的自主权，引导留学生进行有效的自我管理。目前，我们帮助学生筹建留学生学生会，引导他们实现自我管理，帮助他们向良性、健康的方向发展。留学生学生会可以组织、提供学业上的交流和互相帮助的机会，并通过更加丰富的工作和活动锻炼自己、充实自己，全面提升留学生的学习能力。留学生学生会是留学生自己的家，它可以成为学校和留学生之间的桥梁和纽带，充分反映留学生的建议和要求，维护留学生的正当权益。同时，留学生学生会的成立和运行要严格遵守我国其他的法律法规和学校的校纪校规，学校必须要高度重视和关心留学生学生会的工作，要认识到留学生学生会的特殊性，结合留学生学生会的特点加以组织领导，一方面要提供财力物力方面的支持，另一方面要选派素质过硬、工作热心、具有丰富外事工作经验的留管干部，全程做好对留学生学生会工作的关心和引导，维护学校的大局和留学生的权益。在具体工作上，既要体现留学生的自主特点，又要保证留学生学生会的正确方向。高校要指导留学生学生会的骨干学生，根据留学生的特点和需求，结合学校的实际情况，认真听取广大留学生的意见和建议，制定相关的规章制度，规范留学生学生会的顺利运转，切实加强对留学生学生会学生干部的选拔和培养，提高留学生学生会干部的整体素质，充分调动留学生的积极性和创造力，引导留学生自主管理。通过这种有效的管理手段，一方面丰富了留学生校园生活，锻炼了留学生的主人翁意识，同时也展示了留学生的良好形象和优秀素质，造就优秀的中外文化交流使者，为高校推进国际化战略做出积极贡献。可以说，高校成立留学生学生会，为广大留学生开辟了自我锻炼、柔性管理的空间，发挥了积极有效的作用。

五、结论

留学生是一个特殊群体，在存在文化差异的背景下，很难用中国高校的管理制度对留学生继续进行“一刀切”的管理。随着留学生教育的快速发展，我们对留学生工作的特殊性和复杂性要保持清醒的认识——相对于刚性管理外在的、强制性的要求和规范，对留学生进行柔性管理能够达到更为有效和持久的管理效果。

近年来，我校来华留学生教育事业发展迅速。学历生、高层次进修生数量增长较快。与此同时，留学生的素质教育问题也日益凸显出来。在经济全球化、教育国际化的大背景下，留学生教育已不仅仅局限于专业知识的传授，更重要的是培养留学生健全的人格，使他们在道德品质、心理素质、创新精神等方面得到全面的发展。我院重视对留学生进行柔性管理，培养留学生的综合素质和创新能力、促进各国留学生团结协作，这对使他们成为具有创新精神和实践能力的高素质国际型人才起到了积极的作用，并取得了可喜的成绩。今后，我们还将进一步完善这种管理制度，使我校的国际教育事业走上一个新的台阶。

深入推进诚信教育，完善违纪处分制度
——中国政法大学学生考试违纪处分情况调查分析报告

学生处　陈冬旭　周佳磊

摘　要　大学生考试违纪行为是一种非常严重的不诚信行为，一旦被发现，违纪者将根据考试违纪的严重程度受到不同的处分，以教育本人、警示他人。诚信考试可谓高校学风的晴雨表，学校长期以来高度重视学风建设，大力推进诚信考试教育。本文通过对我校自 2011 年 12 月至 2014 年 7 月的近三年间学生考试违纪处分的相关材料进行整理，对其违纪处分的成因进行调研分析，从进一步加强违纪处分相关制度的宣传、继续深入推进诚信教育、加强“惩罚与教育并重”的制度建设三个方面做出归纳总结，以促进诚信教育，推动学风建设。

关键词　诚信教育　违纪处分

诚信教育是高校思想政治教育内容非常重要的一部分，也是当代大学生品德培养的基点。我国自古不乏对人的诚信的训诫，古语有云“言不信者，行不果”“诚者，天之道也；思诚者，人之道也”。国务院于 2014 年 6 月 27 日印发的《社会信用体系建设规划纲要（2014—2020 年）》推进重点领域诚信建设方面第三条提出要全面推进社会诚信建设，其中教育、科研领域信用建设方面，更是强调需要“加强学生诚信教育，培养诚实守信良好习惯”。

诚信考试是高校学风的晴雨表，学校长期以来高度重视学风建设，大力度推进诚信考试教育，从新生入学开始，诚信考试教育在每一个环节都有所体现。每一学期期末考试当月，学校都会开展诚信考试班级和诚信考场建设工作，通过在考场楼道张贴新颖的诚信考试标语，积极组织开展学风建设主题班会、“重学风，促成长”学习经验交流会、诚信考试动员大会、签订考试承诺书、诚信考试集体宣誓等活动，倡导优良学风考风，提高学生的自律意识。

自1990年1月20日原国家教育委员会发布《普通高等学校学生管理规定》起，各高等学校根据相关法律和规定，结合本校实际，相继制定和修改了学校的学生违纪处分条例。我校现行的《中国政法大学学生违纪处分条例》根据《中华人民共和国教育法》《中华人民共和国高等教育法》《高等学校学生管理规定》等制定，于2005年第12次校长办公会通过，并于2014年第8次校长办公会修订，从制度上对考试违纪行为做出了规定。

作为一种非常严重的不诚信行为，大学生考试违纪行为一旦被发现，都将根据考试违纪的严重程度受到不同的处分，以教育本人、警示他人。尽管学校从各方面推进诚信考试教育，但是考试作弊仍时有发生，一小部分同学也因此受到了相应的违纪处分。

此次对我校自2011年12月至2014年7月的近三年间学生考试违纪处分的相关材料进行了整理，统计了学生考试违纪处分的相关数据，并从不同角度对相关数据和情况进行了大致的分析。通过统计分析，进一步了解了我校学生因考试违纪受到处分的情况，并在此基础上做出归纳总结，以促进诚信教育，推动学风建设。现将基本统计情况汇总如下。

一、总体情况分析

（1）自2011年12月至2014年7月期间，受到考试违纪处分的共95人次。其中，开除学籍（含退学处理）的4人次，留校察看15人次，记过70人次，严重警告1人次，警告5人次（见图1）。

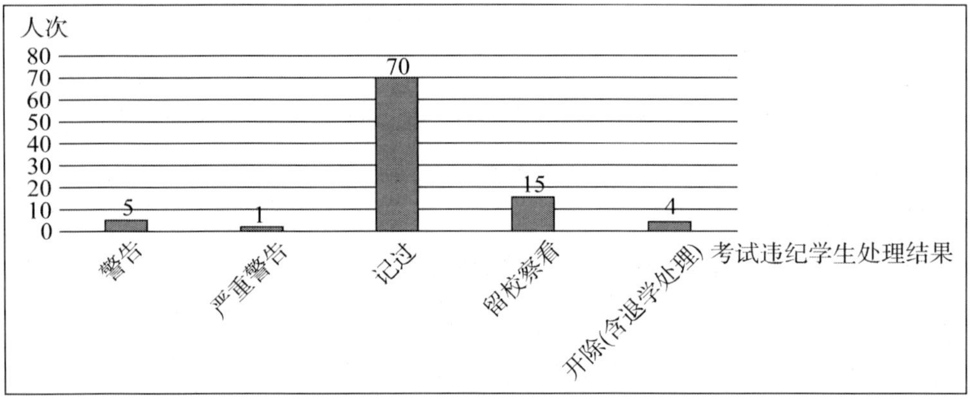

图1　考试违纪学生处理结果

（2）受到考试违纪处分的学生所在学院的分布如图2所示，受过考试违纪处分学生人次较多的学院分别是国际教育学院、商学院、刑事司法学院、法律硕士学院。

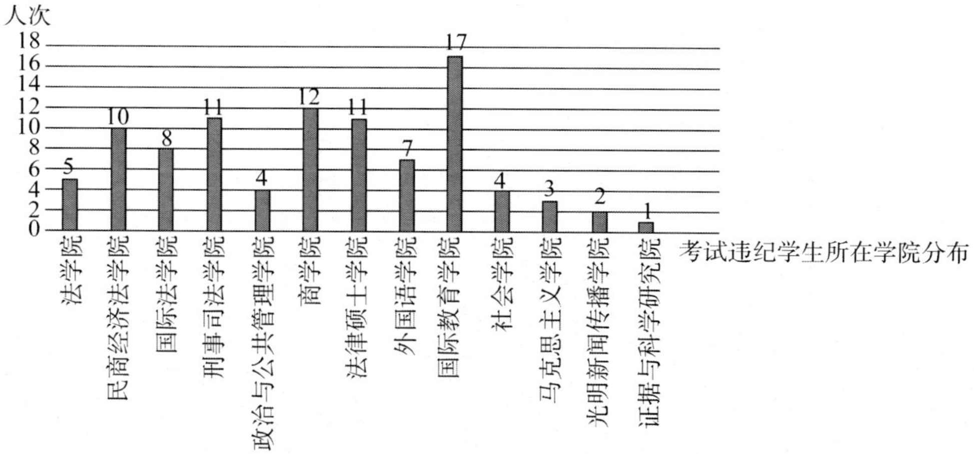

图 2　受到考试违纪处分的学生所在学院的分布

（3）受到考试违纪处分的学生所在年级分布如图 3 所示，其中，在大一阶段受到处分的为 24 人次，大二阶段受到处分的为 27 人次，大一至大二阶段受到考试违纪处分的学生人次占总人次的 53.68％。

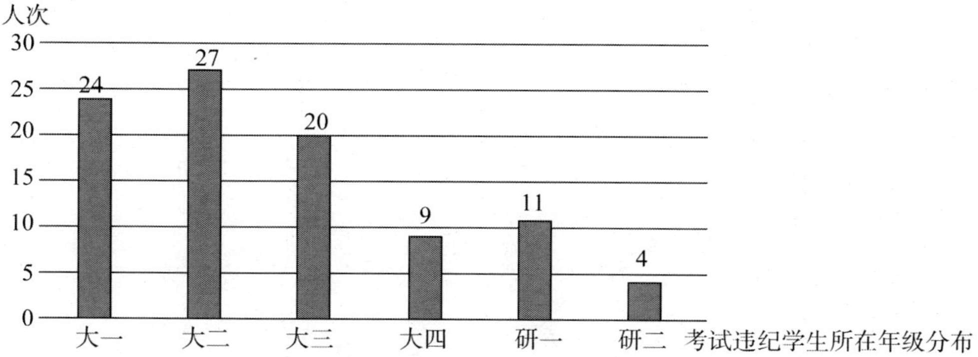

图 3　考试违纪学生所在年级分布

（4）学生采取考试违纪行为类型不尽相同（见图 4），主要包括夹带字条或携带资料，传递答案或交换试卷，带手机等电子设备进考场，利用电子设备查看存储资料，利用通信工具作弊，找他人代替考试或代替他人参加考试，篡改成绩单，试卷雷同等 8 种类型。

近三年使用较多的作弊手段是夹带纸条或携带资料，有 37 人次，占总人次的 38.95%，其次是利用手机、iPad 等电子设备查看存储资料，为 25 人次，占总人次的 26.32%。在较为严重的考试违纪行为中，由他人代替考试或代替他人参加考试的共有 11 人次，利用微信等通信工具作弊的为 6 人次。

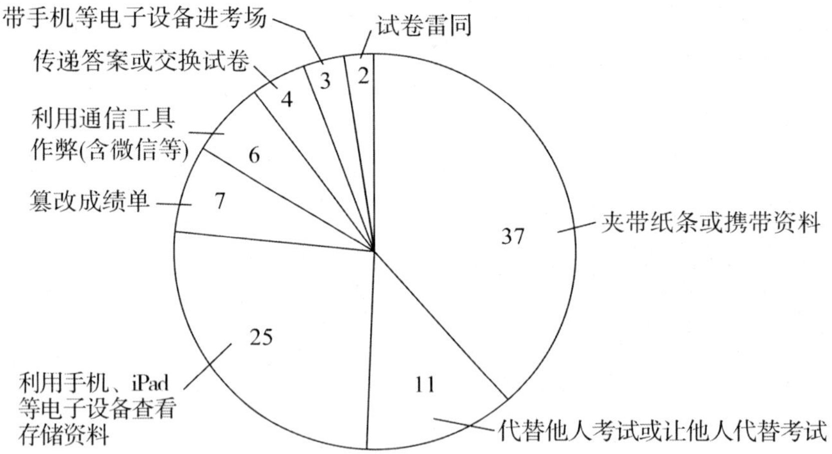

图 4　考试违纪行为类型分布

（5）根据统计，学生考试违纪涉及的课程均为必修课，包括专业必修课和通识必修课。

（6）大部分受到考试违纪处分的学生未向学生处申请听证或申诉（见图 5）。向学生处申请听证的学生有 14 人次，并均申请了不公开听证，申诉的学生有 2 人次，其中 1 人申请了听证并在处分决定做出后提出申诉，13 人经听证后对学校所做处分决定不提出申诉。学生经申诉后变更原处分决定的 1 人次，维持原处分决定的 1 人次。

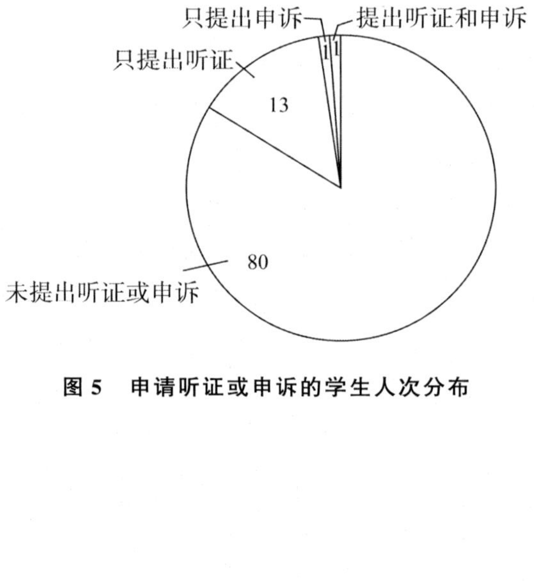

图 5　申请听证或申诉的学生人次分布

二、学生违纪处分成因的调研

此外，2015 年 4 月，对因考试作弊受到违纪处分的在校生就其作弊前是否了解学校关于考试违纪处分的相关规定、对规定的了解途径、考试作弊的主要原因以及学校近年来的监考力度和试卷难度等几个方面进行了短信调研。调研共发送短信 51 条，共有 18 人进行回复并回答了相关问题。有 4 位同学的相关信息在违纪处分的相关文件材料中有反馈，其信息也纳入到了调研结果之中。

根据调研情况的反馈，在 22 人的调研对象中，16 人表示对学校关于考试违纪处分的相关规定有所了解，所占比例为 72.73％；而关于其通过何种途径了解相关制度，主要包括通过辅导员和班会、学生处每年印发的学生手册、考试承诺书以及考试月的诚信教育活动。就考试作弊的主要原因，27.27％的同学表示是因为侥幸心理，认为偶尔一次不会被发现；18.18％的同学表示考试内容太多，安排较密集，复习时间不够；36.36％的同学表示学业压力或者考试压力较大，怕不及格，又很想要考好；其他同学则表示不喜欢所涉及的科目、不重视或者没掌握好学习、复习方法等。针对监考力度和考试强度，15 人表示监考力度很强，其中 1 人认为越来越强，17 人认为考试强度适中。

三、对学生违纪处分情况的思考

结合数据统计和相关调研情况，在学生违纪处分方面，以下三个方面值得关注和思考。

1. 进一步加强违纪处分相关制度的宣传

通过数据统计和调研发现，尽管我们的辅导员通过谈心、谈话或者班会等形式向同学讲解了相关违纪处分的制度，学生处印发的学生手册也有专门针对考试违纪处分方面的内容，但是一小部分同学仍旧对相关处分制度不太了解，因此并未对考试作弊所带来的严重后果具有合理预期。此外，通过数据统计发现，大部分受到考试违纪处分的学生未向学生处申请听证或申诉，关于违纪处分的听证和申诉制度是学生保护自己权利的有效途径和方式，然而，大部分同学并不知道申请听证或者申诉，或者并未意识到听证和申诉制度的重要性，正是基于此，学校相关部门应当继续加大相关违纪处分制度的宣讲力度，在坚持辅导员、迎新手册等传统方式的宣传教育形式外，通过多种形式对同学进行普及宣传。例如：将相关制度的宣传教育纳入每年大一新生的入学教育之中，通过考核等方式使其深入人心；通过新媒体平台，不定期，尤其在期末考试期间以喜闻乐见的形式向广大同学宣传等。

2. 继续深入推进诚信教育

通过统计调研不难发现，一部分同学之所以冒险在考场中进行各种形式的作弊还是因为心存侥幸。目前，学校每学期到期末考试周都会进行形式多样的宣传，建设诚信考试班级和诚信考场，通过在考场楼道张贴新颖的诚信考试标语，积极组织开展学风建设主题班会、“重学风，促成长”学习经验交流会、诚信考试动员大会、签订考试承诺书、诚信考试集体宣誓等，对同学进行全方位的诚信考试教育。但是还不够，我们的诚信考试教育需要深度和广度，不仅要让同学们意识到诚信是中华民族的传统美德，更重要的是要杜绝同学们的侥幸心理，让他们意识到没有考试作弊的机会。同学们也反映目前的监考力度越来越严，但是通过此次统计不难发现，仍旧有许多夹带纸条进考场的行为，这也是作弊手段所占比例最大的一类，监考的力度不仅应当是通过严密的监控来发现同学们的作弊行为，更重要的是在考前，监考人员的提醒以及对相关工具的检查，让同学们的手机、纸条进不了考场，应进行事前杜绝而不是事后处罚。

3. 加强“惩罚与教育并重”的制度建设

根据此次统计，自2011年12月至2014年7月期间，受到考试违纪处分的共95人次。其中，开除学籍（含退学处理）4人次，留校察看15人次，记过70人次，严重警告1人次，警告5人次。从以上数据不难看出，90%以上受到违纪处分的同学因为不自信、心存侥幸或者该门功课复习不充分等而选择在考试中铤而走险，但作弊情节并非十分严重，受到留校察看及留校察看以下的处分。对于这些同学，因为受到违纪处分，在校期间评优获奖等都会受到影响。相信通过辅导员等人进一步的教育与指导，他们会意识到自己的问题并且加以改正，因此，在适当的时机，学校可以根据其表现对其受到的违纪处分加以解除。

《中国政法大学违纪处分条例》第十一条明确规定“受警告、严重警告、记过、留校察看处分的学生，确能改正错误，在学习、工作、生活等方面表现良好的，毕业前，经本人申请，所在学院提出意见，由学生处提交学生工作领导小组研究决定，可以做出解除处分决定，并以书面形式通知本人。”该条款明确了受到留校察看及其以下违纪处分的同学可以在毕业前通过申请解除自己的违纪处分。但是，该条款中仅规定了“确能改正错误，在学习、工作、生活等方面表现良好”的原则性条款，具体的标准并未制定，受处分学生申请违纪处分解除的程序也只规定“毕业前，经本人申请，所在学院提出意见，由学生处提交学生工作领导小组研究决定，可以做出解除处分决定，并以书面形式通知本人”，就具体申请的时间、程序也并未做出详细的规定，因此该条的最后一句提到“处分解除实施细则另行制定”。

因此，违纪处分解除实施细则的制定必须明确以下几点：第一，违纪处分学生在受到违纪处分后确能改正错误和表现良好的标准是什么，是否需要将其在受到违纪处分后的获奖情况、志愿服务经历等纳入考虑因素之中；第二，明确受到违纪处分的同学申请的具体时间，便于他们及时提出申请；第三，所在学院提出意见是否需要包括受违纪处分学生本班同学的意见、辅导员的意见等，其所占的比例和影响又有多大；第四，实施细则需要规定受到违纪处分的学生在受到违纪处分后需要定期接受诚信教育，通过与辅导员的谈心谈话等形式认识到自己的错误并加以改正。

加强对出国留学学生教育引导的思考与做法
——以比较法学研究院为例

比较法学研究院　王芳　杨明荃

摘　要　近年来，出国留学学生人数不断增加，做好出国留学学生的教育引导是高校大学生思想政治教育工作不可或缺的重要部分，是保障出国留学秩序的重要基础，是团结留学归国人才的重要保障。我们认为，要做好出国留学学生的教育引导工作，日常教育引导是基础，要拎清重点，注意方式方法，形成“出国前教育引导、出国后跟进联络和回国后对接管理”全过程、全方位的工作体系。

关键词　出国留学学生　思想政治教育　管理

随着全球化进程不断深入，人才竞争日趋激烈，培养具有国际视野的复合型人才是各个高校育人的重要目标。国家和学校创造条件搭建平台并鼓励学生出国留学，学生自身也渴望有机会出国交流，造就了当下的出国留学热潮。大批学子迈出国门或短期交流，或攻读学位，已成为高校人才培养的重要模式，但是，出国后的管理、教育、引导措施尚不够完善和规范，意识形态领域、学业、生活等诸多方面的问题时有发生。以比较法学研究院为例，每年大约有 30 名的学生到德国、美国等国家交流学习，且呈现逐年递增的态势。在当前纷繁复杂的国际环境下，在从严治党和加强大学生思想政治教育的背景下，如何做好这部分学生的思想引导和教育管理工作，如何做到既要不引起学生的反感，又要达到润物无声的预期效果，是高校必须面对的一项重要课题，也是我们一直在思考，努力探索解决方案的一个难题。

一、加强对出国留学学生教育引导的必要性和重要性

出国留学学生是一个活跃开放、学习交流能力强、价值观较易受到冲击的群体，并且这个群体人数较多，未来的增长趋势不容小觑。这部分学生的教育引导对高校而言既是一个新任务，也是一个新挑战。高校应当做好出国留学学生教育引导工作，这是贯彻党和国家对高校思想政治教育工作要求的重要部分，也是做

好这部分学生管理工作的切实需求。

（一）做好出国留学学生的教育引导是高校大学生思想政治教育工作的重要部分

（1）出国留学学生的教育引导工作很重要的一部分就是意识形态领域的教育和引导，即出国留学学生的思想政治教育工作。“加强和改进高校宣传思想工作是一项重大而紧迫的战略任务。”[1] 在加强和改进高校宣传思想工作的背景下，出国留学学生这个学生群体的数量不少且特色突出，做好他们的思想政治工作显然是整体工作的一个不可分割且十分重要的部分。此外，《关于进一步加强和改进新形势下高校宣传思想工作的意见》中还指出“壮大主流思想舆论，切实加强高校意识形态引导管理，做大做强正面宣传，加强国家安全教育，加强国家观和民族团结教育”，这对出国留学学生思想政治教育工作提出了具有针对性的要求，也是出国留学学生思想政治教育工作的重要内容。出国留学学生是高校壮大主流思想舆论，切实加强意识形态引导教育的最关键和最主要的群体。

（2）学生留学国外会遭遇各种层面、不同品质的思想文化冲击，价值观较易受到影响，这是高校做好出国留学学生教育引导工作最为迫切和必要的原因。这个年龄的学生处在价值观不稳定的阶段，并且他们的成长经历一般较为单纯，国外的思想文化冲击效果格外明显。在思想文化尺度不同的国家里，优劣思想文化的一同冲击导致学生分辨优劣的难度加大，再者，国外反动势力在意识形态领域的渗透和“乘虚而入”，这些都极易导致学生的价值观被动摇和扭曲。因此，这是高校思想政治教育工作的重要领域和阵地，高校在意识形态领域的引导既是为了壮大主流思想舆论，也是为了学生巩固和树立正确的人生价值观，更为了他们回国后能更加顺利地适应国内生活，投入到正常学习和工作中。

（二）做好出国留学学生教育引导工作是保障出国留学秩序的重要基础

出国留学已然成为各个高校学生培养的新常态。随着全球化对一国经济、政治等各方面影响的不断深入，国家和社会对人才的要求趋向国际化、复合型，由此高校育人目标也随之调整，在培养中更加注重对外语素质、国内外联合培养等要求，高校的国际交往活动日益增加，由过往学生主动与国外高校联系申请，转变为高校主动拓展联合培养、短期交流等校际项目，降低了学生出国留学的难

---

[1] 国务院：中共中央办公厅、国务院办公厅印发《关于进一步加强和改进新形势下高校宣传思想工作的意见》。

度，也使得出国留学学生群体日益壮大。为保障高校学生出国留学秩序和谐稳定，最终实现高校学生国际化的培养目标，高校应当做好出国留学学生的管理、教育和引导，这为高校顺利推进与国外高校的合作项目并不断开拓新合作奠定基础。

（三）做好出国留学学生教育引导工作是团结留学归国人才的重要保障

选派学生出国留学是高校培养富有国际视野人才的途径，做好出国留学学生教育引导工作，尤其在思想政治教育工作中加强国家观和爱国主义教育，是团结留学归国人才，避免人才流失，实施人才强国战略的重要保障。当前国际竞争与其说是国家实力的竞争，不如说是人才的竞争，人才是增强国家竞争力、实现国富民强的再生力量。如美国等国家在某些方面比中国更为先进，国外高校向中国学生开放学习资源，不能否认他们对于中国潜在人才的吸引和分流。出国留学学生学习交流能力强，思维开阔、活跃，潜在创新能力强，经过国外的系统学习，是潜在的高端人才。因此，要做好出国留学学生的教育引导工作，使其加强社会主义核心价值观的学习和认同，增强国家观和爱国主义情怀，同时正确认识到国家和社会对于自身的栽培，早日将所学所用化作实际行动投身于社会主义建设。

二、出国留学学生特点

出国留学学生是一个较为受人瞩目的群体，且队伍日益庞大，据我们对出国留学学生群体的了解，他们有着较多突出的特点。

首先，他们一般家境优越，生活和求学经历较为顺利。学生在国外攻读法学学位需要支付高昂的费用，基本没有奖学金，即使是暑期班等非攻读学位型的交流项目也需要较高的学费、生活费和交通费等，所以出国留学的学生通常都有较为优越的家庭经济条件，父母为他们提供了一个物质丰富的成长环境，一般生活和求学经历比较顺利，较少遭受挫折。

其次，他们一般外语综合能力强，学习和交流能力强。国外交流项目对于学生的外语水平有一定要求，较为严格的会要求学生考取较高的托福、德福、雅思成绩，或者要求大学英语考试成绩较好，或者要求外语听说读写能力等，并且一般会有外语面试，所以参与项目交流的学生外语水平较其他学生更高。此外，学习外语是一个长期积累和应用的过程，需要听说读写全方位掌握，因此，外语水平高通常意味着学习和交流能力较强，语言的切换反应和表达能力较强。

再次，他们普遍思想活跃开放，视野开阔，求知欲较强。他们掌握了较强的外语能力，语言作为一种工具，给了他们更多获取信息的渠道和可能性，他们表现出较高的思想活跃度、开放性，求知欲较强，涉猎的知识面较为广博，视野开阔，观点独立，潜在的创新能力强。

最后，他们接受新鲜事物能力强，对国外的思想文化接受程度高，价值观容易受到冲击。学生本身就是一个容易被新鲜事物吸引、被不同价值观冲击的群体，出国留学学生比其他学生有更强的接受新鲜事物的能力，他们选择出国留学多半源自对国外生活、学习的向往，在出国前便对国外的思想文化有一定的认同感，出国之后对国外的思想文化接受程度较高，容易受到各个层面、不同品质的思想价值观的冲击和影响。

三、如何做好出国留学学生教育引导工作

高校要充分认清出国留学学生教育引导工作的重要性和必要性，那么接下来的问题就是如何做好出国留学学生教育引导工作。笔者基于在比较法学研究院从事的出国留学学生管理工作经验，[1] 认为日常教育引导工作是基础，遵从“把解决思想问题与解决实际问题结合起来，不断增强针对性、实效性”[2] 的工作原则，要形成“出国前教育引导、出国后跟进联络和回国后对接管理”全过程、全方位的工作体系，具体而言可以从以下几个方面入手。

（一）出国前——务必做好在校期间的教育引导工作

学生出国前是开展教育引导最有效的时段，体现出教育引导工作的长期性和连贯性，尤其是思想政治教育工作。

首先，“从入口把好出口”，出国留学基本已成为高校学生培养常见的环节，因此要在新生入学时做好学校相应出国交流项目介绍，引入相应思想政治教育内容，即在入学时就营造出良好氛围，打下良好基础，这是做好在校期间教育引导工作的第一步。以比较法学研究院为例，研究院每年有 30 名左右的学生会选择出国留学，很多新生在入学时便有在攻读研究生期间出国留学的计划，因此研究

---

[1] 比较法学研究院坚持开放办学，致力于研究生教育教学国际化进程。每年约有 15 名（约占中德班 1/3）获德意志学术交流中心（DAAD）和中国政法大学联合提供的奖学金，赴德国合作大学进行为期一年的交流学习并攻读 LL. M 学位；每年约有 20%的毕业生获国家留学基金委奖学金到国外高校攻读博士；研究院还与美国印第安纳大学、福特汉姆大学、威廉米切尔法学院等高校签有合作协议，我方学生可到该高校交流并攻读 LL. M 学位。

[2] 国务院：《中共中央办公厅、国务院办公厅印发〈关于进一步加强和改进新形势下高校宣传思想工作的意见〉》，http://www.gov.cn/xinwen/2015－01/19/content_2806397.htm，2015 年 6 月 18 日。

院在“新生入学教育”上重点介绍研究院的交流项目和成果，在学生入学之初便开始潜移默化地开展教育引导工作。

其次，现今高校和学院的国际交往活动日益频繁，可以结合高校或学院的外事工作做好教育引导工作，尤其是那些以学生为主体或者有学生参加的工作。以比较法学研究院为例，研究院与德国工商大会北京代表处、德国纬泽咨询（北京）有限公司签署了教学实践基地协议，每年定期向两个单位派出研究生前往实习，两个单位的业务都涉及德国方面，既发挥了中德班学生的语言特长和优势，也通过此举建立学生出国前了解国外事务的窗口，有利于学生理性看待不同思想文化，避免出国后国外思想文化的激烈冲击。

最后，常规思想政治工作的受众是全体学生，而对出国留学的学生，在兼顾全面性的同时，在针对性和区别化上有所不同。可以将所有即将出国的学生集中起来，这样方便学院或派出部门布置管理事宜，并以分享经验的形式弥补学生国外生活、学习经验的不足。具体操作和活动内容方面，邀请学院或派出部门党政领导、从事外事工作和学生工作的老师、教师代表等参加，党政领导、教师代表通过致辞和嘱托引入思想政治教育，外事老师负责分享国外生活、学习经验，从事学生工作的老师负责介绍国内学习安排，必要时组织学生学习社会主义核心价值观等内容。

（二）出国后——注重跟进联络和团结关爱工作

出国后，高校应当保持与留学生的联络和沟通，及时了解学生在国外的动态，关心团结留学生，有针对性地开展工作。

（1）设立联系人制度。首先应当确立国内高校联系人，再根据留学生人数和分布情况，在一所国外高校或一个外国城市设置一至两名学生联系人，国内外还应视情况设置紧急联系人，联系人负责国内外学生管理等各种事项的联络通知。联系人原则上应当是学生党员或学生干部，最好有较为丰富的学生工作经历，要具有较强的责任心、较高的政治素养。联络方式应当覆盖固定电话、移动电话、电子信箱、微信、QQ 等各种媒介。要确保身在国外的留学生能够及时了解到国内有关情况，国内高校也可以及时跟进、掌握留学生的动态。

（2）导师、学生党员、学生骨干是重要抓手。首先，导师作为指导学生专业学习，与学生接触最多的专业课教师之一，是学生所依赖和联系紧密的老师之一，导师对学生的影响是多方面、较深入的，导师是高校对出国留学学生开展思想政治教育工作的重要抓手，可以有效引导学生、教育学生。其次，应当发挥留学生中学生党员的作用，结合学生党员先锋工程，发挥学生党员的先锋模范作用，做好与国内高校联络的抓手，积极为其他留学生同学排忧解难。最后，注重发挥学生骨干的重要作用，这里学生骨干包括留学生中的班干部，也包括国内的班干部，班干部一般有较好的群众基础，与同学接触多、联系紧密，可以帮助我们深入了解留学生的思想动态，便于及时发现问题，有针对性地开展工作。

（3）要做好留学生的团结关爱工作。可以考虑在学生集中的国家设立联络点，定期举办联谊活动，尤其是春节等传统节假日期间，联系人或国外学生干部组织学生开展适宜的集体活动，加强留学生之间的沟通交流，也排遣思乡之情，感受同胞之情；教师出国访问时，看望学生，让他们感受到母校的温暖；对于国内的一些有意义的活动，可以灵活的形式让留学生参与其中，他们虽然身在国外，但可以依靠网络视频等打破时空限制的形式，让他们感受到国内师生的关心和温暖，例如比较法学研究院的元旦晚会上，邀请留学德国各个城市的留学生通过祝福视频，同国内师生共度新年。

（三）归国后——及时对接管理和辅导

学院应当及时了解学生的动态，要求其归国之后及时到学院报到。辅导员应当尽快与联系人或国外学生干部取得联系，全面了解留学生在国外的学习、生活情况，明确需重点谈话的对象名单，进而尽快与重点要谈话的留学生开展一对一的谈话，具体了解留学生在国外的生活、学习状况，必要时应当有针对性地开展深度辅导。此后也应当密切关注留学归国学生的动态，敦促其做好国内学习安排，要重点关注其是否能够适应国内的学习、生活，以便及时发现问题、解决问题。

此外，邀请留学归国的学生和有意出国留学的学生进行经验交流，有助于留学归国学生理性反思国外生活学习，同时有意出国留学的学生也能从中收获很多有用经验，他们之间也能形成稳定的关系，构建高低年级之间的“传帮带”；同时，学院应当发挥思想政治教育工作的引导性作用，全程指导学生之间的交流与沟通，引入爱国主义教育和感恩教育，这对留学归国学生和有意出国学生都是一堂有效的思想政治教育课。

（四）全过程——几个原则性事项

除了要做到出国前、出国后、归国后具体时段的各项工作，也有一些原则性事项是贯穿出国留学学生教育引导工作的全过程。

（1）出国留学学生应当由专人负责管理，形成联动机制。学院负责对其国内学业等方面的督导，派出单位则负责对其国外生活、学习的管理，两个部门（也有可能是一个部门）都应当有专人负责管理出国留学学生，并且应当协同配合，形成联动，保障学生从出国到归国全过程的稳定有序。

(2) 要拎清重点，注意方法，有针对性和实效性地开展教育引导工作。出国留学学生的教育引导工作重点是国内外高校培养环节的良好衔接，国家观、国家安全和爱国主义教育，感恩教育和社会主义核心价值观的培育。关键是实现学生培养方案各环节的有序进行，避免因出国留学影响学生国内学业；增强学生对国家和社会的责任感和使命感，避免国外不良思想文化对学生价值观的冲击。需要强调的是，在开展思想政治教育工作时应当注意方式方法，正如前文所说，出国留学学生一般观点独立，思维活跃，思想开放，对于思想政治教育容易产生反感和抵触情绪，因此，高校应当将解决实际问题与思想问题相结合，多从学生需求出发，多从解决学生实际问题出发，从关心学生生活、学习入手来开展活动，例如留学经验交流会等。

出国留学学生群体会日益壮大，对于出国留学学生的管理、教育和引导也将成为高校学生工作的重要部分。对此，高校应当在传统学生管理和思想政治教育工作的基础上，形成针对出国留学学生常态、有效的教育引导工作制度。这必然要求我们认清这项工作的重要性和紧迫性，也要深入了解出国留学学生群体的特点，进而在实际工作中探索出一套有实效、常态化、全过程的工作体系。

正念思想对大学新生适应的启示

学生处　刘希庆

摘　要　大学新生在适应大学生活的过程中会遇到自我身份的适应、人际关系适应以及环境适应等问题，本文结合正念的思想，从正念的角度论述大学新生如何更好地适应大学生活。

关键词　正念　大学新生　适应

大学新生正处于身心迅猛发展的阶段，又要经历从高中生活向大学生活的转变，适应成为每个大学新生要面临的重要发展任务。郭梅英等利用大学生学校适应不良量表进行的调查表明，大学新生的适应不良检出率为 57.2%。[1] 在适应期，每个学生都会面临生活自理、学习自觉、时间自由、经济自主、目标自定的挑战，顺利完成这些挑战，不仅可以为整个大学的学业成就、职业准备提供良好开端，而且能为个体人格健康成长、拥有和谐人际关系提供重要保障。[2]

本文针对大学新生常见的适应问题，从正念的思想出发，帮助大学新生顺利适应大学生活。

一、大学新生面临的适应问题

（一）自我身份的适应

进入到新的环境中后，各种条件的变化，会使学生的身份发生变化，有些同学可能会变得更优秀，而有些同学从“小天鹅”变成了“丑小鸭”，主要表现在：

（1）在新团体中个人位置和角色的变化。能考入大学的学生在高中时都是比较优秀的学生，但进入大学后，这些优秀的同学聚在一起，原先在班级前几名的同学可能会落到十几名甚至更靠后；在角色上，有些同学在高中时会担任班长或

[1] 郭梅英、张平、张玉英：《大学新生适应与安全感、生活事件、社会支持》，载《中国健康心理学杂志》，2014 年第 22 卷第 4 期。

[2] 洪艳萍、张碧云、程霞：《大一新生的适应能力与主观幸福感》，载《中国健康心理学杂志》，2014 年第 22 卷第 2 期。

其他班干部，但到了大学后可能就不再担任任何班干部。这种位置和角色的落差，使很多同学难以适应。

（2）评价学生的标准发生了变化。高中时，我们唯一的目标就是考取大学，只要成绩好，就肯定能成为老师身边的“红人”、同学们崇拜的偶像。所谓“一白遮百丑”，我们自身存在的其他问题就不会被我们所注意到，所以，那时我们是自信的，因为自我评价主要是建立在优异的学习成绩上。

但进入大学后，评价的标准发生了很大的变化。以前是以学习成绩为主，而现在变成了所有的方面。你在班上考第一、第二反而不太受人关注了，大家关注的是你在运动场上跑得多快、跳得多高、篮球打得多好，你在文艺晚会上能不能表演出受人欢迎的节目，你在辩论会上能不能发表惊人的观点，你对意甲联赛是否熟悉，你对国内国外、天文地理是否熟悉等。拿这么多方面来比，你就很难保持原来的地位了。

（3）“全能幻觉”思维习惯的打破。从小学到中学，我们都是班上的优秀者，这在很大程度上使我们不能正确地认识自我，看不到自己的缺点，容易形成一种“全能幻觉”，即坚持认为自己的愿望和所追求的东西都能得到满足，认为我一定比其他人的能力强，一定比别人更成功，只要我想做的事情没有不能做的。但是到了大学后，才发现竟然有自己不能做的事情，竟然有比自己优秀的同学，那么这时，他们往往开始全盘否定自我，认为自己一无是处。这就是这种人“非黑即白”“非对即错”的绝对化思维方式。

这种绝对化的思维方式使我们不能正确地认识和评价自己，最明显的表现就是过分追求完美。我们每个人都希望自己是完美的，也都不同程度地在追求完美，这也正是我们健康向上的力量源泉。但在追求完美的过程中，如果对自己的要求过于严格和苛求，不允许自己有任何一点“不完美”的表现，就很容易产生适应障碍。

（二）人际关系适应

具体表现在宿舍人际关系和松散的师生关系方面。

（1）宿舍人际关系的不适应主要表现在以下几个方面：一是由于生活习惯、观念的不同而导致人际冲突，例如：有的同学煲电话粥直到深夜，影响到大家休息，使大家很烦心。二是由于缺乏交往技能而不会交往。主要原因在于这些学生高中时以学习为主要任务，而忽略了其他能力的发展，当他们进入大学后，面对不同的环境而显得无所适从。三是缺乏自我认知而导致的矛盾冲突。这些学生在高中时都是优秀的学习尖子，他们有强烈的优越感，而当这些优秀的学生聚集在一起的时候，他们仍是一切以自我为中心，在人际交往方面就表现出自负、目中无人，只强调自己感受的特点。

（2）从松散的师生关系来说，有些同学感到上大学后，大学老师不再像高中老师那样，事无巨细地来管自己，从而感到心中失落，觉得自己无所适从。

（三）环境适应

我们把大学比喻成“象牙塔”，这个比喻代表了大家对校园环境的渴望，很多学生在没入校之前就在心中规划自己美好的大学生活。但是随着社会的发展，高校越来越社会化，已经不是世外桃源，这给学生造成了很大的心理落差，主要表现在：

（1）缺乏人文环境。很多高校缺乏人文底蕴，尤其是一些新建的大学校园、校区或大学城，它们在短时间内较难形成文化氛围；有的同学对高校的管理制度和校规校纪以及校风、学风、教风等感到不满。

（2）硬件设施差。校园太小、宿舍太脏、浴室太拥挤、上自习难找座位、上网不方便、食堂饭菜不可口等给学生的生活带来了不便。

二、什么是正念

正念是对当下所发生一切的全部觉察，不进行任何判断和取舍，它适用于任何情况。简单而言，正念包括培养对身心的觉察和生活在此时此地。[1] 正念的态度主要包括以下几点：

（1）赤子之心。这种觉察意味着将事物看作新鲜的，就像初次接触一样，带着好奇感。

（2）不加评判。这种觉察意味着对于任何体验都进行公正的观察——不对任何想法、情绪或感觉标以好坏、对错、公平与不公平的标签，而只是对每一刻的想法、情绪或感觉加以注意。

（3）确证认同。这种觉察意味着确证并认可事物的本来面目。

（4）不加努力。这种觉察意味着不贪婪，不抗拒变化、不逃离，换句话说，不加努力是指无论当下发生什么，都泰然处之，不试图远离所处之境。

（5）平静祥和。这种觉察意味着需要心态的平衡和智慧。这种觉察的品质能对变化的本质给予深刻的理解，让你能够带着更深入的洞察与慈悲同发生的变化和谐共处。

（6）顺其自然。这种觉察意味着仅仅是让事物保持本来面目而不加干涉，无须设法改变当前的任何事物。

[1] 斯塔尔、戈德斯坦：《正念生活，减压之道》，祝卓宏、张妍译，江苏美术出版社，2013年1月版，第44—45页。

（7）自我信任。这种觉察意味着能帮助你靠自己的体验理解自己，无论真实与否。

（8）自我关爱。这种觉察意味着能培养你对当前自我的关爱，不自责与批评。

如果大学新生在适应的过程中，能够领会这些思想，把这些思想运用到大学生活的适应过程中，将帮助其顺利度过适应期，以良好的心态迎接大学生活。

三、正念思想对于大学新生适应的启示

没进大学前，我们对高校的环境、同学、自己的发展都有一个期望和标准，而这个期望和标准一般来讲都是比较高的，比较完美的。当我们利用这个标准来对照现实的大学的时候，其实很少高校能够达到我们的标准，这势必会给我们造成心理上的落差。而且，每个大学都有自己的优势和劣势，有自己的运行规律，是不会按照我们的想法来运转的。所以，我们先要把自己的这些标准和期望放下，不要带着这些标准来看待周围的环境。

1. 积极体验、觉察

当我们把心目中的期望和标准放下之后，我们要抱着一种“初心”的态度来探索我们周围的环境，按照事物本来的样子、规律去感知和体验：首先，我们积极地探索和觉察自己所在大学的环境，知道教学楼、办公楼、宿舍、食堂、操场等的位置以及学校各部门所在的位置，做到心中有数；其次，在人际关系上，要观察周围同学尤其是同班级、同宿舍同学的性格特点、能力特长、兴趣爱好、生活习惯等；最后，要体验大学的管理制度、教风、学风等。

2. 非评判与接纳

当然，在这个过程中，我们自觉不自觉地还会对周围的人、事务进行评判，一旦我们对周围的人和事务进行负面的评判时，我们自然而然就会产生负面的情绪。所以，我们首先要觉察到头脑中出现的负面评价，要意识到这仅仅是自己的想法，而不是客观事实，我们可以把这些评价就当作想法，而不去相信它们。

3. 确立发展目标与发展方向

到了大学之后，适应仅仅是大学生活的第一步，在适应的基础上要根据大学的各种主客观条件，合理规划自己的大学生活。因此，在对大学的各种环境进行了觉察和体验之后，我们要根据大学里的现实条件来确立自己的发展目标，规划好大学四年的生活。

高校心理咨询师在自杀危机中的作用

学生处　许晶晶

摘　要　本文主要探讨高校心理咨询师在自杀危机事件中所起到的作用。危机干预是高校心理健康教育与咨询部门的重要任务之一，在危机事件中，高校心理咨询师起着至关重要的作用。为了能够较好地做好危机的预防和干预工作，咨询师应该掌握基本的危机知识，并有责任和义务将心理危机知识在高校中传播，并能够熟练运用知识处理危机事件。但是危机干预系统的运作应以学校高层部门为中心，协调学校各方面的人员和部门，配合心理咨询师做好危机干预的处理。建议高校心理咨询师在危机个案发生时协调好自身的咨询师、危机干预者、教师、行政人员等多个角色，以当事人福祉为最大，平衡自己的专业伦理与行政伦理，顺利度过整个过程，避免更大的危机发生。

关键词　高校　心理咨询师　危机干预　自杀

随着中国经济的全面发展，全球信息交流的增多，社会的价值更加多元化。如此的社会形态，对我国大学生的心理产生了巨大的冲击，如学生对于自我的定位感到比较茫然，就业的意向不明确，家长与学生的代沟增大，社会对学生质量评价不统一。在内外部各种压力之下，大学生群体的心理健康及精神卫生问题日益凸显，心理危机的事件也频发不穷。在此情况下，教育部办公厅 2011 年印发了《普通高等学校学生心理健康教育工作基本建设标准（试行）》的通知，要求各高校建设一支以专职教师为骨干，专兼结合、相对稳定、素质较高的大学生心理健康教育和心理咨询工作队伍，并且要求至少有两名以上专职教师。在此文件中同时也规定了这支队伍主要针对教育教学、心理健康活动、心理咨询以及心理危机预防与干预进行服务。可见，高校心理咨询师的主要任务之一就是预防心理危机工作，尤其是针对自杀等恶性事件的预防和干预。

一、高校心理咨询师在自杀危机中的角色

对于心理危机的研究始于G. Caplan在1964年首次发布的相关论文❶，文中认为心理危机是指当一个人面对困难情境，而他先前处理问题的方式及其惯常的支持系统不足以面对眼前的处境，即他必须面对的困难情境超过了他的能力时，这个人就会产生暂时的心理困扰。我国对于心理危机的研究，尤其是高校的心理危机的研究是较晚的，主要是由于近十年社会的评价体系多元化，原有的大学生天之骄子的地位受到了严重动摇，使得学生在进入大学之后，单一的价值观受到了强烈的冲击，再加上外部因素如就业形势的严峻，一部分学生产生了较强的心理冲突，所以才使得部分研究者投入到其中。有研究者对大学生的危机事件进行了分类，❷ 在研究中将危机事件分为自杀、他杀、精神疾病、离家（校）出走、神经症（抑郁、焦虑、强迫）、人格障碍、网络成瘾等多种类型，其中在发生的各种心理危机中，学生患有神经症与精神障碍的情况要多于自杀，但是自杀是心理危机的最极端表现形式，它所导致的后果和社会影响是最大的。自杀是指主体蓄意或自愿采取各种手段以结束自己生命的行为，国内大学生多采用的自杀方法首先是坠楼，其次是自缢，再次为溺水和服毒。虽然，大学生的自杀率远远低于其他国家同龄人口，❸ 但是在中国，大学生自杀给家庭、学校、社会等造成的影响和后果较为严重，并较易成为社会关注的焦点，例如某重点大学一年中三位同学自杀，成为各大网站的热门话题。

针对大学生心理危机乃至自杀事件，我国的研究者提出了针对高校危机事件的干预系统。在现有的高校心理危机干预体系中，心理健康与教育咨询中心都起着预防教育和危机事件干预的双重作用，例如在韦志兆❹（2009）提出的三级干预网络中，校级心理健康教育与咨询中心在大学生心理危机事件的处理过程中起到全局性和关键性作用，心理咨询师在预防危机教育、危机早期预警、危机干预过程以及后期跟踪中可谓无处不在。在宋凤宁（2006）的预警系统中，虽然提出大学生的心理危机预警系统需要个人、学校、家庭和社会各方面力量同时作用，

---

❶ 尤迪：《心理危机的概念、类别、演变和结局》，载《青年研究》，1998年第12期。

❷ 李秀云、刘希庆：《研究生心理危机干预机制调研分析》，载《思想教育研究》，2009年第4期。

❸ 杨振斌、李焰：《中国大学生自杀现象探讨》，载《清华大学教育研究》，2013年第34期。

❹ 韦兆志：《高校心理健康教育三级网络在大学生心理危机干预中的作用研究》，载《思想教育研究》，2009年第2期。

但是如图 1 所示，❶ 学校心理辅导中心还是肩负着与学校、家庭、社会等相互协调、互动和转介等任务。从上述的例子，我们可以看出高校心理咨询中心是一个兼具心理健康教育，又同时需要处理心理危机事件发生的部门，当有自杀危机事件发生时，在高校工作的心理咨询师需要与学校多角色、多部门互相协调和沟通来开展工作，例如保卫部门、上级行政领导、院系行政部门、学生家长、学生个人等。

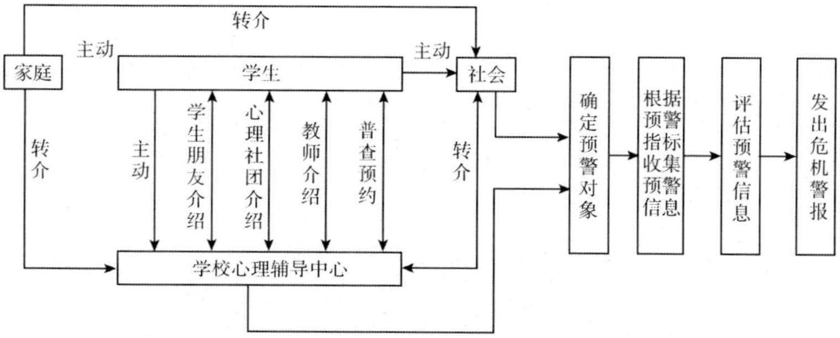

图 1　大学生心理危机预警系统模式

总之，在现有的研究中，高校心理健康教育与咨询部门在现有的危机干预体系中，起着至关重要的作用。在面对自杀危机事件中，高校心理咨询师不仅肩负着处理危机学生的职责，同时需要与家庭、学校和社会多个层面相互沟通和协调。而高校心理咨询师在面对危机事件，尤其是自杀事件时，责任重大，且需要强大的专业知识背景和心理咨询技能。

二、高校心理咨询师在自杀危机中存在的困惑

高校心理健康教育与咨询部门在现有危机干预体制中是关键和中心环节，而作为处理危机事件的主力，高校心理咨询师在其中不仅有咨询师的身份，同时存在教师、行政人员等多重身份。正是由于存在多重身份，高校心理咨询师在面对自杀危机事件时存在诸多困惑，最主要集中于每个身份的主要作用及不同身份之间的权衡和处理。

1. 危机干预者与心理咨询师身份

在危机干预发展的早期，主要人员为志愿者，他们多为以往危机的受害者，或者当前危机的受害者及其他受到危机影响的人，但只是通过美好的愿望无法解

❶ 张璐：《大学生非正常死亡预防与干预机制的研究》，天津大学职业技术教育学院 2010 年硕士学位论文，第 9 页。

决危机事件中所存在的问题。经过一段时间的发展，危机干预需要越来越多具有专业技能的人，而心理咨询师无疑是最合适不过的。所以，在现今的高校危机事件中，心理咨询师作为专业人员活跃于事件发生的各个过程之中。而危机干预又不同于普通的心理咨询工作，不仅需要有普通咨询中的技能，如倾听、关注等，同时需要具有心理危机干预方面的基本知识，❶ 比如识别自杀信号、熟知危机干预模式、了解危机干预六步骤、理解创伤后应激障碍的症状等。另外，在自杀危机事件中，高校心理咨询师面对的最大困惑莫过于伦理问题。2012 年颁布的《中华人民共和国精神卫生法》中明确指出：“心理咨询人员应当尊重接受咨询人员的隐私，并为其保守秘密。”由于自杀已经危及个人安全，所以是可以打破保密条例的，但是到底要打破多少是必须有所权衡的。所以高校咨询师在处理危机个案时应该在保证当事人的最大福祉基础上，同时考虑与学校利益、与他人良好的关系、咨询师角色责任等因素，主要采用一种专业伦理与行政伦理的平衡策略进行处理，❷ 可以说要一事一分析，无法给予一个固定的程序。

2. 危机干预者与教师身份

作为高校中的一分子，咨询师的另外一个重要角色就是教师。在自杀危机干预中，高校心理咨询师以教师身份，有责任和义务在课堂、活动、咨询等方面，宣传心理健康知识，传授生命教育、挫折教育、价值观教育等内容。但在面对自杀危机中，危机事件又要求咨询师能够真诚、热情和无条件接纳当事人，能够换位思考，这与传统师生角色是不同的。在进行危机干预中，高校心理咨询师要及时调整自己的角色，真正为学生谋福利，在预防工作中做到尽心传递知识，在干预工作中提供专业性的帮助。

3. 危机干预者与行政管理人员身份

作为高校中的一个机构，心理健康教育与咨询部门在高校行政体系中多作为科级单位存在，只有少数高校心理咨询中心作为处级单位，所以心理咨询师另一个主要身份就是行政管理者。作为学校一名行政管理人员，有义务在危机事件发生时与各个部门相协调，保证自杀危机事件的顺利解决，但是心理咨询师的职业身份，使得在处理问题的过程中难免与其他行政人员的意见不统一，比如隐私暴露的程度、转介过程等。另外，在面对如此关系学生生命安全的事件中，心理咨

❶ 王丽洁：《论在危机干预中心理咨询师的作用》，载《武汉航海》，2006 年第 1 期。

❷ 杨珍芝：《高校心理咨询师心理危机干预中伦理困境与应对研究》，南方医科大学 2010 年硕士学位论文，第 68 页。

询师是否有能力协调如此多的部门，并对危机事件发生前乃至后期跟踪处理得当，也是非常重要的一个问题。在上面的论述中，多个研究者都表明在危机干预系统中，高校心理健康教育与咨询部门是处理危机个案的中心和关键环节，但是面对如此复杂的当事人、家庭、学校、社会四角关系，需要学校更高级别的行政部门来统领，心理健康教育与咨询部门从中心地位退回到重心地位，成为整个危机干预系统的一部分，这才能够使得危机干预处理得更加得当。

三、高校心理咨询师在自杀危机中的应对

高校心理咨询师在自杀危机干预中是非常重要的，也是危机干预中必不可少的，明确心理咨询师在自杀危机中的作用，有助于高校整体危机干预系统的运作，保证当事人的最大福祉。由于心理危机是一个动态发展的过程，在危机发生的不同阶段，个体会产生不同的心理和行为反应，咨询师也需要根据危机事件的阶段来做出应对，本文主要从自杀危机事件发生之前、之中和之后三个阶段来论述。

1. 自杀危机事件之前

危机事件是一个非常复杂的过程，尤其牵涉自杀行为的发生。我国的研究者认为自杀行为是一个内因和外因相互作用的结果，如在内部因素中，受到个体生理和心理因素的影响，在外部因素中，受到社会、学校、家庭等因素的影响，❶到现今为止还没有任何理论能够百分百预测自杀的发生。但有研究表明，有50%～70%的自杀者生前曾以各种方式向周围的朋友和亲人表示轻生的念头，例如，一位研究生在坠楼之前，将自己心爱的乒乓球拍送给同学。心理学家❷根据以往的自杀事件，总结出“自杀警告信号”量表，这个量表将自杀的信号分为情绪感受、行动或事件、改变以及预兆四种，具体表现为：①情绪感受，包括无望感、无助感、无价值感，无法抵抗的罪恶感、羞耻感，自我怨恨，充满悲伤以及持续性焦虑或愤怒；②行动或事件，包括药物或酒精滥用，在谈话或书写资料中出现“死亡”或“毁灭”的字眼；③改变，包括退缩，冷淡，无法集中注意力于学业上，过多睡眠，失眠，早醒，突然失去食欲或吃得过多，失掉对朋友、嗜好、个人修饰或以前所喜好活动的兴趣；④预兆，比如突然表达流血至死需要多

❶ 丁建芳：《大学生自杀问题研究综述及其对学生工作的启示》，载《前沿》，2012 年第 9 期。

❷ 刘斌志：《自杀未遂青少年的社会工作介入：基于生态系统理论的分析》，载《青年探索》，2009 年第 6 期。

少时间，突然表现出“我不会再回到这里了”之类的前兆，突然有放弃喜欢的东西、归还别人的财物的行为，或者有服药过量或割腕的企图等。此外还可能表现为沉默者变得多话，活泼者变得安静等，这些都可能成为学生自杀的征兆。

心理咨询师应具备基本的危机干预方面的知识，并且熟知自杀事件的信号，关注重点人群的心理状态，如失恋、患病、家庭变故、考试失败等情况，与院系一起做好心理危机排查工作，积极处理学生存在的严重心理冲突，发现有严重心理健康乃至精神疾病的学生，做到早评估、早干预。要将所具备的危机方面的知识和经验，传达给学校的各个相关部门，宣传预警信号知识，形成一个全员的危机干预体系。

2. 自杀危机事件之中

自杀危机事件根据结果可以划分为死亡、未遂、准备、计划和意念，❶ 从外在行为表现来说，主要呈现的为自杀成功和自杀未遂。在面对自杀成功的事件中，自杀事件已经完成，更多的是对保卫部门和医护部门相关人员的处理，在这种情况下，出于为之后危机干预的准备，咨询师应避免过大的身心冲击，不建议到现场参与救援，而应更关注周围同学和目击者，防止危机事件的进一步扩散，避免造成自杀事件的流行。对于自杀未遂，危机干预的方法是行之有效的，它可以减少自杀的可能性，给予当事人希望感并减缓症状。作为高校心理咨询师，主要对自杀未遂者从以下七个步骤进行干预：①评估再度自杀的危险性；②精神评估；③考虑药物治疗；④讨论生命契约；⑤增加会谈的次数和时间长度；⑥重新评估治疗计划；⑦提供 24 小时的危机处理服务。❷ 从七个步骤中可以看出，高校心理咨询师的主要任务是评估和服务，在这个过程中，咨询师不能单打独斗，由于自身处于高度紧张状态，所以应该做好团队的合作，例如，与同行相互支持，配合院系之后建立支持系统，与保卫部门协商，以免之后的再度自杀发生。

3. 自杀危机事件之后

自杀危机事件发生之后，随着消息的扩散，对目击同学甚至在校生都会产生较大的影响，例如出现强烈的恐惧、焦虑甚至担心自己自杀等问题，高校心理咨询师应在这方面进行干预。首先，对与自杀者相关同学和事件目击者进行心理疏

---

❶ 虎晓岷：《自杀未遂者自杀行为的心理社会影响因素研究》，第四军医大学 2005 年硕士学位论文，第 12 页。

❷ 刘斌志：《自杀未遂青少年的社会工作介入：基于生态系统理论的分析》，载《青年探索》，2009 年第 6 期。

导，尤其可以利用团体辅导的形式，组成一个相互支持的社会系统。其次，排查预警系统中有自杀意念的同学，掌握他们的心理变化，以免自杀事件所产生的扩散效应。最后，针对自杀未遂的当事人，进一步进行转诊和辅导工作，督促形成24小时监护系统，对其进行鼓励和陪伴，提供精神上的安慰和帮助，并做好后续的跟踪和评估工作。

危机干预作为高校心理健康教育与咨询部门的重要任务之一，在危机事件中起着至关重要的作用。为了能够较好地做好危机的预防和干预工作，咨询师应该掌握基本的危机知识，并有责任和义务将心理危机知识在高校中传播，并能够熟练运用知识处理危机事件。但是危机干预系统的运作应以学校高层部门为中心，协调学校各方面的人员和部门，配合心理咨询师做好危机干预的处理。建议高校心理咨询师在危机个案发生时协调好自身的咨询师、危机干预者、教师、行政人员等多个角色，以当事人福祉为最大，平衡自己的专业伦理与行政伦理，顺利度过整个过程，避免更大的危机发生。

音乐心理治疗在高校心理教育中的应用

人文学院　高文婷

摘　要　这几年，随着高校越来越大的招生规模，大学生群体的学习、就业、情感等方面的压力日渐增大，从而致使大学生心理问题频发。如今，大学生心理健康问题已成为全国高校不可轻视的大问题。音乐有着陶冶性情、促进自我认知的作用，借助音乐治疗法能够缓解人的精神压力，治疗一些心理疾病，从而使人们对这种治疗方式愈加重视。本文通过对音乐心理治疗的简单梳理，来探讨音乐心理治疗法在高校心理教育中的可行性，分析其在大学生心理健康教育中如何具体运用。

关键词　音乐治疗法　学生心理教育

美国学者 K. Bruseia 教授在他的书中有这样的定义："音乐治疗是一个系统的干预过程，在这个过程中，音乐治疗师利用音乐体验的各种形式，以及在治疗过程中发展起来的、作为治疗动力的治疗关系，来帮助被治疗者达到健康的目的。"

音乐心理治疗起源于印度，四千多年前印度人就已经开始利用音乐来缓解病人身体的病痛。欧洲自中世纪起便将音乐作为减轻痛苦和忧郁的良策。我国最早的医学典籍《黄帝内经》中也记载着："内有五脏，以应五音"，"喜伤心，怒伤肝，忧伤肺，思伤脾，恐伤肾。故音乐者，所以动荡血脉、通流精神而和正心也。"这些都阐释了音乐与身心健康的关系及音乐的神奇治疗作用。

一、音乐治疗法的作用机制

神经心理学研究表明，音乐通过作用于大脑神经系统，而对人类大脑皮层产生直接影响。国外学者从生理作用机制角度的研究则显示，音乐会引发多种生理反应，例如血糖降低、呼吸减慢、心跳减慢、肾上腺素含量增加或降低等，进而能够减少紧张情绪和焦虑心理，让人更放松。

从心理作用机制来说，音乐给了人们一种情绪宣泄的窗口。音乐可以促使人的大脑产生丰富、生动的想象和联想，有利于人类潜意识的生成。通过操控本我、表现自我、达成超我，音乐帮助人们调节心理、排解不良情绪，通过这种艺术审美，让人的自我感情得到升华，心灵更易获得满足。因此，音乐一般有助于唤起和从前经历相联系的情感和情绪，例如快乐、欢喜、抑郁、悲伤的音乐能唤起被治疗者相应的情绪记忆和联想，通过强化这种情绪，让患者使用感官和认知想象的方法来调节自己的心理状态，使人恢复内心的平静和安详，最终能帮助被治疗者走出心理困境，恢复心理健康。

二、音乐治疗法之于大学生心理教育

大学生作为最具朝气与活力、在社会上极为活跃的群体，因多年来的高校扩招，面临着来自学习、生活、情感和就业等各方面的压力，从而使得其心理问题愈加突出。据相关统计数据显示，高校大学生群体中存在心理障碍的人数占学生总数的16％～25％，多表现为在生活、学习中易出现躁动焦虑、神经衰弱、强迫症等不良症状。

（1）音乐能够调节情绪，舒缓紧张和焦虑。当今大学生的心理状况和情绪具有极大的浮动性，而且自我调节能力差，因此容易因情绪不佳、心理承受能力弱而发生精神疾病、自杀或者犯罪等情况。而悠扬的乐曲能丰富学生的情感，帮助学生捕捉、认识到自身心灵的嬗变，从而激发学生产生积极、良好的心理状态，以应对求学、人际交往过程中的不良情绪、情感的波动。可以说，利用音乐唤起学生精神上的感知，调节、矫正大学生心理和情绪对解决高校学生日常心理问题十分重要，高校教育工作者应予以重视。

（2）音乐帮助树立、强化自我意识。大学期间是一个十分重要的心理成长期，这个时期学生容易迷失自己，极可能因为对自己或周边人事的错误认知而产生各类心理问题。这些学生存在一些共同点，即具有明显的自我表达障碍，或者自卑心理，他们无法正确认识自己，不能和外界建立起良好的沟通，因此呈现出一定程度上的人际交往缺陷。这时候，音乐可以发挥自我表达的桥梁作用，帮助学生提升情感，促使其心智成长。音乐心理治疗的实质是借助音乐帮助存在心理障碍的学生适应各种社会情景，让他们体验成功，这对他们形成自我概念和自我评价至关重要。只有对自己周边人事有了客观的认识与了解后，大学生才能缓解成长过程中产生的困惑、压抑、迷茫，从而避免因自我认知误差产生的心理问题。

（3）音乐有利于陶冶性情，完善自身人格，形成优良品质。中国古代西周教育中，礼、乐、射、御、书、数被称为六艺。其中乐（举行仪式时的各种音乐、舞蹈）在六艺教育中占有核心地位。“乐所以修内也”，因此，音乐不但可以陶冶情操，还是大学生人格形成的重要方式。哲学家亚里士多德认为音乐有着享受和净化精神的效用。由此看来，音乐具有美的享受之属性，有助于大学生发现自我、升华自我，促使他们从情感上接受优良精神品质、健全心理品格。

三、音乐疗法在学生心理教育中的具体运用

高校学生心理教育越来越受到教育者们的关注和重视。纵观全国各地高校，它们纷纷成立了各种类型的心理健康咨询、教育中心，努力探索新大学生心理咨询的模式和开展途径。然而，音乐心理治疗虽然有着较为妥善的治疗功能，却迟迟得不到高校心理教育的青睐。目前，全国高校中音乐治疗法并未得到开发，甚至还没有被正式纳入大学心理教育体系之中。从这个角度来说，建立起一套音乐心理治疗体系对当前高校心理教育而言确实是一个有益的补充，它将有助于高校心理教育工作的开展。

（1）使用音乐治疗学生中常见的心理问题。①收集资料：音乐治疗法实施之前首先要通过收集相关的资料，对学生的心理、行为的基本情况做一个全面的了解；②评估：对资料进行分析评估，初步形成对大学生心理问题、心理需求的预判，并在音乐治疗前和音乐治疗中持续观察大学生的各种症状或状态；③治疗计划：一个完整的音乐心理治疗计划应该是由长目标和短目标组成，长目标是一种比较概括的期待结果，短目标则是更具体的治疗结果；④实施治疗：在音乐心理治疗计划设定好以后，治疗师便可针对患者开展治疗；⑤形成报告：如果患者经过一段时间治疗后完成了长目标，这时候需要有一个患者报告，也是患者参与治疗过程中逐渐形成的“心理跟踪档案”，其中包含每位患者的联系方式，以便于对他们进行跟踪观察。

（2）应建设或完善音乐治疗开展的基础设施。就现实而言，高校大学生心理教育建设已趋于成熟，基础设施日臻完备，如高校普遍设置有心理咨询室、大学生心理档案室等。但音乐治疗法具有不同于其他心理治疗的独特性，它对“软件”与“硬件”设施配备均有特殊的要求：它应该是集专业化、人性化、功能化于一体，软件设备齐全，拥有高科技产品支持，简练而温馨，人和环境融合度极高，学生可以放松身心，获得短暂的安全感，从而敞开心扉、畅所欲言，不用担心“泄密”的空间。同时，高校应具备一支专业的音乐心理治疗师队伍。高校音乐心理治疗是一项专业化的实践活动，对从业者自身素质要求很高，他们应该是集高超专业技能、良好职业技能、健全人格于一体的角色。

（3）扩展音乐治疗法在高校内的实施途径和范围。为了让音乐疗法真正在高校中广泛应用，甚至渗透到大学生的学习和生活之中，需要全面利用学校各种资源，通过举行各具特色的音乐活动丰富校园文化，从而让音乐治疗法作用发挥得更充分。而在这个过程中，音乐治疗师的角色是引导者，通过有计划、有组织地推广普及音乐疗法，让学生更积极地参与多样的音乐活动。此外，要想引导大学生自觉调整心理状态，高校还应在教室、食堂等地适时、适当地播放背景音乐，通过这种潜移默化的方式缓解学生们焦虑的情绪和放松绷紧的神经，帮助他们保持良好的心理和情绪，进而营造出和谐、健康、有序的校园软环境。

综上所述，音乐心理治疗通过调节大学生的日常情绪，春风化雨地改变着、丰富着大学生对学习、生活等各方面的认知。借助音乐的作用，学生参与各类活动的积极性可以被极大地激发，有助于培养起学生的自信心，达到治疗的目的。然而，音乐心理治疗于国内外而言还是新领域，存在很多现实问题和实践缺陷，需要高校研究者们去进一步研究衡量和探讨。

就业创业指导

高校开展就业工作的几点思考

民商经济法学院　代丽丹

摘　要　随着我国改革开放的深入，科学技术的进一步发展，高等教育也由“精英化”向“大众化”过渡，大学生就业难的问题引起广泛的社会关注。本文以法学专业高校毕业生为研究对象，从实际工作经验出发，通过对法学专业毕业生就业困难内在因素和外在因素的分析，提出了全程化、全员化就业指导的工作模式。

关键词　大学生　就业　全程化　全员化

高等教育扩招以来，大学生就业难的问题逐渐成为国家、社会关注的焦点，其中法学专业更是多次被评为“十大最难就业”的专业之首。笔者作为中国政法大学民商经济法学院的专职辅导员，从2007年起到2015年7月止，完整地带完了2007级、2011级两届法学专业学生，也负责了两届法学毕业生的就业工作，掌握了真实、准确的数据，并对就业工作有着深刻的认识和体会。笔者从自身工作经验出发，对法学毕业生就业现状和高校就业工作模式进行分析，谈几点自己的思考，并提出一些意见和建议。

一、大学毕业生就业现状分析

“根据教育部公布的数据，我国高校毕业生的数量由2001年的103.4万人增加到2005年的338万人，年平均增长率高达34.5%。2001年6月的初次就业率为70%；2002年6月的初次就业率为64.7%，比上年下降了5.3个百分点；2003年是高校扩招后本科学生毕业的第一年，6月的初次就业率仅为50%，比上年又下降了近15个百分点。”[1] 2014年高校毕业生规模为727万人，2015年高校毕业生将达749万人。大学生毕业人数众多，大学生就业难已经成为一个普遍

[1] 董亮、余智超：《大学生就业困难分析及高校就业工作对策研究》，载《黑龙江高教研究》，2006年第11期。

现象。然而，大学生就业真的那么难吗？

高校毕业生就业难根本上是“结构化就业难”。“结构化就业难”包括两个方面。

首先，是统计时间上的难确定。如果说大学生就业难集中体现在就业率低上的话，那么我们需要思考的一个问题是：这个就业率是指哪个时间段里的统计呢？按照高校就业工作的进程，从毕业生大学四年级下学期开始，各高校就已经按月开始就业率统计工作了，也就是每年的3月到7月，基本上7月的就业数据就是本年应届毕业生就业率的最终数据。这个数据的有效程度有多高呢？换言之，学生在毕业当年不就业，并不等于以后都不就业，在当年就业率统计中，把这些同学纳入未就业范围，这样的数据能够真正反映出该高校、该专业人才培养的质量吗？答案是显而易见的。举例来说，政法大学民商经济法学院对本院2005级毕业生进行了毕业五年后的跟踪调研，结果是全部都实现了就业，并且就业满意度很高。尤其值得关注的是，毕业当年未就业的同学，在毕业后的两三年内都找到了相对而言较好的工作岗位，工作、生活的幸福感甚至优于毕业当年实现就业的部分同学。这些毕业当年在就业率统计之外的“未就业”的同学，能说他们不是合格的法学毕业生吗？又能否以毕业当年的就业率数据来直接评价法学专业的人才培养质量呢？根据以上分析，就业率的统计不应该是静态的“当年就业数据”统计，而应该是一年、三年、五年甚至十年的动态跟踪统计，这样的动态数据，才能真正反映出毕业生的综合素质和能力，也才能衡量出学校培养专业人才的质量和水平。

其次，是统计对象上的难确定。作为一名辅导员，在大四就业工作中经常会有一个困惑：就业率的基数，究竟是全体毕业生，还是有就业意向的毕业生？很明显，是否就业，这是毕业生的个人选择。就业率，顾名思义，应该是有就业意愿并且最终实现的学生人数除以全体有就业意愿的学生总数，再乘100%。如果该学生在毕业当年没有就业意愿，那么把他硬性拉入到就业基数中，这本身就是不科学也不合理的。以民商经济法学院的毕业生为例，因为家庭条件、社会竞争等环境因素的影响，本科毕业时，一部分同学并不急于选择就业，而是选择进一步求学深造，比如“二战考研”“第二年申请出国”或者选择律所、公司等先实习，获取经验，然后再找寻合适的工作岗位。这些同学中，有的第二年考上了研究生，有的第二年出国深造，有的则第二年找到了合适的工作。这些同学在毕业当年都没有实现就业，但是并不代表他们能力和素质的缺失，只是在人生规划的各个阶段上，每个人的选择不尽相同而已。既然就业率的统计是为了反映高校人才培养质量和专业素质涵养，那么毕业当年的就业率统计就应该以当年有就业意愿的毕业生人数为基数。

二、法学专业毕业生就业难的原因分析

（一）内在因素

（1）过度重视专业知识的学习，忽视了综合素质和能力的培养。大学生活是一个人成长过程中的重要阶段，之所以神圣而庄重，并不仅仅因为它是“知识的海洋”，更因为它是树立正确的世界观、人生观、价值观的殿堂。我们要学习的不仅仅是“做事”，更重要的是“做人”。古人说“才德全尽谓之圣人，才德兼亡谓之愚人，德胜才谓之君子，才胜德谓之小人”，现代人说“情商比智商更重要”，这些都从不同角度定义出了人才的标准和高等教育的目标。

核心竞争力的首要组成部分是思想道德素质，包括良好的品德素养、健康的思想情操、正确的政治方向、远大的理想抱负等。它是调节大学生的个人行为，处理个人与他人及个人与社会关系所必需的，是大学生成长成才的一个重要条件，是学会做人的根本。做事先做人，大部分用人单位在挑选毕业生的时候，会把应聘者的个人品质放在首位，认为一个人的业务素质、实践经验和工作能力，可以在工作中得到提高，但人的道德品质不仅不可能在短期内通过在职培训加以塑造，而且会在很长时期内影响一个人的工作表现。因此，诚信、正直、积极、乐观的品质是大学毕业生就业的敲门砖。[1]

（2）个人主观期望与社会客观需要之间的差距。“当一种社会职业被绝大多数高中毕业生认可的时候，这个专业的社会岗位已经是趋于饱和的了，而高中毕业生的需求从某种意义上说会从很大程度上影响高校的招生取向。这样一来，部分在大学生入学之初的所谓“热门专业”待到毕业之时就很容易成为就业困难的“冷门专业”。而如果这些专业的大学生未能及时地预知这种潜在的变化，调整自己的发展方向使其与社会发展需求的变化相适应的话，就业困难的情况就在所难免了。[2] 具体到法学专业毕业生，以政法大学为例，毕业生的择业范围集中在公务员和律师事务所。

但是，国家鼓励大学生到“基层去!”“到西部去!”“到祖国和人民最需要的地方去!”这不仅仅是几句口号，更是实实在在的工作机会，也是大学生就业的主要趋势。国家、地方公务员招录，要求两年基层工作经验的岗位越来越多，研究生学历才能落户北京，非京籍本科法学专业毕业生不能在北京市律师事务所执业，这些政策规定传递着重要的信号。法学毕业生应该摒弃“眼高手低”“一步

---

[1] 楼锡锦、周树红、吴丽玉：《大学生就业竞争力分析》，载《教育发展研究》，2005 年第 7 期。

[2] 董亮、余智超：《大学生就业困难分析及高校就业工作对策研究》，载《黑龙江高教研究》，2006 年第 11 期。

到位”的就业观念，努力扩展就业范围，积极投身到基层法院、检察院中去，从北京到地方，从中心城市到二三线城市，使个人就业期待更好地契合社会现实。

（二）外在因素

（1）家庭错误就业观念影响了法学毕业生的就业选择。在就业季经常会出现“被考研”“被考公务员”“被出国”等现象。通常是家长把自己的想法强加给了学生，影响或者强行扭曲了学生就业认识和观念。“近些年来，随着我国经济水平的进步，广大家庭在对子女教育的投入上也大幅度地提高，家长对子女的期望值也在不断地增长，因此在大学生毕业时，家长更加关心子女择业的层次、就业城市的大小、就业后收入的高低等问题。这些思想中不切实际的部分在很大程度上影响了毕业生正确的就业选择，在一定程度上导致了就业混乱。”❶

（2）高校就业指导体系不健全、发挥作用不明显。事实上，培养合格的人才是高校的育人目标，就业工作作为检验这一目标的重要依据必然是高校全体部门和研究机构的重要工作，就业工作不是单单一个学院就能开展好的，就业率和就业质量也不是一两个辅导员就能完成的。把就业指导工作完全压于辅导员，这本身就不符合高等教育的本质规律和育人目标。如上所述，就业率不是单一的数据统计，就业工作也不是一个人的战斗。学校就业指导部门只有提高专业化指导水平，强化道德品质的培养，各职能部门、学院之间倾力配合，真正地做到“一切为了学生”，就业指导体系才能健全、完善，也才能充分发挥其在就业指导工作中的作用。

三、全程化、全员化的就业指导模式

1. 就业指导全程化

就业指导应该从什么时候抓起？大家都知道，在毕业阶段才来抓就业指导已经来不及了。因为学生知识储备、能力锻炼、素质养成已经在大学前三年完成了，大四阶段只能够进行就业政策宣讲、面试技巧提升、“升学、出国、入伍、村干部、志愿服务”等分类指导。因此，就业指导必须从大一开始，并且一直延续到大四，也就是“就业指导全程化”。

但是“全程化”并不是一句空话，也不仅仅是在入学教育中公布一下当年的就业数据和毕业生去向，而应该是以“培养核心竞争力”为目标，以思想品德素质、科学文化知识、专业素养、人文精神为主要内容，制定完善的就业指导全程培养方案。“对一年级新生，应着重于对学校生活的适应，让他们认识大学，认识专业的特点及将来适应的职业，确定奋斗目标，进行个人职业生涯规划；对二

❶ 董亮、余智超：《大学生就业困难分析及高校就业工作对策研究》，载《黑龙江高教研究》，2006年第11期。

年级学生应着重于分析自我特点，进行自我完善，确认职业目标；对三年级学生应着重于认清专业所适应的职业，通过专业知识的学习和调适，培养和发展与目标相适应的各方面能力，并充分发挥自己的特色，掌握各项与职业目标相应的技能；对四年级学生应着重于就业形势、就业信息、求职技巧、心理调适和人生观、价值观等择业的指导。”❶

应在第一课堂开设成体系的就业指导和职业规划相关课程，在第二课堂配设专门的职业规划导师，定期进行咨询，并将大学生的学业、心理健康、能力锻炼、职业规划结合起来，引导学生从大一开始规划人生，进行职业生涯设计，并落实到学习、生活的每一个步骤上，通过四年连续系统性指导为学生整个职业生涯的发展提供很好的基础。

2. 就业指导全员化

韩愈在《师说》中说“古之学者必有师，师者，所以传道授业解惑也”。这句话可以看作是对“老师”一词最好的诠释。师者，传道、授业、解惑也。因此，老师并不仅仅只是在讲堂上完成知识的讲授，更需要言传身教，向学生传授为人处世的道理，解答学生的困惑。因此，从学生进入大学校门的那一刻起，他便是学校所有老师的学生，每一个在学校的老师，无论是校长还是教授，无论是辅导员还是职能部门工作人员，他都应该首先是一名“老师”。只有大家都认识并认可这个身份，“全员育人”的目标才不是一句空口号，而是切实可行的理念。就业工作作为高校教育工作中的重要组成部分，必然需要学校各部门、各学院和研究机构的共同协作，需要全校师生的共同参与，才能真正地拓宽渠道、广纳资源、开辟新途径、解决新问题。

总之，大学生就业工作涵盖很多方面，“全程化、全员化”的就业工作新模式，要求高校必须从根本上转变认识和理念，以学生为本，真正做到全员投入、全校参与、全程辅导，这样才能确保人才培养质量，也才能够使合格的大学生在社会主义现代化建设中发挥越来越大的作用，成为民族的脊梁。

---

❶ 黄林楠、蒋菊、魏有兴：《大学生就业指导的分析研究与对策》，载《高等工程教育研究》，2006 年第 2 期。

国际法学院 2015 届毕业生升学与就业意向调查分析

国际法学院　刘凯

摘　要　面对严峻的就业形势，掌握毕业生就业求职意向对于有效开展毕业生就业指导和服务工作有着非常重要的意义。本文通过问卷调查的方式，对国际法学院 2015 届毕业生就业求职意向相关问题进行了分析和归纳，对调研中发现的问题进行了深入研究，并归纳概括了在就业工作中同学们的相关诉求。

关键词　就业求职意向　调查问题　分析和归纳同学们的诉求

十八届三中全会和 2014 年中央经济工作会议均提出要把做好落实就业作为民生工程，把就业工作摆到突出位置，尤其是要抓好高校毕业生就业。2015 年，高校毕业生将达到 749 万人，在 2014 年的基础上再增加 22 万人。就业是人生的必经阶段，大学毕业生作为就业的主要群体，如何选择自己的就业方向，是需要理性思考的问题。因此，如何全员、全程、全方位地做好大学生就业指导工作，已成为高校的重要课题和任务。为切实为每一位同学做好就业服务工作，不断提升我院开展就业相关工作的针对性和有效性，我院特针对 2015 届毕业生，就其升学与就业求职意向做了较为详尽的调查。

一、调查样本描述

为了保证调查的客观性、准确性和全面性，本次调查针对国际法学院 2015 届全体学生，且采用实名制调查。共发放问卷 331 份，共收回问卷 331 份，回收率达到 100％。调查数据的统计是运用计算机 Microsoft Excel 中的数据透析表格功能进行的。由于是实名制调查，且只针对本院 2015 届学生，问卷质量较高，有效率达到 100％，因此，选择所有回收问卷作为样本进行分析。

二、调研问卷设计

调查问卷分为两个部分：第一部分为必答板块，旨在调查学生对国家及我校相关就业政策的了解情况；第二部分为选答板块，是对学生自身的就业求职意向进行的调查，分为考研、出国留学、求职工作、创业四个板块，以全面而深入地得出结论。

三、本科毕业后的发展方向总体分布

调查结果显示，接受调查的331名2015届本科毕业生中，174人选择考研，占总数的52%，42人选择出国，占总数的13%，26人选择创业，占总数的8%，89人选择求职，占总数的27%，总体上与历年大学本科毕业生的选择趋同。考研与求职仍旧是大学生毕业后的主要选择方向，但出国与创业也占有一定比例。

四、对升学、出国和求职详细数据的分析

（一）关于考研和保研

1. 考研

（1）现状

对2015届毕业生的实名问卷调查结果显示接受调查的331名2015届本科毕业生中，有174人选择考研，约占总数的52%。而2014届本科毕业生同期的调查结果显示有60%的人选择考研。数据下降了8个百分点。

对此174名同学就“如果能够找到一份满意的工作是否还会选择读研”的问题进行调研，结果显示43.541%的同学会继续读研，而56.459%的同学选择放弃读研。表明174人中超过一半的同学秉持的是考研和就业两手准备的想法，视自身就业情况而定，这表明目前大学生的心态比较务实，在严峻的就业形势面前比较注重就业岗位的现实取得，而不是一定要等到研究生毕业之后再就业。

在174名选择考研的同学中，91.14%的同学准备报考我校的研究生，8.86%的同学选择报考其他院校，说明对我校的法学专业实力和就业前景有着充分的信心。

关于考研信息的获取方面，对于选择报考我校研究生的同学来说，41.815%的同学希望获取备考和复习内容方面的信息；30.621%的同学希望获取录取办法的信息；21.073%的同学对就业前景比较关注；希望获得考研指导的同学占6.492%。

对于选择报考其他院校研究生的同学来说，32.561%的同学希望获取备考和复习内容的信息；28.315%的同学希望获取录取办法的信息；23.501%的人对导师信息感兴趣；15.623%的毕业生较为关注就业前景。

数据表明备考和复习内容、录取办法、就业前景是大家普遍关注的，而对于

导师信息，报外校的学生显然更为关心。

目前，就掌握的情况看，绝大多数报考研究生的同学都经过努力复习参加了全国统一的研究生入学考试，但也有个别同学在复习了一段时间后感觉难度过大，已经选择放弃，转为找工作。

（2）相关政策

我校目前的政策有《中国政法大学考研政策》（以下简称《政策》），《政策》从培养目标、招生计划和招生专业、报考条件、报名流程、资格审查与准考证发放、考试（初试、复试、调剂复试）、健康检查、录取、学制和培养、学费和奖助学金及助学贷款、毕业就业、信息发布和其他事项、附录（招生专业目录、初复试命题范围）等十三个方面对考研做出了原则性规定。

对比北京大学、清华大学、复旦大学、武汉大学、华东政法大学的考研政策，原则性的规定基本相同，只不过在初试后的复试比例（有的学校按 1∶1.2，有的按 1∶1.3）和复试成绩所占比重等方面略有不同，另外一个最大的不同在于其他几所学校对于每年各专业的报录比都有明确的数据公布，以方便同学了解，而我校没有公布此数据。

（3）存在的困难和问题

对于考研，绝大多数同学都认为存在这样或那样的困难。36.82％的同学认为过于激烈的竞争是考研最大的困难；24.25％的同学认为“知识积累薄弱”是自己考研路上的拦路虎；19.46％的同学担心自己无法坚持下去；16.47％的同学视心理因素为考研中的困难所在；而没有太大困难的同学仅占 3.00％。这说明对于选择考研的同学来说，考研之路并不容易。

而对于考研中遇到的实际问题，从同学的角度来说存在的主要问题有：复习时间紧张，司法考试后只有三个月用于复习；不知道如何有效复习，心情急躁，学习状态差；缺乏复习氛围，不像暑期复习司考那样大家都在学；考研和择业双重压力，不会抉择；少部分同学回避就业压力，盲目从众地选择考研，其实本身的学习水平较差，没有把握考上。

从政策层面讲存在的主要问题有：因为本校及外校考研政策都是原则性规定，因而对细节问题不了解，如报录比，初试和复试各阶段的成功率，命题、备考方面的信息缺乏等；因为不了解复试情况，对于复试没有自信。

（4）同学们的诉求

参加考研的同学，很希望学校相关部门能够从关心本校学生的角度对他们进行帮助，经了解，他们主要的诉求有：

第一，开展相关的考研培训，但是这一条明显违背我校的考研政策。《政策》在“禁办考研辅导班”部分明文规定，“学校严禁校内各单位和个人举办或与社会培训机构或个人联合举办任何形式的硕士研究生考研辅导班，严禁组织或参与考研辅导书和辅导资料的编写工作，严禁本校在职教师以任何形式参与社会考研辅导活动。对违反规定的单位和个人，学校将根据相关规定严肃查处。”

第二，组织考研宣讲会，介绍本校及外校的考研政策。请相关部门专业人员对考研政策做解读，并提供相应数据让同学了解不同学校相关专业考研的成功率，利于大家选择报考学校和专业。

第三，假期开放更多的自习教室。

第四，组织考研同学结成考研小组，营造良好的学习氛围。

第五，本校考研补录时能否优先考虑本校学生。

第六，在录取时同等条件下能否优先考虑本校学生。

2. 保研

（1）现状

我院 2015 届本科毕业生共有 38 人免试保送研究生，其中北京大学 2 人，中国人民大学 2 人，武汉大学 1 人，浙江大学 1 人，中国社会科学院研究生院 1 人，其余均在我校各院系。此 38 人中，35 人为学术保研，1 人为工作保研，2 人为支教保研。

保研人数占年级人数的 11.48%。

2014 年同期我院 2014 届本科毕业生共有 26 人免试保送研究生，保研人数占年级人数的 10.83%。

（2）相关政策

我校的政策有《中国政法大学关于推荐优秀应届本科毕业生免试攻读硕士学位研究生工作实施办法》《中国政法大学关于推荐优秀学生干部免试攻读硕士研究生保留入学资格留校工作实施办法》《中国政法大学关于推荐优秀学生干部免试攻读硕士研究生保留入学资格支教保研实施办法》，共对三类保研同学在政策上做了原则性规定。

（3）存在的问题

就 2015 年的保研工作实际中存在的问题来说主要是：

第一，扎堆报名现象严重。比如国际法学院的国际经济法专业，应录取 9 人，但是本校外校共有 60 多人报名。这导致即使同学都获得了推免资格，并且水平接近，但是由于录取人数有限，必然导致多数同学仅仅因为在复试中没有发挥好或者其他因素而未被录取。

第二，复习时间有限。一些专业本次复试题目难度有目共睹，我校同学从获知有推免资格到复试仅仅五天时间，中间还有两天是司法考试，这使得同学复习准备推免复试的时间非常有限，其中有些同学还报考了北京大学或清华大学或者人民大学的推免复试，就在司法考试结束与本校复试之间，更没有时间复习。这相比于外校同学很早知道自己有推免资格并且整个假期并未复习司法考试而是复习准备法大推免复试，我校同学在复试方面具有很大的劣势。

第三，与其他很多大学相比，我校学术推免比例较低。本年度我校法学专业本科生 2015 届毕业生为 886 人，最终获得我校学术推免资格的是 95 人（根据公示名单），比例为 10.72%。

第四，在推免办法上，有的学校采取的是先本校后外校分两批的办法，能够充分保障本校学生的利益，我校采取的是本校外校同一批参加的办法，但是因为上面提到的准备时间不足的原因，在实际的笔试中我校的学生跟外校学生相比不占优势。

（4）同学们的诉求

第一，在填报志愿阶段，学校相关部门是否可以提供各专业报名情况数据，引导大家合理填报志愿，避免出现扎堆现象。

第二，除非本人已被外校录取或自愿放弃推免资格，学校可否保障本校已获推免资格的同学有就读研究生的资格。

第三，在政策层面是否能够做出一些充分维护本校学生保研利益的规定或实施办法。

（二）关于出国留学

1. 现状

根据调查，2015 届 331 名毕业生中有 42 名同学选择申请出国留学，占年级总数的 12.69%。而 2014 年同期的 2014 届毕业生有 18.90%的同学选择出国留学，2015 年申请出国留学的百分比下降了约 6 个百分点。

在 42 名同学中，79%的同学选择攻读 LL. M，13%的同学选择 J. D，还有 7%的同学选择攻读其他课程，目前有部分同学已经收到国外大学的录取通知。

在出国动机方面，据调查 32%的同学是为自己职业发展提高起点，29%的同学希望丰富自己的人生经历，20%的同学希望深入学习自己感兴趣的研究领域，12%的同学则是将其与考研相互作为备选方案，只有 6%的同学为了满足家人要求。

在出国申请的准备方面，10 月调查时 43%的同学正在实施计划，22%的同学还在犹豫，18%的同学已有计划但还没开始行动，17%的同学还没有成形的计划。

在申请出国不理想的应对方面，28%的同学选择直接工作；28%的同学选择去其他学校，24%的同学选择在国内读研；9%的同学选择继续申请；还有 8%的同学选择自主创业；另外 3%的同学选择其他。

与往年比，2015 年申请出国留学的同学数量略有下降，其中申请攻读 LL. M 的仍为主力军，选择 J. D 的是少数，但是对 J. D 感兴趣的人数在增多。对于国家和地区的选择首先是美国和欧洲国家，其次是韩国和我国香港，再次是澳洲和加拿大。另外，同学们选择院校不再唯排名，而是以专业为主导，专业选择以就业为目标。

2. 相关政策

国家层面关于出国留学的相关政策主要有出国留学各国陪读政策、公费出国留学政策和自费留学政策，其中公费出国留学条件比自费出国留学要高很多，目前公费出国留学主要有以下几种情况：一种是由国家有关部委支付经费；二是由世界银行贷款；三是校际交流。还有一种是自筹经费，或由亲友资助，或享受国外奖学金，由个人申请，经有关部门批准后，列入国家计划，出国手续与公费人员一样办理。这就是通常所说的“自费公派”。自费留学是由私人或亲友资助，或享受国外奖学金，出国手续均由个人办理。

从国外政策来看，政策也是时常变化的，需要毕业生们及时关注并根据自身情况调整出国选择。例如，英国出台了一项收紧留学生签证的草案，建议提高本科以下留学签证的标准，并取消毕业生留英找工作的 PSW（Post Study Work）签证规定。但自 2014 年起，英国推出了签证政策，一系列的毕业工作类和创业类签证意味着更多优秀的中国学生可以在毕业后继续留在英国工作或创业，积累宝贵的实践经验。如毕业生可以选择在英国申请第二层级（T2）签证，获得该签证的学生可以在完成学业后继续在英国工作 3 年，且可以申请继续延期。毕业生也可在英国以外的国家申请第五层级（T5）“临时工作”签证，该签证允许学生毕业后选择留在英国工作或实习 12 个月。同样，美国签证、移民政策相继出炉，美国正式延长对中国留学签证、旅游和商务签证的有效期，由过去的一年变为最长年限的 5 年和 10 年。短期内可能会带来申请人数的增加，也可能导致赴美留学人数的增加。相反，去澳洲的签证成本上升。而在我国香港，随着越来越多内地学子申请香港八大公立名校，其录取难度也相应地增大。众多香港名校越发重视实习实践等方面。

依据国家的出国留学政策，我校有众多相应的交流项目活动，公费留学方面如国家留学基金委资助优秀本科生交流项目，对学习成绩、外语水平等有严格要求，如参加雅思（学术类），托福，德、法、意、西、日、韩语水平考试，成绩需达到以下标准：雅思 6.5 分，托福 95 分，德、法、意、西语达到欧洲统一语言参考框架（CECRL）的 B2 级等。同时在校级层面和各院还有自费的出国留学项目，费用自负，但在申请条件方面相对宽松。

3. 存在的困难和问题

调查显示，关于出国留学存在的困难和问题，有 35%的同学认为语言交流是最大的障碍，26%的同学认为是文化与教育体制，还有 23%的同学认为最大的障碍是费用较大，而 16%的同学认为没有太大问题。实际中存在的具体问题主要有以下几条。

第一，对国外的大学不了解，缺乏接触的途径。故而无法明确自己想要就读的学校与专业，导致目标缺失和混乱，甚至出现就读后退学回国的现象。

第二，出国留学花费的代价太高，难以承受。面对经济压力，无法妥善处理和规避风险。对于许多中等收入的家庭来说，出国留学是不小的负担。有些留学生年龄小或自制力不够，不能很好地调配金钱，导致了很多问题的产生。可能出现了攀比心理，从而导致不少心理问题。也有不少学生为了能减轻父母负担，选择了打工。然而寻找工作机会，不仅困难重重，而且也面临一些风险，对精神状态影响很大，有的甚至放弃了学业。

第三，英语能力不够，托福、雅思成绩不理想。即使出国也无法合理定位，并且由于语言、文化和教育体制的差异，他们可能在学习过程中遭遇一个个国内升学过程中从未遇到过的“瓶颈”。国外大学新的学制和更加严格的判分方式，让很多人不能适应。

第四，对留学的价值不确定，担心耽误时间而摇摆不定，最终错过其他机会。

4. 同学们的诉求

面对这些困难与问题，2015 届的毕业生们表示：

（1）希望学校能定期对国外院校进行介绍，以减少选校方面的困惑。

（2）降低出国交流的门槛，提供更多机会，提供更多的交流平台。

（3）希望学校加强英语方面的教学，设置相关课程，帮助学生攻克语言大关，提高托福、雅思分数。

(4) 希望学校能给予适当的经济支持，完善公派留学政策，为出国留学减少后顾之忧。

(三) 关于求职

1. 现状

对2015届毕业生的实名问卷调查结果显示，接受调查的331名2015届本科毕业生中，有89人选择求职，占总数的27%。对于就业地点的选择，调查结果显示，大多数人期望在经济发达的地方就业。35%的人选择在交通便利、经济水平较高的沿海开放城市工作；27%的人选择京津地区，追求更加发达的经济、通达的信息、更多的资源；25%的人倾向于就业压力较小、基础设施完善的中小城市；10%的人选择西部地区或农村基层，其中大多数人是回乡建设，回报家乡；只有3%的人有出国就业的意向，大部分人愿意留在国内。这表明目前大学生对于自己未来的工作城市对自己以后的发展空间还是有着不同的认识，大部分同学还是期望能够在经济比较发达且具有竞争压力的地方工作（见图1）。

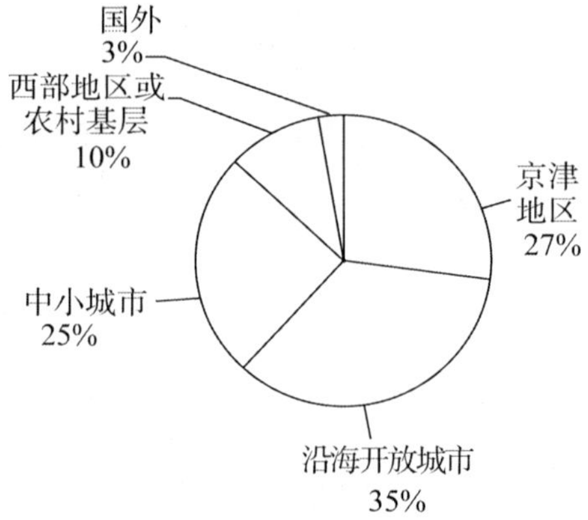

图1　就业地点的选择

在预选的就业单位方面，44%的人将公检法系统作为第一选择，25%的人选择律所，16%的人选择党政机关，10%的人选择国企，3%的人选择其他，仅有2%的人选择私企。选择公检法系统和律所的占69%，这充分体现了我校作为法学院校的特色。另外，选择公检法系统和党政机关的均为公务员职位，加起来占比60%，这表明在同学眼中公务员工作仍比较受欢迎，其工作的稳定性和较好的福利是毕业生非常看重的因素。对于选择国企的同学来说，他们看重的是国企良好的薪酬待遇和社会保障。对于选择私营企业的同学来说，他们看重的是私企较高的收入。

在选择工作单位时着重考虑的因素是什么的问题上，29%的同学看重个人发展空间，23%的同学看重兴趣爱好，首要考虑专业对口程度、薪酬待遇的同学分别占16%、14%，大致相当，而优先考虑工作环境（9%）、社会地位（5%）、家庭影响（14%）的同学较少。这说明同学们在选择工作单位时有较大的自主性并能够较理性地进行选择，重视个人的发展空间，对入职后未来的生活条件也有更高的期待。

目前，就掌握的情况看，绝大多数求职的同学都心态良好，在国考和考研结束后，现阶段大都在复习地方公务员考试或者投简历找实习或工作单位。有部分同学已经与单位达成录取意向，只不过还在等待国考成绩，还没有签约，这样的同学有40名左右。

2. 相关政策

对于求职，我校就业中心网站已经挂出了国家、北京市和学校层面的各项政策，以方便同学查阅。如国家有《关于组织开展高校毕业生到农村基层从事支教、支农、支医和扶贫工作的通知》（国人部发［2006］16号）、《关于做好2008年高校毕业生“三支一扶”计划实施工作的通知》（人社厅发［2008］6号）之类的相关政策。在服务西部的政策中，国家有《关于实施大学生志愿服务西部计划的通知》。在应征入伍中也有如“退役大学生士兵服现役期间，视为基层工作经历，参加事业编人员招录时，同等条件下优先录取”等相应的政策，此外还有鼓励大学生创业的政策。北京市在近几年也相继推出了《人力资源和社会保障部关于实施离校未就业高校毕业生就业促进计划的通知》（人社部发［2013］41号）和《北京市人民政府办公厅印发北京市贯彻落实国务院办公厅关于做好2013年全国普通高等学校毕业生就业工作文件实施意见的通知》（京政办发［2013］28号）等相关政策文件，其内容包括深入落实高校毕业生就业政策、拓宽高校毕业生就业渠道、鼓励高校毕业生自主创业、加强高校毕业生就业服务、开展就业帮扶和就业援助、大力促进就业公平、推动高等教育更好地适应经济社会发展需要、加强高校毕业生就业工作组织领导等八个方面。另外，学校就业指导中心会在毕业季一直收集各个单位的招聘信息，并且成立就业信息分享的QQ群，不定期地向各学院的负责老师发送单位的招聘信息，再由老师将这些信息传达给毕业班的班长，由各班长将信息分享给同学们。另外，学校还会在逸夫楼举办招聘会，多家用人单位在逸夫楼大厅设有招聘窗口，以便于学生投简历、面试等。

3. 存在的困难和问题

对于求职，绝大多数同学都认为存在这样或那样的困难。从调查结果来看，首先是31%的同学认为最大的困难是自己应对就业的个人能力不足。对此，一方面，说明在平时的学习过程中应该更加注重对实践能力、职场适应能力的培养，这也和法学专业的性质相符；另一方面，同学们也应该对自己有足够的信心，在调整好就业预期的前提下努力去争取职位。其次是职位信息严重不足（23%）和缺乏社会关系（18%），而专业不对口（9%）、政治面貌（9%）和性别歧视（10%）所占比重较小，这表明毕业生应该拓宽职业信息搜集的渠道，同时也需要社会和学校积极发布相关职业信息，以促进毕业生更好就业。

而对于求职中遇到的实际问题，从同学的角度来说存在的主要问题有：

第一，时间冲突，多数面临考研和考公务员的双重压力，错失很多求职的机会。

第二，没有一个明确的求职目标，缺乏方向，不知从哪些方面努力。

第三，缺乏相关职位信息，对岗位不了解，不知如何选择，盲目尝试，对各类职位考试细节不了解。

4. 同学们的诉求

就求职同学来说，很希望学校相关部门能够从关心本校学生的角度对他们采取帮助，经了解，他们主要的诉求有：

第一，开展相关的公务员考试培训，同学们对于公务员考试的复习普遍都不是很熟悉，对于复习什么、怎么复习都不是很了解。所以同学们迫切希望能够在公务员考试知识上学到一些东西。

第二，多组织求职宣讲会，邀请求职成功的、有经验的毕业生介绍公务员和律所等单位的求职技巧。请相关部门专业人员对求职技巧做解读，并提供相应数据，让同学了解不同单位招聘的注意事项，以便于提高大家面试的成功率。

五、结语

通过对毕业生就业求职意向的调研，深入了解就业工作中存在的问题、背后的原因以及同学们的诉求，可以帮助我们发现工作中存在的不足和漏洞，有针对性地加强和改进我们的就业指导和服务工作，从而在“以毕业生为中心”的就业工作中不仅可以有针对性地为其排忧解难，而且还有效提高我们工作的效率，为学生提供更加全面、周到的服务。

新形势下院系就业指导人员知识与能力需求探悉

政治与公共管理学院　施春梅

摘　要　面对大学毕业生就业形势与政策的新情况、新要求，学校就业指导中心需要院系就业指导队伍的合力，那么院系就业指导人员应具备怎样的知识与能力才能胜任指导工作？学校应从哪些方面保障院系就业指导人员知识与能力的提升？笔者结合学校学院实际，对上述问题进行了探讨。

关键词　新形势　院系就业指导人员　知识能力提升

近年来，我国大学毕业生就业形势与政策出现新情况、新要求：一方面，信奉"知识改变命运"的大多数中国家庭极为重视教育，对教育的投入不断增加；另一方面，高校教育体制与社会需求之间尚存较大差距，大学生毕业后找不到合适的工作不再是个案，高等教育是否能够带来合理的投资回报成为大众关注的焦点。[1] 同时，经济发展放慢脚步，用人单位岗位需求减少，然而高校扩招导致毕业生人数持续增加。就业率、就业质量成为高校竞争力的重要组成部分，学校就业指导中心的全面和针对性指导面临诸多挑战。新形势下，学校就业指导中心与院系就业指导人员的合力辅导成为必然，然而院系就业指导人员因事务繁杂、就业知识储备不足等因素导致就业指导能力有限，为此，研究院系就业指导人员的知识与能力的提升就显得非常迫切。

一、院系就业指导队伍及现状

（一）院系就业指导队伍

各高校对毕业生的就业工作都特别重视，基本上实施校长"一把手"工程，学院实行院长"一把手"工程。院系一级一般成立了以院长为组长，以学工副书记为副组长，以各系主任、班主任、辅导员为组员的就业领导小组。在领导小组

[1] 徐挺、苏磊：《家庭的精英期望对大学生就业的影响》，载《职业时空》，2008 年第 1 期。

的指导和支持下，辅导员具体负责毕业生的各项工作。

（二）院系就业指导队伍的现状

1. 院系就业指导队伍合力有待加强

应然状态下，院系就业指导队伍应该各自发挥重要作用，形成合力。院长从宏观角度定目标、给予资金支持、根据社会需求相应调整培养方案、制定学院就业工作的奖惩激励制度等；副书记指导辅导员开展团体辅导和个体辅导；各系主任、班主任、专业老师在专业教育时与实践教育、职业教育相结合；辅导员针对学生实际开展各项辅导活动和服务。但实然状态是，院长和各系主任更加重视教学科研，更关注学生的培养过程，而对培养质量没有给予足够重视；专业教师和班主任仍主要是“学业指导”的角色，没有很好地将专业教育与实践教育、职业教育有机结合；学院有些专业培养方案没有很好地与社会需求紧密结合；学生专业实践不足、实践能力还有待提升。如果院系一把手和专业教师高度重视对学生就业的全程化指导，那么院系就业指导队伍的合力将大大促进学生的发展。

2. 院系就业工作的一线负责人辅导员心有余而力不足

虽然担负院系就业指导任务的重要角色辅导员具备一定教育学、管理学、心理学等知识背景，也接受过发展辅导、就业指导等方面的培训，但以下原因导致辅导员心有余而力不足：其一，辅导员的工作涉及学生党务、团务、评优、助学、日常管理、思想教育、就业等，小到解答如何选课，大到维护学生安全稳定，事务性工作繁杂，致使辅导员没有足够的精力静下心来专攻与学生发展密切相关的职业生涯规划、就业创业领域。其二，很多辅导员年龄小、阅历不丰富，对职业世界缺乏深刻的感知，以致指导缺乏底气。同时辅导员队伍流动性大、院系就业指导队伍不固定，难以进行专业化的就业指导。

二、新形势下加强院系就业指导人员知识能力建设的迫切性

（一）学校就业指导中心师资力量不足，需要院系有有能力的就业指导人员

根据《普通高等学校辅导员队伍建设规定》的要求，高校辅导员和学生数的配备比例基本上要达到 1∶200，基本上一个年级一个辅导员，这样在很大程度上弥补了学校就业指导中心人员编制少却要面对全校开展职业生涯规划和就业指导的不足。以北京地区的 20 多所高校的情况为例，大多数高校的就业指导工作

人员为4～5人，师生比例远未达到教育部提出的1∶500。[1] 而这样几位老师需要每年面对全校成千上万的学生进行任务繁杂的就业指导与服务，是不可能有足够精力来开展全程化、专业化的职业生涯规划教育和辅导的。对此，院系就业指导队伍更加了解学院学生的特性、了解学院各专业对应的职业，有利于就业指导的针对性和全程化，能够弥补学校就业指导中心师资力量的不足，共同促进学生的发展。

（二）毕业生就业新形势、新要求需要院系就业指导人员提升知识与能力

1. 毕业生人数的增加与用人单位岗位的减少对毕业生形成冲击

一方面，高校毕业生人数与年俱增：2012年，全国高校毕业生人数为680万，被毕业生称为“难就业年”；2013年，全国高校毕业生人数为699万，被毕业生称为“最难就业年”；2014年，全国高校毕业生人数为727万，被毕业生称为“史上最难就业季”；2015年，全国高校毕业生人数为749万，就业形势更加艰巨。另一方面，受经济增长减速的影响，用人单位开始控制用人成本，减少用人岗位。

2. 国家对就业率和就业质量提出了新要求

十八大报告明确提出要“推动实现更高质量的就业”，认为“就业是民生之本”。教育部《关于做好2014年全国普通高等学校毕业生就业工作的通知》中要求：“建立高校毕业生就业质量年度报告制度。从2014年起，各高校要逐步发布本校的毕业生就业质量年度报告，并在校园网、就业网、全国大学生就业公共服务立体化平台或其他媒体上公布。加强就业状况反馈和引导，将就业状况作为有关经费安排、招生计划安排、学科专业调整、教育教学改革等方面的重要参考，健全专业预警、退出和动态调整机制，及时调减就业率持续偏低专业的招生计划。”

可以看出，高校毕业生的就业质量不仅关系到学生本人“人尽其才”的幸福感和满足感，关系到学校的声誉和发展，而且更关系到社会的稳定和发展问题。这就需要学校和学院的就业指导人员合力运用足够的就业知识和技能对学生进行有效指导，促进学生的成长成才，推动学校就业质量的提升，为社会稳定和“人才强国”战略做出努力。

---

[1] 刘献文、李少芬：《大学生职业生涯规划教育本土化研究》，载《大学生就业研究》，2007年第5期。

综上来看，学校就业指导中心力量的不足、严峻的就业形势、就业率和就业质量的提升，需要学院就业指导人员尽早加强大学生职业生涯规划教育，开展有效的就业指导。而要胜任这个对学生发展影响甚大的工作，就需要院系就业指导人员克服困难，加强自身知识储备和能力提升！

三、新形势下高等学校院系就业指导人员应具备的知识与能力

笔者认为，要想成为院系合格的就业指导人员，必须换位思考才能做到指导的有的放矢。高等学校院系学生要想成功求职以及将来有很好的职业发展，应该特别关注哪些方面？对应地，院系一级的就业指导老师就应该具有该方面的知识结构和能力素养。笔者认为有与以下方面相匹配的知识构架和能力提升。

1. 帮助学生认识专业与职业的关系，调动学习的内驱力

这个专业的毕业去向有哪些？这些去向单位需要怎样的能力和素养？自己心仪的职业需要怎样提升自身的核心竞争力？通过一系列问题的思考和咨询，学生能认清专业学习能为将来的职业奠定坚实的基础，从而有利于调动他们学习的主动性和积极性。

资深职业经理人赵培勇先生认为："从职业生涯长远发展的角度而言，专业无冷热。你最终的职业发展能否取得成功，关键在于你的素质。"即使是大家认为的热门专业，也可能因为不是自己喜欢的，或者因为竞争更加激烈，或者因为被"热门"的假象所迷惑而不努力，从而导致职业发展不畅。大家认为的冷门专业，也并不是不能获得职业发展，最重要的是要提升自己的综合素养。三百六十行，行行出状元。不怕专业冷门，只怕学艺不精。不管你的专业是什么，只要你在这个领域确实学有所成，你就一定能利用这个知识成就一番事业。[1] 即使将来你的职业与专业不对口，只要有很强的素养，是金子总会发光的。搜狐总裁张朝阳的专业是物理学，阿里巴巴总裁马云的专业是英语，复兴集团总裁郭广昌的专业是哲学。他们的专业与创业并不直接对口，但他们依然取得了巨大成功。

明白这些，大学生就不要偏执地认为：专业选好了就高枕无忧；专业没选好，将来就没发展；未来职业与专业不对口，就不好好学专业。实践中大量的事例告诉我们，将来的发展一定与我们当前借助专业平台提升的素养有正相关关系。为此，大学生要善于运用专业平台提升自己的素养。大学生可以通过考研选择自己喜欢的专业；也可以通过现有的专业平台锻炼自己各方面的能力。

---

[1] 赵培勇：《毕业不失业，职业生涯规划步步高》，机械工业出版社，2009 年 7 月版，第 89 页。

实际中，一些大学生经常“翘课”或者忙着搞社团活动而无暇专研或者不思考自己的未来职业……种种现象表明他们并没有认清专业与职业的关系。而这一点直接关系到学习的效果，甚至对学生的专业自信造成影响。对此，院系就业指导人员最清楚学生的实际情况，可以有针对性地加以引导。当然，有效引导的关键在于引导者透彻了解专业与职业的关系，从而能够纠正学生的认识偏差，端正其学习态度，增强其学习内驱力。

2. 加强实践督导，激发学生探索自己的职业兴趣

这个社会大致有多少类别的行业？具体要求有哪些？自己究竟偏向哪个领域的哪个职位？自己中意哪类领域？如果尽早探悉这些问题，会促进学生围绕目标进行积累，从而有针对性地提升自己。然而，大学以前，学生基本为了考上理想的大学而努力，很少去发展自己的兴趣，也很少去参加社会实践。大学以后，学校管理宽松，学生自律不足，大学生没有足够重视了解职业世界和了解自我职业兴趣的重要性，因此也未充分去探索实践，以致一些大学生随波逐流，很茫然。根据北森测评网、新浪网和《中国大学生就业》杂志共同实施的一项“大学生职业生涯规划”调查问卷显示，当前大学生缺乏职业生涯规划的情况相当普遍。有62％的大学生对自己将来的发展和工作没有规划，33％的大学生的规划不够明确，而只有5％的大学生有明确的规划计划。❶ 成功求职的同学往往认为“实习是最好的职业规划方法”，❷ 因为能够在实践中发现自己的优劣势，明晰方向，尽早准备。

对此，院系就业指导人员配合学校就业指导中心，加大对职业世界的介绍，借助职业测评工具，帮助学生分析自身优势，理性排除伪兴趣，初步找到适合自己的职业兴趣。相应地，这就需要院系就业指导人员了解丰富的职业世界，学会运用职业测评工具，同时具备职业咨询的技巧和方法。除了学校建立实践基地、规定较长专业实习期、聘请职业指导师等途径外，院系就业指导人员更要设定考核标准，严格督导学生进行实践，并给予个性化的指导。这也需要学院一级的就业指导老师具备管理学的知识和技能，具备实践指导能力，具备人职匹配的分析能力。

3. 引导学生建立良好的品德和心态

学生就业的成功或职业发展的顺畅，不只是需要拥有丰富的经验、技巧，不

---

❶ 向欣：《当前大学生职业生涯规划教育的现状与对策思考》，载《现代教育科学》，2008年第5期。

❷ 杨光：《中国求职面试中的潜规则》，长江文艺出版社，2013年3月版，第173页。

只是具备职业生涯规划的意识和技能，更重要的在于学生的思想境界和心态。能不能认识自己的优点又能悦纳自己的缺点？能不能有对他人、对工作、对社会负责的态度？能不能与他人很好合作？碰到困难能不能将其视为一种磨炼并提升自己的机会？我想，一些重要的品德和心态会直接影响我们的判断、选择和行为，从而直接影响结果。内因的作用直接影响我们的职业能走多远，外因仅起锦上添花的作用。实际中，90后的大学生普遍个性鲜明、思想活跃、有主见、有想法、有胆量，但也存在探索精神不足、受挫承受力低、自我认知不清晰等情况。

对此，学校的就业指导中心和心理咨询中心应加强就业素养教育和心理辅导，学院一级的就业指导人员不仅需要懂得心理学的知识和方法，更需要言传身教，用自己良好的品行和心态去感召学生。

4. 关键时期帮扶毕业生提升就业技巧

如果说大一至大三时期，是大学生围绕专业学习、社会实践、心理修炼等方面进行储备的重要时期，那么大四期间则是大学生寻求新平台的关键时期。这个阶段，院系就业指导人员尤其要有能力做好以下工作：

首先，确保每位毕业生详尽了解当年的就业形势与政策；其次，分门别类地开展“考研、出国、求职”专场指导活动；再次，利用各种渠道收集就业信息并提供给毕业生，尤其要重点推荐给人职匹配的学生；另外，围绕大学生求职简历、笔试面试技巧等方面进行个性化指导；还有，对特殊群体给予大力辅导和支持；最后，做好毕业生的手续办理等服务工作。

四、多措施促进院系就业指导人员的知识能力提升

严峻的就业形势下，为了促进学生的顺利发展，实现学校就业率和就业质量的高水平，学校需要高度重视院系就业指导的力量，针对现状采取措施保障院系就业指导人员知识能力的提升。笔者认为，加强以下两方面非常重要。

1. 完善就业奖惩制度，保障院系就业指导队伍提升合力的主动性

院系就业指导队伍合力不足，笔者认为最主要的原因是，学校没有严格将就业率和就业质量的高低作为对院系一把手的考核标准，没有严格将其与院系各专业的招生规模挂钩。这就导致院系一把手更注重学科建设及教学科研，而忽视人才培养。这种制度缺失也往往在学校形成一种误导，认为“学生的就业工作是学工队伍的事”“学生就业不好是学工队伍的责任”。这种误导严重削弱了院系就业队伍的合力。关乎学生顺利就业的有效举措，如学院“根据社会需求及时修改培养方案”“延长学生实习的时间并严格督导”“将专业教育与实践教育、职业教育相结合”等，也因为误导而未受到重视。

为此，笔者认为，学生的就业率和就业质量是学校每一位教师的责任，而不只是学工队伍的责任，学校应该制定相应的制度明确这种责任，并规定严格的就业奖惩标准，激励院系就业指导队伍合力的形成，同时促进院系就业指导人员主动进行就业知识储备以及提升就业指导能力。

2. 加大对院系就业指导人员的培训力度

为了应对学生工作的新变化、新情况，除了院系就业指导人员自己钻研外，学校应加大培训力度，增强他们的职业能力和水平。就业指导能力的提升是一个循序渐进的过程，不可能一蹴而就。要制定培训计划、落实培训内容，可以把岗前培训和在岗培训、日常培训与骨干培训、一般培训与专题培训、社会实践与理论学习结合起来，建立多层次、多形式的培训体系。[1] 作为就业指导人员，应该懂得大学生职业生涯规划的理论和方法，必须了解当年的就业形势与政策，明晰学生在简历、笔试、面试中存在的问题并给予指导，还要清楚用人单位的需求，这样“知己知彼”，才能给予学生有实效的帮扶。所以，建议学校加大在这些领域的培训，通过“请专家进校答疑解惑”或“让就业指导人员到用人单位学习交流”或“校院两级的就业指导人员定期经验交流”等方式，培养一批就业知识储备丰富、指导能力强的就业指导人员。

[1] 艾楚君：《高校辅导员就业指导能力研究》，载《山西财经大学学报》，2012 年 5 月第 34 卷第 2 期。

人文学院法学交叉学科硕士生就业状况研究

人文学院　杨莉莉

摘　要　本文在对2010—2014届人文学院法学交叉学科硕士生就业状况调查的基础上，分析了法学交叉学科硕士生就业的特点，并对进一步加强法学交叉学科硕士生的培养、提升其就业质量进行了思考。

关键词　法学　交叉学科硕士生就业

“交叉学科是指不同学科之间相互交叉、融合、渗透而出现的新兴学科。”❶交叉学科的出现是社会发展和科技进步的必然结果。20世纪60年代，交叉学科研究开始在国外日益盛行。到20世纪80年代，我国学界开始关注交叉学科研究。进入21世纪，在国务院、教育部相关文件的指导和支持下，我国许多科研院所、高等学校都把交叉学科的研究正式提上了日程，设立的交叉学科如雨后春笋般崛起。

中国政法大学是法学教育的最高学府，具有丰富的法学教育资源，是培养法学人才的摇篮。学校领导对法学交叉学科的发展一直非常重视，并给予了大力支持。早在2002年中国政法大学50周年校庆知名校友座谈会上，石亚军书记就提出“把优势学科和新型学科、理论学科和应用学科、单体学科和交叉学科相结合，主动适用社会”的目标。2003年下半年，当时的徐显明校长在全校工作布置会上提到“全面鼓励交叉学科”。2008年，我校召开了“新兴交叉学科发展研讨会”。2010年我校又制定了《中国政法大学交叉学科培育建设管理办法》。2012—2014年，黄进校长在多个会议中强调要抓好交叉学科的培育和建设、扶

❶ 百度百科，http://baike. baidu. com/link? url=pJTvx2YS2NofePVNVvBkneH_6gH—OU8UMopvcBjfYEdB8egmu—jgaG61riu6tYQlDgjsOZySeGj5AWfsxZqNna，2015年5月8日。

植新兴交叉学科的发展。这为我校法学交叉学科的长足发展奠定了良好的基础。

人文学院法学理论专业下的四个硕士交叉学科（法律逻辑、法律语言学、法治文化、法治与文学）就是在这种大背景下得到发展的，其中，法律逻辑、法治文化被列为我校交叉学科建设项目。这四个法学交叉学科各有特色：法律逻辑方向“主要研究法律分析、事实推理、法律推理与判决论证的规律、规则与方法，在法学研究与法律实践中具有广泛的运用”[1]；法律语言学方向是法学与语言学的交叉学科，“紧密结合法律实践，研究法律实践中的语言问题，研究范围涉及立法语言、司法语言以及语言证据等”[2]；法治文化方向是“一个交叉性、综合性、颇具特色的新兴学科方向，是法学与哲学等多门人文社会学科交融的学术平台，它主要从文化的视野来研究法治，用法治的理念来构造文化，既注重综合性的理论研究，也注重法律制度、法律组织、法律行为、法律语言文本等实务研究”[3]；法治与文学方向是“法理学下设的一个交叉性、特色鲜明的新兴学科方向，是法学与文学学科交融的学术平台，主要立足于国家法治进程中与法律相关的文学理论与创作研究”[4]。我校是全国首所设立这四个硕士交叉方向的高校，这四个交叉方向分别于 2006 年、2007 年、2008 年、2009 年开始招生，目前已毕业的硕士生 68 人（其中 2009 届法律逻辑只招 1 人），在读硕士生 43 人。

本文在对人文学院 2010—2014 届法学理论专业下四个法学交叉学科硕士生（以下简称：法学交叉学科硕士生）就业状况调查的基础上，通过分析法学交叉学科硕士生就业的特点和原因，进一步思考了提升法学交叉学科硕士生就业质量的对策和方法。

---

❶ 《法学理论专业法律逻辑方向攻读硕士学位研究生培养方案》，2013 年版，第 1 页。
❷ 《法学理论专业法律语言学方向攻读硕士学位研究生培养方案》，2013 年版，第 1 页。
❸ 《法学理论专业法治文化方向攻读硕士学位研究生培养方案》，2013 年版，第 1 页。
❹ 《法学理论专业法治与文学方向攻读硕士学位研究生培养方案》，2013 年版，第 1 页。

一、2010—2014届人文学院法学交叉学科硕士生就业情况调查

（一）2010—2014届人文学院法学交叉学科硕士生基本情况统计（见表1）

表1　2010—2014届人文学院法学交叉学科硕士生基本情况统计

毕业年份	人数	男/女	法律逻辑	法律语言学	法治文化	法治与文学
2010	7	1/6	3	4	0	0
2011	15	6/9	3	5	6	1❶
2012	12	1/11	3	2	4	3
2013	19	5/14	4	3	7	5
2014	14	4/10	3	3	6	2
总计（人数）	67	17/50	16	17	23	11
所占百分比	100%	25.4%/74.6%	23.9%	25.4%	34.3%	16.4%

从表中所列情况可以看到，2010—2014届毕业生总数67人，女生人数比男生人数多49.2个百分点，法治文化方向人数最多，法治与文学方向人数最少。

（二）2010—2014届人文学院法学交叉学科硕士生就业情况统计

1. 初次就业率统计（截至毕业当年8月31日）（见表2）

表2　初次就业率统计（截至毕业当年8月31日）

毕业年份	毕业生总数	升学	出国	就业	落实就业总数	就业率	签就业协议和劳动合同	签约率❷
2010	7	0	0	7	7	100%	7	100%
2011	15	1	0	14	15	100%	14	93.3%
2012	12	0	0	12	12	100%	12	100%
2013	19	1	0	18	19	100%	16	84.2%
2014	14	0	0	14	14	100%	12	85.7%
总计（人数）	67	2	0	65	67	100%	61	91%
所占百分比	100%	3.0%	0	97%	100%	—	—	—

上表数据显示，四个法学交叉学科毕业生的就业率连续五年100%。其中，就业占97%，升学占3%，出国为0。升学和出国人数偏低。

❶ 该生提前一年毕业。

❷ 签约率＝签就业协议和劳动合同总数/毕业生总数。

2. 就业单位类型分布统计

2010—2014 届法学交叉学科硕士生共 67 人，其中，65 人实际就业，他们的就业单位类型分布如表 3 所示。

表 3 就业单位分布统计

毕业年份	就业总人数	公务员（法、检系统）	事业单位	国有企业（含国有银行）	外企/民企（律所）	其他
2010	7	4（4*）	0	1（1）	2（2）	0
2011	14	5（4）	1	6（5）	2（0）	0
2012	12	2（2）	1	2（0）	5（1）	2
2013	18	4（3）	3	1（0）	8（3）	2
2014	14	7（5）	2	1（0）	4（0）	0
总计（人数）	65	22（18）	7	11（6）	21（6）	4
所占百分比	100%	33.8%（27.7%）	10.8%	16.9%（9.2%）	32.3%（9.2%）	6.2%

* 表示在公务员类别中，法、检系统的人数，以下类推。

上表数据显示，毕业生就业单位主要以法院检察院系统公务员和外企、民企为主。

3. 就业地域分布统计（见表 4）

表 4 就业地域分布统计表

毕业年份	就业总人数	北京	上海/广州/深圳	其他沿海发达地区	二线省会城市	其他
2010	7	7				
2011	14	4	3	2	4	1
2012	12	7	2		2	1
2013	18	12	1		4	1
2014	14	9		1	4	
总计（人数）	65	39	6	3	14	3
所占百分比	100%	60%	9.2%	4.6%	21.5%	4.6%

表 4 数据显示，超过半数毕业生在北京就业，其次是省会城市。在大中城市就业的毕业生达到 95.4%。

（三）法学交叉学科硕士生就业情况与我校同期硕士毕业生就业情况比较（因部分数据不完整，仅以2013届、2014届为比较对象[1]）

1. 就业率、签约率比较

2013届、2014届我校硕士研究生的就业率分别为93.88%、95.43%，法学交叉学科硕士生就业率连续五年均为100%，均高于学校同期水平。

2013届法学交叉学科硕士生签订三方协议比例为63.1%（同期，我校研究生签三方协议比例为61.52%）；2014届法学交叉学科硕士生签约率为85.7%（同期我校硕士生签约率为80.27%）。两年签约率均高于学校同期水平。

2. 就业形式比较

2013届法学交叉学科硕士生升学比例为5.3%，出国比例为0。同期，我校研究生升学比例为3.09%，出国比例为2.46%。2014届法学交叉学科硕士生升学比例为0，出国比例为0。同期，我校硕士研究生升学比例为2.51%，出国比例为2.51%。升学比例略低于学校平均水平，出国人数为0。

3. 就业单位分布比较

2013届法学交叉学科硕士生去往党政机关的占22.2%（我校同期硕士研究生为45.25%）；国企占5.6%（学校同期20.75%）；事业单位占16.7%（学校同期3.31%）；外资和其他企业占44.4%（学校同期11.48%）。

2014届法学交叉学科硕士生去往党政机关的占50%（我校同期硕士研究生为39.09%）；国企占7.1%（学校同期8.07%）；事业单位占14.3%（学校同期7.67%）；外资和其他企业占28.6%（学校同期32.3%）。

综合2013年、2014年两年情况来看，去往党政机关和国企就业比例平均低于学校水平；去往事业单位的就业比例高于学校水平，去往外资和其他企业就业比例平均高于学校水平。

4. 就业地域分布比较

2013届法学交叉学科硕士生在北京就业的占66.7%（学校同期51.72%）。2014届法学交叉学科硕士生在北京就业的占64.3%（学校同期56%）。超过半数的毕业生在北京就业，高于同期学校比例。

---

[1] 文中提到的所有关于2013届、2014届我校硕士生的就业数据均引用或参考了《中国政法大学毕业生就业质量年度报告（2013）》和《中国政法大学毕业生就业质量年度报告（2014）》中的数据。

二、法学交叉学科硕士生就业特点分析

1. 总体就业率高于学校平均水平，毕业生具有较强的就业竞争力

从2010—2014届人文学院法学交叉学科硕士生的就业情况来看，整体就业率和签约率均高于我校硕士生的平均水平，充分显示了人文学院培养的法学交叉学科硕士生具有较强的就业竞争力。这些交叉学科的学生同时具有法学等两个或多个学科的知识储备优势，具有多学科碰撞带来的创新思维，他们基础扎实、视野开阔，应用能力强，综合素质较高。同时，我校法学的学科优势和良好口碑也极大地促进了用人单位对法学交叉学科硕士生的认可，对交叉学科硕士生就业率的提升起到了重要作用。因此，自身的实力、专业特色和学校的优势使得这些学生们在就业市场上倍受青睐。例如，2010届法律语言学方向毕业生小A擅长分析法律中的语言问题，思维缜密，顺利获得某法院的工作；2014届法律逻辑方向毕业生小B因具有非常好的逻辑思维能力而被某检察院看中，并分配到侦查相关岗位工作；2014届法治与文学方向毕业生小C，文字功底扎实，最终供职于某报社；2015届法治文化方向毕业生小D综合素质高，获得6家用人单位的录用通知。

2. 升学和出国的人数偏少

2010—2014年五年中，法学交叉学科硕士生的升学率平均为3%，出国人数为0。这项结果表明，法学交叉学科硕士生的升学和出国意愿很弱。这与笔者与硕士生进行深度访谈得到的结果一致：绝大多数硕士毕业生倾向于尽快参加工作，步入社会。原因有以下几点：一是法学交叉学科硕士毕业生大多都是本科毕业直接考取研究生的，没有工作经验，而法学相关岗位的工作却又是非常需要实践经验的，因此学生们都希望能早日步入社会，积累工作经验。二是从历年经验来看，法院、检察院、律所提供的岗位对报考人的学历要求多数是本科或硕士研究生，很少有要求博士研究生的情形。这就意味着博士生就业的可选择范围会进一步缩小，基本限定在大学或研究所从事法学方面的学术研究，但是事实上真正适合从事学术研究的学生还是少数。

3. 就业单位分布不平衡

公务员占比33.8%，外企和民营企业占比32.3%（大型外企的较少，民营企业的较多），二者相加占到66.1%，去往法检系统和律所的占41.5%，事业单位和国有企业的比例较少。对于法学的硕士生来说，首先，事业单位和国有企业向法学硕士生投放的招聘岗位相比国家机关来说少一些。其次，事业单位和国有企业的招聘信息一般只在本单位网站或个别其他渠道上发布，受众面较窄，发布

信息的时间和平台都非常分散，毕业生想捕捉到这些单位的招聘信息有一定难度。再次，毕业生对国有企业本身缺乏充分的了解。就人文学院法学交叉学科硕士生来说，学生们实习绝大多数是去国家机关和律所，他们很少能有机会接触到国有企业。

4. 就业地域狭窄

毕业生主要集中在北京地区就业，占比 60%。其次是省会城市 21.5%。在上海、广州、深圳及沿海发达城市就业的比例也较低，只占到 13.8%。北京是中国的首都、国家的政治文化中心，社会资源比较丰富，又是学生学习、生活了 3～7 年的、比较熟悉的地方，故绝大多数毕业生的首选就业城市为北京。部分学生鉴于在北京工作和生活的压力比较大，选择去往其他城市。可能由于我院生源结构的原因，来自长江以南地区的生源较少，因此，去往这些城市工作的学生也较少。长江以北地区生源普遍将北京作为就业首选，而不是上海、广州等南方城市。

5. 就业质量有待提高

虽然五年间的平均签约率达到 91%，但仍有 9%的毕业生没有及时签约，签约率仍有进一步提高的空间。此外，个别硕士毕业生由于种种原因当年签订的就业单位并不是很满意，就业满意度不高。

三、关于提高就业质量和水平的建议

（1）进一步凝练法学交叉学科硕士生的专业培养特色。这几年，人文学院法学理论专业法律逻辑、法律语言学、法治文化、法治与文学四个学科各自按照培养方案的设计努力培养优秀硕士生。经过几年的摸索和实践，交叉学科学生的优势初显，并得到社会的初步认可。但在就业竞争如此激烈的形势下，如何保持并进一步提高交叉学科学生在就业市场中的一席之地恐怕是关系到学科点、学院、学生本人和学校的大事。笔者认为，首先，要保持较高的培养目标，保持交叉学科的优势，两手抓，两手都要硬。具体到人文学院的四个交叉学科，要培养学生具有扎实的法学基础和逻辑学、语言学、文学、文化等方面的基础，这就需要教师和学生付出比单一学科硕士生培养更多的努力。其次，在多个学科知识架构的基础之上，进一步凝练专业特色，争取在本方向、本领域的研究和实践方面达到全国高校领先水平。再次，进一步为法学交叉学科的硕士生搭建全方位的实践平台，增强学生的实务操作能力和理论联系实际的能力，尤其要继续发挥校外导师的作用和优势。最后，利用多种机会和平台加强对法学交叉学科的宣传。

（2）指导法学交叉学科硕士生主动做好职业生涯规划。在硕士阶段，大多数的学生对自己的专业学习和将来的就业取向已经有一个相对明确的定位，但仍存在不少问题。比如，有的硕士生对自己的性格和能力的认识不足，目标过高，导致错过了真正适合自己的工作；有的硕士生不善于管理时间，总是丢了西瓜，捡到芝麻，事倍功半；还有的硕士生有目标，但缺乏扎实的行动，收获不多。学院要引导硕士生选修就业相关课程，学会正确认识自己、分析自己；引导学生尽可能亲身参与职业体验，进行职业分析；确定目标，找出差距，提高综合竞争力。

（3）加强对法学交叉学科硕士生就业市场的研究和拓展。根据文中数据显示，毕业生去往国有企业就业的人数偏少，然而，随着国企的改革和市场化、法制化的推进，对于法律，包括法学交叉学科的需求会进一步增加，今后学院和学科均可加强与国有企业的交流合作，加大对国有企业用人标准的研究，为硕士生去国有企业实习以及就业提供更多机会。此外，通过各种机会和渠道，积极开拓上海、广州、深圳及其他沿海发达城市的就业市场，大力宣传法学交叉学科的优势，积极推荐毕业生到这些城市工作。

（4）继续鼓励法学交叉学科硕士生去中西部地区就业。如今，国家进一步加大对中西部地区的资金投入和政策倾斜，为应届毕业生去中西部地区就业提供了非常优厚的条件和待遇。学校和学院要继续加大力度对“三支一扶”“大学生志愿服务西部计划”等项目的介绍和宣传，通过经验交流、树立榜样等活动，加深毕业生对中西部地区的了解，提升毕业生去该地区就业的兴趣和信心。

（5）鼓励学术能力强的硕士生继续深造。积极鼓励专业基础好、学术能力强的硕士生继续深造，进行更高层次、更深入的学习和研究。进一步加强对拟升学、拟出国留学硕士生的指导和服务工作，开展有针对性的座谈会、经验介绍会和讲座等活动。

高校“研究生妈妈”就业问题初探

人文学院　杨莉莉

摘　要　近年来，随着相关法律法规的进一步明确和不断完善，女研究生在校生育现象日渐增多。她们面临着就业和育儿的双重压力，就业率和就业质量不容乐观。如何积极关注和指导这部分研究生的就业工作值得我们深入研究。

关键词　研究生妈妈　就业

曾经，我国高校学生在读期间结婚和生育是被禁止的。2005 年以来，高校学生中出现了这样一个特殊群体——“研究生妈妈”。她们是高校在读的研究生，同时也是一个孩子的母亲（多为在校生育），她们承担着学生和母亲的双重角色，本文将她们称之为“研究生妈妈”。笔者经过对这个群体的观察和了解，发现“研究生妈妈”的就业状况不容乐观，存在一些突出的问题，笔者通过认真梳理和思考，尝试着对促进“研究生妈妈”的就业提出一些对策和建议。

一、“研究生妈妈”现象产生的原因

1. 相关法律法规的完善进一步保障了研究生的在校生育权

2003 年，我国实施了新的《婚姻登记条例》，其中最引人注目的就是取消了婚姻登记由单位或村（居）委会出具证明的做法，这就意味着在校大学生也不必向学校申请就可以结婚。随后，2005 年，教育部颁布了新的《普通高等学校学生管理规定》，取消了原规定中不允许在校大学生结婚的相关条款，至此，在校大学生“婚禁”令彻底解除。与此同时，规定中还明确列出了学生在校期间依法享有的六种权利，第六种是“法律、法规规定的其他权利”[1]。这就是说在校大学生不仅可以结婚，也可以合法生育。新的法律法规的颁布与完善为大学生在校生育现象的产生奠定了基础，更加体现了以人为本的精神和对大学生生育权的保障。

---

[1] 见《普通高等学校学生管理规定》第五条。

2. 研究生自身的年龄原因

目前，我国高校在校硕士研究生的年龄一般在22岁至25岁，同时，也有很多25岁以上甚至30岁以上的。其中的重要原因是生源的多样化导致了相当一部分研究生是本科毕业工作若干年之后又考取的，这部分研究生的年龄自然会比应届生大一些。笔者所带的硕士生中，就有的毕业时已经超过30岁。据有关研究表明，23～30岁是女性的最佳生育年龄，而这个年龄段却是大多数的研究生在校读书阶段。对于大龄已婚女研究生来说，为了提高生育质量，尽早生育可能是她们不得不考虑的一个重要问题。

3. 就业中与生育相关的性别歧视原因

为了保障女性获得和男性同等的劳动权利，我国出台了一系列相关的法律法规，比如《劳动法》《妇女权益保障法》《女职工劳动保护规定》等，尽管如此，在招聘中用人单位对女性的歧视现象仍然屡见不鲜。大多数的单位认为，相比男性来说，女性本身的身体条件需要单位在工作中为其付出更多的安全保障成本，所以在招聘中同等条件下女性更容易被淘汰。对于女研究生，用人单位通常认为，年龄偏大，进入工作岗位没多久就要面临着结婚、生子、带孩子的问题，这些家庭问题会导致其投入大量的精力，或多或少都会影响到工作，所以招聘女研究生比招聘更年轻的女本科生或男研究生需要更高的人力成本。从投入产出比来看，同等条件下，用人单位更加倾向于选择女本科生和男研究生，这使得女研究生（尤其是大龄未育女研究生）就业相对困难。基于这种原因，有的已婚女研究生选择通过在校期间生育，以期降低用人单位的忧虑，增加就业成功的筹码。香港《南华早报》曾在2014年4月11日刊登的一篇文章认为“不用再生育的女研究生更容易就业”。

4. 其他原因

此外，尚有其他一些特殊原因也会促使女研究生选择在校生育，比如意外怀孕或夫妻双方的身体疾病可能导致今后不能生育等情况。

二、大多数“研究生妈妈”面临的就业困境

当前，社会上很多人包括一些“研究生妈妈”都认为，在校生育的女研究生在毕业求职时会有很大优势，例如有人早早签约，有人最终找到了非常满意的工作，但笔者通过对人文学院多位“研究生妈妈”就业情况的跟踪调查发现，大多数的“研究生妈妈”在就业中并没有显示出预想的优势，还是存在一定的就业难、就业质量不高的特点。

1. 就业率低

笔者所在的学院中，几乎每届毕业生中都有在校生育的女研究生。据统计，这些女研究生在毕业当年的就业率只有约30%，有70%的学生毕业当年没有落实就业单位。例如，2008级硕士生小A为了生育在研二时办理了休学一年的手续，由于无法兼顾家庭和学业，研三毕业时又申请了延期一年毕业，比正常毕业晚了两年，然而，毕业当年也未找到工作。2010级硕士生小B在研三时怀孕生子，坚持参加毕业论文答辩，未申请延期毕业，但毕业当年参加博士生入学考试未被录取，工作也未落实。

2. 就业质量不高

对当年落实就业单位的女研究生进行统计发现，她们的工作多缺乏稳定性和基本保障。例如，2010级硕士生小C研二时申请休学生子，延期一年毕业，毕业当年找到一份私企的工作，工资不高，经常出差、加班，小C累得筋疲力尽，更谈不上照顾家中的幼儿，3个月后终于辞职。

三、造成“研究生妈妈”就业困境的原因分析

1. 就业意愿不强、动力不足

毕业时，选择在校生育的“研究生妈妈”几乎都会遇到这样一个难题：到底是尽快找一份工作呢，还是先做几年全职妈妈呢？

一方面，作为一名研究生，她们从来没有忘记自己在学业上的坚持和追求，自己对理想的期盼和执着。然而，这一切被一个小婴儿的到来打乱了。面对即将结束的校园生活，能否给自己的求学生涯画上一个圆满的句号？能否尽快找到一份比较满意的工作，实现自己对职业的追求和向往？找到工作之后，又能否兼顾孩子的养育？若是当年不找工作，2～3年后再就业会不会更加困难？这些都是她们再三考虑的。

另一方面，作为一个小婴儿的母亲，女研究生学历高，知识面宽，容易接受新的思想和理念，而且非常重视子女教育。她们明白，早期的育儿需要母亲投入大量的时间和精力，尤其是照顾三岁以下的孩子。她们为了贯彻自己先进的育儿理念，不愿将孩子的养育完全放手给老人。但自己育儿的同时，再出去工作，精力又着实不够。

这样，在就业和全职妈妈的选择性矛盾中，她们的就业意愿和就业动力被极大地降低了，直接导致了最后的就业结果不容乐观。

2. 就业准备不足

就业对于每个毕业生来说，就像是经历一场战争。要想打好仗，打胜仗，必

须在战前做好充分准备。近年来，很多高校都开设了大学生职业生涯规划等课程，就是将大学生就业服务工作扩大到所有年级，让大学生从一进校门就开始探索自己、认识自己、确定职业目标、做好求职资本积累和准备。实践证明，机会总是属于有准备的人。

对于“研究生妈妈”来说，同时扮演好学生角色和母亲角色具有非常大的挑战。一方面，她们课业负担比较重。即使她们对自己的要求仅仅是顺利毕业，也需要完成上十几门课、写二十多篇论文、参加社会实践、写毕业论文等必需的环节。尤其是毕业论文的写作，更得付出大量的时间和精力。另一方面，她们对幼儿的养育负担也比较重。现代亲子教育理念认为，父母尤其是母亲，在幼儿的身心发展方面起着无可替代的作用。这就需要母亲给予孩子更长时间的陪伴。即使有老人或保姆帮忙，也只能是做一些家务，很难取代母亲亲自培养教育孩子的重要性。

因此，在学业和育儿两大重任的双重压力下，研究生妈妈们在就业准备方面的投入时间被挤占得越来越少。没有时间系统复习；没有时间实战演练；没有时间走南闯北；没有时间去进行长时间的实习。所有的一切都导致研究生妈妈们没有充足的就业准备，仓促上阵，和其他人相比，缺乏竞争力。

3. 作为女性仍然面临就业中的性别歧视

2011年全国妇联发布的《第三期中国妇女社会地位调查主要数据报告》中显示：“在就业方面遭遇过性别歧视的女性占10.0%”❶，“在有求职经历的女大学生中，24.7%的人遭遇过不平等对待”❷，“最近3年，高层人才所在单位中，20.6%存在‘只招男性或同等条件下优先招用男性’的情况”❸。

笔者曾经带的3名研究生同时应聘某单位，都进入面试阶段，结果该单位选择了唯一1名普通的男生，而2名非常优秀的女生被拒之门外。也曾有用人单位来我校发布招聘信息，明确表示要男生。近年来，随着法律的不断完善和执法力度的加强，用人单位通常不会在发布招聘信息环节公然透露出对女性的歧视，但对女性就业的隐性歧视还是存在的。

---

❶ 第三期中国妇女社会地位调查课题组：《第三期中国妇女社会地位调查主要数据报告》，载《妇女研究论丛》，2011年第6期，第13页。

❷ 第三期中国妇女社会地位调查课题组：《第三期中国妇女社会地位调查主要数据报告》，载《妇女研究论丛》，2011年第6期，第14页。

❸ 第三期中国妇女社会地位调查课题组：《第三期中国妇女社会地位调查主要数据报告》，载《妇女研究论丛》，2011年第6期，第13页。

这种情况下，“研究生妈妈”在求职中，也必然不能摆脱用人单位对女性的性别歧视。对于有小婴儿的研究生妈妈们来说，虽然已经生育，但还是需要放很多精力在孩子身上，比如不能出差、不便加班等，所以在招聘时多会招致用人单位的嫌弃。

4．家庭、学校和社会的支持不够

“研究生妈妈”背负了就业和育儿的双重压力，非常不易。然而，不论家庭方面还是社会方面，对其的支持还远远不够。

在家庭方面，由于我国传统社会文化对家庭的影响根深蒂固，一项调查显示：“有61.6％的男性和54.8％的女性认同‘男人应该以社会为主，女人应该以家庭为主’的观点”[1]，这样的一种分工明显限制了研究生妈妈的职业发展。在就业形势严峻、工作不好找而家里孩子需要母亲照顾的情况下，“研究生妈妈”的丈夫和家人会更多地期盼她能投入更多的精力来照顾孩子，甚至有的丈夫直接建议妻子放弃就业做全职妈妈。

在学校方面，目前虽然大多数高校对“研究生妈妈”持宽容态度，允许她们自由选择正常毕业或休学半年或一年再毕业，并按照正常的毕业生向她们提供就业服务，但很少有专门针对她们的就业研究和指导。如果是休学一年后再就业，原来班级的同学已经毕业，在毕业季，研究生妈妈由于种种原因也很难在短期内融入下届的毕业班，更谈不上得到同学的帮助和支持了。

在社会方面，用人单位对女研究生的就业歧视仍然存在，一些保障女性就业的法律法规的执行仍缺乏有效监督。

四、对策和建议

面对严峻的就业形势和强烈的家庭责任，虽然一些妈妈放弃或暂时放弃了个人的职业发展，做起了全职妈妈，但是就业仍然是“研究生妈妈”的主流选择，这与职场妈妈的主流选择是一致的。那么如何提高“研究生妈妈”的就业率和就业质量，笔者提出如下建议。

1．提高“研究生妈妈”的就业愿望

要想提高“研究生妈妈”的就业率和就业质量，最重要的是提高她们的就业愿望，以此产生就业动力，促进就业。

在这方面，首先需要鼓励她们增强就业自信，要坚定地相信自己有能力平衡

---

[1] 第三期中国妇女社会地位调查课题组：《第三期中国妇女社会地位调查主要数据报告》，载《妇女研究论丛》，2011年第6期，第14页。

工作和家庭的矛盾。那些最终没有找到工作的女性，实际上首先在思想上就放弃了自己。其次，作为家庭和社会培养多年的高知识女性，应该提高社会责任感，在更适合自己的岗位上发挥作用。最后，作为孩子的母亲，榜样的力量是巨大的。父母对孩子的养育不仅仅是衣食住行，也不只是说教，更多的是行动的力量。实际上，母亲自己对事业和梦想的追求精神会对孩子的教育和发展起到积极的示范作用。

2. 指导“研究生妈妈”提前做好职业生涯规划

对于具有在校生育意愿的女研究生，学校要及时指导其提前做好职业生涯规划。首先，要全面评估自身条件和家庭支持情况，看能否在求学阶段真正做到学习、养育两不误，两方面都能抓好。学习和养育是两项非常重要的任务，任何一方面发生问题都会影响研究生的个人发展及其整个家庭的生活，因此，需慎重做出在校生育的决定，如果生育之后发现短期内无法兼顾学业和育儿，要申请休学或延期毕业，为毕业和就业准备赢得相对充裕的时间。其次，充分认识自己，分析自己，做好在读期间的学业规划和求职准备。再次，着力提高自身的综合竞争力，包括知识储备、适应能力、动手能力、组织能力、协调能力等。最后，做好时间管理。充分利用科学的时间管理方法，做好家庭和学业之间合理的时间分配。

3. 争取家庭和社会支持的最大化

家庭成员特别是丈夫，应与妻子共同承担起养育孩子的责任和义务，从而保证妻子能有足够的时间和精力用于求职准备和职业发展。

社会方面，要不断完善保障女性就业的相关法律法规，逐步提高条款的可操作性，加强监督，提高执法力度。

目前来看，女研究生在校生育现象可能会在一定程度上呈扩大趋势，“研究生妈妈”群体的人数越来越多，她们的就业问题也势必会引起学校和社会的关注。事实上，“研究生妈妈”的就业问题不仅仅是个人问题，而且是一个涉及个人、学校、家庭、社会的综合问题，只有几方面形成合力，才能使“研究生妈妈”真正实现学业、就业和育儿协调发展、共同进步的局面。

我国大学生创业实践实务探究
——以中国政法大学 ICUPL 工作室创业模式为样本

外国语学院　王丹阳

摘　要　随着高校毕业生的逐年递增，毕业生就业形势日益严峻，如何引导大学生自主创业不仅已成为各高校教育的重要目标，同时也是理论界和实务界共同关注的热点话题。本文以中国政法大学毕业生自主创业团队 ICUPL 工作室为样本，拟探究我国大学生创业实践指导性构建模式。

关键词　大学生　创业　实务　指导性构建模式

目前，国家正积极鼓励大学生创业以带动就业，开展着新一轮“大学生创业引领计划”，预计未来两年将扶持 80 万以上的大学生创业。然而，据人社部公开的数据显示，纵使我国高校开展创业教育 10 余年，大学生创业比例却一直在相当低的数字上徘徊，我国远不到 2%的比例和美国 20%以上的创业率无法相提并论，其中不足 10%的成功率更是令人忧心忡忡。如此刺眼的数据使得创业愈发成为高校和社会热议的话题。

大学生创业教育实为高校教育不可分割的一部分，根据各高校公开的就业报告来看，即便就业压力和社会竞争逐年增长，但高校创业者只有寥寥数人。各高校“创业协会”几乎承担着全部的创业教育重任，而协会活动基本限于举办几场创业知识讲座，激励大学生创业多停留在“口号层面”，往往只能达到调动热情的效果。这使得创业热情有余、经验不足、缺乏资金、机会匮乏的大学生们在创业实践中仍然处于一头雾水、不知所措的窘境中。作为教育一方，在告诉学生“创业初期资金运筹难，创业之中产品销售难，遭遇纠纷法律维权难”这一类宏观上的创业常识之外，给予创业者对于实务中各个环节如何运作、各个层面如何协调、各类危机如何应对等方面的指导显得更为迫切。由此不难发现，缺乏指导性创业实践模式也许是大学生不愿意创业或创业失败心理上以及事实上的重要因素之一。

本文将结合实践过程中遇到的普遍性实务问题，详细阐述中国政法大学自主创业团队ICUPL工作室（下文简称工作室）的构建模式，初步探索构建高校指导性创业实践模式。

一、确定创业方向，确立创业目标

任何工作的开始或者是团队的组建都不能缺少规划蓝图的存在，一个务实的规划将引领团队有条不紊地前进，一个全面的规划意味着团队在实践过程能够尽可能从容地应对突发状况。确定符合实际情况的创业方向和立于长期发展的创业目标将为团队向心力奠定坚实的基础。

ICUPL工作室，正式成立于2014年3月，工作室在创立之初便对运转的各个方面做了宏观意义上的规划。

在定位方面，工作室把所指向的服务定位为——“给你一个能带走的法大”，倡导简单、创意、潮流元素，以回忆和实用为主旋律，经营法大学子自己的原创设计品牌。要求每一个设计元素都必须是设计师努力打磨而呈现出的最独特效果。

在服务内容方面，工作室进一步将经营模式和服务内容具体化，决定实行设计、宣传、销售、服务一体化的经营模式，服务内容主要包括服装、文具、毕业纪念品及私人定制产品等。

在树立品牌形象方面，工作室企划充分结合新媒体时代的社会大环境，在线上宣传和售卖方面充分发挥新媒体平台的作用。运营ICUPL公众号推送产品信息并接受订购和私人定制服务，开通ICUPL微店经营产品预订及销售业务。

在总体创业目标方面，工作室力求以带着浓厚法大人印记的原创设计，打造最有情怀的校园文化品牌。

二、完成团队管理和组织建设

毋庸置疑，一个团队如果计划长久有序地运营，合理的管理层建设和完善的组织结构不可或缺，在具备了创业蓝图的前提下，根据创业方向和创业目标，找寻所需环节相应的管理层人员将成为第二阶段的主要工作内容，只有管理团队逐步完善，组织建设才有可能进一步健全，企划案才有可能在核心团队成员的各司其职、相互配合下得到最大限度的实现。在管理层人员配备齐全之后，组织建设也不可忽视，包括团队秉承的职业道德、明确所需支持以及激励约束机制。

（一）组建管理团队

关于管理层方面，工作室将工作内容划分为七个部分，分别为总协调、设计与技术、商家联系、库存记录、客服销售、市场分析、危机应对，其中市场分析和危机应对板块因为涉及所有环节，故由工作室共同完成。实践证明，每一方向的核心管理成员不宜过多，否则会出现互相推诿、工作计划搁置等失控现象。经过不断调整，工作室现有主要管理成员七名，由于支撑团队运营的最重要部分是产品设计环节，故分管产品设计的有三名成员。管理层成员的挑选须结合团队工作的性质特点，除了具备负责相应环节的能力之外，还应兼具相应的法律知识、商业知识、新闻学和传播学知识等，比如在生产、设计、销售环节需要运用法律方面的知识，在宣传、营销阶段需要运用到新闻学及传播学方面的知识。所以管理人员所擅长的领域应具备多样性，毕竟各个环节直接是网状放射性关系而非单一的平行线关系，故工作室现有的管理层人员专业分别是法学、新闻与传播学、外语、公共管理等，为法大毕业生、在读本科生、在读硕士研究生。

（二）团队需有秉承的职业道德

很多创业者都十分忽视职业道德建设，一味地追求经济利益，力求利益最大化，甚至认为这是创业过程中可以忽略的一个部分，殊不知软文化有时候也会对核心竞争力产生影响。工作室明确了所秉承的职业道德，并落实到每一个环节。工作室坚持质量至上、创意为先，不把盈利作为唯一且首要的目的，“平价”“高品质”“原创”始终是关键词。这种道德建设定位比较正确，毕竟所针对的目标顾客是高校在校学生。

（三）全面分析组织建设所需支持与机制

组织建设中奠基性工程是对创业过程中所需支持的分析与梳理，可以从资金、技术、顾问等方面着手考虑。

首先，创业所需最大的支持便是资金支持，因为团队运作的所有环节都需要资金支持，工作室的资金来源于创始人的投资。其次，在新媒体时代下任何营销都离不开技术层面的支持，将头脑风暴成果落到实处必须依靠强大的制作团队，运营微店更是需要克服重重困难。工作室的技术支持来自负责设计与技术的管理层人员。最后，也是关键，便是关键性顾问，任何创业过程都需要理论和经验层面的指导性意见，工作室邀请了中国政法大学商学院以及光明新闻传播学院的两位教授作为指导顾问，以保证宏观大方向不出现偏差。

至于激励约束机制，是鞭策团队成员各司其职、积极完成工作的保障，任何有序的团体都需要依靠一定的制度加以规范，如若不找寻合理适度的激励约束机制，单纯依靠热情和激情是无法让创业持续进行的，一个好的奖惩机制会开发所有团队成员的潜能，能够最大限度地调动团队积极性，让成员意识到努力会有回报，失误也将带来后果。工作室激励约束制度如下：

（1）每月举行两次例会，作为基本义务，全体管理人员必须参会。

（2）若每期工作有特别突出贡献，例如设计大受欢迎，团购商家增多，商家资源更加充实，以及其他全体核心人员共同认可的可奖励事项，即可奖励适当金额。

（3）若每期工作中出现工作失误，例如送货错误，联系商家给图印刷错误，设计原图错误，以及其他全体核心人员共同认可的失误事项，即予以一定处罚。若造成金额损失，则错误责任人承担60%，其余核心人员共担40%。

（4）工作过程中按照每期工作的具体工作执行，每部分工作必须按时完成，逾期扣钱：逾期一天扣30元，此后逐日在前一天扣罚金额上增加30元，例如晚3天完成工作的话，则扣罚30＋60＋90＝180（元）。

鉴于每人都会出现临时事务，耽误工作安排，所以允许特殊情况下逾期一至两天。但特殊情况必须在期限范围内提前告知，需要延长的时间也要提前告知团队，如果可以内部配合调整在期限内完成工作就配合完成，特殊情况下允许逾期时间最多不可超过3天。

（5）以季度为单位，利润额的40%留作团队运转基金，60%作为成员基本薪酬，其中40%为年度分红，20%为绩效奖励。工作中出现的因个人失误造成的损失照价在相应成员薪酬中做等额扣除。

（6）核心成员收入采取分红、绩效相结合的方式；外聘人员收入仅采取提成制度，按每卖出或送出一个产品记一次提成，每月月底结清一次。

三、运用多种手段进行缜密的市场分析

市场分析是对市场规模、位置、性质、特点、市场容量及吸引范围等调查资料所进行的经济分析，目的在于研究商品的潜在销售量，更好地认识市场产品供应和需求的比例关系。简而言之，市场分析就是运用多种调研手段，对所推产品是否为目标客户群所需、是否可以长久立足加以确定。市场分析贵在时效性和灵活性。所谓时效性，即应根据产品特征实时跟进市场销售情况，第一时间得到目标客户群对产品的反馈，以决定是否再次投产抑或推出新品。灵活性，简而言之就是市场分析所依据的主线未必是固定的，工作室的产品设计依据了四季的变化、特殊节庆日、新生入学、毕业季等主线。

1. 立足实际，分析产业前景，把握产品市场状况

工作室自创立以来一直保持良好的发展态势，很大程度源于团队一直在实时跟踪市场状况，每个季度都会出具新的市场分析报告，根据报告调整产品生产计

划与营销方案。从大局出发，目前学校的纪念品品种比较少，而且样式缺少活泼的青春元素，同时校内师生对带有校园元素设计的各种纪念品又有很大的需求，对于定制产品的需求量也越来越大，故此类纪念品定制创意产品市场前景十分乐观。就目前的技术手段分析，电子商务平台不断更新完善，为产品推广宣传和营销提供了更多更好的途径，比如新增的微店的营销模式，大大减轻了普通传统接单方式带来的压力，提高了订单处理以及统计的效率，并且有助于对市场实时的观测和把握。可以说，新兴的电子商务技术对于纪念品定制销售行业的发展非常有利。

在宏观把握下，还需进行结合产品特征、契合实际情况的落实。工作室创立初期，经过调研和商讨，考虑了实用性和流行持续性，工作室选择了校园元素帆布包作为主要产品，在师生中赢得了广泛认可，获得了校内一定的市场地位，于是相继推出了不同系列的帆布包，来满足市场对于帆布包样式多元化的需求。在春夏相交之际，工作室根据季节性特点，推出多款校园 T 恤，在预售阶段便达到了较可观的销售量。同时，根据 2015 年一季度市场分析报告，团队发现高校大学生更换笔记本和手机壳的频率十分高，对两种产品的需求量比较大，于是团队推出了“法大故事”“法大记忆”“昌平时光”等不同系列的笔记本与手机壳。同时，团队在诸如毕业季、迎新季等特殊的时间段也相继推出了符合该时段特征的产品，如“你好法大”“不想说再见”“最美的时光”等主题产品，还接连推出了与毕业旅行相结合的定制类产品。

2. 了解相同性质团队，理性分析竞争关系，凸显独特性

很多创业团队失败的直接原因在于竞争力不及其他团队，如何成为良性竞争的受益方对于创业成功显得意义非凡。

当前法大内的校园纪念品市场上同类经营团队存在不少，产品内容覆盖水杯、棒球帽、棒球服、纪念徽章等，其中 T 恤等服饰类的经营团队居多，在目标客户群数量一定的市场环境中，唯有突出独特性才有可能脱颖而出。于是工作室借鉴了运营起步较早的各高校相同性质的创业团队工作经验，总结了创业失败的共性原因，不搞恶性竞争，踏踏实实从产品类型、元素、更新频率等多方面力求打造法大独一无二的创业团队。在产品类型上，种类多，纯原创设计，产品皆为独家销售；在元素上，集平面设计、摄影作品与手绘元素于一体；在更新频率方面，工作室不仅适时推出新品，也会定时对现有产品增加新的款式。

四、巩固技术和研发力量

在市场分析环节之后，要面对的难题是如何将目标客户所需产品生产为实物，实际上就是考虑如何解决技术类困难。

（一）考量技术发展趋势

现有法大纪念品从设计上来看，大多是将学校名称、校徽、校训等直接印刷或雕刻到笔筒、T恤、笔记本等产品上。这种设计风格虽然达到了凸显“法大”的作用，但未免过于千篇一律，缺乏创作新意，使纪念品显得过于严肃，不能很好地迎合“90后”大学生追求个性与时尚的消费观念。

从实用性的角度来看，现有纪念品中高端礼品类产品，以瓷盘、笔筒、签字笔等居多，贴近生活的实用性产品偏少。高端礼品类产品多用于校际间交流时的馈赠品使用，普通学生很少购买。而诸如笔记本、草稿纸等实用性商品的样式又比较单一，高校学生在选购时缺乏挑选余地。

现有产品的不足，成为工作室进入纪念品市场的“入口”。在通过微信公众号、校园BBS、微店、面对面送货等多种渠道与用户接触之后，深入了解了市场需求，本着未来商业社会一定是“用户主权的时代”理念，得出了经营团队在技术层面的发展方向。

（1）产品设计。捕捉时下流行趋势，在设计中多积累经验，多吸纳各方意见，多结合用户体验和需求。招募设计人才，充实设计团队，不断提升设计的创造性。

（2）微信公众平台。全面运用微信功能，制作微信菜单，最大限度为客户全面了解工作室提供便利。

（3）线上微店。公众平台认证成功后，将微店与公共平台绑定，逐渐将线上销售渠道完全转移至微店管理，而公共平台则成为信息推送和用户反馈平台。这样做不仅可以利用微店强大的后台系统对货品进行编辑管理，而且还能收集到丰富的用户数据，如单品浏览量、客单均价等。利用这些数据，对产品、销售策略进行适时调整，紧跟用户需求，从而搭建起适于ICUPL运营的愈加成熟的O2O模式。

（4）线下体验。考虑入住法大纪念品店或者自营商店，开设线下体验渠道，与线上购买相结合，让用户在购买产品之前能够对我们所提供的服务有充分的体验和直观感受，让用户能够面对面接触产品。

（5）私人订制。面向个人、宿舍、班级等用户主体提供私人订制服务。

（6）团购及相关特别会员活动。形成会员制度，不定期进行老顾客的回馈和优惠活动，增加用户黏性。

（二）吸纳各类型的研发力量

产品品质影响着品牌形象的树立，直接关系品牌声誉，影响着销量，一定程度上决定着品牌可以持续在市场中的时间。高品质的产品背后必定是一支能力全面、技术全面的研发队伍，研发力量不仅仅要具有创意和想法，更要具备将想法变成实物的技术能力。

工作室核心研发人员有四名，都有较强的想象力，可以灵活运用各类电脑绘图编辑软件及视频制作软件进行设计和宣传，能够熟练使用单反、摄影机等设备进行素材的采集，同时擅长手绘和书法。

五、攻破营销难题

有了对产品的构想，并将产品从所思所想阶段转换为实物之后，如何制定营销计划成了新的难题。营销不仅仅是卖东西这么简单的概念，而是从整体氛围的营造以及自身产品形态的营造去对产品进行推广和销售，需要深挖产品内涵，使得准消费者深刻了解该产品进而购买该产品，从长计议，营销环节要达到的目标是长期对客户产生吸引力，用“有用的创意”去说服别人。

1. 产品战略

如前“市场分析”板块所述，工作室针对不同时间段进行了不同的市场分析，从而草拟出不同的产品战略，现就毕业季产品战略做详细分析。

毕业季中，毕业生对母校有着深深的留恋和不舍，购买心仪的毕业纪念品已成为毕业生的一种习惯，针对毕业纪念品做出产品战略最重要的已不是设计师奇思妙想的设计，而是抓住毕业生的心理因素——希望留住在法大一点一滴的记忆。其中，“法大”和“一点一滴”是关键词，因而所推出的产品必须能够尽可能涵盖法大元素，给毕业生一个“能带走的法大”。于是工作室针对这样的战略定位拟推出涵盖法大所有标志性建筑物的手绘地图册、春夏秋冬法大景色的成套钥匙扣、以教学楼和校训为主体内容的成套书签。此外，工作室拟试行“毕业大礼包”构思，将工作室历来的产品进行一定的组合捆绑供毕业生挑选购买。

产品战略贵在能够结合销售氛围，揣摩消费者心理，贴合市场需求。

2. 渠道战略

销售渠道便利与否在一定程度上影响着销量和客户数量，多样化的销售渠道对客户群而言也是一种尊重。渠道战略要跟进时代潮流中关于虚拟沟通方式的变更，也要根据业务量和团队具有的人力资源进行调整。

最初，工作室通过微信公众平台、人人等公共新媒体方式进行产品宣传，并留下了客服的联系方式，此阶段为起步阶段，订单量相对而言较少，电话、短信订购是主要渠道。然后，“微信”社交软件盛行，同时客户反映，希望能够通过直接回复微信公众平台的方式进行订购，所以很长一段时间内微信公众平台是实现交易的重要方式。随后进入稳步发展阶段，订单量逐渐增加，微信公众平台、电话、短信等方式效率越来越低下，销售错误率、漏单率有上升趋势，于是工作室注册了有赞微店，将销售渠道重心转移至微店，大大提升了效率，使整个销售流程更加规范和有序。

六、平衡财务收支

财务状况可以综合反映一定时间段运营的资金来源、运用以及变动情况，以表明团队财务变动的全貌，体现资金变化状况。很多创业项目宣告失败的最终原因是收支极其不平衡，亏本严重。故制定合理的财务计划表，严格把控收支情况，并使财务、生产、销售三环节之间保持良好的沟通运转是保证团队能够长期运转的重要保障。

七、进行阶段性风险分析

作为初创的营利性团队，在未来的经营管理当中一定会遇到诸多风险，想长远发展必须认清风险来源，进行风险控制。结合工作室的特点，风险来源和相应风险控制策略如下。

（一）风险来源

（1）管理经验不足。作为大学生，对于商业组织的管理经验几乎为零。

（2）财务风险。启动资金是由创始人投入的，但个人的力量毕竟有限，后期为了扩大规模必须寻求外部资金的注入。

（3）生产风险。产品的生产模式是“原创设计＋外包生产”，这种模式就决定了对于外包生产商没有绝对的把控能力。如果出现延期交付、错印、漏印等情况，对工作室运营会造成很大的压力。

（4）经营期限短。团队人员暂时都在北京，但也不排除因为升学、工作而引起的人员变动，最终可能导致团队解散。

（5）市场风险。随着竞争对手的模仿与赶超，现有市场逐渐达到饱和，找不到新的利益增长点。

（二）风险控制

（1）勇于试错。在实践当中多总结经验，不断试错，不断修正，积累管理经验。

（2）吸纳人才。引进管理、设计、财务等各类人才。为今后团队业务发展多做储备。

（3）寻求外部帮助。关于团队运营、财务、法务等专业性较强的问题，可以寻找第三方咨询机构的帮助。

（4）制定内部成员退出策略。类比《公司法》相关规定制定团队内部成员退出机制，确保团队财务及运转不因个别成员的退出而受到较大冲击。

提倡大学生自主创业是现阶段解决高校毕业生就业问题的一个有效方法，也是大学生检验自身能力、实现自我理想、提升个人价值的重要平台。诚然，影响大学生创业的因素是多元的，探索大学生创业实践指导性构建模式仅是其中的一个方面，并且完善该指导性构建模式需要更多的样本和探讨研究。要唤醒大学生的创业精神和创业斗志，促使大学生投身创业实践，仍需要社会、学校和大学生自己的共同努力。

浅析在文化产业中的大学生自主创业

社会学院　尚武

摘　要　文化产业的繁荣是发展中国特色社会主义文化的要求，大学生在文化产业中进行自主创业，不仅是大学毕业生前景光明的创业道路，从文化强国战略的角度来看也具有十分深远的意义。本文通过分析文化产业中大学生自主创业的专业优势、思维优势、政策优势和资金、市场、管理等几方面常见问题，阐述当前大学毕业生在文化产业中创业的基本情况，为在文化产业中创业的大学毕业生提出简要的建议。

关键词　大学生自主创业　文化产业　就业

“一个国家、一个民族的强盛，总是以文化兴盛为支撑的。没有文明的继承和发展，没有文化的弘扬和繁荣，就没有中国梦的实现。”《习近平总书记系列重要讲话读本》中这样强调。从十七大提出“文化强国”这一长远战略以来，中国特色社会主义文化建设一直是我国中央和地方各级政府的重要工作。文化事业的繁荣一方面是要建立健全覆盖全社会的公共文化服务体系，另一方面则是要大力发展文化产业使之成为国民经济的支柱性产业。文化产业要变得越来越多元、越来越有活力，就必须有新鲜血液的注入。

大学生在文化产业中进行自主创业在这个举国大力推行文化强国战略的时代，除了有助于解决大学生就业压力、丰富文化产业市场之外，从中国特色社会主义建设全局看来，也有着十分重要的意义。因此，在中央和地方各级政府的大力支持下，在广大高校大学生的积极参与下，各地大学生文化创业的比率不断提高。在大学生创业氛围浓厚的杭州，2014 年上半年比 2013 年上半年的创业企业数增加了 23.6%，其中，2014 年上半年诞生的大学生文化创意企业就有 277 家，占总数的 27.6%，名列各类企业的第一位。[1] 在我国各大中小城市，大学生文化

[1] 浙商网：《杭州：2014 年大学生创业企业增长率创历史新高》。

创意园也如雨后春笋般建立起来，成为大学生在文化产业中创业的重要平台。与此同时，我们也不难发现，诸多城市的文化产业园区通常都会毗邻高教园区，或者依托某一大学群而建，高校和文化产业园之间存在着人才、技术、资金等多方面的交流合作。文化产业已经成为大学生就业、创业的优选。

一、大学生在文化产业中创业的优势

越来越多的大学生选择文化产业作为创业方向，与大学生自身在相关方面具备优势有关。总的来说，大学生普遍具备更高的专业素养，拥有更活跃的创意思维，受到了更多的政策优待，这是大学生在文化产业中创业的三大优势。

（1）专业优势。在文化产业中进行创业必须要有自己的核心竞争力，较高的专业素养则是核心竞争力不可或缺的一部分。大学生在高校中接受的专业教育具有新、精、尖的特征。也就是说大学毕业生所掌握的专业技能通常比市场中常用的该专业相关市场常见技能更新颖、更精专、更尖端。比如目前在广告创意产业中经常使用的 PS 软件是版本较低的 Adobe Photoshop CS3，但广告专业的大学生们在高校中学习掌握的是更新的 Adobe Photoshop CS5 乃至更新的 Adobe Photoshop CS6。并且，大学毕业生与高校之间有着天然的纽带关系，高校作为高新技术开发的中坚力量，会为创业的大学生们提供强有力的专业后盾。一些大学生创业者的创业之路始于在读阶段，其中不少创业者的创业理念和技术依托都与大学生参与的课程或研究项目有关。文化产业中的专业性要素，即产品概念和技术的取得主要来源于专利技术和版权的研发和交易，拥有自主研发能力的公司在文化产业中只占少数，在专业性的自我提高上后劲不足。而高校科研和大学生创业者之间是理论进步和实践检验互相推进的关系，在专业性的提高上更具有可持续性。

（2）思维优势。文化产业，在很多时候也会被称为“文化创意产业”，由此可见，创意对于文化产业来说，是其根本元素之一。由于未在市场浸淫，没有过多从事程式化的工作，年轻的大学生们通常拥有比相关职业的前辈们更加活跃的思维，经常会产生十分具有突破性的思路，开发出另大众眼前一亮的创意产品。而且目前各高校也十分重视培养大学生的创新能力和创业能力。国家大学生创新性实验计划项目和全国大学生创业大赛，都是全国性的大学生创新、创业能力比赛，这两项比赛，激发了大学生的创新思维，激励了大学生的创业热情，因而涌现出了很大一批创新、创业人才。其中，不乏在文化产业中崭露头角的大学生，如由清华大学博士张文浩创办的“独到科技”公司，充分利用了独创的社交网络分析模型，使用大数据处理的技术，开发了一套微博传播分析系统，市场前景广阔。[1]

（3）政策性优势。目前各地政府给予大学生创业的优惠政策通常包括贷款优惠、税收优惠以及运营方面的优惠。例如我国对大学毕业生创办的企业，第一年免征企业所得税。上海市的大学生创业基金“天使基金”会为大学生创业者提供5万元至30万元的创业贷款。台州市三门县大学生创业孵化园会为大学生创业者提供一年的免费摊位。除此之外，各地政府也简化了大学生创业者的申报手续，希望引导更多的大学生创业。为了扶持文化产业的发展，各级政府也纷纷出台针对文化产业的优惠政策。如杭州市在2014年就出台政策，文化创意类公司在杭州创业可以无偿得到项目资助。大学生在文化创意产业方面创业，同时符合这两种政策的要求，可以得到大学生创业和文化产业创业重叠的政策优惠，这是相当大的优势。不过，目前各地都存在空有政策而落实不足的问题。《西安日报》于2015年面向3万余名大学生所做的问卷调查显示，只有9.8%的大学生经常关注政府扶持大学生创业的优惠政策，大学生对政策的不了解导致他们不能享受政策红利。

二、大学生在文化产业中创业的常见问题

（1）资金问题。大学生创业，第一只“拦路虎”就是资金问题。根据杭州大学生创业联盟在2013年针对大学生创业的调研报告显示，大学生在创业过程中遇到的首要问题就是资金的问题。尽管政府会提供一定数额的创业贷款，并给予一些政策支持，但对于想要在文化产业中进行创业的大学生来说，资金仍然是横亘在他们面前的一道高高的门槛。据杭州大学生创业联盟的报告显示，超过六成的大学生创业只能依靠自己集资，而申请到政府创业基金的不到3%。[2] 可见，即便有政策倾斜，资金问题仍然是普遍的难题。相较于实业与金融行业，文化产业的创业成本是较低的。而且随着互联网的发展和网络市场的多元化，文化创意产业的市场越来越多地转移到了互联网上，很多大学生选择利用互联网平台开拓他们的文化创意市场。由于互联网平台的准入条件低，创业成本低廉，网上创业已经成为大学生创业的重要途径。因此也有些人将文化产业称为卖“点子”的产业。可实际上，文化产业却不是拍拍脑袋，制造新点子这样不需成本的。相反，和餐饮服务业相比，首先，它的资金回笼过程较长，大学生在文化产业方面创业

---

[1] 王冠：《独到科技：创业是一种生活》，载《IT经理世界》，2012年第20期，第138页。

[2] 方力：《大学生创业难在哪》，载《浙江日报》，2013年6月19日，第15版。

的前期经常遇到资金短缺的问题。其次，想要在文化产业中打开市场，必须要为产品和服务做大量的营销和宣传，在产品和服务本身之外的资本投入往往比产品服务本身的价值更高。

（2）市场问题。在创业过程中，紧随着资金问题而来的就是市场问题，包括定位市场、挖掘客户、积累人脉等。以美术专业学生为例，他们在创业时在市场方面就容易陷入几个误区：易过于注重自我爱好，易盲目跟风，易在大城市扎堆创业。[1] 这就是先期没有对创业市场进行准确定位造成的，造成了资金和人力的浪费。在挖掘客户方面，如何将自身创意想法与潜在客户的需求联系起来，如何做好营销、扩大用户群，也是大学生们无法从书本中直接获取的知识。大众的文化需求和消费心理比物质消费需求更为多变，文化产业与零售业、服务业相比，要求创业者有更加灵敏的触角去捕捉客户需求和市场走向。大学生一旦陷入形而上的思路，就无法适应市场发展的节奏。文化产业也是一个对客户黏度要求较高的产业，消费者有较强的消费惯性。初出茅庐的大学生创业者没有太多的客户资源，一切几乎都从零开始。他们想从现有的市场中分一杯羹，必须要寻找市场空白，提供更有吸引力、更加个性化的服务，其中难度之高显而易见。

（3）管理问题。另一个不可忽视的问题则是经营管理的问题，运营管理问题又分为创业心态与管理经验两方面的问题。在创业心态上，由于当前的大学生们生活条件普遍较好，未经历过太大的挫折，因此在应对创业风险和创业失败的打击时，不能及时调整好心态，很容易在风险和失败面前选择放弃，这是目前很大一批大学生创业失败者的通病。在管理经验上，大学生创业者几乎都没有管理企业的经验，而目前有高校开设创业教育课程，但是很多创业课程都只是停留在理论教育上，缺乏实践活动，无法起到让学生锻炼经营管理能力的作用。所以，高校应当加强创业实践课程建设，切实提高大学生创业实践能力。

三、文化产业中的大学生自主创业有重要的全局性意义

大学生在文化产业中进行自主创业，不仅对大学生自身来说是较为理想的发展道路，从我国文化产业发展、人才战略实施和综合国力提高的大局来看，也是具有深远意义的。

首先，大学生在文化产业中进行自主创业会为我国文化产业的发展注入新生力量，冲击陈旧的发展思维，为文化产业增添新活力。①进入新世纪以来，我国

---

[1] 王新宏：《文化创意产业背景下的美术类大学生自主创业浅探》，载《吉林省教育学院学报》，2013 年第 1 期，第 80 页。

越来越重视文化产业的发展，然而相对于基础雄厚的第一、第二产业来说，文化产业是第三产业中起步较晚、基础较差的。越来越多的大学毕业生的加入，会使文化产业的实力得到提升。②在冲击陈旧的发展思维方面，我国的传媒集团的性质，使它们或多或少会受到体制内外的制约，受到一些抱有传统的文化、传媒观念的领导层的制约。而大学生进行自主创业，则是跳出了这样的桎梏，以自己对文化的理解作为公司的精神内核，以当代大学生宽容的心态对待全社会不同地域、不同阶层的文化。他们的加入会为我国文化产业的发展开拓出更多的发展方向，激发出无限可能。

其次，大学生在文化产业中进行自主创业也能推动我国人才发展战略的实施。高等院校是一个智力密集、人才集中、科研力量雄厚的智力库，文化产业是一个高智力要求的产业，与发达国家相比，我国在文化产业方面的人才储备还处于起步阶段，还不能满足我国文化产业发展的需求。[1] 放眼长远，由前文分析可知，大学生自主创业需要培养企业管理能力，需要摸索和熟悉市场规律。在世界文化交融的今天，文化产业市场的国际化也在不断加深。只有懂得世界文化发展潮流，熟悉世界文化市场走向的人才才能在这场世界性的文化之战中取得胜利。国家鼓励和扶持大学毕业生在文化产业方向进行自主创业，也就是着力发掘和培养这类复合型人才，为他们将来能代表中国走向世界开通了快车道。

最为重要的是，大学生在文化产业中进行自主创业为我国软实力的发展和综合国力的提高提供了无限潜力。我国提出文化强国战略以来，中央和地方政府都在大力支持文化产业的发展，尤其是文化产品的对外出口。文化产业的生产环节奠定了文化软实力的基础；文化产业的销售环节，尤其是对外销售，能使中国文化融入国际市场，增加中华文化的影响力；文化产业的消费环节，不仅提升了国民消费水平，更满足了人民群众的文化需求。国家支持大学生涉足文化产业创业，是对文化产业发展潜力的进一步挖掘，为我国文化软实力和综合国力的发展提供了无穷潜力。

---

[1] 张峰：《高等院校文化创意产业人才培养模式研究》，载《现代商业》，2015 年第 3 期，第 287 页。

“价值澄清理论”视角下当代大学生择业观养成

学生处　熊元林

摘　要　“价值澄清理论”作为一种重要的德育理论流派，建立了一套完整理论模型。当代大学生的择业观多元，与“价值澄清理论”具有契合性。本文首先厘清了“价值澄清理论”和当代大学生择业观养成的基本内涵，从社会现实和大学生个体两个角度阐释了“价值澄清理论”之于当代大学生择业观养成的必要性和可行性。在此基础之上，从基本要素、三阶段七步骤、价值澄清策略等方面，构建了“价值澄清理论”在当代大学生择业观养成中的基本模型。

关键词　价值澄清理论　大学生择业观养成

随着社会经济发展和高等教育大众化，大学生“就业难”成为社会的热点话题。虽然形成这一问题的原因非常复杂，但是与大学生择业观存在关联。国家大力倡导到西部基层就业，选拔大学生到新疆基层就业，这引发了笔者对当代大学生择业观形成的思考。当代大学生择业观更加多元，传统的说教、榜样示范、鼓励等德育方法对大学生择业观的养成已经显得有点力不从心，本文从“价值澄清理论”这一视角思考大学生择业观的养成。

一、“价值澄清理论”与大学生择业观养成

没有理论的实践缺乏方向感，实践需要理论作为指导。“价值澄清理论”作为一个德育理论流派，建立了一套完整的理论模型，将其应用于大学生择业观养成的研究是一次全新的尝试。

1. “价值澄清理论”综述

20 世纪 60 年代，美国社会急剧变动，黑人运动、妇女解放运动以及校园学生运动等不断出现，社会矛盾日益激化，导致了价值观多元，传统的说服教育、灌输以及榜样示范等学校价值观教育方式有点力不从心，面临前所未有的挑战。在这种背景下，价值澄清理论（The Values Clarification）作为美国学校德育理论一个重要流派应运而生。该理论以美国纽约大学教授路易斯·拉思斯等为主要

代表人物，以杜威的经验论、人本主义心理学及存在主义哲学为其理论基础。

价值澄清的基本含义是“由于我们把价值观看作源于个人的经验，所以我们期望不同的经验应该产生不同的价值观，任何一个人的价值观都将随着他（她）的经验积累和变化而发生变化。一个人在其认识上或经验形式中发生了重要的变化，那么他（她）的价值观必然发生变化。如果一个人与世界的关系不是静止的，那么他（她）的价值观就不可能是静止的。作为指导人的行为的价值观是随着人的经验而发展与成熟的。”❶ 价值澄清的主要目的在于帮助学生澄清其自身的价值观，不是简单地认同和传递“正确的”价值观，而是使学生获得适合于他自身的价值观。正如霍华德·柯申鲍姆所说：“虽然，科尔伯格的道德发展阶段理论在学术界享有更高的声望，但价值澄清却是最流行的新价值观教育方法。”❷ 即价值澄清理论是一种教育方法。

“价值澄清理论”主张价值观的形成不是通过机械的理论说教和刻意灌输，而是通过澄清的方法在自我感悟和评价过程中去实现。认为价值观是在实践经验中形成的，不同的经验就会形成不同价值观。通过强迫的灌输，甚至榜样教育所传导的价值观，缺乏个人体验，不能使人们“产生任何深沉的信仰”“更没有成为指导公民行为的价值”。❸ 并且认为价值观形成的过程比结果更重要，更应注重培养学生通过不断澄清，形成价值观的能力。“价值澄清理论”经过不断发展，系统地提出了四大要素、三阶段七步骤以及具体的价值澄清策略等，形成了一套完整的理论操作体系。

2. 当代大学生择业观养成

大学生完成学业后，都面临着最终走向社会进行择业的问题，在择业的过程中，择什么样的业，必然会基于自身的价值判断，即依据“择业观”进行抉择。所谓“择业观”是择业主体对于择业的目的、意义、怎样择业及择业空间等的根本看法和态度，大学生择业观包括其择业动机、择业定向、职业选择空间观念、

---

❶ ［美］路易斯·拉思斯（LouisE. Raths）著，谭松贤译：《价值与教学》，浙江教育出版社，2003 年版，第 50 页。

❷ 洪祺文、陈红：《美国学校德育的价值澄清理论评析》，载《衡阳师范学院学报》，2007 年 8 月。

❸ 洪祺文、陈红：《美国学校德育的价值澄清理论评析》，载《衡阳师范学院学报》，2007 年 8 月。

择业途径观念等。❶ 大学生择业观通常是指大学生对自己未来所从事的职业、工作的选择时的观念，包括择业心理动机、择业理想目标、择业认识状况、择业价值取向、择业实现途径等。

当代大学生择业观的养成是大学生在长期的学习实践过程中，结合自身就业需求，而逐步形成择业观的过程。大学生择业观是大学生人生观、世界观和价值观在职业选择方面的具体体现，对大学生个人的职业选择具有非常重要的指导作用，同时也直接关系国家发展和民族伟大复兴。因此，我们必须高度重视当代大学生择业观的养成。

二、“价值澄清理论”之于大学生择业观养成的必要性和可行性

“价值澄清理论”与大学生择业观的养成具有高度的契合性。从社会现实、大众传媒对大学生择业观养成的影响看，非常有必要借鉴“价值澄清理论”进行分析。同时，从大学生个性特点以及社会分工精细化带来的机遇和挑战等方面看，利用“价值澄清理论”进行当代大学生择业观养成分析具有可行性。

1.“价值澄清理论”之于大学生择业观养成的必要性分析

第一，社会主义市场经济的发展，大学生就业方式的转变，对择业观养成非常必要。在计划经济背景下，大学生毕业后，进行计划管理、统一分配，个人服从国家利益和集体利益。但随着市场经济的发展，强调市场在资源配置中发挥基础性作用，资源优化配置主要通过市场这只“无形的手”来实现。即学生的就业也从计划经济的“统一分配”转变为市场经济的“自主择业、双向选择”，❷ 就业手续从“派遣证”到“报到证”的华丽转变，标志着大学生就业形势发生根本改变。同时随着高等教育大众化，高校毕业生人数不断攀升，2015 年全国高校毕业生人数达 749 万，❸ 大学生“就业难”成为社会热点话题，引起国家和社会高度关注。“凡事预则立，不预则废”，因此，大学生择业观养成对大学生高质量就业具有非常重要的意义。

第二，大学生面临多层次、多样化的就业选择，择业观多元。正如上文所述，学生进入“自主择业、双向选择”的就业时代，他们在就业时就会考虑工作地点的选择、工作的行业选择、工作薪资待遇选择、工作岗位性质的选择以及工

❶ 王希永、李晓珍：《大学生事业生涯设计与发展》，中山大学出版社，2001 年版，第 29 页。

❷ 刘晓波、郭江：《大学生就业指导》，华中科技大学出版社，2003 年版，第 56—50 页。

❸ 中国教育在线：http：//www. eol. cn/html/c/2015gxbys/，2015 年 7 月 7 日。

作岗位发展机会的选择等。[1] 具体来讲，就会面临考虑是通过公务员或事业单位招录进入体制内单位，还是去大中型国有企业、知名民营企业和外资企业工作，还是考虑在“大众创业，万众创新”的背景下进行自主创业。即当代大学生面临层次和门类更加多样的择业选择。从“单一”到“多元”的变化，之于择业观，与价值澄清理论的两个前提之一“在多样化的社会背景下，对待同一问题，几乎找不到一套公认的道德价值观念和道德标准”[2] 非常类似。因此，大学生择业观的养成非常有必要借鉴价值澄清理论，这有利于培养学生的甄别和思考能力。

第三，大众传播媒介对大学生思想行为特点发生着深刻影响，影响着大学生择业观养成。随着微信、微博等新媒体的迅猛发展，学生基本“无人不网、无时不网”，据2014年中国政法大学大学生德育状况调查报告显示，基本上全体学生都使用网络媒介，其中有82.6%的大学生经常使用微信这一网络社交工具。对学生而言，大量的信息获取都来源于网络。网络信息具有信息量丰富、涵盖面广、导向性强、传递及时、影响力大等特点。大学生作为社会的弄潮儿，受过良好的教育，对新生事物充满好奇，并且接受能力比较强，由于网络信息良莠不齐，传统糟粕文化复现以及西方价值观的冲击，导致网络中充斥着“有钱能使鬼推磨”现实主义以及“宁愿坐在宝马车里哭，也不愿坐在自行车后笑”的拜金主义等思想，但大学生社会阅历有限，辨别能力还不足，非常容易受到感染。这与价值澄清理论的两个前提之一“多元价值观通过各种渠道深刻影响着人们价值观的形成和身心发展”高度相似。[3] 整天处在这种舆论氛围中的大学生，如果简单地选择一味相信，不仅对他们个人产生不利影响，长此以往，对国家和民族也将产生不利影响。因此，通过价值澄清理论模型，培养大学生成熟、独立的思考判断能力，树立自己择业观非常必要。

2. “价值澄清理论”之于大学生择业观养成的可行性分析

首先，在择业观的养成中，大学生基于一种积极主动的态度参与其中。这符合“价值澄清理论”应用的前提，即以大学生个人为主体，积极主动地参与到择业观的养成中，大学生个人择业观养成以自己为核心。大学生经过学校培养，增长了知识和才干，培养了能力，为未来择业打下了扎实的基础。他们对未来充满好奇，从大学入学就开始规划自己的未来。虽然“就业难”问题横亘在他们面

---

[1] 马晓飞：《当代大学生择业观研究》，山西农业大学2014年硕士学位论文。

[2] 易莉：《西方德育“价值澄清法”之借鉴》，载《思想教育研究》，2004年第2期。

[3] 易莉：《西方德育“价值澄清法”之借鉴》，载《思想教育研究》，2004年第2期。

前，但是他们并没有被吓倒，没有消极和低沉，而是以一种积极向上的态度迎接竞争和挑战。除了在学校进行知识学习外，还积极参与社团活动进行锻炼，以及积极参加社会实习和实践，了解未来就业的形势。价值澄清理论认为，人们在经验中学习，并通过经验获得价值观，这种实习实践的体验，就是“价值澄清理论”中所强调的经验。

其次，大学生个性张扬，崇尚个性化，不盲目趋同，有利于形成不同的择业观。随着社会发展和变迁，大学生崇尚自由，追求个性解放和发展。他们在择业观的养成时，并非盲目地听从老师或家长的说教，而是会考虑结合自己的兴趣、特长等。大学生经历高等教育的培养，更加追求个性解放，加之大多数都是独生子女，这样也比较容易形成以“自我”为中心进行思考。正所谓“教育者也许在涉及真假的领域内有一定的权威可言，但是在涉及私人活动、态度、兴趣、情感、目的、抱负或信仰问题时，认为自己能提供正确答案的教育者是‘不可思议的’，因为‘价值是个人的事情’”❶。择业观也是个人的事情，以“自我”为中心在择业观的养成中是非常必需的，因为择业就是一个对未来“自我”就业的选择过程，未来的就业是自己去面对和经历，此时必须考虑以“我”为中心进行择业观的养成。

最后，社会分工更加精细化，产业升级加快，布局更加合理，为大学生择业带来机遇和挑战。一方面，分工更加精细化，产业布局更加合理、完善，对岗位素质有更高要求，与大学生的能力素质相称，有利于大学生就业。但另一方面，产业升级换代速度的加快，精细化的社会分工，都需要相互协作。这样使大学生也面临“知识恐慌”的挑战。社会分工精细化和产业升级加快，会逐步打破“一岗终生”或“一行终生”的局面，使得大学生面临更多次择业，因此，择业观养成的能力非常重要，需具备良好的思辨、甄别和独立判断能力。价值澄清理论“感兴趣的是进行评价的过程”，而对“确定这些过程的结果”不太关心。认为“发展价值观是个人的终生过程。它并不是在成人早期便一成不变的东西。由于我们和世界都在不断变化，而我们又在努力改造世界，于是我们要做出许多决定，并且应该学会如何做出这些决定。”❷ “价值澄清理论”注重选择过程的训

❶ ［美］路易斯·拉思斯（LouisE. Raths）：《价值与教学》，谭松贤译，浙江教育出版社，2003年版，第35页。

❷ ［美］路易斯·拉思斯（LouisE. Raths）：《价值与教学》，谭松贤译，浙江教育出版社，2003年版，第36页。

练，有利于训练学生择业观养成的能力。

三、“价值澄清理论”在大学生择业观中的应用

按照“价值澄清理论”，价值观不能也不应该被简单地传授和灌输给个人，因为从来没有人教会我们怎样把某个价值体系变成我们内心的信念。[1] 择业观是大学生人生观、世界观和价值观在择业方面的一个具体体现和映射。因此，大学生应该而且有能力学会运用价值澄清法，按照价值澄清理论提出的四大要素、三阶段七步骤以及具体的价值澄清策略形成最适合个人的择业观。

1. 择业观养成中需要具备价值澄清理论的四大要素

价值澄清的四大要素：①以生活为中心。即大学生应以自己的生活为中心，来考虑自己的择业观。并且将注意力聚焦在自己珍视的标的、行业或地域偏好、薪酬、职业幸福感、未来发展空间等，并努力从中发现问题。②对现实的认可。这要求教师从整体上不偏不倚地认可学生的立场，而“不管他们的思想或感情是多么混乱或消极”，不要进行任何的评判和否定。③鼓励进一步思考。教师努力使学生“更加清楚他们所珍视和珍爱的事物”，例如更加清楚自己所珍视的行业选择的具体情况，以便于学生“更加明智地选择”，同时“更好地把选择整合到日常行为之中”，日常生活学习中注重积累从事相关行业的知识储备和能力培养。④培养个人能力。[2] 通过训练培养学生深思熟虑、审慎对待自己的择业观养成，培养择业观养成中选择、珍视和行动的能力。

2. 择业观养成的三阶段七步骤

受教育者要获得自己的价值观，必须经历价值澄清的过程。[3] 同样在择业观多元的背景下，大学生择业观养成必须经历价值观澄清过程。主要包括了三大阶段七个步骤：[4] 第一阶段——选择，具体分为三个步骤：一是学生在没有任何外在强加因素的环境下对择业观进行自由选择；二是为学生提供多种可能择业观选择，即为学生提供足够多的选项供他们选择；三是学生对选择结果进行审慎而全面的思考，这一步骤非常关键，有利于培养学生审慎思考的能力。第二阶段——珍惜选择，具体分为两个步骤，一是学生所选择的择业观应是自己感到喜爱和珍

[1] 张晓娜：《价值澄清理论与价值观教育》，载《前沿》，2006年第11期。

[2] ［美］路易斯·拉思斯（LouisE. Raths）：《价值与教学》，谭松贤译，浙江教育出版社，2003年版，第1—2页。

[3] 张晓娜：《价值澄清理论与价值观教育》，载《前沿》，2006年第11期。

[4] 张晓娜：《价值澄清理论与价值观教育》，载《前沿》，2006年第11期。

惜的；二是公开认可，把个人的择业观公之于众。第三阶段是具体行动，包含两个步骤，一是将个人奉行的择业观付诸实践，体现到行动中去，在实践中去检验；二是反复行动，使选定的择业观经反复实践，逐步地形成自己稳定的择业观。

3. 择业观养成的价值澄清策略

价值澄清理论的运用，依靠一定的策略。在择业观养成中，主要应用以下两种策略。一是澄清应答法。教师与学生在花园、走廊、咖啡厅以及操场等场所，以“一对一”轻松的、随意的、短暂的、非正式的交谈方式进行。通过教师对学生所说的话或所做的事情做出反应，让学生提出问题，反省自己的想法，从而不断澄清自己的择业观。教师切忌强势、对抗和追问。二是价值观延续讨论法。价值观延续讨论法，通过团体讨论的方式进行，使学生更加明白自己择业观的同时，也努力理解别人的择业观。为保证讨论的效果，首先必须制定周密的讨论计划，要认真选取学生困惑的、关注的且非常有意义的择业观相关问题。其次是让学生安静、认真、慎重地思考，并将思考的答案记录下来。再次，进行小组讨论，将团体分为若干小组，各小组进行充分讨论，每个学生都有交流的机会，并且每个学生都要记笔记。最后，进行团队分享，各小组都派代表进行分享，在相互交流中澄清自己的择业观。

4. “价值澄清理论”对大学生择业观养成的启示

“价值澄清理论”强调注重过程训练和价值观形成能力的培养，因此对于大学生择业观的养成，一是注重择业观养成能力的培养，正如前文所述，学生将来会面临多样化、多层次的择业选择。他们不同的经历会形成不同的择业观，因此，我们不能苛求学生形成怎样的择业观，授人以鱼不如授人以渔，而是要注重对学生在择业观养成中的选择、珍视以及甄别的能力培养。二是在对大学生择业观培养的过程中，要基于一种平等、民主、开放的姿态，不要以一种“命令者”或者“布道者”的口吻，毕竟你个人的择业观并不一定适合他人，这不符合矛盾的特殊性，具体问题需要具体分析。此外，“到西部去、到基层去、到祖国最需要的地方去”这样的择业观，也是要通过价值澄清，结合学生个人经验，阐明利弊，在学生经历选择、珍视以及权衡后，让学生自觉形成。

高校新闻宣传工作服务大学生就业创业的现状分析及对策研究
——以中国政法大学党委宣传部工作实践为例

党委宣传部　米莉

摘　要　随着高等教育大众化的发展，毕业生的就业创业难度不断加大，就业形势日益严峻，2015 年全国高校毕业生人数达到 749 万。在这种形势下，高校必须采取各种举措加强学生职业发展与就业创业指导工作，以党委宣传部为主的学校新闻宣传工作成为重中之重。本文立足于中国政法大学党委宣传部实际，结合新闻宣传的工作实践，论述新闻宣传工作在服务大学生就业创业过程中的现实作用和存在的问题。在对现状与问题加以分析研究的同时，提出了促进新闻宣传工作服务大学生就业创业工作发展的改善措施。

关键词　党委宣传部　新闻宣传　大学生　就业创业　对策

高校毕业生就业创业关系到国家经济建设和社会发展，关系到每个毕业生家庭的福祉，是民生工程，也是质量工程。[1] 而随着我国教育事业的深入发展，大学生的就业率却一路下滑。近年来高校毕业生总量进一步增多，整体就业形势不容乐观。2015 年全国高校毕业生 749 万人，同比增加 22 万人。在这样艰巨的形势下，高校要把促进大学生就业创业工作摆在更加突出的位置。

党委宣传部是高校新闻宣传工作的牵头人和统筹者，以校报、网络、广播台、橱窗、电视台、新媒体等阵地作为重要载体，在日常工作的运行中，配合学校中心工作，通过宣传党的方针政策，时事政策教育，反映校园教学、科技改革信息，传播校园文化生活动态等完成宣传阵地育人的任务。因此，党委宣传部应调动一切可以调动的资源，将就业创业工作当成重点内容来抓，服务就业创业工

[1] 中国政法大学学生就业创业指导服务中心组编：《求职初体验——38 位法大毕业生求职实录》，中国政法大学出版社，2015 年版，第 1 页。

作，要为大学生顺利择业、就业和创业创造良好条件，并提供有力支持。本文主要以中国政法大学党委宣传部为例，结合新闻宣传工作的实际情况展开论述，探索高校新闻宣传工作服务大学生就业创业的途径。

一、服务就业创业工作是今天高校新闻宣传工作的重要内容和任务

高校党委宣传部的根本任务就是作为学校新闻宣传工作的牵头人和统筹者，发挥各媒体阵地的作用，积极配合学校中心工作，通过理论宣传，时事政策教育，信息传播、文化塑造等完成宣传阵地育人的任务。而就业创业工作作为检验和衡量学校教学质量和办学水平的重要指标，是民生工程、质量工程、一把手工程，关系着一所高校的未来发展和社会声誉，更关系着每个毕业生的前途和命运。随着形势发展和工作的客观要求，高校对就业创业工作也需要进一步转变认识，就业创业工作并不是孤立的、阶段性的，而应该是长期的、全盘的，创新高校毕业生就业创业工作机制，需要坚持“夯实基础，内涵发展，优化服务，提升能力，提高质量，服务社会”的基本原则，将毕业生就业创业工作纳入学校人才培养体系和人才培养的全过程，[1] 其中一项重要举措就是通过新闻宣传工作来营造浓郁的校园就业创业氛围，帮助毕业生开启他们就业创业的意识和心态，激发毕业生们内心对于就业创业的激情和勇气。因此，服务大学生就业创业工作是当今高校新闻宣传工作中不可忽视的重要内容和任务。

二、高校新闻宣传工作服务就业创业工作存在的问题

1. 新闻宣传服务就业创业的意识薄弱

提到推进就业创业工作，在学校范围内，首先想到的就是就业创业服务指导中心，然后是各学院。近些年来，学校转变观念，将就业工作纳入学校人才培养体系和人才培养的全过程，需要学校有关部门和单位明确相应职能、协同推进，然而在实际推动就业创业的工作中，相关人员往往会专注于埋头干活，推出各种举措去促进工作，却忽视宣传教育在其中发挥的积极作用。如何运用新闻宣传手段让信息入眼，让政策入心，让服务入行，都还是服务就业创业工作中需要不断强化的意识。

2. 新闻宣传服务就业创业的手段单一

随着时代的发展，现在多媒体数字化已经成为趋势所在。如今 90 后的大学

[1] 解廷民：《新常态下高校毕业生就业创业工作的认识与思考》，载《中国政法大学校报》，第 852 期第 3 版。

生们接受新鲜事物的速度快、样式多。而我们的新闻宣传手段如果从形式上还停留在过去一张报纸、一个网络上，从内容上还只会写写新闻、做做报道的话，就会与大学生的实际需求脱节，最后变成自说自话的无用功。因此，在重视新闻宣传的过程中，更要注重方式手段的创新和改进，要学会使用受大学生喜欢和接受的平台，以容易被接受的方式来进行新闻宣传。

3. 新闻宣传服务就业创业的内容方式陈旧

在就业创业工作中，无论是政策制度，还是理论研究，或是经验宣传、实例推广，都是为了促进和保障就业创业工作的进行和开展。但是时至今日，如果宣传和传播的方式都仅仅是把政策通知原封不动地发布出去，或者仅仅按照想当然的情况把自己觉得好的内容比如经验访谈、成功就业案例传达给毕业生们的话；如果传播内容的行文方式、语言风格等不去改进；如果不去了解现在受众的心理，不做受众调查和反馈，不去看传播效果，反而容易让一些主观好的意图收不到预想的效果，有时候甚至会起到反作用。所以，在新闻宣传传播的内容方面，更要与时俱进，增加思考，创新方式，而不能一直停留在老思维、老方法中。

三、高校新闻宣传工作服务就业创业工作的对策

1. 加强新闻宣传工作服务就业创业指导工作中的意识

高校新闻宣传工作为学校的人才培养、科学研究、服务社会和文化传承提供思想保证、舆论支持和精神动力，而这一点在就业创业工作中也是如此。新闻宣传工作不仅能起到信息沟通的作用，也发挥着舆论引导的作用。因此，在做就业创业的工作中，必须把新闻宣传工作放到重要的位置上来抓。

从整个学校到各部门、各学院，到负责学校就业创业工作的就业创业指导服务中心，都应该充分重视新闻宣传、氛围营造工作。并且不能仅仅针对毕业生，而是要贯穿学生培养的整个过程，将就业创业的理念、政策导向等蕴藏到新闻报道中，在潜移默化中实现对大学生及老师、管理人员的正确引导，共同为辅导大学生就业创业这一工作的开展营造良好的舆论环境。

2. 提升就业创业新闻宣传工作者的能力和素质

对于能够参与到就业创业及新闻宣传的工作者来说，具备两方面的业务素质和能力是做好这一工作的基础。首先，要对就业创业工作有理性和深刻的认识，对于当前的就业创业形式、大学生思想状态、就业创业工作的各项政策都有深入的把握，能够担负起观念的转变、方向的引导等责任。其次，作为新闻宣传工作者，也不能做一个门外汉，一方面要适应当前社会和校园内多元化的现实趋势，尊重差异，包容多样，同时，必须能够有主动宣传意识，能够通过各种新闻宣传

媒体加强师生对就业创业问题的关注，通过鲜活的新闻报道，引导师生加深对方针政策的理解，能适应媒体变革趋势，实现对各种新闻媒体的综合应用，能够用师生喜闻乐见的形式，让新闻宣传工作的效果达到最大化。

3. 加大对就业创业工作中新闻宣传工作的创新探索

不断适应新形势，让新闻宣传工作对就业创业工作的支持和保障能够顺应时代的需求；不断加大投入和开拓创新，通过就业创业专栏设置，探索更符合在新媒体上传播的政策解读，如图解、漫画、视频等方式；加强对就业创业人物及经验的报道，出好稿、出精品等，搭建平台，加大宣传力度，寻求有效的方式，为学校的就业创业工作贡献力量，为学校的科学持续发展保驾护航。

四、中国政法大学党委宣传部践行新闻宣传工作服务就业创业工作的经验和思路

新闻宣传工作要从平台搭建、资源分配、人员安排、报道内容等多方面给予倾斜和侧重，尤其是到了就业季，就业创业工作更应该成为宣传报道的重心。需要通过多个宣传阵地积极营造就业创业氛围，用多种方式解读政策，为毕业生提供服务。通过自创栏目、共建栏目等塑造就业创业典型，以激发在校大学生自主就业创业的激情，为学校的就业创业工作提供有力的支撑和保障。在这方面，中国政法大学党委宣传部通过多年的探索和实践，为新闻宣传工作服务就业创业工作做了最好的诠释。

1. 全媒体覆盖、多角度并行，共同营造浓郁的就业创业氛围

在全年度的宣传工作计划中，就业创业工作就应该始终是一项阶段性的重点工作，而在运营的多个校级媒体平台上，就业创业工作也是宣传报道的重点。对与就业创业工作有关的新闻，包括就业创业工作会议、毕业双选会、基层就业等，中国政法大学党委宣传部从新闻的采写、照片视频的拍摄到新闻的上传与发布，每一项活动都是全程参与，进行全面报道。而对于就业创业工作的各项政策解读、内容挖掘，也通过访谈、约稿、深度采访等方式来开展，如2015年就业季就先后在校报和新闻网上发布了《在校创业出新政　谨慎选择勇尝试》《解廷民：创业教育更应重视创业精神的培养》等文章，同时，还制作就业专题《阳光·风雨·就业求职路》对该项工作进行全面的梳理和报道；在新媒体不断发展的今天，微博、微信更成为宣传就业创业工作的重要阵地，近两年来，在中国政法大学官方微博平台共发布专题微博18条，其中"'玉兰'助力创业，绽放梦想人生——快来申报'玉兰'创业资金""我校组织出版的往届求职经验精选《求职初体验——38位法大毕业生求职实录》"两条微博就取得了很好的传播效果；而在官方微信上，就业创业的专题内容发布了35条，其中《一张图看懂2014政法类

名校毕业生去哪儿》《在校创业出新政　谨慎选择勇尝试》《成功就业始于足下——访学生就业创业指导服务中心主任解廷民》等内容更是获得了较高阅读量，被大量转发分享。而在新闻网上，就业创业工作的内容更是从无遗漏，两年来就发布相关文章共 120 篇。

2. 多平台合力、全方位支持，协作塑造立体的就业创业典型

对就业创业典型个体的宣传，能够让大学生在就业过程中获得参照，通过立体化的政策宣传和实例推广，激发大学生就业创业的激情，获得就业创业的勇气。中国政法大学党委宣传部一直对此深有认识，因此一直和学校就业创业服务中心保持良好的沟通和合作。从 2010 年就业创业中心启动“求职经验谈——中国政法大学毕业生求职经验交流系列报道”开始，党委宣传部就对就业创业的典型人物、经验分享等工作给予了大力的支持和协助。从第一期经验交流的内容，到之后连续五年的毕业生就业、留学、升学、创业等内容都发到了学校主页。在主页上，不仅对内容进行了认真的编辑，还期期进行配图，同时，还会在校报、微信、微博等平台合力推出。刚发布的《创业先锋》这一栏目，也是将这样的创业故事和典型人物当成突出范例来做宣传。与此相应，党委宣传部也一直在主动挖掘就业创业典型人物，如登上了学校主页大图以及校报 1 版的法大人物黄晓莺（《时光正好高歌向前——记我校大学生创业达人黄晓莺》）就是近期对有代表性、有成果的人物的一个报道，而对该人物的报道也引起了广泛好评，在新媒体的推送中获得了较好的转发量和阅读量，同时还将这一人物往外媒推广，通过典型人物的塑造和报道，宣传我校就业创业工作的特色和成果。

《卖山货也能“高大上”》是近期对就业创业工作的又一人物宣传点，作为法大毕业生，其创业过程及经验经学校微博平台宣传之后，引起了较好的社会反响。

因此，在学校的新闻宣传工作中，将就业创业工作提到重要位置，做好氛围营造，做好政策解读，做好信息服务，是学校党委宣传部在该项工作中必须承担起的责任。

新常态下高校就业创业工作的认识与思考

学生处　解廷民

摘　要　当前，我国正处于经济转型的关键时期，与经济新常态相适应，我国高等教育领域乃至高校毕业生就业创业工作也呈现出新的趋势和特点。如何深化高校创新创业教育改革、进一步做好新形势下就业创业工作，是摆在高校教育工作者面前的新课题、新挑战。需要我们切实转变观念，提高认识，进一步健全学校就业创业工作体制与机制，促进学校创新创业教育改革的深化，促进学生全面发展、毕业生充分就业和高质量就业。

关键词　新常态就业创业　毕业生工作

一、新常态下高校就业创业工作的再认识

（一）高校毕业生就业创业工作的新形势

党的十八大以来，党中央、国务院高度重视高校毕业生就业创业工作。习近平总书记多次做出重要指示，强调要切实做好以高校毕业生为重点的青年就业工作，强化就业创业服务体系建设，支持帮助学生们迈好走向社会的第一步。李克强总理多次主持召开国务院常务会议，研究大学生就业工作，先后深入高校视察大学生就业创业工作，并在2015年“五四”青年节回信勉励清华学子：青年创业创新，国家就朝气蓬勃。

党的十八届三中全会中明确提出“健全促进就业创业体制机制”，为做好高校毕业生就业工作指明了工作方向。党的十八届四中全会明确提出“全面推进依法治国”，建设高素质法治专门队伍和法律服务队伍，为政法专业毕业生职业发展与就业提供了难得的机遇。2015年4月27日，国务院印发文件，明确提出要“深入实施就业优先战略、积极推进创业带动就业、统筹推进高校毕业生等重点

群体就业、加强就业创业服务和职业培训”❶ 等意见，对当前及今后一个时期做好高校毕业生就业创业工作具有重要的指导意义。

（二）高校毕业生就业创业工作呈现新常态

当前，我国正处于经济转型的关键时期，我国高等教育领域乃至高校毕业生就业创业工作也呈现出新的特征。关于教育新常态，黄进校长在 2015 年学校新学期党政工作部署会指出，我国高等教育领域在发展环境、发展定位、发展方式、发展动力等方面呈现出重要的“新常态”。❷ 从近年来高校毕业生就业创业工作开展的实际情况来看，在所面临的就业形势、工作目标、内容方法、评价指标等方面也在发生一些相应的调整和转变。

1. 大学生就业形势严峻、就业压力持续存在

就业事关经济发展和民生改善大局。党中央、国务院高度重视，坚持把稳定和扩大就业作为宏观调控的重要目标，大力实施就业优先战略，就业局势总体稳定。但也看到，近年来高校毕业生总量进一步增多，整体就业形势不容乐观。2015 年全国高校毕业生 749 万人，同比增加 22 万人；北京地区高校毕业生总数达 23.3 万人，同比增长 3000 人。一方面，京外生源不愿意离开北京就业；另一方面，京津冀周边大学生也把北京作为求职的首选，外地来京求职人数仍在增加。经济新常态下，因经济增速放缓、产业结构调整和化解产能过剩等因素的影响，经济发展对人才的带动能力、拉动新增就业岗位的能力受到制约，毕业生就业需求受到影响，就业压力较大。

毕业生求职期望与现实需求仍存在矛盾。从我校 2015 届毕业生就业意向调查数据来看，求职意向比较集中，在就业地域上有超过 60％的毕业生就业首选直辖市和省会城市，求职单位仍然集中在“党政机关”“事业单位”和“国有企业”。而北上广深等一线城市对应届毕业生就业条件及标准继续从紧，毕业生就业面临诸多不稳定、不确定因素。

2. 高校毕业生就业创业工作进入转型期

党的十八大报告中明确提出要“实现大学毕业生更充分和更高质量就业”，

---

❶ 中央人民政府门户网站：《国务院关于进一步做好新形势下就业创业工作的意见》（国发［2015］23 号），http：//www. gov. cn/zhengce/content/2015－05/01/content _ 9688. htm，2015 年 5 月 5 日。

❷ 中国政法大学：《深化综合改革　推进依法治校　学校召开党政工作部署会　部署新学期工作》，http：//web. cupl. edu. cn/html/news/news _ 174/20150302113342099779491/20150302113342099779491. html，2015 年 5 月 10 日。

教育部在2015年也首次将年度毕业生就业工作会议的主题调整为“全国普通高校毕业生就业创业工作网络视频会议”，并建立施行高校毕业生就业质量年度报告制度，要求各高校逐步发布本校毕业生就业质量年度报告，并在媒体上公布。❶ 由此不难看出，当前高校毕业生就业工作已经由单纯强调就业向就业创业并重、以创业带动就业的模式转变，由注重高校毕业生就业率向提高毕业生就业质量转型，推动实现更加充分、更高质量的就业已经成为当前及今后一个时期高校毕业生就业创业工作的目标和重点。

就目前实际情况看，高校毕业生就业创业工作的体制机制、方式方法、评价体系与形势的发展和要求仍存在一定的不适应。一个表现是，大学生就业创业工作涉及政策指导、就业管理、课程教学、就业见习、创业实践、就业质量反馈等诸多方面，兼有指导、管理、教学、研究与反馈等多种职能。而许多学校“条块管理”的现状一定程度上限制了工作的深入和开展。种种原因所限，部分学校大学生创业教育指导委员会形同虚设，并未真正发挥其宏观协调指导作用；而一些学校比较僵化的机构设置和工作机制一方面导致学生指导服务部门行政职能较弱、与校内有关部门沟通力度不够、信息衰减现象严重，另一方面，也使毕业生就业状况与招生计划、专业调整、人才培养联动反馈机制形同虚设、不够健全完善。

3. 高校毕业生就业创业工作机遇与挑战并存

十八届三中全会以来，党中央、国务院出台了多项促进大学生就业创业的政策措施。2014年以来，国家着力培育大众创业、万众创新的新引擎，实施更加积极的就业政策，把创业和就业结合起来，以创业创新带动就业，充分发挥创新创业对就业的倍增效应和带动作用，为促进民生改善、经济结构调整和社会和谐稳定提供新动能。从2015年起，教育部将全面推进高校教育综合改革，为高校进一步推动毕业生就业创业工作提供新的契机和机遇。

教育部在2015年年度工作文件中明确要求，“加强就业指导课程和学科建设，要结合当前经济发展新业态和新常态，及时将学科专业动态和行业发展成果融入就业指导。”❷ 对于高校而言，近年来毕业生就业工作在场地、人员、经费

❶ 《教育部办公厅关于编制发布高校毕业生就业质量年度报告的通知》（教学厅函[2013] 25号）。

❷ 《教育部关于做好2015年全国普通高等学校毕业生就业创业工作的通知》（教学[2014] 15号）。

等方面已经取得长足进步，但相对于新时期下的工作要求和任务，纵观总体，学校间工作开展得不够平衡，尤其是促进毕业生就业创业的体制机制仍不够健全和完善，一定程度上制约了学校教育教学的深化改革。对于高校就业创业工作，具体而言，如何由推荐毕业生就业向关注学生成长转变、由关注就业率向关注就业质量转变，如何更好地促进学校服务于国家战略和经济社会发展，是高校就业创业工作面临的新课题、新挑战。

二、新时期做好高校就业创业工作的再思考

（一）转变工作观念、提高工作认识

新常态背景下做好高校毕业生就业创业工作，需要我们认清形势、深刻领会，用新的视角看待高校毕业生就业创业工作。一是要树立以创新引领创业、以创业带动就业的观念，把创业和就业工作有机地结合起来。当前，高校正值深化教育综合改革关键时期，如何改进人才培养模式，将大学生创新创业教育融入专业教育体系、贯穿人才培养的全过程，从而培养提高学生的创新意识、创业精神及实践能力，学校应当有所作为。二是要“量”“质”并重，不仅关注毕业生就业率，更要引导毕业生合理就业布局，提高就业质量。引导高校毕业生就业合理布局，需要从学校发展战略视角出发，紧密结合国家经济建设和发展需要，从而为学校办学定位和人才培养目标的顺利实现发挥积极的促进作用。

（二）创新工作机制、完善工作体系

从当前工作实际来看，大学生就业创业工作的职责和内容已经包含政策指导、就业管理、组织课程教学、就业创业指导与实践、就业质量跟踪与反馈等诸多内容，兼有就业创业指导、管理、服务与研究等职能。非此即彼的简单定位、一成不变的僵化体制显然不能适应形势发展和工作的客观需求。创新高校毕业生就业创业工作机制，需要将毕业生就业创业工作纳入学校人才培养体系和人才培养的全过程；需要学校有关部门和单位明确相应职能、整合校内外资源、与时俱进、协同推进，进一步健全完善校、院两级毕业生就业创业工作机制和服务体系，切实推进学校毕业生就业创业工作；需要学校进一步建立就业与招生、专业调整、人才培养的联动机制，完善毕业生就业状况对学校人才培养、学科建设、专业调整、招生等工作的反馈机制，促进学校人才培养工作。

关于进一步健全学校促进毕业生就业创业的体制机制，一般而言是指要充分发挥学校大学生创业教育指导委员会对全校大学生就业创业工作的协调指导作用，学生工作、教务管理、商学院、法大科技园等单位和部门共同参与。加强学校就业创业指导部门的行政职能，明确赋予其在就业创业教育工作中课程设置、教学组织等职能。进一步建立就业与招生、专业调整、人才培养的联动机制，完善毕业生就业工作对人才培养的反馈机制，促进学校人才培养工作。

要进一步明确学校就业创业专门机构设置和职能定位，是因为明确机构职能将有助于减少中间环节和信息衰减，提高工作效率，也便于与有关部门统筹协调。同时，当前高校就业创业教育工作的深入开展，致使原有编制设置不能满足现实需要，亟须增加人员编制。再者，需要有相关场地保障。学校开展就业创业工作所需场地与工作人员办公场所并非同一概念，对许多高校而言，需要开辟专门场地建设大学生创业园，以解决大学生创业实践、项目转化的实际需要。

（三）加强创新创业教育、创新人才培养机制

近年来高校创新创业教育的开展情况参差不齐，其中很重要的一个原因就是高校相关领导没有给予创新创业教育足够的重视。究其原因，很重要的一点是认识不到位。对创新创业带动就业的政策理解存在偏差，加上部分学校较高的就业落实率，使得个别地区或院校领导忽视了创新创业教育。学校开展创新创业教育应该有良性的运转机制、良性的创业环境，这就需要学校有关领导真正重视、深化学校内部综合改革，切实健全、完善学校就业创业工作机制，从而保证学校大学生就业创业指导工作得以顺利进行。

高校开展创业教育应该是一种创业精神的教育与培养，学生不仅要了解基本的商业知识、规律、流程和方法，更要拥有创新和创业精神，因为无论将来做什么工作都需要这种精神的支撑。高校应该为学生提供必要的课程及项目指导，让他们在创业机会来临时能够及时察觉并充分把握。毕业生创业不一定非要在毕业之时，在适当积累工作经验、职业素养、团队协作能力的基础上再进行创业的成功率会更高。而对于毕业后立即创业的学生，学校也应当给予持续的关注和指导，提高大学生自主创办企业的存活率、成功率。

当前，同加快建设社会主义法治国家的新形势、新要求相比，法治人才培养机制还存在一些亟待解决的问题。通过建立、完善与政法专业学生职业发展愿望相结合、与学校法学教育教学相结合、与建设法治人才后备力量需要相结合的职业发展教育体系，促进具有健全人格、全面发展素质、符合社会需求的应用型、复合型法治人才的培养，从而实现政法专业大学生健康、可持续发展的职业发展。

浅析大学生职业生涯规划与心理健康教育的融合

学生处　周佳磊

摘　要　当代大学生面临着严峻的就业形势，容易产生较为严重的心理压力。学校在开展职业生涯规划教育的同时，也不断注重学生的心理健康教育。本文首先分析了职业生涯规划的概念，职业生涯规划过程中涵盖了学生心理健康的培养，职业生涯规划与心理健康教育相融合是有现实基础的。它们在内容上相互融合，方法上相互渗透。二者的融合也具有实际意义。因而，职业生涯规划和心理健康教育可以在内容和方法上有机结合、适度整合，以促进学生全面健康的成长成才。

关键字　大学生　职业生涯规划　心理健康教育

随着高校就业形势的日渐严峻，大学生从踏入校门开始就要面对严重的就业压力，乃至生存压力。这容易使他们产生较严重的心理负担和思想压力，产生出悲观、焦虑的不良情绪，引发抑郁等心理障碍，甚至严重的心理疾病。近几年来，大学毕业生因为找不到工作而自杀的现象已经屡见不鲜，这给我们敲响了警钟，一定要做好大学生就业中的心理疏导和人文关怀工作，避免一些恶劣后果的产生。[1] 大学生对于自己的求职就业大多有着职业规划。但是，在他们面临选择的同时，也会面对自己较为迷茫、焦虑、抑郁的心理情绪。因此，在给大学生做职业生涯规划的同时，也要注意他们心理素质的提高和抗压能力的增强。这样，他们才能在今后的工作和生活中更加愉快、健康地全面成长。

一、职业生涯规划的概念

职业生涯规划是指针对个人职业选择的主观和客观因素进行分析和测定，确

---

[1] 张玉香：《心理健康教育对大学生职业生涯规划的价值研究》，上海师范大学 2014 年硕士学位论文，第 2 页。

定个人的奋斗目标并努力实现这一目标的过程。[1] 以美国学者罗斯维尔（Willian J. Rothwel）和斯莱德（Henry J. Sredl）为代表的学者，将职业生涯界定为“人的一生中与工作相关的活动、行为、态度、价值观、愿望的有机整体”。从本质上讲，职业生涯设计是一种对学生以职业要求为目标的目标管理，通过让每个学生明确其预期的目标，使之自觉地按预期目标的要求开发潜能，提高综合素质。[2]

根据舒伯的生涯发展理论，职业生涯阶段被划分为五个阶段。而大学阶段正好处在探索期（15～24 岁）的中后期，主要是对自己的需要、兴趣爱好、能力倾向、思维方式、价值观等方面进行探索[3]，并在各类、各层次的学习和实践活动中，做出尝试性的职业生涯规划。[4]

在这一时期，针对不同年级的学生，他们又会在个人的情感、认知和性格、气质上呈现出不同的特征。大一新生刚进大学校门，还处于从中学到大学的转变阶段，他们的职业生涯规划需要对自我开展重新认定，并据此为自身生涯规划构建框架。大二学生已经基本适应了大学生活，他们的职业生涯规划应该从培养职业兴趣、确立职业价值观等方面出发，寻求建立职业生涯规划的目标。到了大三，学生明确了职业目标，开始为此做准备，其中就包括心理上的准备，他们要意识到职业目标的正确性和实现目标的艰巨性，要为达成目标做好心理预期。在大四阶段，学生们就开始正式实践自己的职业生涯规划，面对其中的各种挑战，尤其是可能面临的挫折，他们要适时调整自己的职业生涯规划；同时，这一阶段也是心理上坚强的意志品质的锻炼过程。

二、职业生涯规划与心理健康教育融合的基础

通过上文对职业生涯规划概念的阐述，我们就可以看到职业生涯规划过程中

---

[1] 百度百科：http：//baike. baidu. com/link? url＝e06v82fuBhq _ f－FCYu5mpLOoWQUwylaPP6wrNu _ s5ugJGW6 _ － PSz18ZP5iqeCYb － ndmSt8Ish0SVH2zzpSBGPVyKbKEqqmpBRTjrikZruWq，2015 年 3 月 20 日。

[2] 胡娟、黄敏、杨柳：《大学生心理健康教育与职业生涯规划融合浅析》，载《健康教育》，2012 年第 4 期。

[3] 李淑臻、宋怡：《生涯规划在大学新生心理健康教育工作中的地位及应用》，载《高校心理健康教育新进展——全国第十届高校心理健康教育与心理咨询学术交流会论文集》，2007 年 1 月。

[4] 胡娟、黄敏、杨柳：《大学生心理健康教育与职业生涯规划融合浅析》，载《健康教育》，2012 年第 4 期。

其实涵盖了学生心理健康的培养，因此职业生涯规划与心理健康教育相融合是有现实基础的。

1. 职业生涯规划与心理健康教育内容相互融通

自我认识是职业生涯规划的基础。要为自己的职业生涯规划出一个框架，只有建立在理性的自我认识和自我了解基础之上。心理健康教育能够引导学生初步认识自我，了解自己的个性特点，比如性格、气质、兴趣等，客观地为自己定位。大学生的自我认识增加了，职业生涯规划的现实可行性就能进一步提高。

心理健康教育中包含了职业生涯规划，职业生涯规划教育也运用了大量的心理学知识，从心理层面来说，在职业生涯中，人们的自我意识伴随着职业角色的发展而发展，在社会发展、职业组织发展的前提下，个人的需要得到满足，个人的潜能得到了发挥。❶

2. 职业生涯规划与心理健康教育方法相互渗透

生涯规划概念的演变历程是生涯规划逐步迈入心理健康视野的历程，也是生涯规划的理念与当代心理健康观日趋吻合的历程。❷ 教育者在给学生讲授职业生涯规划的过程中，需要结合实践来开展教学。他们既要进行理论知识的传授，又要进行实践经验的训练。而心理健康教育中的团体辅导的方法可以让学生在实践活动中全面认识自我。而心理健康教育中的个别心理咨询的方法也可以一对一地帮助学生解决实际问题，有利于学生分析自我和分析环境。

3. 心理健康教育对职业生涯规划的引导、激励

心理健康教育对大学生的职业生涯规划具有引导作用。不少大学生在从中学到大学的过渡时期，容易感到迷茫，究其原因，最根本的在于人生目标的缺失。心理健康教育能够帮助他们树立自己的职业目标，规划人生。

心理健康教育在一定程度上，能够激励大学生职业生涯规划的开展。随着全程化职业生涯规划的展开，将心理健康教育内容有机渗透其中，同步加强学生的入学适应教育、学习指导、交往辅导、情绪管理以及就业心理辅导，必将促使学生不断反省自我，不断超越自我，使自我教育成为强烈的需求，改变以往被动受教育的局面。❸

---

❶ 蒋莹莹：《大学生职业生涯规划与心理健康教育的融合机制研究》，载《中小企业管理与科技》，2015 年第 1 期。

❷ 俞国良、曾盼盼：《心理健康与生涯规划》，载《教育研究》，2008 年第 10 期。

❸ 胡娟、黄敏、杨柳：《大学生心理健康教育与职业生涯规划融合浅析》，载《健康教育》，2012 年第 4 期。

三、职业生涯规划与心理健康教育融合的意义

部分大学生将上大学作为人生的最大目标，进入大学后缺乏学习的动力，职业生涯规划意识淡薄，对就业前景感到茫然无措，盲目地跟风考研、考公务员。❶ 职业生涯规划是大学实现顺利就业的重要途径，是人力资源开发的新课题，人的主观心理因素影响职业生涯规划，加强心理教育，提供必要的心理咨询和指导，有助于提高大学生的职业生涯规划能力。❷

然而，大学心理健康教育容易走形式化路线，重诊治轻发展，而高校大多数学生的问题为发展性问题，虽然不解决这些问题不一定会给学校的教育带来直接的不利影响，但从教学质量和学生个人发展来看，让学生在大学期间对自己有一个明晰的认识、不断探索自我、走在探索职业的路上，一定程度上可以减少高校就业压力，减轻学生就业难的问题。❸

将心理健康教育与职业生涯规划融合，也可以促进学生对心理健康知识的了解，在高校中普及心理健康知识，能避免心理健康教育偏向发展。同时，通过整合心理健康教育的资源，运用心理测试、团体辅导等方式，可以避免职业生涯规划课程乏味无趣，吸引学生投入到职业生涯规划中，使得职业生涯规划课程更多样，更富有趣味，也能更加深入、具体地帮助学生开展职业生涯规划。

四、职业生涯规划与心理健康教育的融合机制

（一）教育内容有机结合

1. 教育内容互相穿插与覆盖

心理健康教育的内容主要有自我认识、人际交往、情绪管理等。而职业生涯规划的教育内容也有自我审视、目标确立、生涯评估等。两者可以相互穿插在一起，形成有机结合心理健康教育的课程，也可以覆盖职业兴趣测试、职业能力培养的内容，比如霍兰德职业兴趣模型的学习，可以让学生了解自己的兴趣爱好，明确人生目标，然后再决定选择什么样的职业。另外，一些职业心理测评，比如择业价值观、职业能力等，可以对学生认识自己的特点起到帮助作用，从而使他

---

❶ 蒋莹莹：《大学生职业生涯规划与心理健康教育的融合机制研究》，载《中小企业管理与科技》，2015 年第 1 期。

❷ 李杉杉、张晓丽：《论影响大学毕业生职业生涯规划的心理因素》，载《安徽农业大学学报（社会科学版）》，2008 年第 4 期。

❸ 刘俊：《商科（类）院校心理健康教育与职业生涯规划的整合》，载《教育教学论坛》，2013 年第 16 期。

们加强对自己某方面能力的培养。而职业生涯规划的课程中也可以开展素质拓展训练，增强学生心理素质。

2. 有针对性地选择教育内容

要针对不同年级学生的心理特点进行心理健康教育和职业生涯规划内容的选择。一般来说，每个年级的学生都有每个年级学生的不同特点。因此，结合学生的不同特点，有意识地选择不同的教育内容，可以让学生既能拥有健康的心理素质，又能对自己有良好的职业生涯规划。

（二）教育方法适度整合

1. 职业生涯规划教育方式多样化

职业生涯规划教育主要采取课堂教学的方法，缺乏一定的针对性。为此，职业生涯规划教育可以适当整合心理健康教育中的个别咨询和团体辅导的方法。具体来说，就是在职业生涯规划教育过程中，采用一对一、面对面的方式来灌输职业生涯规划的理念，激励他们对自己负责，做好职业生涯规划；或者采用分组的方式，利用平辈教育，引领其他学生做好职业生涯规划。结合方式的多样化，使学生更容易接受心理健康和职业生涯规划的教育。

2. 心理健康教育中关注职业心理辅导

面对严峻的就业形势，一些大学生在求职择业过程中仍会出现种种心理问题，有的甚至产生了严重的就业心理障碍。[1] 因此，在心理健康教育的过程中，也要随时关注学生的职业心理辅导，采用心理辅导的方法来开展职业辅导。

总之，随着就业形势的严峻，就业压力的增强，我们要做好职业生涯规划和心理健康教育，促进二者的融合，使大学生能够全面健康地成长成才。

---

[1] 胡娟、黄敏、杨柳：《大学生心理健康教育与职业生涯规划融合浅析》，载《健康教育》，2012 年第 4 期。

浅议大学生职业决策能力的提升
——基于一个咨询案例的分析

学生处　徐庆

摘　要　自主择业是高校毕业生就业的一个基本原则。现实中，不少毕业生面对两个或两个以上的毕业去向时，表现出逃避、犹豫、焦虑甚至崩溃，显现出决策困难。到底该选择这家单位，还是那家单位，面临“幸福的烦恼”。自主选择未来就业去向成为现如今大学生需要面对的一个课题。本文将从一个就业咨询案例出发，分析职业决策困难的原因，从决策理念到决策方法，再到教育培养等方面提出对策建议。

关键词　职业决策　决策困难　自我效能感

现代社会是一个充满机遇和挑战的社会，人们面对很多机会。没有选择是令人苦恼的，选择多了也会让人无所适从。现实中，不少高校毕业生在毕业季会面临两个或两个以上的毕业选择，也会表现各异。他们的决策风格大致也可以分为：他主决定型、迷失方向型、焦虑性未定型、探索性未定型和自主决定型五种类型。[1] 归根结底，不少毕业生对职业决策相关知识、方法和理论的认知不够。

所谓职业决策，可以分为广义和狭义的，广义的职业决策一般包括以下步骤：决策意识觉醒、自我评估、职业分析、综合自我和职业信息、确定方案、评估、新一轮觉醒……不断地螺旋式上升。从某种意义上说，广义的职业决策的过程也就是职业规划的过程。狭义的职业决策把决策理解为广义决策过程的一个环节，即从几个职业备择方案中选择一个的“确定”环节。[2] 本文提到的职业决策

---

[1] 全国高等学校学生信息咨询与就业指导中心组编：《大学生职业发展与就业指导》，中国民航出版社，2009年版，第74页。

[2] 全国高等学校学生信息咨询与就业指导中心组编：《大学生职业发展与就业指导》，中国民航出版社，2009年版，第72页。

主要从狭义上理解。

一、案例呈现

中国人对职业的选择是很慎重的，老话讲“男怕入错行，女怕嫁错郎”。现代社会，男女越来越平等，不论男女在职业选择时都会遇到困惑。笔者首先通过一个咨询案例来厘清一个职业决策的大致过程。

小魏，女，24岁，北京生源，某政法院校法学和国际商务专业双学位毕业生，毕业时间为2015年7月。该生大一时曾经到美国游学一个月，这次经历对她影响比较大，一定程度上影响到她出国（境）深造的决定。她大三开始一直在准备留学深造，同时兼顾找工作。2015年1月，她收到香港一所知名高校的市场营销硕士研究生offer，同时，被国内知名电信运营商录用，职位为大客户经理。该同学很困惑，不知道该如何选择。

简要了解小魏的情况后，可以看到：①小魏需要做出决定；②有两个确定的备选方案；③小魏有某种标准来衡量。这就是一个职业决策所需具备的三要素：有一个必须做出决定的个体；有几个可供选择的方案；决策者有某种标准来比较和评价不同的方案。[1] 因此，小魏接受了三阶段的咨询辅导：

第一阶段咨询，即面谈，了解该生基本情况。

该生学历为本科（法学和国际商务双学位），成绩优良，在校期间曾参加学生组织，并担任外联部部长，曾经在知名外资医药企业市场部实习5个月，有较好的沟通能力、组织协调能力和社交能力。该生家庭环境较好，经济宽裕。父母比较民主，充分尊重她的决定。该生没有比较细致的职业规划，但认为高学历对应更高的生活品质，且香港教育质量高于国内。目前正在香港某名校市场营销硕士深造机会和国内知名电信运营商大客户经理职位中做选择。

第二阶段是与小魏共同探讨发掘她的职业兴趣、性格、能力、价值观集中在哪里，讨论未来的职业目标，启发她对未来的思考，澄清她认为职业生活中最重要的和她最想要的。

这一阶段主要通过职业测评软件和360度的自我评估（如swot分析法、橱窗法、重要他人的评价等）来实现。当面临职业决策时，职业价值观是决策的主要依据。因此，职业价值观的澄清显得尤为重要，价值观的探索方法主要有职业测评软件、职业价值拍卖法以及使用“有关工作的一分钟联想”和“展望十年后

[1] 全国高等学校学生信息咨询与就业指导中心组编：《大学生职业发展与就业指导》，中国民航出版社，2009年版，第73页。

工作的典型一天”等方法。总之就是在自己诸多职业选择的标准中挑选出最重要的价值标准。

了解职业目标主要是通过实习、人物访谈、情景模拟、互联网查询、图书报刊视频资料等。同学们在自我探索方面做得较详尽，但在职业探索方面做得很不充分。因此，实际职业决策时，难点在价值观探索，重点在职业探索。这部分内容较为丰富，且属于广义的职业决策范畴，因此省略。

综合该生职业测评报告发现，她一方面属于主宰型、开拓型的人，注重自我价值的实现；另一方面，她又非常注重家人，注重事业与个人生活、家庭生活的平衡。她通常为自己设置高的目标，为它而努力、奋斗，富有主动性和进取精神，很重视自己的成功，希望自己出人头地，成为至关重要的人物，希望自己能树立一定的权威感，能说服、影响和带动大家为了一个共同的目标努力。

第三阶段是促成她的职业决策或相关思考，做出明确的职业行动。这一阶段即我们讲的狭义的职业决策。这部分主要运用了职业生涯决策平衡单法。

这是小魏做的职业生涯决策平衡单：

表 1　决策平衡单

选项 / 考虑因素	权重 1～5	生涯选项一：工作（某电信运营商）－5～＋5		生涯选项二：留学（香港名校）－5～＋5	
自我物质得失					
个人收入	4	＋5			－5
健康状况	5	＋5		0	
休闲时间	4	＋5			－2
未来发展	5	＋3		＋4	
升迁状况	4	＋3		＋4	
社交范围	4	＋5		＋5	
工作困难程度	5	0		＋3	
他人物质得失					
家庭收入	4	＋4			－4
家庭社会地位	5	＋5		＋3	
家庭福利	5	＋5		＋2	

续表

选项 考虑因素	权重 1～5	生涯选项一：工作 （某电信运营商）－5～＋5		生涯选项二：留学 （香港名校）－5～＋5	
自我精神得失					
所学应用	3		－2	＋5	
进修需求	3		－5	＋5	
改变生活方式	3		－3	＋3	
富挑战性	3	＋4		＋5	
成就感	5	＋4		＋5	
达到长远目标	5	＋3		＋5	
符合道德标准	5	＋3		＋5	
他人精神得失					
父亲支持	5	＋3		＋5	
母亲支持	3	＋3		＋5	
男朋友支持	2		－5	＋5	
总分		224	231		

决策平衡单是典型的当面临两个或两个以上决策选项时的决策工具。第一，要罗列选项和考虑因素；第二，要给每一个因素按照职业价值观给予一定的权重（1～5）；第三，给每个选项打分（－5～＋5）；第四，将打分与权重相乘；第五，将每个选项的得分相加，即为每个选择的总得分。

由上表可见，小魏对就业与留学的打分分别是224和231，更倾向于留学。同时，她对这两个选择的可行性及风险性都进行了分析：

（一）到某电信运营商直接就业

1. 可行性

（1）就业形势严峻，央企工作机会宝贵，并且会随着招聘计划、政策不断变化，有很强的不确定性。

（2）有可观的收入，稳定的生活，较高的生活品质，且工作本身困难程度不大。

（3）为家里减轻负担，并收获社会地位。

2. 风险性

（1）有未来存在上升瓶颈的可能性。如果放弃那时拥有的一切，机会成本会更加巨大，涉及其他相关因素比现在多，且阻力会更大。

（2）时间宝贵，特别对于女性来说，存在年龄及学历上比男性更加严苛的隐形门槛。

（3）时间宝贵。在工作之后保持现在的学习精力及状态比较难。英语缺乏语言环境难以保持现在的程度。

（二）到香港名校留学深造

1. 可行性

（1）世界名校，所学专业具有明显优势，理论结合实践，学历认可度较高；

（2）相对留学英美费用较少；

（3）学制短，获得学历的性价比很高；

（4）开阔眼界，感受世界一流的欧美教育模式；

（5）找工作时，在学历上基本不受限制。

2. 风险性

（1）机会成本。放弃最稳妥收益的央企工作而选择不确定的未来，存在回国后找不到此类工作的风险；

（2）虽然时间短，但是学费、生活费都非常高；

（3）存在因为留学时间短而降低被国内用人单位认可的风险。

小魏还制订了近两年的行动计划：

①争取在香港求学期间去名企实习的机会，或者参与某项具体的商业项目；

②就业前不断通过网络以及人脉收集行业信息，做到投简历的时候有的放矢，充分了解就业市场及形势；

③通过网上投简历等环节找到自己认为合适的职位，参与一步步的流程，让周边亲朋好友留意合适的工作机会；

④多与过来人和行业内人士沟通和交流，少走弯路；

⑤与实习过的企业保持联系，捕捉员工职位空缺信息。

可以看出，小魏从不断地进行自我认知和外部环境认知，到运用决策工具进行决策，基本确定了自己的选择是到香港留学。这个过程一开始比较困难，但在一步步接近自己的目标，这源于对信息的掌握、充分的准备（包括心理等方面）和克服内外部的冲突（信息不准或价值观冲突等）。这不是一个简单的过程，这也不是一个决策的终点，而是另一个决策的起点或基础。随着对自我认识的加深，对外部环境认识的改变，小魏也会不断完善这一决策。这就是一个职业决策的大致过程。

二、原因分析

通过分析小魏的咨询案例及过往的研究表明，当前大学生职业决策困难主要有三方面的原因[1]：一是来源于不一致的信息；二是来源于缺乏准备；三是来源于缺乏信息。

首先，信息不一致的主要原因包括自我认识及职业认识的不正确、自我心理内部的矛盾、职业信息内部的矛盾、自我特性与职业特点的矛盾、自我认识与他人认识的矛盾。[2]

任何决策的做出都需要对相关有效信息的充分把握。一方面，认识自己是终其一生的课题。所谓“人各有志”，这个“志”表现在职业选择上就是职业价值观，是一个人对职业的认识和态度以及他对职业目标的追求和向往，是一种具有明确的目的性、自觉性和坚定性的职业选择的态度和行为，对一个人职业目标和择业动机起着决定性的作用。同学中流传着这样一种职业价值观，叫作“钱多，活少，离家近”，这也戏谑地反映了部分青年学生面对当前严峻就业形势的一种迷茫、矛盾和自我消遣。

另一方面，新旧职业的更替也造成一定的认识矛盾。职业基于社会分工本身也在不断变动，新的职业要产生，旧的职业要淘汰，职业认知也要不断更新。国家人社部组织对《中华人民共和国职业分类大典（修订版）》公开征求意见，一定程度上反映了职业随着社会变迁也在不断更新。

其次，缺乏准备。在校生平时主要学习专业课知识，较少接触职业规划相关信息。缺乏准备可以从两方面理解，一是职业决策自我效能感的缺失。职业决策自我效能感是指决策者在进行职业决策过程中对自己成功完成各项任务所必需的能力的自我评估或信心。个人对自己职业决策效能感越强，为选择和规划职业生涯所做的探索性行为的水平也就越高，成功做出职业决策的机会也越大。[3] 另外，有研究表明，职业成熟度越高，个体经历的决策困难就越少。随着年龄和经验的增加，研究生比本科生会遇到更少的决策困难；决策困难水平并不存在性别

---

[1] 周文霞等：《大学生的职业决策困难：人格因素对其有影响吗?》，载《重庆理工大学学报（社会科学版）》，2010 年第 10 期。

[2] 周文霞等：《大学生的职业决策困难：人格因素对其有影响吗?》，载《重庆理工大学学报（社会科学版）》，2010 年第 10 期。

[3] 丁蕾等：《高校毕业生职业价值观与职业决策自我效能感的关系研究》，载《教育与职业》，2011 年第 36 期。

上的显著差异，男女生在面对就业问题方面的困难程度相当。❶

最后，缺乏信息。总体来说，一个科学的职业决策有赖于自我及职业信息的充分与完备，但相对来说，不清楚决定的步骤、对自己认识不足、不知如何获取信息三个方面的困难水平处于中等偏下的水平。❷ 由于网络社会的兴起，职业信息交流更加充分，加之高校就业指导课程的普及，一些高校正在或已经建立了校友生涯案例库，高校在校生对实习、实践的重视，使得职业决策的信息获得可以有更多渠道。

总之，当前影响高校毕业生职业决策困难的因素排前三位的依次是不一致信息、缺乏准备和缺乏信息。这提示高校毕业生就业指导部门首先应该重视职业信息的提供，再一个要从心理上给予毕业生更多鼓励和信心，增强自我效能感，更为重要的是要引导毕业生转变观念，实现“科学就业，理性择业”，形成正确的职业价值观。

三、对策思考

我们认为提升高校毕业生职业决策能力要从横向和纵向两个维度来着手。

横向看，家长、学校和社会三方面应共同努力提高学生职业决策能力。家长应从生活、学业上有意识锻炼和培养子女的独立自主能力，培养子女在职业选择上的主体意识和自我概念，帮助子女树立一种“我的职业我做主”的主动意识。从学校来看，大学本身就是一个自由开放的环境，不论是生活、学习还是未来职业发展，都要靠学生本人自主完成。高校应完善现有培养方式及课程设置，增加培养方案的多样性，减少必修课学分数，加强优质选修课建设，在培养方式选择、课程选择等环节增强学生的主动意识和决策意识，培养学生决策能力。从社会大环境来讲，应给学生职业选择创造宽松的舆论环境，大学生的职业选择是其个人能力素质、职业价值观与社会现实的有机结合，应充分尊重其择业自主权，不应过分强调整齐划一。社会舆论可以引导但不宜对大学生的职业选择横加指责，如早些年北大学子卖肉的话题曾激起全社会的讨论。

纵向看，学生个人要从理念、方法和知识三个层面提升职业决策能力。

首先看理念。我们通过一个故事来看看。

❶ 周文霞等：《大学生的职业决策困难：人格因素对其有影响吗?》，载《重庆理工大学学报（社会科学版）》，2010 年第 10 期。

❷ 周文霞等：《大学生的职业决策困难：人格因素对其有影响吗?》，载《重庆理工大学学报（社会科学版）》，2010 年第 10 期。

有一次，柏拉图问苏格拉底：什么是幸福？

苏格拉底说：我请你穿越这片田野，去摘一朵最美丽的花，但是有个规则：你不能走回头路，而且你只能摘一次。

于是柏拉图去做了。许久之后，他捧着一朵比较美丽的花回来了。

苏格拉底问他：这就是最美丽的花了？

柏拉图说道：当我穿越田野的时候，我看到了这朵美丽的花，我就摘下了它，并认定了它是最美丽的，而且，当我后来又看见很多很美丽的花的时候，我依然坚持我这朵花最美的信念而不再动摇。所以我把最美丽的花摘来了。

这时，苏格拉底意味深长地说：这，就是幸福。

其实，柏拉图选择花朵的过程类似于一次职业决策。一般来讲，信息的对称与完备只是一种理想状态。因此，实际上不存在完美的决策。现有的决策都是基于现有条件的可行性选择。对于选择职业来讲，没有所谓最好的职业，只有最适合的职业。

其次看方法。除了要了解前面讲过的具体的决策方法外，我们更要从传统文化中汲取方法论智慧。有研究表明，孔子实际上是反对“三思而后行”的。孔子说：“再思，可矣。”他认为“三思”过后的决定，难免掺杂了太多的细枝末节的利害得失的考量，相反不利于“追随内心的选择”。正所谓“不忘初心，方得始终”。钱穆注《论语》曰：“事有贵于刚决，多思转多私”。明人李贽提倡“童心说”，他给出的解释是“最初一念之本心”。❶

最后看知识。通过以上分析我们发现，影响高校毕业生做职业决策的是三个方面：一是价值冲突；二是信心不足；三是缺乏信息。针对这三点，我们认为科学职业价值观的形成是理性决策的依据；自信心是科学决策的催化剂，就业过程中正能量的传递有助于提升个体应对困难的信心；对自我特性和职业信息的探索是科学决策的基础。因此，对找工作来讲，经济学知识、管理学知识、社会学知识、心理学知识和哲学知识是很有必要的。

---

❶ 鲍鹏山：《孔子如来》，岳麓书社，2015 年 1 月第 1 版，第 9 页。

基于职业信息库建设的高校职业指导实践研究

学生处　王彤

摘　要　职业信息对于大学生就业和高校开展职业指导有重要意义，一方面，职业信息是大学生更好地认识和规划职业，提升就业能力的重要途径，另一方面，高校开设的职业指导课程经过近些年实践的检验，也暴露出老师灌输理论，学生被动接受知识的填鸭式教学的不足，亟须增加实践的内容予以提升职业指导质量。因此，本文拟从职业信息的角度，谈谈以大学生为主要参与主体的高校职业信息库建设在具体的职业指导实践中的应用。

关键词　大学生　职业信息　职业指导

教育部《关于做好2015年全国普通高等学校毕业生就业创业工作的通知》（教学［2014］15号）明确提出“加强就业指导课程和学科建设，要结合当前经济发展新业态和新常态，及时将学科专业动态和行业发展成果融入课堂教学，提高课堂教学的参与度和吸引力。”这不仅要求高校为毕业生提供及时有效的就业信息，更要将包含行业发展成果的职业信息融入课堂教学，这对高校职业信息建设提出了更明确的要求。

一、职业信息与大学生就业

职业信息是指与求职者职业生活相关的知识，是求职者进行求职准备、职业评估、职业决策和职业发展过程中可以利用的行业信息和职位信息[1]。职业信息的内容可以从宏观和微观两个层面描述，宏观方面主要指就业政策、行业发展信息、职业动态信息、职业咨询信息和职业参考信息；微观层面主要包含工作地点、工作环境、工作条件、工作技能、工作要求、工作性质、工资及福利和工作对个人素质的要求等。

具体来讲，职业信息应包含行业信息和职位信息，主要指该职位所属行业的

[1] 孔令奇：《大学毕业生就业的职业信息探索》，载《市场周刊》，2014年第1期。

发展状况；该职位的工作内容、任务和职责；该职业对从业者的专业、学历、知识背景、技能、资质、素质和经验的要求；该职业的工作时间、工作地点和工作环境；该职业的薪酬待遇和福利状况；该职业的入职要求和应聘流程以及该职业未来的发展空间和职业前景等。

职业信息对于促进大学生就业有重要意义，主要体现在以下几个方面。

第一，探索职业信息是大学生了解社会、了解职场的有效方法。俗话说“知己知彼，百战百胜”，大学生要确立职业目标，科学合理地规划自己的职业生涯，就必须进行有效的“职业探索”，要掌握一定的职业信息。

第二，探索职业信息是大学生确立职业目标，进行职业决策的重要依据。在大学生职业生涯规划重要的三步骤中，自我探索解决的是“我是谁”的问题，“职业探索”解决的是“我要去哪儿”的问题，在这两者的基础之上才能够逐步确立自己的职业目标，从而进行科学决策。分析目前造成大学生职业决策困难的主要因素：①缺乏准备，包括四个因子：缺乏动机、犹豫不决、错误的职业信念和错误的决策信念；②缺乏信息，包括四个因子：决策过程知识、自我信息、职业信息和获得信息的方式；③不一致信息，包括三个因子：不可靠信息、内部冲突和外部冲突[1]。可见，解决大学生职业决策困惑的主要突破口在于职业信息的有效探索。

第三，探索职业信息是提高大学生求职能力的重要途径。大学生本身既是职业信息库的受益者，也是职业信息库建设的重要参与者。以职业信息库建设很重要的方法之一的典型生涯人物访谈为例，从寻找生涯人物、设计访谈问题到预约生涯人物以及实施访谈，都是对大学生的语言表达能力、人际交往能力、资料的收集和整理能力、沟通能力等的一种锻炼和提升。

二、职业信息与大学生职业指导

职业信息探索除对大学生就业有重要意义外，对于高校进行职业指导也有积极的实践意义。近几年，我国的大学生职业指导从理论和实践层面都有了较为全面和深入的发展，各高校基本都开设了大学生职业指导的课程或者咨询辅导活动，但综观职业指导实践，仍然面临着一些困境，主要有如下几方面。

首先，是信息不对称。经济新常态下大学生就业面临的结构性矛盾仍然无法改变，即一方面大学毕业生就业难，2015 年全国高校毕业生人数为 749 万人，

[1] 沈雪萍：《大学生职业决策困难的测量及干预研究》，南京师范大学 2005 年硕士学位论文，第 19 页。

中国经济整体发展缓慢，就业压力依然巨大；另一方面用人单位招人困难。除了供需的结构性矛盾，即用人单位的需要和高校供给之间存在矛盾的原因外，职业信息不对称也是造成这一现状的主要因素之一。毕业生不能实现就业，在一定程度上是因为缺少对专业的认识和对职业深入的了解，从而造成就业视野狭窄，选择范围单一，就业选择困难。

其次，是学生缺乏了解和探索职场的途径。新媒体环境下，学生对职业信息探索的途径主要来源于网络和社交平台，这样获取的信息虽然数量巨大，但缺乏针对性和有效性，且这类信息属于间接信息，对于学生来讲体验性和参与性较差，在做出职业选择时往往参考性不够。

再次，是高校就业部门提供的职业信息有限。职业信息不完全等同于就业信息，还包括所属行业的发展状况；职位的工作内容、任务和职责；职业对从业者的学科、学历、知识背景、技能、资质、素质和经验的要求；职业的工作时间、工作地点和工作环境；职业的薪酬待遇和福利状况；职位的入职要求和应聘流程；职业未来的发展空间和职业前景等。而现状是，目前大部分高校就业部门仅收集各类就业信息，缺少对职业等相关信息的采集与解读。从国内大部分高校的就业网站来看，除了发布招聘信息、就业政策、就业法律法规以及校园宣讲会和招聘会信息外，很少有专门介绍职业信息的板块和内容。

最后，是职业指导课程还停留在理论层面，讲授内容空洞。目前各高校基本都开设了职业指导课程，帮助学生进行自我认知、职场探索，但内容多是停留在讲授职业规划理论层面，更多地是讲授方法和理念，且受传统理念及教学环境、资源的限制，该类课程仍然是老师灌输，学生被动接受的填鸭式教学，而真正带领学生走进职场进行职场体验或者深度了解职场的实践非常有限，这样导致学生重理论、轻实践，在真正进行职业决策时缺乏科学有效的职业信息。

三、职业信息库建设在职业指导实践中的应用

（一）职业信息库的特性

如前文所述，职业信息主要包含所属行业的发展状况；职位的工作内容、任务和职责；职业对从业者的学科、学历、知识背景、技能、资质、素质和经验的要求；职业的工作时间、工作地点和工作环境；职业的薪酬待遇和福利状况；职位的入职要求和应聘流程；职业未来的发展空间和职业前景等。高校建设职业信息库，目的是以交互的平台方式展示职业的基本情况、典型特征和能力要求，帮助大学生更好地认识和规划职业，提升就业能力，同时为高校开展就业指导服务提供工具和平台。高校建设的职业信息库有如下特性。

1. 系统性

高校建设的职业信息库，应当包含本校所有专业毕业生的主要就业去向的职业，例如，针对法学专业学生，可以从法官、检察官、律师、企业法务等主要职业进行建设，可以为不同专业学科的学生提供有益的参考。

2. 全面性

职业信息不仅包含就业信息，而且涵盖行业、职业在内的全方位职业信息，各高校建设的职业信息库应当全面。比如法官这一职业，除了入职条件和报考流程外，还应包括该职业的工作时间、工作地点和工作环境，职业的薪酬待遇和福利状况以及职业未来的发展空间和职业前景等。

3. 实践性

高校职业信息库建设的主要参与主体是大学生自身，因此，通过对职场人物的访谈，职业信息的收集、整理，大学生可以深入接触职场人士，体验职场流程，熟悉入职条件，同时，本身也是对自己表达、沟通等通用能力的很好的实践和锻炼。

（二）职业信息库在职业指导实践中的应用

高校职业信息库建设的主体应当包括高校就业指导部门和大学生自身。就业部门作为重要的组织者，提供信息库建设的方案和内容，而大学生自身则是职业信息库建设的受益者和重要参与者。笔者以所在“F 大学”正在进行的职业信息库建设为例，探讨在职业指导实践中如何开展信息库建设。以法学专业为例，第一期的职业信息库，选定了四个法学专业毕业生毕业后从事人数最多的职业，分别是法官、检察官、律师和企业法务。

职业生涯人物访谈是职业信息库建设最主要的方式之一。职业生涯人物访谈是指通过与一定数量的职场人士（通常是自己感兴趣的目标职业从业者）交谈而获取一个行业、职业或单位的“内部”信息的一种职业探索活动。通过对职场专业人士的直接访谈，帮助在校大学生（尤其是求职者）检验和印证以前通过其他渠道获得的信息，并了解与未来工作有关的入职标准、核心素质要求、晋升路径以及发展前景等，特别是被访谈者对工作的实际感受和主观满意度、岗位的真实薪酬等信息是通过其他渠道难以获得的。

职业指导实践中开展典型职业生涯人物访谈的方式主要有两种：多数时候是在职业生涯发展与规划的课程中增加职场探索实践课程，也有举办专门的职业生涯人物访谈的活动。典型生涯人物访谈的步骤主要有：

（1）寻找生涯人物访谈对象；

(2) 拟定访谈提纲；

(3) 预约并实地采访；

(4) 访谈资料整理。

访谈的内容（提纲）主要包括：

(1) 如何给您从事的职业下一个定义？

(2) 您的工作内容、任务和职责是怎样的？

(3) 该职业需要怎样的知识背景？

(4) 请列举对您的职业发展非常重要的大学课程。

(5) 该职业需要具备怎样的职业技能？

(6) 该职业从业资格方面有何要求？

(7) 请列举在工作中经常使用的工具，包括实物工具、软件、数据库等。

(8) 您的薪酬待遇如何，满意度如何？

(9) 您的工作环境是怎样的？

(10) 该职业的发展前景如何？

(11) 该职业在职业道德方面有何要求？

(12) 您对该职业是如何评价的？

(13) 您对学弟、学妹们有何建议？

(14) 请以一天为时间单位，描述一天内比较典型的工作行为。

每种职业的典型人物访谈通常完成 15～20 个，展现形式可以是访谈稿、职业访谈表，配工作环境、工作工具、工作场景等照片，还可以拍摄相关视频等。

四、职业从业者典型特征调研

职业从业者典型特征调研是指通过与专门的职业发展机构合作，用测量的方法研究职业从业者的特征。通过使用测评工具，对该职业的从业群体进行问卷调查，在数据分析基础上对职业特征进行量化研究。测评内容包括职业能力、职业兴趣和职业价值观等。使用的工具主要有职业测评表，一般包含 70～80 个问题，由调查对象通过在线进行选择或填写。最终对调研的内容进行分析，总结出某一职业从业者典型的职业能力、职业兴趣和职业价值观，供在校大学生参考。

从业者典型调研主要通过高校就业部门与重点用人单位及校友会联系，每种职业选择 100～200 人的群体作为调研对象，覆盖职业的不同领域，要兼顾职业的不同发展阶段，例如法官这一职业，要覆盖业务人员、办公室、政治部等工作人员，要兼顾法官助理、法官等不同的发展阶段。

五、典型招聘信息收集和整理

招聘信息是用人单位利用报纸、杂志、电视、电台、互联网、新闻发布会等传播工具发布人员招聘相关信息，鼓励和吸引符合条件的求职者参加应聘的信息。因此，通过对某一职业的典型招聘信息的查阅、收集和整理可以在一定程度上展现某一职位的工作内容、任务和职责，该职业需要的知识背景，该职业需要具备的职业技能以及该职业从业资格方面的要求。每种职业典型招聘信息一般需要收集 10～20 篇。这种方式一般由就业部门或职业指导老师对学生进行培训后由学生进行收集和整理。

综上所述，高校建设职业信息库对于职业指导实践的作用主要有三方面，一是锻炼学生的通用能力，二是帮助学生寻找自身的差距，三是积累职业案例库，让更多的学生受益。高校应结合工作实际，行之有效地开展职业信息库建设，提升高校的职业指导质量和毕业生就业质量。

关于加强法大创业课程建设的思考

学生处　张永然

摘　要　创业课程建设作为创新创业教育的重点和关键，对于深化高校创新创业教育，增强大学生创新创业能力具有重要意义。笔者立足于法大创业课程的实际，提出要通过完善机制、加强队伍、统筹资源、凸显特色、完善体系、全程融入等多举措推进创业课程建设。

关键词　大学生创业课程

随着我国经济社会改革的持续深入，“大众创业，万众创新”已经上升为国家战略。国务院在《关于大力推进大众创业万众创新若干政策措施的意见》中明确指出，推进大众创业、万众创新，是发展的动力之源，也是富民之道、公平之计、强国之策。高等学校的创新创业教育是推进高等教育综合改革、促进高校毕业生更高质量创业就业的重要举措。深化高校创新创业教育，增强大学生的创新创业能力，已经成为国家实施创新驱动发展战略、促进经济提质增效升级的迫切需要。❶

创业课程作为实施创业创新教育的重点和关键，实现创业创新人才培养目标实现的平台和途径，能够促进大学生快速成长，提高其系统思考能力，锻炼其综合管理能力，增强其职业创新素养与职业创造能力。❷ 加强创业课程建设，对于提升创新创业教育的实效具有重要意义。

自 20 世纪末，随着高校创新创业教育的快速发展，创业课程建设也有了长足的发展：覆盖的高校范围越来越广，从 2002 年的九所试点高校到目前基本上涵盖所有高校；开设的科目越来越齐全，有创业管理等管理类课程，还有创业法律知识等法学课程以及计算机等相关领域的课程；教学平台和内容越来越齐全，

---

❶ 《国务院办公厅关于深化高等学校创新创业教育改革的实施意见》，国办发 [2015] 36 号。

❷ 陈昕：《基于高校创业课程设置与教学的若干思考》，载《科技创业》，2015 年 6 月。

不仅搭建了创业实践教学平台，还推出形成了创业网络课堂，如清华大学的“学堂在线”平台开设的“中国创业学院”自2015年3月向社会公开提供最优质的创业课程资源等。当然，与西方等发达国家较为成熟的创业课程体系相比，我国创新创业教育尚处起步阶段。课程开发仍然处于引进、吸收和本土化的探索阶段，❶ 科学化程度和专业化程度都有待于提升。

就法大而言，近年来，在上级部门和学校领导的重视下，学校的创新创业教育力度在不断加大，如学生就业指导服务中心改名为学生就业创业指导服务中心，实现了职能上的扩展；创业大赛、创新项目比赛已经形成规模，并获得一些可喜成绩；一些创业实践基地也在建设，法大创业孵化器的建设也提上了日程。但不可否认的是，我校的创业课程建设尚处起步阶段，与国内外的先进高校相比，课程建设有许多值得提升的地方：

第一，课程设置单一，覆盖面有限。据笔者调研，当前我校创业类课程已有《创业基础》这门公选课，作为面向本科生的选修课，本课程由商学院老师授课，该课程课容量有限，内容主要是以管理类内容为主，而且并非每学年都安排此课。为弥补课堂教学不足，学生处自2006年就在学生素质教育中推出了“全人发展行动计划”之“KAB创业基础”课程，但同样是课容量有限。相较之下，清华大学已将创业课程纳入学生文化素质教育课程。

第二，师资队伍较少，专业化程度有待提升。笔者认为，课程设置单一的重要原因在于学校缺少专职的师资队伍和课程建设机构。当前我校就业指导类课程主要由学生处就业创业指导服务中心承担，授课教师主要是辅导员。但由于创业课程对师资水平的专业化程度和实践能力要求较高，而因辅导员职责要求和专业背景等差异，对于开设创业课程有一定的难度。同时商学院也缺少从事创新创业的专业教育教研室和专任教师，这就造成了创业课的开发建设难度大。而温州大学，在2009年就成立了专门的学院——创业人才培养学院，集全校大学生的创业教育教学管理、创业实践与创业研究等三大功能，由专门的师资进行创业课程建设。

第三，课堂教学和实践教学衔接度不高，教学体系有待整合。从广义上讲，创业课程建设是一个涵盖课堂教学、实践教学和素质教育的体系化工程，当前由于创业课堂教学方面存在短板，导致了其和创业创新大赛、创业实践项目以及创新创业实习基地等实践类教学未能形成有效的创新创业教育体系。这就影响了提升大学生创新创业素质的效果。而在创业教育发达的西方高校，从整体创业的角

❶ 吴洁：《关于高校课程教育课程设置的建议》，载《经济研究导刊》，2011年第12期。

度来建设创业课程，形成了内容全面丰富的课程体系；还非常注重创业实践，使学生在实践过程中获得创业体验，增强创业意识，提高创业所需的各种能力。❶

针对以上我校创业课程建设出现的问题，笔者认为主要有以下两个原因：

一是创新创业教育观念相对滞后。作为一所以法科为特色的高校，法大的专业特色和就业传统对于学校管理观念和学生就业观念有着很深的影响。近年来，虽然随着法大逐步成为综合性、研究型大学，学科体系不断完善，与创新创业教育有较强联系的经济学、管理学等学科有了长足的发展，创新创业教育理念的影响力逐渐扩大，但整体而言，法大师生的创业意识和创业能力有待于提升。

二是创新创业教育体制有待完善。当前法大的创业课程建设呈现出管理权责不清的情况，教务处负责课程安排，学生处就业创业指导服务中心和商学院承担课程开发和课程申请，各部门之间没有形成有效沟通的协作机制。根据有关文件规定，创业课程应纳入学分管理，面向全体学生开设内容多样的必修课和选修课。但学校创业课程的开发、教务管理和师资建设实际上处于各自为政的状态，未形成有效合力。

观念的滞后和体制的不健全，直接影响了学校对创业课程建设的重视程度和投入程度，导致了创业课程建设发展缓慢。对此，学校应当高度重视创新创业教育，加强创业课程建设。一方面，法大学生的创业需求在不断增长，同学们需要创业方面系统化的理论指导。另一方面，法大传统的就业领域，诸如公务员等正面临着严峻挑战，推进创业课程建设可以激发、鼓励学生们创新创业热情，使他们投身创业实践，这对于提升学校的就业率和就业质量具有现实意义。

对此，笔者认为，应当立足法大的实际，结合学校专业特色，多举措推进法大创业课程建设。

第一，完善机制。学校应理顺创新创业教育的开展体制，保障创新创业教育的顺利进行。学校可成立由校领导、相关职能部门、学院参加的协调小组，全面统筹创业课程建设和创新创业教育。教务处应落实文件要求，将创业课程纳入全校公选课，在条件成熟时，可设为工商管理等相关专业培养方案的必修课。学生就业创业指导服务中心和商学院作为授课主体，可成立创新创业教育教研室，作为教学部门，统筹全校创业课程开发和申请。学校应当加大创新创业教育投入，设立专项经费支持课程建设和创新创业教育。

第二，加强队伍建设。面对当前创业课程师资队伍缺乏的情况，一方面可立足校内，通过项目课题支持等方式鼓励工商管理、经济学的专任教师开展创新创

❶ 胡宝、唐绍祥：《高校创业教育课程设计探讨》，载《中国高教研究》，2010年第7期。

业教育，依托自身专业开设创业课程；加强对于辅导员队伍创新创业教育方面的专题培训，从中选择优秀的辅导员担任创业课教师。另一方面，从社会上聘请具有社会责任感的优秀企业家、律师、知名学者担任兼职教师，结合他们丰富的创业实践对学生开展生动真实的创业教育。

第三，统筹资源。当前在国家的大力倡导下，创新创业教育正处在快速发展期，各高校的创业课程建设发展迅速，如清华大学推出的创业网络课程已经提供了十分优质的课程资源。对此，法大创业课程建设应当善于借鉴，尤其在当前学校管理学、经济学等相关学科资源相对较少的情况下，采用拿来主义，通过校际合作，以网络课程的形式实现资源共享，这样不仅降低了学校创业课程建设的成本，而且还进一步方便了学生学习，同时也拓宽了学生的视野。

第四，凸显特色。借助外部优质资源，并不意味着法大就不再建设具有自身特色的创业课程。当前，各高校开设的创业课程主要集中在经济学、企业管理等领域，而对于创业法规、创业心理等领域的研究较少。对此，法大可以依托我校法科强校的学科优势，在创业法规方面建设精品课程，让大学生创业者树立法律意识，规避各类风险。还可以加强创业心理课程建设，在创业思维、创业意识的研究之外，增强大学生创业者的心理调适能力和抗挫折能力。

第五，完善体系。创新创业教育具有鲜明的实践性，创业课程建设还需要搭建多样的实践教学平台，提供丰富的实践教学内容。对此，学校应当在全校营造创新创业教育的良好氛围，通过创业大赛、创业项目、模拟创业、创业实践等各种方式支持、鼓励学生参与到创业实践中，在体验互动之中提升学生的创新意识和创业实践能力。

第六，全程融入。创新创业教育作为一项系统工程，其宗旨在于培养学生创新意识和创业素质，提升创业的核心能力。而完成这个目标，需要创新创业教育融入育人全过程中去，学校可以立足于大学生思想政治教育，结合素质教育，将创业教育课程渗透到科学教育与人文教育中去。以素质教育为主线，以创业教育为核心，互相渗透，功能互补，形成全方位、立体化、多元化的课程体系。[1]

---

[1] 陶海生、王晓晓：《我国高校创业教育课程体系建设的实践与探索》，载《创业园地》，2012 年第 12 期。